남북관계 변천사

김형기 지음

연세대학교 출판부

남북관계변천사

지 은 이 김형기
펴 낸 곳 연세대학교 출판부
주 소 서울시 서대문구 성산로 262
전 화 2123-3380~2
팩 스 2123-8673
E-mail ysup@yonsei.ac.kr
홈페이지 http://www.yonsei.ac.kr/press
등 록 1955년 10월 13일 제9-60호
인 쇄 태화북스(주)

2010년 3월 15일 1판 1쇄
2010년 4월 15일 1판 2쇄
ISBN 978-89-7141-915-1 (93340)

값 22,000 원

책을 내면서

남북한은 지금까지 관계를 맺어 왔고 앞으로도 관계를 가질 수밖에 없다. 남북한이 관계를 갖는 것은 우리가 통일을 이룰 때까지 피할 수 없는 주어진 명제이다. 그러나 남북한 간의 관계가 어떤 형태를 가지며, 어떤 성격을 띠느냐 하는 것은 고정 불변의 것이 아니다. 대단히 유동적이고 동태적이며, 시대에 따라 변천을 거듭한다.

남북한이 각기 정부를 수립하여 관계를 갖게 된 후로 이제 60년을 넘어섰다. 그동안 3분의 2 정도의 기간은 냉전구조 속에 묶여 적대와 반목, 불신과 갈등의 관계를 지속하였다. 나머지 3분의 1 기간도 화해와 협력이 지배했다고 온전히 말하기는 어렵다. 그러나 돌이켜 보면 그냥 갇혀진 물은 아니었다. 완만한 때도 있었고 급류를 이루기도 했지만 그것은 흘러가는 물이었다. 그렇기에 그것은 역사를 가진다.

남북관계사는 남한만의 역사도, 북한만의 역사도 아니다. 관계가 축적되어 또 하나의 역사를 만들어낸 것이다. 그리고 그것은 엄연히 민족구성원 모두가 참여하여 이루어낸 민족사의 편린이며, 지울 수도 털어낼 수도 없는 우리의 발자국이다. 여기에는 남과 북이 얽혀져 상호작용을 하면서 빚어낸 거친 호흡이 담겨져 있고, 민족공동체를 복원하기 위해 기울여온 땀과 정성, 그리고 희망이 새겨져 있다.

역사는 숨을 쉰다. 나름대로의 생명이 있다. 또한 역사는 미래이다. 단순한 과거의 집적물이 아니다. 우리는 역사를 통해서 현재에 생명을 불어넣을 수 있고 미래를 가늠할 수 있다. 역사를 알지 못한다면, 그리고 그 의미를 읽지 못한다면 현재의 좌표를 놓치게 되고 미래가 헝클어지게 된다. 남북관계사도 우리에게 민족의 미래를 가리켜 주고 거기로 나아가는 동력과 나침반을 제공해 준다.

역사는 본류도 있고 지류도 있다. 물길이 때로는 원하든 원치 않든 본류를 이탈하여 나아가기도 하지만 결국엔 더욱 도도한 모습으로 합류가 이루어지고 스스로 방향을 다잡게 된다. 남북관계사도 본류가 있다. 어떤 힘이 막거나 틀어 놓더라도 다시 복원되는 성질이 있다. 미미한 물길 같지만 곧 거대한 장강을 이루어낸다.

대하를 이루는 물길이 자리잡는 데는 나무와 돌과 물과 지형 등 여러 가지 요인들이 복잡하게 얽혀져 있다. 그냥 제 갈 길로 가는 것도 아니고 처음부터 정해져 있었던 것도 아니다. 남북관계사도 남한과 북한의 체제 유지의 논리, 정치적 수요, 경제적 역량, 상대방에 대한 인식과 비교 시각, 그리고 주민들의 의지는 물론이고 국제정치적 환경 등 여러 가지 변수들이 서로 교호작용을 하면서 형성해온 결과물이다.

남북관계사와 마주하면서 새삼 느끼게 된 것은 두 가지이다. 하나는 남북관계가 여기까지 흘러와 우리를 만나게 된 것은 결코 우연일 수 없으며, 누가 갖다준 것도 아니라는 점이다. 우리 스스로가 만들어 왔고, 지금 이 순간에도 우리가 만들어 가고 있는 과정에 있다. 그렇기 때문에 남북관계를 어떻게 관리하고 엮어 나가느냐 하는 것은 대단히 엄숙하고 소중한 과업으로 인식해야 한다. 그리고 여러 가지 변수가 존재함에도 불구하고 가장 중요하고 절실하게 새겨져야 할 것은 우리의 의지와 주도력이 역사의 방향을 결정짓는다는 확신이다.

또 하나는 현재의 남북관계에서 우리가 부딪치고 고민하는 문제들의 해답을 남북관계사에서 바로 찾을 수 있다는 점이다. 남북관계사에는 남북한 체제의 성격과 행태, 정책 결정 과정과 대안선택의 한계는 물론 주변환경 변화에 대한 대응방식 등이 고스란히 담겨져 있다. 이를 정확하고 적실성 있게 찾아내기만 한다면 우리는 앞으로 시행착오를 겪어야 할 이유가 없다.

이 책자는 필자가 이러한 인식에 바탕을 두면서, 오랫동안 대북정책을 다루어오고 남북협상의 현장에 있었던 관료로서의 경험과, 대학 강단에서 시야를 넓힌 학문적 연구체계를 접목하여 새롭게 정리해본 남북관계사이다. 남북 간에 이루어졌던 사건들을 평면적으로 나열하지 않고 제반 환경적 요소들을 고려하면서 입체적으로 분석하고 그 의미를 파악하려는 시도를 하였다. 남북 간에 주고받았던 제의와 주장들, 그리고 이에 대한 상대측의 대응과 해결방식들에 대해서도 그 배경과 근거 논리를 복합적으로 이해하려고 하였다.

필자가 그러한 의도에 맞게 남북관계사 전반을 훑어내리기에는 역량이 부족하다고 생각하지만 새로운 시도로 학문적 기여를 하겠다는 의욕으로 보고 독자들께서 널리 혜량하여 주기를 바란다. 독자들께서 남북관계사의 본류를 파악하고 민족공동체가 빚어놓은 역사의 숨결을 느끼는 한편, 다가올 새로운 남북관계 전개의 향방을 가늠하는데 졸저가 조금이라도 기여했으면 한다. 또한 앞으로 새로운 자료의 수집과 분석기법의 활용을 통해 수정, 보완할 수 있도록 가편해 주기를 기대한다.

졸저가 출간되기까지 여러 가지 면에서 성원을 아끼지 않으신 연세대 국가관리연구원 김동노 원장과 통일연구소 진영재 소장, 그리고 자료수집과 정리를 꼼꼼하게 맡아 해준 양효원, 최순미, 박효진, 김한나 조교들 모두에게 깊은 감사를 드린다. 특히 깊은 이해와 신뢰로 책자 출간을 독려하고 성심을 다해 지원해준 아내 한균옥 여사에게 이 책을 바친다.

2010년 3월

신촌 연구실에서

김형기

차례

차례

Ⅰ. 들어가는 글

Ⅰ 들어가는 글

1. 남북관계의 의미

인간은 사회적 동물이다. 개인 차원에서나 사회공동체 내에서나 국제사회에서나 행위 주체 간에는 서로가 영향을 주고 영향을 받으며 관계를 맺기 마련이다. 관계는 많을 수도 있고 적을 수도 있으며, 깊을 수도 있고 얕을 수도 있다. 그리고 좋을 수도 있고 나쁠 수도 있으며, 일방적일 수도 있고 상호적일 수도 있다. 그러나 그것이 어떠한 형태나 성격이든 타방과 관계를 갖지 않고서는 살아갈 수 없다.

관계가 없는 것 같이 보이는 경우도 있지만, 행위체로서 존재한다는 그 자체가 이미 다른 개체에 영향을 주고 있다는 넓은 의미에서 보자면 관계란 불가피한 명제이다. 예컨대 아무 관계도 없어 보이는 개인 간에 전철을 타기 위해 줄을 서고 있다면 승차의 순서와 관련하여 서로가 영향을 주고받는 관계를 맺고 있는 셈이다.

특히 국제사회에서는 어떤 국가 단위 간에도 형식적으로든 실질적으로든 관계 설정을 피해 나갈 수가 없다. 따지고 보면 한 나라의 외교정책이란 그 관계를 어떻게 설정할 것이냐 하는 선택의 문제이다. 바로 이 관계를 설정하는 선택의 기준을 어디에다 두느냐 하는 것이 한 나라의 흥망성쇠를 좌우할 만큼 중요한 문제이기도 하다. 그 기준은 한 나라가 처한 상황과 역사적 경험에 따라 달라질 것이지만 크게 본다면 그 체제의 안전을 강화하고 경제적 이익을 확대하고 구성원의 생활의 질을 향상시키는 방향으로 택하는 것이 통상적이다.

그런데 나라마다 다른 기준과 기준은 서로 충돌할 수도 있고 보완적일 수도 있으며, 별다른 관련성을 가지지 않을 수도 있다. 마치 동물의 세계에서 일정한 지역 안에서 무엇을 먹이감으로 삼고 있느냐에 따라 그 관계가 설정되는 것과 같다. 이에 따라 국가 단위 간에도 여러 가지 유형의 관계가 이루어지는데 적대적이냐, 협력적이냐, 아니면 서로 간에 작용과 반작용이 작동하지 않거나 작동할 필요가 없는 관계이냐로 갈릴 것이다. 또 협력적이라고 해도 그 관계가 단절되면 양방이든 일방이든 심대한 타격을 받게 되느냐, 아니면 각기 대체가능한 다른 상대국을 찾을 수 있느냐에 따라 그 긴밀도가 달라질 것이다.

과학화, 정보화가 심화되고 있는 현대 국제사회 속에서는 국익의 기준을 결정하는 변수들이 대단히 복잡하고 또 시시각각 변할 수 있는 유동성이 커졌기 때문에 국가 간의 관계도 고정적이지 만은 않다. 그러나 1989년 이전의 냉전 시대에는 대개의 국가들이 굴절된 국익의 잣대를 갖고 미 · 소를 맹주로 하는 블록 속에 들어갔으며, 닫힌 체제하에서 블록 내의 국가들과만 상호의존적 관계를 형성하고 블록 밖의 국가들과는 절대적인 적대관계를 형성하기도 하였다.

그러면 남북관계란 무엇인가? 남북관계란 언제부터 시작되었으며, 그 근본적 성격은 무엇인가? 과연 생래적으로 충돌적인가, 아니면 협력적일 수 있는가? 서로가 상대방을 어떤 대상으로 인식하고 있으며, 관계를 설정하는 결정요인을 무엇으로 삼고 있는가?

남북관계는 참으로 복잡다단하다. 한마디로 국가 간의 관계도 아니고 한 나라 안에서의 민족 내부의 문제, 즉 정치단체 간의 관계도 아니다. 현실과 명분이 맞부딪쳐 있어서 어떤 개념 규정도 일률적으로 적용될 수가 없다. 국제사회 속에서 보자면 분명히 다른 나라로부터 국가승인을 받고 그 나라들과 외교관계를 맺고 있으며 각기 유엔에 가입하여 활동하고 있는 엄연한 국제법적 행위주체이다. 즉 두 단위 사이에는 국가 간의 관계가 성립한다. 그러나 남과 북은 결코 상대방을 국가로 인정한 적이 없고 인정할 수도 없다. 만일 상대방을 국가로 인정한다면 그것은 각기의 체제 정통성과 존재이유를 부인하는 결과로 이어지기 때문이다.

남북관계를 어떤 성격의 관계로 보느냐에 관계없이 남북관계는 남과 북에 각기 정부가 수립되고 국제사회의 단위로서 인정받은 때로부터 시작된다. 1945년 일본의 패망과 함께 미군과 소련군이 북위 38도선을 경계로 각기 분할 점령함으로써 사실상 남북분단의 비극이 시작되었다고 할 수 있지만, 아직은 국제사회에서 인정하는 단위로서 성립한 것도 아니었고 또 민족사회 내부에서도 통일된 독립국가를 수립하려는 노력이 지속되고 있어서 해방 이후 정부 수립까지의 시기를 남북관계사 연구의 범주에 넣기는 부적합하다고 하겠다.

1947년 11월 유엔 총회는 한반도 전역에서 총선거를 실시하기로 하고 공정한 선거를 감시하기 위해 유엔한국임시위원단을 설치하기로 결의하였다.[1] 그러나 소련이 북한 지역에서의 유엔한국임시위원단 활동을 가로막음으로써 선거가 가능한 지역에서만 총선거를 실시하게 되었다. 그 결과 1948년 8월 15일 대한민국 정부가 수립하였고, 북한지역은 그동안 공산주의 정치체제를 구축해온 소련이 9월 9일 김일성을 수반으로 하는 조선민주주의인민공화국을 성립시킴으로써 한반도에 2개의 정부가 들어서게 되었다. 곧이어 남북한이 각기 유엔가입을 신청하고 블록내 여러 나라들의 정부승인을 얻어냄으로써 남북한 사이에는 국제단위 간의 관계가 생성되게 되었다.

그러나 남북한은 상대방을 국가 단위로 인정할 수 없는 태생적 한계를 갖고 있었다. 남한은 제헌국회가 제정한 헌법에서 "대한민국의 영토는 한반도와 그 부속도서로 한다"고 선언하여 북한지역이 대한민국 정부의 주권이 미치는 곳임을 명백히 하였고, 향후 북한지역에서 선출될 국회의원들을 위해 인구비례에 의한 의석수에 해당하는 총의석수의 3분의 1을 공석으로 두었다.[2] 또한 유엔 총회는 1948년 12월 12일 "한국민의 대다수가 거주하고 있는 지역에 대해 효과적인 통치 및 관할권을 갖는 합법정부

1) 1947년 11월 14일 유엔총회는 유엔한국임시위원단 구성, 인구비례에 의한 총선거, 국회 구성과 정부 수립, 정부 수립 후 한반도 주둔 외국군의 90일 이내 철수 등을 결의했다.

2) 남한은 국회의원 수를 300석으로 배정하였고 북한 지역의 100석을 공석으로 남겨둔채 5.10선거를 통해 200석의 국회의원을 선출하였다(단, 제주 4.3항쟁으로 두 곳에서 선거가 치러지지 못했다).

가 한반도에 수립되었고, 따라서 이 정부는 한반도 내의 유일한 합법정부"라고 선언하는 결의를 채택하였다. 즉 대한민국 정부를 한반도에 있어서의 합법적이고 유일한 정부임을 승인하여 그 지위를 확고히 한 것이다.[3] 따라서 북한 공산정권은 대한민국 영토를 불법적으로 강점하여 주권 행사를 가로막고 있는 반국가 불법단체일 뿐이었다.

이 점은 북한의 경우에도 마찬가지였다. 북한의 정치지도층에 있어 남한은 본질적으로 제국주의 세력인 미국이 남한 내부의 매판세력과 결탁하여 강제로 점령하고 식민지화시킨 지역으로 규정되었다. 따라서 통일문제의 성격에 대해 그들은 "조국통일은 나라의 한 부분을 제국주의자들이 강점함으로써 국토와 민족이 인공적으로 분열된 특수한 조건에서 제기되는 문제이다"라고 주장하고 있으며,[4] 남한에서의 민족해방혁명과 인민민주주의혁명을 통해 한반도 전체를 공산화해야 진정한 통일을 이룩할 수 있다는 것이다. 북한의 조선로동당 규약은 전문에서 "조선로동당의 당면 목적은 공화국 북반부에서 사회주의의 완전한 승리를 이룩하며 전국적 범위에서 민족해방과 인민민주주의 혁명과업을 완수하는 데 있으며 최종 목적은 온 사회의 주체사상화와 공산주의 사회를 건설하는 데 있다"고 밝히고 있다.

이와 같이 상호 실체를 불인정하는 상황에서는 당연한 논리의

3) 당시 유엔 총회에서의 결의에 대해서는 선거가 치러진 지역에서의 유일 합법정부이지 전 한반도에서의 유일 합법정부가 아니라는 주장도 있으나, 9월 9일에 이미 북한이 정부 수립을 선포한 상태에서의 유엔의 이 결의는 북한 정부를 인정치 않고 있다는 점에서 대한민국 정부의 유일 합법성의 근거가 된다고 본다.

4) 사회과학출판사, 『사회주의, 공산주의 건설 리론』(도서출판 태백, 1989), p.282.

귀결로 남북 사이에 국가 간의 관계가 성립될 수 없으며, 국가관계를 토대로 한 대화 상대방도 될 수가 없는 것이다. 그렇다면 둘 사이에 남는 것은 민족내부관계인데 이 문제로 돌아오면 결국 어느 쪽이 명분과 정통성을 확보하고 있느냐 하는 측면과, 어느 쪽이 우리 민족성원을 더 잘 살게 하느냐, 즉 안전과 행복을 보장하느냐 하는 측면에서 치열한 대결관계를 상정하지 않을 수 없다. 더구나 이러한 대결관계를 고착화시키고 더욱 가열화시키는 국제환경이 있는 한 이 구도를 벗어나기는 대단히 어려운 일이다. 미국과 소련이 양극을 이룬 국제 냉전구조 하에서, 특히 어느 정도는 그 대치전선의 첨병임을 자임한 남북한이 서로를 인정하고 불가침을 약속한다는 것은 거의 불가능한 일이었다.

1972년 남북한의 비밀협상에 의해 이루어진 '7.4공동성명'을 보면 이러한 인식이 극명하게 드러난다. 냉전시대의 와중에서 남북한 사이의 신뢰회복과 긴장완화를 약속하는 획기적인 문서임에도 불구하고, 그 서명란에는 '서로 상부의 뜻을 받들어 이후락, 김영주'라고 되어 있다. 국호도 없고 상부가 무엇을 의미하는지도 밝히지 않은데다 직책도 없이 단순한 개인 이름만 표기한 것이다. 이것은 상대방의 체제를 인정할 수 없다는 명분과 그 실체를 인정할 수밖에 없는 현실 사이에서 '불명료의 명료'라는 잠정적 방편을 택한 결과이다.

국토 분단과 정치적 분단을 거쳐 동족 간 전쟁을 치르는 가운데 남북한 간에는 초기 단계에서 아무래도 정통성 경쟁이 우선이었다. 남한은 상해 임시정부 요인들의 환국에 따른 법통성의 계승과 여기에 인구의 3분의 2와 모든 분야의 중심지인 수도 서울을 가지고 있다는 점을 앞세웠다. 그러나 무엇보다도 이 구도에서 남쪽에 힘을 실어주고 있는 보검은 바로 유엔과의 관계였다. 유엔은 한국임시위원단을 파견하여 총선을 치르게 했고 이에 따라 탄생된 대한민국 정부를 한반도에서의 유일한 합법정부로 확인한 것이다.

따라서 남한은 이 유엔 결의를 앞세워 선거를 치르지 못한 북한 지역에서만 별도로 선거를 치러 선출된 대표를 대한민국 국회에 내보내면 된다는 입장이었다. 1954년 제네바 회담 등에서 유엔의 권고에 따라 이 주장은 '유엔 감시하 인구비례에 의한 남북한 자유총선거'로 바뀌고[5] 이후 이 입장이 상당 기간 대한민국 통일정책의 핵심을 이루어 왔는데, 이것은 대한민국 정부와 유엔은 뗄래야 뗄 수 없는 관계임을 말해 준다. 북한에게는 바로 이러한 약점 때문에 유엔 콤플렉스가 상당히 작용하였는데 1970년대 초반까지 이를 극복하기 위해서 많은 노력을 기울였다. 소위 '외세 간섭 없는 자주통일'을 명분으로 외세배격과 외국군대의 철수를 전면에 내세우게 되는데, 이는 구호로서 뿐만 아니라 실제로도 대남혁명의 직접적인 여건 조성을 위한 북한의 핵심 전략이 되었다.

따지고 보면 '하나의 조선' 논리도 '우리 민족끼리'의 논리도 다 여기에다 뿌리를 두고 있다. 그렇기 때문에 북한은 남북관계를 두고 이야기할 때 현실 상황의 변화에 관계없이 '하나의 조선' 논리에 배치되는 그 어떤 논리도 한반도에 2개의 국가를 획책하려는 반통일적이고 외세의존적 입장에서 비롯된 것이라고 비난한다. 그러나 바로 여기에 북한의 딜레마가 있다. 즉 명분에만 집착

---

5) 당시 변영태 외무장관은 1차 발언에서 '북한에서만의 자유총선'을 주장하였는데, 특히 14개항의 통일방안에서 '북한 지역만의 자유선거가 대한민국의 헌법절차에 의거하여 유엔 감시하에 실시되어야 한다'는 것을 강조하였다. 이후 참전국들의 권고로 '유엔 감시하의 남북한 총선거안'으로 입장을 바꾸었다.

하다가 보면 현실적 수요와 불일치가 생기기 때문이다.

사실 북한은 1970년대 다수의 신생국가들이 유엔과 국제기구들에서 발언권을 갖기 이전에는 어떻게든 북한에 불리하게 일방적으로 이루어지는 결정을 막기 위해서 한반도에 대한민국만이 존재하는 것이 아니며 2개 국가가 있다는 점을 부각시키기 위해 뛰어야 했다. 그리고 동서 냉전시대가 종식된 이후에는 조국분단의 원흉이고 '철천지 원쑤'인 미국이 그들과 협상에 나서서 체제유지를 보장해달라고 요구하는가 하면, 남북한이 함께 유엔에 가입하는 현실을 받아들여야만 했다. 더구나 2000년대 이후에는 명분과 현실의 간격이 점점 커져서 이제는 명분을 변형시켜 가면서 땜질하는 식으로는 도저히 설명될 수 없는 상황이 되어버렸다. 다시 말해 이제는 명분이라고는 해도 '하나의 조선'을 계속 주장하는 것이 북한에게 부담이 되어버린 것이다.

남한의 경우는 1970년 박정희 대통령이 북한에 대해 선의의 체제경쟁을 하자면서 남북한이 대화와 협상, 교류와 협력을 통해 평화통일의 여건을 조성해 나가자고 제안했다. 이것은 남북한이 서로의 체제를 파괴하고 교란시키려는 소모적인 경쟁을 지양하고 건설적이고 생산적인 방향으로 경쟁의 룰을 바꾸어 보자는 제안이었는데, 이는 곧 김일성 집단이 사실상 북한 지역을 지배하고 있는 실체이고 대화의 상대라는 사실을 인정하는 획기적인 것이었다. 이어서 1973년에 발표된 '6.23 평화통일외교정책 선언'은 한 걸음 더 나가 유엔 및 국제기구에서 점하고 있던 대한민국의 어드밴티지를 버릴 수 있으며, 북한이 함께 유엔에 가입해도 좋다고 하는 제안으로서, 결코 북한을 국가로 인정한 것이 아님을 전제로 한다고 밝혔음에도 불구하고 남한이 국제사회에서 북한을

동등한 지위의 행위자로서 인정하면서 2개 국가를 지향하고 있는 것으로 비쳐졌다.[6)]

그러면서 북한에 대한 호칭도 김일성 괴뢰집단 또는 '북괴'에서 '북한'으로 바뀌어졌으며, 1991년 남북기본합의서 채택 이후에는 아예 조선민주주의인민공화국이라는 국호를 쓰게 된다. '북괴'는 실체가 인정되지 않고 타도대상이라는 의미가 강하며 '북한'은 실체를 인정하고 잠정적으로는 공존하되 언제인가는 병합해야 할 통일의 대상이라는 측면에서 쓰고 있는 용어이다. 용어에 관한한 북한측도 마찬가지의 경로를 밟아 나왔다는 것은 대단히 흥미로운 일이다. 다만 '남한' 대신에 '남조선'이라는 용어를 쓰고 있을 뿐이다. 남북을 갈라내는 본체를 두고 '한'이냐, '조선'이냐 하는 것도 사실은 상대방을 무엇으로 보느냐에 관련되어 있으며, 정통성 다툼의 연장선상에 있다.

남북한은 1991년 남북기본합의서를 채택하면서 남북관계를 두고 "쌍방 사이의 관계가 나라와 나라 사이의 관계가 아닌 통일을 지향하는 과정에서 잠정적으로 형성되는 특수관계"라고 정의했다. 남북관계가 무엇이냐 하는 데 있어 남북한 쌍방 모두가 국가관계는 아니라고 인정한 것인데, 이것은 남북한이 각기 주권국가로서 외교활동을 하고 조약과 협정을 체결하고 있으며, 유엔의 성원으로 정식 가입되어 있는 현실과는 맞지 않는다. 더구나 남북기본합의서와 같은 체계를 이루는 관련 부속합의서들에서 '쌍방 재외 공관 사이에 협의를 진행한다'[7)]는 것과 같은 합의도 있고, 남북기본합의서를 서명한 당사자로서 '대한민국'과 '조선민주

---

6) 상세한 내용은 이 책 3장 참조.

7) 남북기본합의서 '제1장 남북화해'의 이행과 준수를 위한 부속합의서 제23조.

주의인민공화국'이라는 국호를 쓰고 있는 점 등을 감안하면 아이러니컬하다.

이 기본합의서 전문 내용은 결국 국제사회에서 남북한 사이를 국가관계로 보든 말든, 그리고 남북한이 제각기 국가단위로 행위를 하든 말든, 두 단위 사이에서 만은 서로를 국가로 보지말자는 것이다. 이에 따라 남북한이 채택해온 모든 합의서와 공동보도문의 조항들은 '남과 북은'(북한의 경우는 '북과 남은')이라는 주어로 시작된다. 그리고 '한'도 '조선'도 붙이지 않는다. 이것은 쌍방 모두 통일이라는 명분을 버릴 수 없고, 그것이 가능하기 위해서는 민족 내부의 문제로 묶어 두어야 할 필요성 때문이다. 결국 남북한은 서로의 관계를 동서독 방식에서 차용된 '잠정적으로 형성된 특수관계'로 정의하는데 합의해 두고 있다.

이같은 남북관계의 성격에 관한 정의는 두 가지 의미를 갖고 있다. 즉 하나는 남북관계가 생기게 된 배경에 관한 문제이고 또 하나는 남북관계를 종식시킬 방안에 관한 문제이다. 남북한 간에 분단이 이루어지고 고착화된 것은 두 가지 요인이 동시적으로 작용한 데서 비롯되었다고 할 수 있다. 당시 외세의 한반도 분할통치 전략과 미국과 소련 간 국제냉전의 시작에 맞물려진 국제적 역학관계가 한 가지 요인이고, 이러한 국제환경에 적응하여 민족의 운명을 새롭게 개척해 나갈 능력을 기르지 못한 채 민족 내부에서 분열과 대립이 격화되고 급기야 동족상잔의 전쟁으로 이어진 것이 또 하나의 요인이다. 남북관계의 형성 배경이 그러하기 때문에 분단의 현실을 타개하는 전략도 국제적인 환경 조성과 민족 내부에서의 신뢰구축과 화해협력의 증진이라는 두 가지 측면에서 접근될 수밖에 없다.

남북관계의 성격과 관련하여 또 하나 특징적 사항으로 꼽을 수 있는 것은 남한과 북한이 원천적으로 적대적인 관계에 있을 수밖에는 없지만 그런 가운데도 상호의존적 관계를 유지해온 측면이 강하다는 점이다. 2000년 이후 다방면에서 교류와 협력이 이루어진 시기는 논외로 하더라도 냉전시기에 있어서도 이같은 특이한 현상을 쉽게 찾아볼 수 있다.

한반도에 밀려오는 국제적 작용에 대응해 나가거나 정치적 실체를 유지 발전시키고 내적 통합을 이루어 나가는 방략을 구하는데 있어 남한과 북한은 상대방을 의식하거나 혹은 상대방의 것을 차용하면서 행동양식을 결정한 사례가 많다. 민간 예비무력으로서 북한은 교도대와 노농적위대를 두었고 남한은 예비군과 민방위대를 두었다.[8] 1970년대 초 남북대화가 시작되면서 남한이 헌법 개정을 통해 유신체제로 들어가자 북한은 국가주석제로 헌법을 개정하고 김정일을 후계자로 결정했다. 즉 서로가 집권세력의 권력을 강화하는 방향으로 체제를 개편했다.

자유왕래, 서신교환, 물자지원, 경제교류 상설기구 설치 등은 북한이 1950년대에 먼저 제의한 것들인데 1980년대 이후에는 남한의 독점적인 제의 대상이 되었다. 무력불행사 및 불가침협정은 북한이 1960년대 초반 제의한 것인데, 1974년 남한이 상호불가침협정을 제의할 당시에는 북한이 이를 거부하였다. 그러다가 1984년부터는 북한이 이를 확보하기 위해 전력을 기울이고 남한

8) 노농적위대는 1959년에 창설되어 4대 군사노선이 본격화 되면서 강화되었고 총인원은 540여만 명이다. 교도대는 1963년 제대군인을 주축으로 조직되었고 총인원은 90여만 명이다. 한편 남한의 향토예비군은 1.21무장공비 침투사건후 1968년 4월에 창설되었고, 민방위대는 1975년 7월 25일 민방위기본법 제정으로 발족하였다.

은 실천의지부터 보이라고 회피하는 입장으로 나왔다. 남 · 북 · 미 3자회담의 경우 1976년 미국이 발의하고 1979년 한미 정상회담에서 3고위당국자회담을 제의한 것인데, 이를 거부하던 북한이 1984년 공식 제의를 하였고 남한은 남북당사자 간의 직접 대화를 촉구하며 거부했다. 남북한 간에 회담이 진행될 경우에 오늘 남쪽에서 쓴 발언문구를 내일이면 북쪽에서 그들의 논리로 변형시켜 사용하는 사례도 많았다. 남북관계는 남한과 북한이 처한 대내외적 환경과 긴밀한 함수관계를 가지면서 부침을 해왔고 그런 점에서 남북한 간에는 원하든 원치 않든 상호의존적 관계가 형성되어 왔다고 할 수 있다.

2. 연구의 방법

남북관계는 그 생성과정에서 국제적 요인과 민족 내부적 요인을 함께 갖고 있음을 살펴보았다. 여기에서 우리가 생각해야 할 것은 모든 사회 현상은 변화하며 고정적인 것은 없다는 사실이다. 남북관계도 예외가 될 수 없다. 남북관계를 형성하는 제 요인들이 변화하는데 따라 남북관계도 변화한다. 그것은 남북관계 형성의 두 축인 남한과 북한 자체가 환경 변화에 조응하면서 변화를 추구해 나가기 때문이다. 지금의 북한은 1950~60년대의 북한일 수가 없다. 제반 환경이 달라졌고 그에 따른 생존 논리가 달라졌다. 그렇기 때문에 남북관계는 유동적이고 동태적일 수밖에 없다. 이것은 곧 남북관계가 부침과 단속의 역사를 갖는다는 말이다.

본고는 이 역사를 어떻게 해석할 것이며, 향후 남북관계의 발전방향과 어떤 연관을 갖는 것인지에 주 관심을 두고 연구하였다. 따라서 남북관계 그 자체나 남북관계를 형성하는 제 요인들, 또는 제 요인들 간의 관계를 연구의 대상으로 삼지 않았다. 남북관계가 변천되어온 과정을 체계적으로 정리한 토대 위에서 남북관계의 본질과 역사의 정신이 무엇인지를 파악하는 것이 연구의 목적이다.

남북관계사는 남한과 북한이 각기 처해지거나 인식하고 있는 대내외적 환경 안에서 서로 교호작용을 하면서 빚어내온 결과물이다. 따라서 이 결과물을 치밀하게 분석한다면 당시의 행위가 이루어진 생성 요인들을 역추적해 볼 수 있을 것이다. 마치 동물의 변을 분석하여 식성과 행동반경과 습성을 알아내는 것과 같은 이치이다. 이렇게 되면 남북관계사를 통해서 우리는 단순히 과거를 들여다 보는데 그치지 않고 현재와 미래를 이해하는 안목을 높이게 될 것이다. 예를 들어 1998년 북한의 광명성 1호 장거리 로켓 발사와 관련하여 일본과 북한 간에 오갔던 반응들을 잘 분석한다면 향후 우리가 북일관계의 변화에 대처하고 대일정책을 수립하는 데 유용한 자료가 될 수 있을 것이다. 또한 김일성 사망시 남북한과 주변국이 취했던 조치들과 이후의 남북관계 진전 과정을 주시한다면 북한의 지도층에 어떤 변화가 올 경우 이에 대비할 수 있는 우리의 역량을 한 단계 높이는 데 기여할 수 있을 것이다.

남북관계에 영향을 미치는 요소는 대단히 많다. 예를 들어 북한이 큰 재해를 당했다면 남한에 긴급 지원을 요청하지 않을 수 없을 것이고, 이는 남북관계의 흐름을 바꾸어 놓게 될 것이다. 중국이 자유주의 시장경제를 강화하는 조치를 취했다면 북한의 경제정책 전환에 대한 결단을 촉진시키는 방향으로 작용할 것이고, 이는 남북 간의 경제교류와 협력에도 영향을 미치게 될 것이다.

또한 만약 미국이 적극적인 대북관계 개선 정책을 편다면 한반도 평화를 제도적으로 보장하는 논의가 급진전을 이룰 수 있을 것이다. 우리는 남북관계사에서 금강산 관광사업이 성사됨으로써 비무장지대를 통과하는 길을 닦고 사람의 왕래가 가능하도록 군사적 조치가 자동적으로 수반되는 현상을 목격한 바 있다.

사실 그 하나하나의 요소들이 어떤 의미를 갖고 있는지, 그리고 남북관계에 미치는 영향력의 강도가 어떠한지, 그것이 지속적인지 일시적인지 등에 대해서 연구가 이루어질 필요가 있다. 이와 함께 그 요소들이 단선형인지 복합형인지, 복합형이라면 요소간의 관계는 어떻게 검증되어야 하는지 등에 대해서도 여러 가지 분석기법을 활용한 연구가 이루어져야 할 것이다. 예를 들어 1960년대 후반 북한이 왜 군사적 모험주의의 길을 선택하였는지에 대해 소련의 대북정책, 중국의 대북정책, 베트남 전쟁과 미국의 대아시아정책, 남한의 정치사정과 남북한 제반 부분의 역량비교 등을 놓고 다면적으로 상호관계 분석을 해야 할 것이다. 본고에서는 역사적 사실을 기술하는 가운데 부분적으로 이러한 분석방법을 시도해 보았지만 본격적인 연구는 역시 매개 사안별로 남겨져야 할 것이다.

본고에서는 개별적 사안이나 국제적 변화요인이 남북관계와 어떤 함수관계를 갖고 있는지를 직접적으로 다루지는 않는다. 여기서는 첫째 남북관계를 거시적으로 보아 큰 흐름의 의미와 방향성을 파악하고자 한다. 상술한 바와 같이 남북관계도 그것이 시간적으로 축적되면 역사가 되고 역사는 나름대로 자체 의지를 갖는다. 과거 일정한 환경 속에서 제반 도전요인에 대해 남북한이 어떤 반응을 보였고 그 결과 어떤 관계를 형성하게 되었는지를 실증주의적 입장에서 파악하는 한편, 남북관계사가 흘러갈 방향에 대해 맥을 짚어내자는 것이다.

둘째로 남북관계사의 시기별 특성을 찾아내고 이러한 특성이 자리잡게 된 배경과 원인을 입체적으로 분석하고자 한다. 남북관계가 지속적인 변화의 과정 속에 있다고 하더라도 그 흐름은 때로는 급류를 이루기도 하고 일정한 기간은 완만한 흐름을 지속하기도 한다. 이 때문에 역사의 흐름을 굴곡시켜온 전환점이 반드시 있게 마련인데, 이 전환점을 어디에 찍고 시대적 구분을 할 것이냐 하는 문제가 제기된다. 남북관계사에 시대적 구분을 한다고 해서 그 흐름을 정적이고 평면적으로 파악하거나 연속성을 소홀히 하는 것은 자칫 인식의 오류를 범할 가능성이 크다. 어디까지나 전체의 흐름을 동적으로 파악하면서 시대별 단락의 의미를 읽어내고자 했다.

셋째로 시기별 사건일지 속에서 남북관계에 영향을 미친 요소들을 찾아내고, 그 중에서 남한과 북한이 남북관계사의 주체로서 행한 직접적 관련 제안이나 주장 가운데 중요도가 높은 것에 대해 그것이 이루어진 대내외적 환경과 정치적 수요가 무엇이었는지를 검토하고자 한다. 또한 의미를 부여할만한 남북한 간 회담이 어떤 배경 아래 성사되고 그 진행과정은 어떠했는지, 그리고 남북한은 그 회담에서 어떤 주장을 했고 왜 그러한 입장을 갖게 되었는지 등에 대해서도 분석할 것이다.

본고에서는 남북관계 그 자체에 대한 정치적, 사회적, 법적 연구를 대상으로 하지는 않는다. 즉 현재의 남북관계를 파악하는 제반 유용한 학문적 틀에 의존하지 않고 그 변천되어 온 과정을 역사적 경험과 실증자료를 통해 분석적 방법으로 기술함으로써 역으로 남북관계의 의미와 특징을 찾아내는 방법으로 접근하고자 했다. 이렇게 함으로써 북한에 대한 인식론 및 특수성과 보편성 문제에 있어서의 한계를 벗어날 수 있을 것이다.

이러한 접근법에 있어 중요한 것은 자료의 수집 및 분석방법 자체가 일정한 패러다임에 묶여서는 안된다는 점이다. 그렇다고 해서 단순한 역사적 사실의 기술에 그친다면 연구의 목적과 거리가 멀어지게 된다. 따라서 본고에서는 가능한 한 1차적 자료를 중심으로 객관적 입장에서 분석하려고 했으며, 남북한의 사안별 입장에 대한 시비를 가리는 자세를 벗어나 남북관계사 전반을 관통하는 역사정신을 찾아내고자 하는데 집중하였다.

3. 시대의 구분

남북관계는 행위주체가 처한 환경과 이로 인한 정책선택이 얽혀져 형성되어 왔다. 1948년 남한과 북한에 각기 정권이 수립된 이후 비로소 남북관계라는 것이 성립되기는 했으나 그것은 한 민족 단위 안에서의 내분의 연장선상에 있었다. 1950년 전쟁을 치르고 휴전협정이 조인된 연후에는 각기의 체제를 유지 발전시키는데 집중하여 정치, 경제, 사회, 문화 모든 부문에서 교류가 차단되고 이것이 분단을 고착화시키는 양상을 낳았다.

북한은 김일성 1인 독재체제를 강화하고 대남 적화통일의 물질적 기초를 마련하는데 총력을 기울여 왔으며, 1960년대에 들어와서는 대대적인 무력증강과 함께 대남 간첩 침투 및 무장공비 습격을 자행하였다. 남한은 초기에는 북진통일론으로 무력행사를 불사한다는 입장이었으나 점차 북한의 무력통일에 대응하여 평화정착을 우선적 과제로 하는 수세적 입장으로 전환하면서 반공을 국시로 한다는 명분을 내건 채 시급한 경제건설에 매진하였다. 정치 · 군사문제와 통일문제는 당시 국력비교에서 우월적 지위에 있었던 북한의 전유물이 되었으며, 남한으로서는 사실상 이러한 문제들을 다루는 것을 회피하는 입장에 있었고 남북관계도 방치에 가까운 상태로 두었다.[9] 이로 인해 남북관계는 1960년대 말까지 아무런 대화나 교류가 없는 무관계의 상태가 되었고 남한과 북한의 주민 간에는 완벽한 단절과 이질화가 이루어져 극단적인 대결의식만이 자리잡게 되었다.

남북관계가 태동하기 시작한 것은 1970년대부터였다. 1969년 '닉슨 독트린'을 기점으로 미중, 미소 정상회담을 통해 두껍던 냉전의 벽이 허물어지기 시작하고 이것이 한반도 주변정세에도 엄청난 변화를 요구하게 되었다. 남북한은 내부 정치적 수요와 함께 이같은 파고를 극복해 나가는 방안의 하나로 남북관계의 변화를 선택하게 되었다. 따라서 1970년대에 남북대화가 시작된 것은 남한과 북한이 진정으로 관계를 개선해 나갈 의지를 가졌었기 때문이라기보다는 각기 다른 의도와 목적이 대화의 자리를 마련한다는 데 일치를 이루었기 때문이라고 할 수 있다. 그럼에도 불구하고 상대방 실체를 인정하지 않고 타도의 대상으로 삼아온 남북한이 대화의 상대로 마주앉게 되었다는 사실 그 자체로 큰 의

---

9) 정전협정 체결 이후 1960년대 말까지 통일방안 및 남북한 간 교류협력과 관련하여 북한의 제의는 남한에 비해 압도적이었다. 예를 들어 기간중 북한은 체신 우편연락 실현, 대남 전기 공급, 남한 수재민 원조, 교역 실시, 문화교류, 서신교환, 구호미 무상제공, 올림픽 단일팀 구성, 남북인사 자유왕래, 남북한 철도 연결 등을 제안하였으며, 연방제를 내놓고 정치협상회의를 지속적으로 주장하였다.

미가 있으며 이로써 남북한 간에 본격적인 관계를 맺는 단계로 들어서게 되었다.

이렇게 발아된 남북관계는 그러나 남한과 북한이 추구하는 의도가 본질적으로 융합될 수 없는 한계를 갖고 있었기 때문에 얼마 가지 않아 대화 중단의 상태에 빠지게 되었다. 1970년대 후반에도 남북한 간에 간헐적으로 접촉이 이어져온 것은 사실이지만 남북관계의 개선과는 상관없이 '접촉을 위한 접촉'에 불과하였고, 북한이 또 다시 노골적인 무력도발 사건을 자행하여 관계 악화를 초래하였다.

1980년 전두환 정권이 출범하면서 남북한 간의 신뢰회복을 통해 민주적 절차와 평화적 방법으로 통일을 실현해 나간다는 기조 아래 다소 공세적인 대북정책을 추진하였는데, 남북정상회담을 제의하고 '민족화합 민주통일방안'과 '20개 시범실천사업'을 제시하였다. 그러나 북한은 남한 정부의 자격을 운위하면서 대화를 거부해 왔으며 1983년에는 미얀마 암살폭발 만행을 저지르고 무장간첩을 침투시키는 등 관계개선에 성의를 보이지 않았다.

그러다가 1984년 남한이 북한의 수재물자 제공 제의를 수용한 것을 계기로 제2기 남북대화가 이루어졌다. 1980년대 중반 적십자회담, 체육회담, 경제회담과 국회회담을 위한 예비접촉이 봇물 터지듯 진행되었고 사상 처음으로 이산가족 고향방문단 및 예술공연단의 상호교환도 이루어졌다. 1986년 1월 북한이 대화중단을 선언하기까지 남북관계는 양적인 면에서나 질적인 면에서 일정한 진전을 이룸으로써 이 시기는 분단사에 있어 남북관계를 새롭게 정립할 수 있는 단초를 제공했다는 의의를 갖는다.

남한에서의 1987년 민주항쟁과 1988년의 올림픽 개최는 남북관계를 질적으로 변화시킨 동인이 되었다. 무엇보다 남한이 이를 통해 남북한 사이의 국력 격차를 확인하고 민족사를 주도적으로 이끌어나가는 데 자신감을 갖게 된 것이다. 여기에 1980년대 후반 전 세계적인 냉전구조의 해체는 한반도를 둘러싼 주변정세를 급격하게 변화시켰고 북한은 식량난, 에너지난, 외화난이라는 3중고 속에서 체제유지에 급급한 수세적 입장에 설 수밖에 없었다. 이러한 남북한 간 힘의 균형이 확연하게 무너지는 가운데 출범한 노태우 정부는 '7.7선언'과 '한민족공동체 통일방안'을 발표하고 공세적인 북방정책을 펴기 시작했으며, 1988년 10월 대통령의 유엔 총회 연설에서 군비축소, 평화체제 등 쌍방이 제기하는 모든 문제를 협의할 수 있다는 입장을 밝혔다.

분단 상황을 겪고 있는 나라들 사이에 정치 · 군사문제에 대해 어느 쪽이 공세적이냐 하는 것은 그 주도력을 어느 쪽이 쥐고 있느냐 하는 문제와 연결된다. 그동안 정치 · 군사문제에 상대적으로 회피적 입장에 있던 남한이 이를 협의의 대상으로 삼을 수 있다는 메시지를 보낸 것은 이제 남북관계사를 끌어가는 주도력을 남한이 갖게 되었다는 것을 의미하는 것이었다. 남한의 메시지는 북한에게 자극과 명분을 주기에 충분했고 이것이 계기가 되어 남북한 간에 총리를 수석대표로 한 고위급회담이 성사되었다.

이 회담이 진행되는 동안 북한은 남북관계의 전도된 현실을 인정할 수밖에 없었고, 결국 1991년 남북기본합의서를 채택하는 데 동의함으로써 분단 이후 처음으로 남북관계를 포괄적으로 규율하는 장전이 마련되었다. 이를 통해 남한과 북한은 상대방 체제를 인정 · 존중하고 무력침략을 하지 않으며, 교류와 협력을 활성화하여 민족공동체를 회복해 나가는 노력을 기울이기로 합의하였다. 이와 함께 남북한은 이를 구체적으로 이행하기 위한 제도적 장치를 마련해 나감으로써 남북 화해협력 시대로의 진입에 대한 기대가 확산되었으나, 곧 이어 벌어진 1차 핵위기 상황이 이러한 기대를 좌절시키고 말았다. 핵위기를 해소하는 과정에서 남북정상회담이 합의되기도 했으나 1994년 7월 김일성 주석의 사망은 이마저도 무산시키는 결과를 가져왔으며, 북한이 급속한 상황악화에 자연재해가 겹쳐 '고난의 행군'[10]을 선언함으로써 남북관계는 진전의 동력을 잃고 말았다.

1998년 남한은 김대중 정부가 들어서고 대북 포용정책을 내걸면서 민간 부문의 교류협력을 강력히 추진하였으며, 금강산 관광이 이루어지고 대북 지원이 활성화되는 가운데 당국 간에 대화를 복원시킬 방안을 다각도로 강구하였다. 북한도 국방위원회를 최고권력기관으로 하는 헌법 개정을 통해 '김정일 시대'를 열고 '강성대국 건설'을 표방하면서 남북관계를 추스릴 수 있는 여유를 다소 갖게 되었다. 이에 따라 남북한 간에 비밀접촉을 진행하여 정상회담을 성사시켰으며, 마침내 2000년 6월 13일 김대중 대통령이 평양을 방문하여 정상회담을 갖고 '6.15공동선언'을 탄생시켰다. 이는 남북관계사에서 큰 획을 긋는 전환점이 되었으며, 이를 계기로 남북한 간에 실질적인 대화와 교류협력이 이루어지기 시작했다.

장관급회담을 주축으로 군사와 경제 분야에서 회담과 실무접

10) '고난의 행군'은 1938년 12월 초부터 1939년 3월 말까지 100여 일간 조선인민혁명군 부대가 김일성 지휘아래 혹독한 고난을 이겨내면서 중국 길림성 남패자로부터 압록강 연안 국경지대로 진출한 행군을 말한다.(사회과학출판사, 〈조선말 대사전〉, 2006) 북한은 이에서 간고분투의 정신, 낙관주의 정신, 불굴의 혁명정신을 교훈으로 삼는데, 1990년대 중반 혹독한 자연재해와 경제파탄이 닥치면서 이를 극복해 나가기 위해 '고난의 행군 정신'을 강조하였다.

촉이 빈번히 이루어지면서 각종 합의서가 양산되고 실천되었다.[11)] 또한 인적·물적 교류가 크게 늘어나고 철도와 도로가 연결되었으며 개성공단에 남한 기업들이 진출하여 가동하기 시작했다. 이산가족들의 상봉이 이루어지고 부산 아시안게임에 북한 선수단과 응원단이 참가하는가 하면 올림픽을 비롯한 국제경기대회에도 공동 입장을 하는 등 남북한 간에 반세기를 지배해왔던 적대와 불신의 관계에 변화가 밀어닥치기 시작한 것이다. 물론 2002년 북한에 대한 농축우라늄 핵개발 의혹 제기로 인해 2차 핵위기가 촉발되었고 서해상에서 남북한 간에 두 차례나 교전을 하였으며, 2006년 북한이 핵실험을 하는 등 부정적 요인들도 있었다. 그럼에도 불구하고 남북관계는 2007년 말까지 전반적으로 화해와 협력이 기저를 이루고 있었다고 할 수 있다. 특히 2007년 10월에는 노무현 대통령과 김정일 국방위원장 간에 2차 정상회담이 개최되어 '10.4공동선언'을 채택하였으며 남북경제협력사업을 양적으로 확대하고 질적으로 심화시키기 위한 다양한 사업들을 전개해 나가자는 데 합의하였다.

그러나 남한에서 2007년 12월 실시된 17대 대통령선거에서 보수층을 기반으로 한 한나라당 이명박 후보가 당선되고 북한이 핵상황을 악화시킴으로써 화해협력시대에의 본격적인 진입은 유보상태에 들어갔다. 남한 국민들은 '왜 우리가 북한에 저자세이고 끌려만 다니느냐', '우리가 그동안 북한에 퍼주다시피 지원을 했는데도 북한이 변한게 하나도 없다'는 등 대북정책에 대한 불만을 표출하는 층이 두터워졌고, 새 정부는 이를 토대로 한 정치적 수

11) 1998년부터 2008년 2월까지 남북 간에 채택된 각종 합의서와 공동보도문은 169건에 이른다(통일부 회담자료실 참조).

요에 따라 '비핵개방 3000'정책을 수립하여 북한이 태도를 변화시키는데 따라 협력해 나간다는 원칙 아래 남북관계를 새롭게 설정해 나가고자 하였다.

이에 반발한 북한이 대남 강경정책으로 전환하여 군사적 충돌까지 운위하면서 오히려 남한의 정책전환을 요구하고 나서 남북관계는 급속히 경색되고 당국 간에 대화마저 거의 단절되는 상황에까지 이르렀다. 그럼에도 불구하고 2009년을 마감하면서 미국 등 주변국들 간에 새로운 역학관계가 형성됨으로 인해 동북아 질서의 전환적 국면이 내다보이고, 북한이 핵문제 해결과정과 남북관계 개선에 적극적인 입장으로 선회하면서 남북관계도 서서히 해빙의 싹을 보이기 시작하고 있다.

지금까지의 남북관계사를 위와 같이 개략적으로 정리해 볼 때 우리는 역사의 큰 흐름을 바꾸어 놓은 분기점을 인식할 수 있다. 그것은 1972년의 7.4남북공동성명, 1991년 남북기본합의서의 채택, 그리고 2000년의 남북정상회담과 '6.15공동선언'이다. 분기점을 이와 같이 잡고 그 배경을 이루는 부분까지 특정시대별 구분의 영역에 넣어본다면 1970년~1987년, 1988년~1997년, 1998년~2007년이 남북관계사에서 뚜렷이 드러나는 특징을 이룬다고 하겠다. 그러나 박정희 대통령이 서거한 후인 1980년대 초중반은 정치적 의미가 1970년대와 차별성을 갖고 있고 북한도 공식적인 후계체제가 가동되고 대남전략에서의 변화를 요구받던 때이며, 남북관계도 제2의 대화기로 일컬어질만큼 다양한 대화가 전개되었다는 점에서 이 기간을 별도로 다룰 필요가 있다고 본다.

이와 같은 시대구분을 놓고 보면 남북관계가 한편으로는 묘하게도 남북한의 정치적 중요사건과 맞물려 돌아가는 것을 알 수 있다. 남한의 경우 1970년은 3선 개헌안에 의한 대통령선거를 앞둔 시점이었고, 북한은 숙청작업을 끝내고 주체사상을 당 이념으로 공식화하던 때였다. 1980년은 남한에서 전두환 정부가 출범하고 북한에서는 조선로동당 6차 대회를 열어 김정일 승계를 확립했다. 1988년은 남한에서 민주화의 물결 속에 노태우 정부가 출범하고 북한에서는 사회주의권의 변혁을 지켜보며 민족과 통일을 앞세워 대내결속을 꾀하던 시기였다. 1998년은 남한에서 진보 정권이 탄생하고 북한에서는 김정일 체제가 본격적으로 출범하였다.

이와 같은 시대 구분을 염두에 두면서 기간별로 특징적 사건을 종합하여 남북관계사라는 60여 년의 큰 흐름 속에서 그 기간이 갖는 의미를 평가해 본다면 다음과 같이 정리해 볼 수 있을 것이다. 1970년 이전까지는 남북한 각기 냉전이라는 국제질서 속에 최전선에서 부딪치면서 상대방 체제를 불인정하고 전복시켜야 할 대상으로 삼았기 때문에 소통도 없고 적대관계만 필요했던 폐색기였다고 할 수 있다. 그 이후 1970년대 말까지는 대화는 있었으나 전혀 화해협력에 기반을 두지 않았고, 북한의 경우는 특히 대남혁명전략의 연장선 위에서 또 하나의 전장으로 인식했기 때문에 긍정적 의미를 부여할 수는 없다.[12)]

다만 대화 그 자체 만으로 남북한 모두 통일의 끈을 놓고 있지 않다는 것을 확인시켰고 한반도의 긴장을 완화시켰으며 향후 관계 발전의 모티브를 제공했다는 점에서 남북관계의 태동기라고

12) 김일성은 1970년대 초 남북회담을 앞두고 "대화건 협상이건 우리는 적을 날카롭게 공격해서 적을 궁지에 몰아넣는 혁명의 적극적인 지류적 공격형태로 생각해야 합니다"라고 언급했다. 양성철, '공산권 협상 특성과 대북한 협상전략 개발', 『북한의 협상전략과 남북한관계』, 경남대학교 극동문제연구소 (1997) p.19 재인용.

명명할 수 있을 것이다.

1980년~1987년 기간은 남한과 북한이 국제적인 냉전의 완화기에 어떠한 방식으로 적응할 것인가, 그 속에서 서로의 관계를 어떻게 설정할 것인가에 대한 고려가 필요해졌으며 서로의 존재를 공존의 테두리에서 인식하기 시작했다는데 의의가 있다. 특히 북한은 남북한 간의 힘의 균형이 남쪽으로 기울었다는 사실을 인정할 수밖에 없는 상황을 맞이했으며, 이로 인해 남북관계를 새롭게 정립하는 토대가 마련되었다는 점에서 남북관계의 정립기라고 할 수 있다.

1988년~1997년 기간은 남북한이 냉전구조 해체라는 거대한 세계사의 물결 속에서 평화공존의 필요성을 절감하고 남북관계를 새롭게 규율할 기본합의서를 탄생시키고 통일문제를 민족 내부문제로 끌어 들여온 의미있는 기간이었다. 비록 여러 가지 요인으로 화해와 협력을 개화시키려는 노력이 좌절되기는 했지만 불신과 대결의 남북관계사를 화해와 협력의 물길로 틀어 놓는 초석을 놓았다는 점에서 이 기간을 화해협력의 모색기라고 할 수 있다.

1998년~2007년 기간은 남북한이 서로 조응하여 신뢰를 바탕으로 대화를 정례화, 상설화하고 각종 협력사업을 전개하여 화해와 협력을 실천해 나간 기간이었다. 이로써 남북관계는 새로운 단계로 접어들었으며, 비록 북한이 변화의 속도와 강도에서 기대에 미치지 못하여 화해협력을 완숙시키지는 못했지만 명실공히 화해협력 시대에 진입했다고는 할 수 있을 것이다.

이같은 남북관계사의 개략적인 흐름을 놓고 평화, 화해, 신뢰, 협력 등 긍정적 현상을 상축으로 하고 도발, 긴장, 적대. 불신, 대결 등 부정적 현상을 하축으로 하여 그 강도가 높을수록 상하 극단선에 근접시키는 방식으로 남북관계사에 있어서 중요 사건의 좌표를 정하고 이를 연결하여 도표로 그려보면 아래 〈표 1〉과 같다. 이 도표를 통해 남북관계사의 다이내미즘과 시대별 구분이 뚜렷하게 드러남을 알 수 있을 것이다.

〈표 1〉

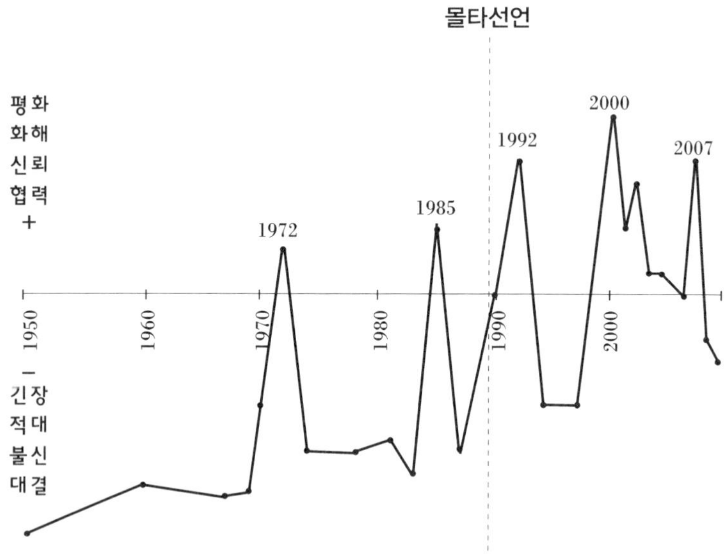

남북관계사는 한국사도 아니고 북한사도 아니다. 그것은 남한과 북한이 관계를 맺고 이와 연관된 현상을 누적시켜온 기록이다. 모든 역사는 후세의 사가들에 의하여 평가된다. 사가들은 의미있는 사건들을 추려내어 시대별 특징을 부여하고 역사의 큰 흐름과 시대정신을 읽어내려고 한다. 이것은 역사가 단편적 사건들의 누적물이지만 역으로 시대를 관통하는 정신이 존재하고 그것이 필연적으로 그러한 사건들을 잉태하고 있다는 믿음 때문이다. 역사는 과거의 기록이지만 큰 흐름만 제대로 짚어낸다면 현재의 의미와 미래에로의 연결고리를 찾아낼 수 있을 것이다. 이러한 점에서 남북관계사를 편의상 시대별로 구분하여 설명하지만 중요한 것은 남북관계사 전반을 일관하고 있는 정신을 찾아내는 일이다. 그렇게 함으로써 우리는 갈라진 민족사를 하나로 꿸 수 있을 것이다.

Ⅱ. 남북관계 폐색기 ~1969

Ⅱ 남북관계 폐색기 ~1969

1. 남북 분단의 배경

한반도는 1945년 8월 15일 일본의 식민통치로부터 해방이 되었다. 그러나 종전 처리과정에서 미국과 소련이 북위 38도선을 경계로 각각 군대를 진주시킴으로써 남과 북으로 양단되고 말았다. 이 같은 불행은 2차 세계대전이 연합군에 유리하게 전개되기 시작한 1943년경부터 열강들에 의해 논의되어 온 결과에 의한 것이었다.

1943년 11월 개최된 카이로회담에서 미 · 영 · 중 수뇌들은 한국문제를 공식적으로 논의하고 한국의 자유와 독립을 보장하기로 했다. 그러나 12월 1일 발표된 선언에서 "한국민의 노예상태에 유의하여 적절한 과정을 거쳐서(in due course) 한국을 자유 · 독립시키기로 결의한다"는 입장을 밝혔다. 이것은 한국의 자유와 독립을 일정기간 유보한다는 것을 의미했다. 1943년 11월 28일 미 · 영 · 소 3국 수뇌가 참석한 테헤란회담에서도 한국이 완전한 독립을 하기에는 얼마간의 준비기간이 필요하다며 신탁통치 기간이 거론되기도 했다.

1945년 2월 얄타에서 미·영·소 3국 수뇌가 회담을 갖고 소련의 대일 참전과 한국에 대한 신탁통치 문제를 협의했으며, 1945년 7월에 다시 포츠담에서 회담을 가졌다. 7월 26일에 발표된 포츠담선언은 그 8항에서 한반도 문제에 대하여 '적절한 과정을 거쳐서' 독립하게 된다는 카이로선언의 원칙을 재확인하는데 그쳤다.

한반도 문제에 대한 구체적인 청사진을 갖지 못한 채 막상 종전이 임박해지고 소련이 8월 8일 대일 선전포고를 하고 만주 지역에 대한 군사적 행동을 개시하자 지상작전의 한계선을 어디에 그을 것이냐 하는 문제가 대두되었다. 미국은 북위 38도선을 경계로 각기 진주하여 일본군의 항복을 접수하자는 안을 영·중·소 3국에 통보하여 동의를 받았으며, 이를 '일반명령 제1호'로 맥아더 태평양지구 연합군 최고사령관에게 하달하였다. 따라서 38도선은 한반도에 주둔하고 있던 일본군의 항복을 접수하고 무장을 해제하기 위한 행정단일화 이전 군사작전의 필요에 따른 잠정적 조치에 의한 것이었다.

그러나 소련군은 8월 24일 평양에 입성하자말자 미리 준비된 계획에 따라 점령지역에 공산주의를 심는 작업을 신속하게 추진해 나갔다.[1]

먼저 공산주의자들이 주도하는 도별 인민위원회를 만들어 민정업무에 대한 행정권을 형식적으로 행사케 했으며, 이를 기반으

1) 소련군은 8월 21일 선발대가 함흥, 원산으로 들어왔고 24일에는 평양에 진주하였다. 소련군 사령부는 곧바로 지역별 인민위원회 조직에 들어갔다. 양호민, '정치: 전체주의 1인 독재체제의 확립', 『북한40년』, 을유문화사(1988) p.35 참조.

로 10월 8일 중앙행정기구인 '북조선 5도 임시인민위원회'를 구성하였다. 한편 정치 조직을 만들기 위해 9월 19일 입국한 극동군 산하 88특별여단 소속의 김일성을 중심으로 10월 10일 '조선공산당 서북5도 책임자 및 열성자 대회'를 연데 이어 10월 13일에 '조선공산당 북조선분국'을 만들었으며, 다음날 김일성을 환영하는 평양시 군중대회를 열었다. 김일성은 12월 17일 책임비서로 선출되어 당에 대한 절대권을 장악하였는데, 이것이 분단의 정치적 고착화를 가져온 시발이 되었다.

한편 남한에는 미군이 소련군보다 늦게 진주한데다,[2] 모든 행정권을 조선총독부로부터 직접 인수하고 미군정청을 발족하여 군정을 실시하는 쪽으로 방향을 잡았지만 군정에 대한 사전 준비가 없었던 때문에 남한 내부에 격심한 좌우 대립의 양상이 초래되었다.[3] 이러한 상황에서 1945년 12월 16일부터 모스크바에서 미·영·소 3국의 외상회의가 개최되었다. 미·소 간의 타협으로 12월 27일 발표된 '한국문제에 대한 모스크바협정'은 한반도에 대해 미·영·중·소 4대국에 의한 향후 5년 이내의 신탁통치를 실시하되 한반도 전역에 행정관할권을 갖는 임시정부의 수립을 지원하고 한국민의 독립달성 방안을 마련하기 위한 미·소공동위원회를 구성 운영하도록 했다.

---

2) 미군이 남한지역에 첫발을 다딘 것은 1945년 9월 6일이었다. 이어 미군은 9월 19일 재조선미육군사령부 군정청을 설치한다고 발표하여 미군정이 시작되었다. 임영태, 『대한민국사』, 도서출판 들녘(1987), p.38 참조.

3) 1945년 당시 미군정청에 등록된 정당과 정치단체가 무려 250여 개에 이를 정도로 정치적 열기에 휩싸였다. 1945년 말이 되면서 대체로 여운형과 조선인민당, 김구와 임정계열, 이승만과 독립촉성국민회, 김성수와 한민당, 박헌영과 조선공산당 등이 주요 5대 정치세력으로 등장하였다. 임영태, 위의 책(1987), pp.30-34.

미 · 소공동위원회는 1946년 3월 20일~5월 12일 사이와 1947년 5월 21일~10월 18일 사이 두 차례에 걸쳐 개최되었으나 협의대상으로 참가할 정당 및 사회단체 대표의 자격문제와 한반도에서의 행정, 경제의 통일과 임시정부 수립의 우선순위 문제로 난관에 봉착했다. 소련은 신탁통치에 반대한 정당과 사회단체들은 협의대상에서 제외되어야 한다고 주장함으로써 임시정부 수립에서 반탁 우익세력을 배제하려는 의도를 드러냈다.

남한에서는 건국 과정의 정국 장악을 위해 수많은 정치세력들이 우후죽순처럼 생겨나고 신탁통치를 둘러싼 좌우익의 대립을 비롯하여 친일파 청산, 토지개혁 등의 과제를 놓고 이념과 노선 차이로 이합집산의 혼란을 거듭했다. 여운형과 김규식을 중심으로 좌우합작운동이 있었고[4] 미군정당국도 이를 주축으로 '남조선 과도입법의원'을 구성하기도 했으나, 당시 정치적 중심세력이 빠진데다 이승만의 단독정부 수립운동으로 명맥만 유지했으며 1947년 7월 19일 여운형의 암살로 막을 내리고 말았다.

북한에서는 소련군이 북한지역의 공산화와 단독 공산정권 수립을 위한 노력을 가속화시켜 나갔다. 1946년 2월 8일 '북조선임시인민위원회'를 만들면서 조만식 등 민족진영 인사들을 숙청하여 김일성을 위원장에 앉히고, 3월에 토지개혁, 8월에 주요산업 국유화 조치를 단행하였다.[5] 또한 8월에 '북조선공산당'이 연안파

---

4) 제1차 미소공동위원회가 결렬된 후 좌우의 대립이 계속되자 중도좌파인 여운형과 중도우파인 김규식을 중심으로 좌우합작운동이 일어났으나 1946년 말 사실상 실패로 돌아갔다.

5) 북조선임시인민위원회는 1946년 3월 5일 토지개혁에 관한 법령을 발표하여 '무상 몰수 무상 분배'의 원칙에 따라 민주개혁이라는 이름 하에 토지개혁을 실시하였는데, 이는 같은 해 8월 10일 공장 · 광산 · 철도 · 체신 · 은행 등 주요산업을 국유화 하는 조치와 함께 스탈린식 사회주의로 이행하기 위한 기반

와 합쳐 '북조선노동당'으로 발족하였으며, 11월 3일에는 지방인민위원회 대의원 선거를 실시하고 1947년 2월 17일 최고입법기관으로서 '북조선인민회의'를 구성하였다. '북조선인민회의'는 그 1차 회의에서 김일성을 위원장으로 하는 '북조선인민위원회'를 조직함으로써 사실상 단독 공산정권이 수립된 셈이다.

모스크바 협정의 실현이 난망하다고 판단한 미국은 한국문제를 새로이 창설된 유엔에 의해 해결하기로 방침을 전환하고 1947년 9월 17일 한국문제를 유엔에 상정하였다. 유엔총회는 이를 정식 의제로 채택하고 정치위원회에 회부하였으며, 가결안이 다시 총회에 이송되어 11월 14일 '유엔한국임시위원단 설치와 한국의 총선거에 관한 결의'를 채택하였다. 이에 따라 1948년 3월 31일 이전에 유엔한국임시위원단의 감시 하에 한국 전역에서 인구비례에 따른 총선거를 실시하여 국회를 구성하고 정부를 수립하며, 정부수립 후 가급적 빨리, 가능하면 90일 안에 모든 점령군이 철수하도록 되었다.

유엔한국임시위원단은 1948년 1월 8일 내한하여 활동을 개시했으나 소련군측이 입북 자체를 거부하였으며, 이에 유엔 소총회는 2월 26일 한국 내 접근이 가능한 지역에서 임무를 수행하도록 결의함으로써 남한 지역에 국한된 선거를 실시할 수 있도록 하였다. 이에 따라 1948년 5월 10일 남한에서 최초의 총선거가 실시되어 제헌국회를 구성하고 7월 17일 헌법을 제정 공포하였으며, 8월 15일 대한민국 정부의 수립을 내외에 선포하였다.

한편 북한은 유엔의 결의가 있자 그때까지 진행해온 단독정부 수립 작업에 박차를 가해 1947년 11월 '북조선인민회의'에서 헌법

을 마련하기 위한 것이었다(통일부, 『2004 북한개요』 참조).

초안 작성에 들어갔으며, 1948년 2월 8일 인민군을 창설하고[6] 4월에는 헌법초안을 승인하였다. 또한 8월 25일 최고인민회의 대의원선거를 실시하고 9월 9일 김일성을 수상으로 하는 정권기관을 출범시켰다.[7] 그 과정에서 당시 남한만의 단독정부 수립을 반대하던 김구와 김규식 등은 평양에 가서 정치협상회의를 시도하기도 했으나 북한측이 전술적 이용만 함으로써 무위로 그치고 말았다.[8] 이로써 남북한은 각기 별개의 정부를 수립하여 정치적으로 완전히 분단되었다.

대한민국 정부의 수립은 유엔에 보고되고 유엔총회는 12월 12일 "유엔한국임시위원단이 감시할 수 있었고 또한 대부분의 한국인이 살고 있는 지역에 대하여 유효한 지배와 관할권을 가진 합법적 정부가 수립되었음을 선언하며, 이 정부는 한국에 있어서의 유일한 정부임을 승인한다"고 결의하였다. 이에 따라 자유우방 각 국이 대한민국 정부를 승인함으로써 국제법적 지위를 보장받게 되었다.

---

6) 북한은 각 지역 보안대를 통합하여 1947년 5월 인민집단군 총사령부를 만들었으며, 1948년 2월 4일 북조선임시인민위원회 내에 민족보위국을 신설하고 2월 8일에는 이 인민집단군을 '조선인민군'으로 개칭하여 정규군 창설을 선포하였다. 이는 정권이 수립되기 7개월 전이다(통일부, 『2004 북한개요』 참조).

7) 8월 25일 대의원 선거는 선거구별 유권자의 97~99%가 참가하여 98.49%가 단일 후보자에게 찬성표를 던졌다(『조선통사(하)』, 1958, p.109).

8) 김구와 김규식이 4월 21일 평양에 도착하였을 때는 정당 · 단체 대표자 연석회의는 이미 시작되어 일방적으로 진행되고 있었다. 이에 두 사람은 북한 요인들과의 회담을 제의했고 4월 26일부터 30일까지 '남북인사 15인 회담'이 열렸다. 북한은 이를 북한 정권 수립의 정당화와 남한의 총선거 저지에 활용하였다. 민족분단을 막으려 북행길을 택했던 김구는 다음해인 1949년 6월 26일 피습 서거하였다.

2. 분단 초기의 남북관계

1948년 한반도의 남과 북에 서로 이념을 달리하는 독립된 정치실체가 존재하게 되었으나 그 어느 쪽도 상대방을 인정할 수 없었다. 남한은 국제사회에서 유일 합법 정부로 승인을 받았기 때문에 북한의 정권이란 영토를 불법적으로 강점하고 있는 불법단체일 뿐이었다. 북한에게 있어 남한 정권은 미 제국주의자들이 만든 괴뢰 정권이며 남한 주민을 해방시키기 위해 타도해야 할 대상이었다. 서로가 한반도의 유일한 정부임을 내세우며 정통성 경쟁에 들어간 것이다.

남한은 제헌 국회 내에 장차 북한 지역에서 인구 비례에 의해 선출될 의원을 감안하여 100석을 공석으로 두었다. 그렇기 때문에 통일이란 남북한 전역이 아니라 북한 지역만의 자유선거를 실시하여 그 대표들이 국회에 참석하면 되는 것이었다. 북한의 경우는 무력으로 적화통일을 달성하기 위해 소련의 비호 아래 인민군의 병력과 장비를 대대적으로 증강해 나갔다. 이와 함께 1949년에 들어와 남로당과 북로당을 '조선로동당'으로 통합하고 정당 · 사회단체 대표들로 '조국통일민주주의전선'을 발족시켜 공세적인 대남전략을 수행하기 시작했다. 특히 제정당 · 사회단체 대표로 선거지도위원회를 만들어 선거를 실시하고 입법기관을 구성하자고 하는 등 마치 남북한 총선을 수용하는 것처럼 위장 평화공세를 펴기도 했다.[9)]

9) 조국통일민주주의전선은 1949년 6월 25일 남북 정당 · 사회단체 연석회의에서 대남전략의 일환으로 평화공세를 전개하기 위해 결성되었다. 다음해 6.25 전쟁 전까지 남북의 제정당 · 사회단체의 대표로 선거지도위원회를 구성하여 남북 총선거를 실시하자고 계속 주장했다. 김학준, '통일정책: 지속성과 변화

당시의 대외 상황은 북한의 무력남침을 부추기는 방향으로 돌아갔다. 1949년 3월 '조 · 소 간 경제 및 문화협조에 관한 협정'을 맺어 군사장비 제공을 보장받았으며,[10] 6월에 주한미군의 철수가 완료되고, 10월에 중국 공산정권이 출범하였다. 게다가 1950년 1월 12일 애치슨 미 국무장관이 한반도에서 무력 분규가 발생했을 때 미국이 개입하지 않을 것임을 시사했다.[11] 일련의 위장 평화공세를 전개해오던 북한은 마침내 1950년 6월 25일 무력으로 기습공격을 감행하여 동족상잔의 비극을 초래했다.

한국전쟁은 1953년 7월 27일 휴전협정을 조인함으로써 끝났지만 한반도 전역에 걸쳐 수백만 인명의 살상과 재산의 파괴라는 참담한 결과를 가져왔고, 이로 인해 남북 간에는 불신과 적대의 관계가 깊어지고 정치적 분단을 넘어 민족분단의 상황으로 치닫기 시작했다. 휴전 협상은 공산군측의 지연전술로 2년이나 끌어 왔는데 미국의 아이젠하워 정부가 출범하고 소련의 스탈린이 1953년 3월에 사망하자 진전을 이루었다. 그런데 이 휴전협정 협상 과정에서 남한은 단순한 전투행위의 종결은 또 다른 전화의 불씨를 남기는 미봉책에 불과하다는 점에서 통일 없는 휴전에 반대하는 입장을 취했기 때문에 협정조인은 유엔군 총사령관인 클라크 대장과 북한군 총사령관 김일성 및 중국인민지원군 사령관 팽덕회 사이에 이루어졌다. 북한은 이를 빌미로 1970년대 이후의

추세', 『북한 40년』, 을유문화사(1988), p.530 참조.

10) 조선인민군의 무력강화는 소련의 지원 없이는 어려웠다. 이에 1949년 3월 김일성이 소련을 방문하여 스탈린과 남침계획 및 소련의 대북 군사지원 문제를 깊숙이 논의하였고, 이후 정찰기와 전투기, 폭격기, 탱크와 중포 등 무기가 대거 공급되었다.

11) 애치슨 미 국무장관은 1950년 1월 12일 한국과 대만을 미국의 극동방위선으로부터 제외시킨다는 연설을 했다.

남북관계사에서 남한은 평화문제 협상의 당사자가 아니라는 주장을 펼쳐 왔다.

휴전협정에 한국문제를 평화적으로 해결하기 위해 3개월 내에 정치회담을 개최한다고 한 규정에 따라 1954년 4월 26일부터 제네바에서 한국 및 연합국측과 북 · 중 · 소 공산국측 간에 회담이 열렸다. 남한은 유엔 감시 하에 대한민국 헌법절차에 따라 인구비례에 의한 남북한 자유총선거를 실시할 것을 제안하였으나, 북한은 남북 의회 대표로 '전조선위원회'를 조직해서 선거법을 만들자고 하면서 모든 외국 군대의 6개월 이내 철수에 초점을 두고 정치적 선전에만 이용함으로써 제네바 회담은 아무런 성과 없이 종료되었다.[12] 이 제네바 회담은 비록 유엔의 권고에 따른 국제회의에 참석한 것이기는 하나, 남북한의 정부 대표가 합석하여 각기 통일문제에 대한 입장을 밝힌 최초의 회담으로 기록된다.

그 이후 남북한은 각기 전후 복구와 체제를 정비 · 강화하는데 총력을 기울여 나갔으며 남북관계가 단절되고 분단이 고착화되는 단계로 들어갔다. 남한은 1953년 10월 한미 상호방위조약을 체결하고 철저한 반공정책을 추구하여 안보를 확보하면서 자유민주주의 이념을 근착시켜 나갔으나, 식량마저 외국의 원조를 받는 피폐한 경제 기반에다가 이승만 대통령의 독재와 사회에 만연한 부정부패 현상으로 난맥상을 빚었다. 통일문제는 '백두산에 태극기를 꽂자'는 북진통일의 명분만 있었을 뿐 국정 운영의 테두리에

12) 북한 남일 외상은 1954년 6월 15일 제네바 회담에서 조속한 기간 내 외국무력 철거, 남북 각기 병력 10만 이하 축소, 평화체제 논의 위한 쌍방 대표 위원회 구성, 타국과의 군사관련 조약 폐기, 남북관계 발전을 위한 전조선위원회 구성, 통일문제 해결을 위한 참가국들의 조건 조성 등을 주장했다. 통일원, 「남북한 통일 · 대화 제의 비교」(1991) 참조.

담아내지를 못했다.[13)]

그러나 북한은 중 · 소의 지원을 받아 전후 복구 3개년 계획과 5개년 계획을 연이어 수행하고[14)] 천리마 운동 등을 통해 경제건설에 대중을 동원하는가 하면, 김일성의 정적들을 단계적으로 제거하고 일당 독재체제를 구축해 나갔다.[15)] 엄격한 사상통제, 그리고 중앙통제방식의 공업화와 노력동원은 단기간에 경제부문의 생산성을 높여 놓았다. 이러한 결과를 바탕으로 북한은 경제력의 대남 우위라는 배경과 1959년부터 시작된 재일교포의 북송[16)] 등으로 인한 자신감으로 통일문제에서도 공세적인 입장을 취하였다. 1956년 4월 노동당 제3차 대회에서 김일성은 전체 조선인민의 총선에 의한 통일정부 수립과 남북 접촉과 협상을 주장했다. 1959년 10월 남일 부수상은 7개항의 통일방안을 내놓았는데, 일체의 외국 군대를 철수시키고 전조선의 자유선거를 실시하자면서 이를 위해 남북의 정당 · 정부 · 국회 또는 정당 · 사회단체 대표들로 구성된 상설위원회를 구성할 것과 경제, 문화예술, 체육 등 분

13) 이승만의 북진통일론은 무력을 동원하여 북한을 강제로 합병시키자는 뜻이지만 실질적인 힘이 뒷받침 되지 않은 상황에서 그것은 명분상으로만 존재하였다. 오히려 이러한 주장을 통해 한반도가 냉전체제의 최일선임을 부각시켜 미국으로부터 군사와 재정 지원을 유도하고 국내 정치의 안정을 도모하려는 측면이 강했다.

14) 북한은 1954년부터 56년까지 전후복구 3개년 계획을 수행하였는데 중소의 지원으로 4개월 조기 목표 달성하였다고 발표하였다. 1957년부터 착수한 5개년 계획은 계획기간을 2년 앞당겨 조기 달성하였다고 발표하였다. 또한 북한은 1958년에 농업의 집단화와 수공업 및 중소상공업의 협동화를 완료하고 사회주의적 생산관계를 구축하였다.

15) 김일성은 6.25전쟁 이후 1953년 남조선노동당파 제거를 시작으로 소련파와 연안파, 국내파, 빨치산파에 대한 숙청을 단계적으로 진행하였다. 이에 대한 상세한 내용은 양호민, 앞의 글 참조.

16) 북한은 조총련을 통해 1959년 12월 14일부터 1984년까지 187차에 걸쳐 총 9만 3,342명의 재일동포를 북송시켰다. 통일부, 「2004 북한개요」, p184.

야에서 남북 간에 상호 교류를 실시하자고 제안했다.

이 밖에도 북한은 1950년대 후반 다기적인 채널을 통해 교류·협력을 중심으로 한 다양한 제의를 지속하였다. 조선적십자회는 이산가족들의 문안편지 교환, 수재민 구호 등을 제의하였고, 올림픽위원회는 남북단일팀 구성을 제안하였다. 또한 작가대회에서는 문화교류를 제의하고 기자대회에서는 남한 기자를 초청하였으며, 청년학생회의에서는 남한 청년학생들의 축전 참가를 제안했다. 내각 등 당국 차원에서도 구호미 무상 제공, 방역정보 교환, 수재민 구호물자 제공, 경제발전 및 교류상설위원회 조직 등을 계기시마다 제의했다.[17]

이러한 평화와 통일문제를 둘러싼 북한의 공세는 남조선 혁명역량 강화라는 차원에서 이루어진 것이기는 하지만, 그 당시 북한이 남한을 어떤 시각으로 바라보았는지를 알게 해주는 지표들이다.[18] 북한은 정통성 확보와 체제경쟁에서 대남 우위를 확신하고 남북관계를 주도하고자 했으며, 남한은 유엔의 결의에만 기댄 채 북한의 이러한 통일공세에 수세적이고 회피적인 자세로 대응할 수밖에 없었던 것이 1950년대 후반의 상황이다.

3. 1960년대의 남북관계

남한은 1960년 4.19혁명으로 이승만 정부가 무너지고 장면 정

17) 통일원, 「남북한 통일·대화 제의 비교」(1991) 참조.

18) 북한이 50년대 중반부터 61년까지 평화와 남북협상과 교류를 강도 높게 주장하였는데, 그 의도에 대해 김학준은 앞의 글에서 한반도 문제의 탈유엔화, 남한 정부와의 동등한 법적 지위 확보, 남한 내 혁신계 통일논의 자극, 경제적 우위 과시 등으로 분석하고 있다.

부가 출범하자 혁신계와 학생들을 중심으로 백화제방식의 통일논의가 이루어졌다. 이들은 남북 정치협상 실현, 영세중립화통일, 남북 교류 등을 주장하였으며, 대체로 민족주의에 기반을 둔 통일우선론이 많았다. 특히 학생들은 1961년 5월 5일 '민족통일전국학생연맹(민통학련)결성 준비대회'를 개최하고 5월 이내에 판문점에서 남북학생회담을 갖자는 등의 결의문을 채택하고 '가자 북으로, 오라 남으로, 만나자 판문점에서'를 외치며 통일운동의 열기를 달구었다.

1960년 7월 29일 총선에 의해 탄생한 민주당 장면 정부는 경제 재건을 가장 시급한 과제로 삼았으며, 현실성 없는 명분에 불과한 북진통일론을 버리고 유엔결의를 존중한 '유엔 감시 하의 남북한 자유선거에 의한 통일'을 제시하였다. 이른바 '선 건설, 후 통일'론이 자리잡기 시작한 것이다.

남한 내에 급격한 통일논의가 활발해지자 이를 부추기는 북한의 대남평화공세가 이어졌다. 북한은 1960년 4월 21일 '제정당 · 사회단체 연석회의'라는 것을 열고 외군 철수, 남북 정당 · 사회단체 연석회의 개최, 외국 간섭 없는 남북 선거 등을 주장하였으며, 또 5월 15일에는 노동당 중앙위 호소문을 내고 자주적 평화통일을 강조하였다. 이어 8월 14일 김일성은 '남북연방제'를 제의하였는데, ① 외국 간섭없는 자유총선거, ② 이를 수용하지 않겠다면 과도적 조치로 남북연방제, ③ 남북연방제를 수용하지 않겠다면 순수 경제위원회라도 조직, ④ 모든 분야에서의 교류 실시, ⑤ 미군 철수 및 남북 당국 · 정당 · 사회단체 대표 간 대화 추진이 그 주요 내용이다.

그런데 당시의 연방제 안에 대해 김일성은 "우리가 말하는 연방제 안은 당분간 남북 조선의 현 정치제도를 그대로 두고 조선 민주주의 인민공화국 정부와 대한민국 정부의 독자적 활동을 보장하면서 동시에 두 정부 대표로 구성되는 최고민족위원회를 조직하여 주로 남북 조선의 경제 · 문화 발전을 통일적으로 조절하는 방식으로 실시하자는 것이다"라고 설명하고 있다.

이 1960년의 연방제는 다음과 같은 특징을 갖는다. 첫째, 통일의 최종적 완성이 아니라 과도기적인 대책으로 제시되어 단계론적인 접근을 하고 있다는 점이다. 둘째, 대한민국이라는 국호를 쓰면서 독자적인 활동을 보장하고 있다는 점이다. 셋째, 연방정부의 창설 대신 합의체로서의 '최고민족위원회'를 운위하고 있다는 점이다. 그리고 '최고민족위원회'도 각기의 정부 대표로 구성하자는 것이다. 이것은 결국 표현만 연방제라고 하고 있을 뿐 사실은 국가연합제에 가까운 성격을 가진 것이라고 볼 수 있다. 남한은 1989년에 이르러 한민족공동체 통일방안을 제시하는데, 이 방안은 과도적 통일체제인 남북연합 안에 남북각료회의를 두어 남북 간의 모든 문제를 협의하고 조정하자는 것이다. 그러한 측면에서만 본다면 북한이 당시에 제의한 연방제의 '최고민족위원회'는 바로 이 남북각료회의와 유사성이 있다고 보여진다.

북한은 1961년에 들어와서도 대남전략기구를 강화하고 남북협상과 교류를 선동하였는데 북한이 당시 자주통일이라는 명분 아래 대남 제의를 남발했던 것은 혼란에 빠진 남한 정치상황을 들여다 보면서 정치 불안과 국론분열을 더욱 조장하고 선동하는데 그 목적이 있었음은 물론이다.

1961년 5.16쿠데타를 통해 정권을 장악한 박정희 정부는 처음부터 반공태세의 재정비 강화와 경제개발로 국력을 배양하는 것을 기본입장으로 삼았다. 즉, 남북한이 첨예하게 대치한 상황에서 국력이 뒷받침되지 않은 통일논의는 무의미하다는 인식 하에 실력을 기른 다음에 통일을 추진하겠다는 '선 건설, 후 통일' 입장을 분명히 한 것이다.[19] 1961년 7월에는 기존의 국가보안법과 별도로 반공법을 제정하였고 한미동맹관계를 공고히 다져나갔다.

남한에 반공을 앞세운 군사정권이 들어서자 북한은 1961년 7월 소련, 중국과 각각 우호협력 및 상호원조 조약을 체결하였으며, 9월에 열린 조선노동당 제4차 대회에서는 김일성이 남조선혁명의 성격을 민족해방혁명으로 규정하고 인민민주주의 혁명의 필요성을 강조하였다. 김일성은 4.19혁명이 북한이 원하는 결과로 이어지지 못했음을 개탄하고 그 실패의 원인을 혁명정당의 부재에서 찾았다. 이를 위해 모든 애국적 민주적 세력을 포용하는 통일전선을 조직해야 한다고 주장했다.

뒤이어 1962년 12월 노동당 중앙위원회 제4기 5차 전원회의는 전인민의 무장화, 전지역의 요새화, 전군의 간부화, 전군의 현대화라는 4대 군사노선을 채택하여 군사력 강화에 박차를 가하였다.[20] 1959년 노농적위대를 조직한데 이어 1963년에는 정규군에 준하는 예비전력으로서 교도대를 창설하였다. 결국 북한은 그때까지 표면적으로 공세를 펼치던 협상을 통한 평화통일을 접어두고 남조선 혁명론을 전면에 내세워 미제와 반공정권에 대항한 광

19) 박정희 대통령은 "우리가 지향하는 조국 근대화야말로 남북통일을 위한 대전제요 중간 목표이다. 통일의 길이 근대화에 있고 근대화의 길이 자립에 있는 것이라면 자립은 통일의 첫 단계가 된다"고 밝혔다(1966.1.18 연두교서).

20) 김일성은 당 중앙위원회 전원회의에서 4대 군사노선을 제시하고 전국을 전쟁대비체제 아래 둘 것을 결정했는데, 이러한 군사력 강화조처로 인민경제의 발전이 늦어져도 할 수 없다고까지 말했다(김학준, 앞의 글 참조).

범위한 투쟁을 선동하면서 민족해방전쟁을 수행하기 위한 '혁명기지' 강화에 들어갔다.

한편 남한 군사정부는 이승만 정부 시절부터 진행되어 온 한일국교정상화 교섭을 매듭짓고 경제 재건을 위한 투자재원을 마련하기 위해 서둘렀다. 1962년 11월 당시 중앙정보부장 김종필과 일본 외상 오히라 사이에 진행된 비밀협상을 토대로 한일회담을 재개하여 1965년 4월 3일 협정을 체결하였다. 그러나 이 과정에서 비밀협상이 폭로되자 1964년 봄부터 대일 굴욕외교를 반대하는 전국적인 시위가 벌어졌으며 6월 3일 정부가 계엄령을 선포하기에 이르렀다. 한일회담을 둘러싸고 정국이 혼미한 가운데 정부는 미국의 요청을 받아들여 베트남 전쟁에 파병하기로 결정하였다. 베트남 참전을 통해 군의 실전적 전투력을 높이고 우방과의 관계를 돈독히 하며 경제적 실리도 챙길 수 있다는 명분이었지만 이 또한 국민적인 반대의 소용돌이에 휩싸였다.

이즈음에 북한은 중소분쟁의 와중에서 자주를 기치로 내세우면서 3대 혁명역량 강화노선을 채택하고 남조선 혁명의 조건을 성숙시키는데 심혈을 기울였다. 김일성은 1964년 2월 27일 노동당 중앙위원회 제4기 8차 회의에서 조선 혁명을 완수하기 위해 북조선 혁명역량, 남조선 혁명역량, 국제혁명역량이라는 3면에서의 혁명역량을 강화해야 한다고 주장했다. 여기서 북조선 혁명역량이란 유일사상 체계의 확립과 경제건설을 통해 북한을 혁명의 기지로 굳히는 것을 말하며, 남조선 혁명역량이란 노동계급과 농민을 중심으로 반미 민족해방 통일전선을 형성하여 미제와 반동 주구세력을 타도하고 연공정권을 세우는 것을 말한다. 그리고 국제혁명역량이란 공산국가들과 제3세계 나라들이 통일전선을 형성하여 남한을 고립시키고 반미투쟁을 벌이는 것을 말한다.

이와 같이 북한의 대남 전략이 군사력 강화에 의존하는 강경쪽으로 굳어져 간 요인들을 살펴보면 다음과 같다. 첫째, 북한은 남한 정부가 한일 국교정상화를 추진하고 베트남 파병을 단행함으로써 한미 동맹관계가 공고화되고 한·미·일 3각 군사동맹이 형성될 개연성이 높은데, 이렇게 되면 북한의 안보가 위협받을 수 있다고 믿은 것 같다. 둘째, 남한이 1964년과 65년에 걸쳐 4,19때와 같은 심각한 혼란 상황을 겪었는데 북한은 남한의 그러한 상황이 혁명투쟁으로 발전시키는데 적합하며 필요에 따라서는 미군이 베트남에 묶여 있는 만큼 한반도에서의 민족해방전쟁도 가능할 수 있다고 판단한 것 같다. 셋째, 북한이 야심차게 추진해온 제1차 7개년계획이 목표 달성에 큰 차질을 빚어 (실제로 이 계획은 3년을 연장하여 1970년까지 수행되었음) 이의 책임을 바깥으로 돌려야 할 정치적 수요가 있었다. 넷째, 남한의 경제상황이 절대적 빈곤에서 벗어나기 시작하여 시간이 흐를수록 정권이 공고해지고 북한의 경제력 우위도 감쇄될 수 있다는 가능성을 우려했다.

북한은 통일혁명당 등 남한 내에 구축하려 했던 지하조직사업이 실패로 돌아가자 1967년에 들어와서는 통일전선 전략에서 한걸음 더 나아가 노골적으로 남한 정부를 전복시키기 위한 폭력투쟁을 선동하고 무력도발을 자행하였다. 1967년 한해 동안 북한이 비무장지대에서 저지른 도발행위 건수는 그 전해보다 거의 10배에 이르렀다. 세출예산 구성비를 보면 군사비가 1966년까지 10% 이하이던 것이 1967년부터 갑자기 늘어나 7.4남북공동성명 전해인 1971년까지 5년간 30%대를 상회하였다.[21] 김일성은 1967년 12월 14일에 개

21) 북한의 연도별 세출예산 중 군사비 비율은 1965:8.0, 66:10.0, 67:30.4,

최된 최고인민회의 제4기 1차 회의에서 남조선혁명을 달성하기 위한 구체적 방법으로 경제투쟁과 정치투쟁, 합법투쟁과 비합법투쟁, 폭력투쟁과 비폭력투쟁을 적절히 배합할 것을 제시했다.

이후 북한의 남한에 대한 직접적인 무력침투와 도발행위가 이어졌다. 1968년 1월 21일 북한 인민군 124군부대에 속한 무장 공비 31명은 박정희 대통령을 암살하기 위해 청와대 인근까지 내려와 기습을 시도했다. 이틀 뒤인 1월 23일에는 원산만 근해에서 미국 해군 정보함 '푸에블로'호를 나포하고 승무원을 억류하는 사건을 일으켰다.[22] 그해 11월에는 130여 명의 무장 공비를 동해안 울진 삼척 지구에 침투시켜 거점 마련을 시도했으나 실패했으며, 1969년 4월에는 미 해군 정찰기 EC-121기를 격추하고 12월에는 KAL 여객기를 납치하였다.

북한의 이와 같은 모험주의 군사노선으로 인해 한반도에 일촉즉발의 위기상황이 조성되었으나 이러한 북한의 행태는 북한이 원하는 결과를 가져오지 못했다. 오히려 남한 주민들의 대북 경계심을 자극하여 반공태세가 더욱 강화되면서 향토예비군이 창설되고 학원에 교련 교육이 도입되었으며, 미국이 남한에 대해 무기 지원을 강화하고 자주국방을 위한 무기생산에 협력함으로써 남한의 군사력이 대폭 증강되기 시작했다. 대외적으로도 북한의 호전성만 더욱 부각시켰다.

68:32.4, 69:31.0, 70:31.0, 71:30.0, 72:17.0 (백종천, '군사;일관된 전력 우위 유지 정책', 「북한 40년」, 을유문화사(1988), p.357 참조).

22) 북한은 푸에블로호가 영해를 침범하여 나포했다고 주장하고, 3월 4일 푸에블로호 승무원이 존슨 미 대통령에게 이를 시인하는 서한을 보내게 했다. 미국은 28차례의 비밀회담 끝에 12월 23일에야 판문점을 통해 승무원 82명과 사체 1구를 돌려받았다.

1960년대의 남북관계는 1950년대와 마찬가지로 상호 대화가 없는 가운데 적대적 긴장관계를 지속하였다. 북한은 때때로 마치 남한 정부를 인정하고 대화 상대로 삼는 듯한 평화공세를 펴기도 했으나 미군 철수와 현 정권의 퇴진이 전제조건이라는 점을 놓치지는 않았다. 결국 인민민주주의 혁명에 의해 연공적 정권이 들어선 연후에나 '애국적 민주적 인사'들과 협상하겠다는 것이다. 남조선 혁명론에 입각하여 타도하고 전복시켜야 할 대상과 마주 앉을 수 없음은 당연한 귀결이다. 그럼에도 혁명 여건을 조성하기 위해 남조선 정세를 들여다 보면서 적절히 변용하여 대남제의를 해왔다. 그러나 소극적인 통일전선 공작으로는 베트남과 같은 상황을 이끌어낼 수 없다고 판단하고 1967년을 기점으로 적극적인 간첩 침투와 무장 게릴라 기습 공격을 감행하는 방식으로 전환한 것이다.

남한은 대한민국이 한반도의 유일한 합법 정부이며, 따라서 대한민국의 영토 일부를 불법적으로 강점하고 있는 북한은 협상의 상대가 될 수 없고 그 실체조차 인정할 수 없다는 논리로 일관했다. 그래서 1950년대에 운위되었던 북진통일론이나 북한 지역만의 선거에 의한 대한민국 국회에의 합류는 더 이상 주장되지 않았지만, 여전히 유엔의 감시 하에 남북한 토착 인구비례에 의한 자유총선거 실시라는 방안에만 의존하였다. 그러나 1960년대 말부터 남한이 유엔에서 누리던 독점적 지위가 서서히 도전을 받게 된다. 제3세계 신생국들의 유엔 가입이 늘어나면서 초래된 결과이다.[23] 이로써 남한도 통일문제와 관련하여 유엔의 결의안에

23) 1960년대 중반 이후 유엔 총회에서 친북 결의안에 대한 지지가 해마다 증가하였는데, 회원국 총수의 비율로 보면 1966년 17.2%에서 1970년에는

만 안주하던 방식에서 벗어나야 할 과제가 놓여지게 되었다.[24)]

1960년대 기간 중 남북대화가 전혀 없었던 것은 아니다. 그동안 대한올림픽위원회가 올림픽 대회에 선수단을 파견해 왔는데, 1962년 6월 모스크바에서의 IOC(국제올림픽위원회) 총회를 계기로 북한이 1964년 도쿄올림픽에 남북한이 단일팀으로 참가해야 한다며 문제를 제기하고 7월에 남북 체육회담을 제의해 왔다. 대한올림픽위원회는 단일팀 구성 원칙에는 동의하되 IOC를 통해 접촉하자고 회신했다. 이에 따라 1962년 12월 로잔느에서 IOC와 남북 체육실무자 간에 한 차례, 홍콩에서 남북 체육실무자 간에 두 차례 회담을 가졌으며, 1963년 1월 24일 IOC 주재로 다시 회담이 개최되었다. 여기에서 국가는 아리랑으로 하며 단장과 종목별 지도자의 임명방법 등에만 합의가 이루어졌다. 그 뒤 5월 17일부터 홍콩에서 남북 체육회담이 개최되어 전종목 예선 실시, 경비 각기 부담 등 부분적 사항에 합의를 보았으나, 7월 20일의 회담에서 회담 방식을 두고 주장을 달리하여 결국 결렬되었다. 북한으로서는 이를 통해 한반도에 2개의 정치실체가 있다는 점을 국제사회에 부각시키는 한편 북한이 평화와 통일을 지향한다는 이미지를 심는 성과를 거두었다고 하겠다.

25.2%가 되었다.

24) 1970년 2월 20일 신태환 국토통일원장관은 "한국의 통일정책이 유엔 감시하의 총선거 방안에만 고착되어 있을 수 없다"고 밝혔다.

Ⅲ. 남북관계 태동기 1970~1979

Ⅲ 남북관계 태동기 1970~1979

1. 1970년대 남북대화의 성립 배경

1969년은 한반도와 동북아 국제정치 질서에 커다란 변화를 몰고 온 해였다. 미국과 소련은 1968년 7월 1일 핵확산금지조약(NPT)을 체결하고 1969년 11월 전략핵무기 제한회담을 개최하는 등 1960년대 말부터 핵군사력의 평형이라는 현실을 타개하고 핵확산을 방지하기 위해 냉전 속의 평화공존을 지향하게 된다. 1969년 1월 출범한 미국의 닉슨 행정부는 이같은 세계적 데땅트를 주도하는 한편 동아시아 전략을 전반적으로 수정하고 나섰다.

미국은 핵무기개발 경쟁과 베트남 전쟁의 장기화에 따른 막대한 군사비 부담으로부터 벗어나야 한다는 절박한 과제가 있었다. 또한 중국 공산정권을 국제사회에 끌어들여 세계평화와 안전을 유지하는데 일정한 역할을 부여함으로써 소련을 견제하고 반소 진영을 강화할 필요도 있었다. 이에 따라 1969년 괌에서 해외

주둔 미군의 단계적 철수, 동맹국의 자주국방노력 강화와 미국의 지원을 골자로 하는 닉슨 독트린을 발표하게 된다. 이것은 미국이 베트남 전쟁의 종결을 염두에 두고 아시아에서의 적극적 개입 전략을 부분적으로 후퇴시키는 한편 다극적 세력균형을 통한 현상유지를 추구하겠다는 것을 말하는 것이었다.

이에 따라 키신저 미 국무장관이 비밀리에 중국을 방문하고 1972년 2월에는 닉슨 대통령이 직접 중국을 방문, 상하이 공동 코뮤니케를 발표하는 등 미 · 중 간의 관계가 급속히 진전되었다. 이후 중국이 유엔에 가입하고 일본과 서방 제국이 중국과 관계개선에 나섰으며,[1] 중국 또한 사회주의 현대화 건설을 추구하면서 대외 개방정책으로 선회하게 되었다. 이러한 한반도 주변정세의 급격한 변화는 여러 가지 면에서 남북관계에 큰 영향을 미치게 된다.

첫째, 국가 단위의 이해관계를 중요시하는 민족주의적 경향이 이데올로기에 의한 맹목적인 결속을 퇴색시키게 되었다. 둘째, 한반도 주변세력들이 남북한 어느 일방에 의한 통일을 지원하기보다는 한반도의 현상유지와 통일문제의 남북 간 자주적 해결을 원하는 방향으로 입장변화가 뚜렷해졌다. 셋째, 미국의 역할 축소는 중국의 역할 증대뿐 아니라 일본의 군비 강화와 역할 증대를 수반함으로써 한반도 문제가 보다 다층적이고 복잡한 구조를 갖게 되었다. 넷째, 아시아 각국의 안보는 스스로 협력하여 대처해야 한다는 미국의 입장에 따라 실제로 1971년 한국에서 2만 명의 미군을 철수시킴으로써 남북 간의 군사력 균형면에서 균열을

1) 중국은 1971년 10월 25일에 유엔에 가입하였고, 1972년 9월 29일 일본과 국교수립 공동성명을 발표하였다.

가져오게 되었다.

무엇보다 미국은 한반도와 동아시아 질서의 안정화를 추구하고 긴장재발을 방지하는 것이 목표였으며, 따라서 남북한이 서로의 존재를 인정하고 대화를 통해서 문제를 해결할 것을 희망하고 또 적극적으로 설득하였는데, 이 점에서는 중국의 입장과도 일치하였다고 보여진다. 여하튼 국제적 냉전체제에 조응하여 상대방과의 무제한적 대결에 매달려왔던 남북한에 있어 이러한 국제정세의 변화는 공히 큰 충격으로 다가왔다.

남한의 박정희 정권은 1969년 10월 3선 개헌후 민주화 요구가 격화되는데다가 1971년 대통령선거와 국회의원 총선에서 야당이 약진함으로써 정치적으로 불안정한 상태에 있었다.[2] 더구나 고도성장을 지속하던 경제가 1970년대에 들어와 성장률이 둔화되기 시작했으며, 부의 균형적 배분에 대한 요구가 점차 세력을 얻어나가고 있었다. 또한 통일문제에 대해서도 반공 이데올로기 일변도에서 벗어나 남북 간의 직접적인 대화를 통해 접근하자는 논의가 제기되기 시작하였다. 이러한 현상은 북한에 뒤져 있던 경제력이 1960년대를 통해 북한과 대등한 정도로 성장함으로써 자신감을 갖게 된 데도 그 원인을 찾아볼 수 있다.

박정희 정권은 이러한 내부 상황을 타개하고 전세계적인 데땅트 흐름이 가져온 국가안보에 대한 우려를 해소하기 위해 북한과의 대화를 선택하게 된다. 미국이 베트남에서 철수를 시작하고 주한미군을 감축하는 과정을 지켜보면서 미국의 안보공약에 의

2) 1971년 4월 27일의 대통령선거에서 박정희가 총투표의 51.2%를 얻어 43.6%를 얻은 김대중을 누르고 당선되었다. 그러나 서울에서 김대중이 58%를 얻어 박정희를 압도하였다. 또한 5.25총선에서 야당인 신민당이 전체 의석의 43.6%에 달하는 89석을 확보하였다. 임영태, 앞의 책, pp.338-340.

구심을 갖지 않을 수 없었던 것이다. 박정희 정권은 이에 대한 자구책으로 한편으로는 자주국방력을 강화하고, 한편으로는 북한과 대화를 추진하여 북한의 의도를 파악하고 군사력 강화의 시간도 벌겠다는 판단을 한 것으로 보인다. 물론 북한과의 대화는 김일성 정권이 사실상 북한 지역을 지배하고 있다는 현실을 인정하는 것을 전제로 해야만 하는 것이고, 이는 곧 그때까지 한국 정부가 견지해온 '한반도 내의 유일합법정부'라는 대원칙을 훼손하는 결과를 가져올 수도 있는 것이었다. 또한 그동안 반공이데올로기를 독점하고 통일논의조차 금기시하면서 안보와 경제성장을 강력한 통치수단으로 활용해온 정권으로서는 집권 명분에 타격을 줄 수도 있는 선택을 하기가 쉽지 않았을 것이다.

그러나 이미 국제사회의 큰 흐름이 한반도에서의 현상유지, 즉 '2개의 코리아'를 기정사실화하는 방향으로 흘러가고 있었고, 제3세계의 등장으로 유엔에서의 일방적 우위라는 위치가 흔들리는 조짐이 보이기 시작하고 있었다. 더구나 집권명분의 한 축이던 경제발전의 신화마저 성장둔화로 도전받게 되었다. 이러한 상황에서 국가안보역량을 강화하면서 지속적인 집권명분을 창출하기 위해서는 외부의 환경변화에 적극적으로 대응하는 차원에서 통일논의를 선점할 필요가 있었다. 실제로 주한미군 철수는 미국의 강력한 대한 안보공약과 '율곡사업'으로 일컬어지는 자주국방력의 획기적 증강을 가져왔으며, 통일기반 조성은 박정희 정권이 강력한 권위주의 체제를 구축하는 명분의 하나로 충당되었다.

한편 북한으로서도 동서 냉전의 해빙이라는 국제환경의 변화는 큰 충격으로 다가왔다. 북한은 1960년대 후반 내부적으로는 갑산파와 군부에 이르기까지 도전세력을 완전히 숙청하고 철저한

1인 독재체제를 구축했다.[3] 또한 대남면에서는 박정희 군사정권의 집권과 '선 건설, 후 통일' 정책으로 통일전선전술이 용이치 않다고 판단, 4대 군사노선에 의거 군사력 강화에 과도하게 투자하고 속전속결과 기습공격의 가능성을 엿보는 한편, 비정규 특수게릴라부대를 운용하면서 무력을 통한 통일의 결정적 시기를 맞이하기 위해서 대담한 공세조치를 취하고 있었다.

한반도 주변환경의 변화는 이같은 북한의 대남정책에 강력한 제동을 거는 요인이 되었다. 우선 주변국들은 무력도발에 의한 현상변경은 물론 군사적 긴장과 대결구조를 원하지 않았다. 이것은 북한의 대남 무력공세 추진에 직접적으로 타격을 주는 것이었다. 또한 상시적으로 외부의 적을 창출하고 긴장을 유지하여 독재체제를 유지해오던 김일성 정권으로서는 강력한 후원국인 중국과 소련이 '철천지 원쑤'인 미국과 손을 잡고 화해국면을 조성하고 있는 현상은 그들의 혁명노선과 명백히 배치되는 것이었다. 북한으로서는 한반도에서의 긴장완화가 그들의 체제유지에 부정적 영향을 미칠 가능성을 우려하지 않을 수 없었다. 더구나 타도대상인 남한 당국의 실체를 인정하고 협상의 상대로 받아들여야 한다는 자체가 '남조선 혁명론'을 무력화하는 의미를 가진 것으로 해석되었다.

북한의 주변정세 흐름에 대한 이러한 소극적 입장은 1970년

3) 김일성은 1967년 5월 당 중앙위원회 제4기 15차 전원회의에서 박금철, 이효순, 김도만 등 갑산파 당료들을 숙청하고, 1969년 1월 인민군당 제4기 4차 전원회의에서는 민족보위상 김창봉, 인민군 총정치국장 허봉학, 인민군 총참모장 최광 등을 유일사상체계 문란 등 이유로 숙청하였다. 1970년에는 부수상 김광협이 제거되었다. 단지 최광 만은 복권되어 1980년 정치국 후보위원에 선출되었다. 양호민, 앞의 글, p.62.

8월 15일 박정희 대통령이 '평화통일 구상'을 선언한 이후에도 당분간 지속되었다. 1970년 11월 2일 김일성은 조선노동당 제5차 대회에서 4대 군사노선이 완료되어 중 · 소의 지원 없이도 남조선 해방을 주도할 수 있게 되었다고 호언하는 한편, 소위 '인민민주주의 혁명론'을 주장하면서 "미군과 현 괴뢰들을 그대로 두고서는 평화통일이란 생각할 수 없다"고 못박고, 남한 정부가 민족적 양심을 가진 애국적 인사들에 의해 장악되어 그들 스스로 주한미군의 철수를 요구하고 정치범들을 석방하며 민주적 자유를 보장하기 전까지는 결코 협상에 들어갈 수 없다고 밝혔다.[4)]

또한 외상 허담도 1971년 4월 12일 최고인민회의 제4기 5차 회의에서 8개항의 평화통일방안을 제시하면서, 우선 남한의 현 정부가 타도되고 인민의 정권이 서거나 애국적인 새 사람이 정권에 올라서면 비로소 남쪽과 평화통일의 문제를 협상할 것이라고 주장했다. 그는 그러면서 그때 가서 제시할 8가지 조건을 내놓고 이러한 문제들을 협의하기 위해 각 정당 · 사회단체와 애국적 인사들이 참여하는 남북 정치협상회의를 진행하자고 주장했다.[5)] 허담의 발언은 남한의 대통령 선거를 앞둔 시점(4월 27일)에서 당시 불거지던 통일문제의 이슈화를 키우고 국론분열을 노린 것이

4) 통일원, 「남북한 통일 · 대화 제의 비교」(1991) 참조.

5) 허담의 8개항 통일방안은 다음과 같다. ① 남조선에서 미제 침략군 철거, ② 남북조선 군대를 각각 10만 이하로 축소, ③ 남조선이 민족의 이익에 반해 외국과 체결한 조약과 협정의 폐기 및 무효선언, ④ 남북 총선거를 실시하여 통일적 중앙정부 수립, ⑤ 남조선에서 정치활동의 완전한 자유 보장 및 정치범 · 애국자 무조건 석방, ⑥ 만일 총선거에 응하지 않으면 과도적 조치로 남북연방제 실시, ⑦ 연방제 수립을 동의하지 않는다면 남북 경제위원회 구성 및 다방면적 교류와 협조 실현, ⑧ 이상의 문제를 협의하기 위해 모든 정당 · 사회단체와 애국적 인사들이 참여하는 정치협상회의 진행. 위의 책, p.97.

었기는 하나 결국 남북 당국 간에 서로의 실체를 인정하고 마주 앉아 대화할 생각이 없다는 입장을 반복한 것이었다.

북한이 남북대화에 호응해 나온 이유는 다음과 같이 정리해 볼 수 있다. 첫째, 군사력 증강과 중공업 우선 정책이 한계에 부딪치면서 경제파탄의 조짐이 서서히 나타나기 시작했다는 점이다. 북한은 중앙통제식 계획경제체제를 고수해온데다 1967년~1971년 동안은 군사비가 정부예산의 30% 이상을 점하게 됨으로써 주민의 소비생활이 극도로 피폐해지기 시작했다. 경제체제 자체에 비효율성이 내재된 데다가 한정된 자원을 갖고 군사력 강화와 경제발전을 동시에 추진할 수 없는데 따른 당연한 귀결이다. 더구나 1960년대 후반 중소 이념분쟁의 와중에서 중소를 비롯한 공산권 국가들의 대북 원조가 급감하여 경제계획 달성에 큰 차질을 빚었다. 실제로 1961년에 착수된 제1차 7개년 계획은 완충기를 두어 계획기간을 3년간 연장하고도 전반적으로 목표를 달성하지 못하고 끝났다. 이에 따라 1970년대 초반부터는 남북 간의 경제역량이 전도되기 시작했는데,[6] 북한으로서는 남한보다 우월한 체제라는 지배이념을 약화시키지 않도록 하기 위해 내부의 자원을 경제발전에 돌려야 할 뿐 아니라 서구로부터의 자본과 기술, 설비의 도입을 절실한 과제로 삼는 등 경제발전 전략의 변화가 불가피한 상황이 되었다. 이를 위해서는 군사적 긴장을 완화함으로써 남한의 군장비 현대화 추진을 막고 군사력 증강을 묶어놓을 필요가 있었던 것으로 보여진다.

---

6) KDI의 남북한 1인당 GNP 비교자료에 따르면, 남한 대 북한이 1967년 143불 대 162불, 1968년 168불 대 194불, 1969년 208불 대 200불, 1970년 242불 대 208불, 1971년 275불 대 241불이다.

둘째, 미국이 베트남 전쟁 개입의 실패로 신고립주의 경향이 팽배하면서 해외 주둔 미군의 철수를 단행해 나가자 북한은 이를 틈타 또 하나의 민족해방전쟁 수행이 가능한 기회가 주어진 것으로 기대했다. 북한에 있어 민족해방전쟁의 최대의 장애물은 주한미군이었고, 대남정책 수행에서 언제나 최우선 조건으로 내걸고 투쟁해온 것이 주한미군의 철수였다. 미국이 스스로 데땅트를 표방하고 아시아 전역에서 미군을 빼내가고 있는 이상 이를 촉진시킬 명분을 제공하고 여건을 성숙시키는 것이 필요했는데 이를 위해 남북대화는 북한이 택할 수 있는 좋은 방도였다.

셋째, 한국의 정치적 상황이 새로운 방식의 통일전선전술을 펴는데 적합한 방향으로 전개되고 있다고 보았다. 남한은 당시 1971년 대통령 선거를 둘러싸고 통일문제가 쟁점의 하나로 부각되어 정치적 논쟁이 가열화되고 있었는데, 남북대화는 '남조선 혁명론'에 타격을 줄 수도 있지만 운용하기에 따라서는 이러한 상황에 편승하여 남한의 반공체제를 이완시키고 접촉과 교류 등을 통해 통일전선 공작의 합법적 공간을 확보하는 계기가 될 수 있다고 본 것이다. 공산주의자들에 있어 협상이란 '무기를 들지 않은 또 하나의 전장'이기 때문이다. 더구나 주변정세가 국제사회에서 북한이 남한과 대등성을 확보하고 한반도 문제의 민족내부문제화를 촉진하는 방향으로 전개되고 있는 것은 북한에게 있어 대단히 고무적인 일이었다.

남북대화가 진행되는 과정에서 북한이 줄곧 국가보안법과 반공법 폐기를 비롯하여 조건환경론을 제기하는 등 통일전선 공작에 골몰하는 태도를 보였는가 하면, 헌법을 개정하여 국가주석제를 도입하고 김정일 후계체제를 구축하는 등 내부의 고차원적 정치수요에 맞물려 있었다는 점들은 북한이 남북대화에 호응해 나온 의도를 읽게 해준다.

2. '평화통일 구상' 선언과 북한의 입장

박정희 대통령은 1970년 8월 15일 광복절 경축사를 통해 '평화통일 구상'을 선언한다. 이 선언에서 박정희 대통령은 북한에 대해 민주주의와 공산주의의 그 어느 체제가 국민을 더 잘 살게 할 수 있으며, 더 잘 살 수 있는 여건을 가진 사회인가를 입증하는 개발과 건설과 창조의 경쟁에 나설 것을 촉구하고 남북한이 대화와 협상, 교류와 협력을 통해 평화통일의 여건을 조성해 나가자고 제안했다. 또한 북한이 도발행위를 즉각 중지하고 무력에 의한 적화통일이나 폭력혁명에 의한 대한민국 전복을 포기할 경우, "남북한에 가로 놓인 인위적 장벽을 단계적으로 제거해 나갈 수 있는 획기적이고도 보다 현실적인 방안을 제시할 용의가 있다"고 선언하고, 북한이 유엔의 권위와 권능을 인정할 시에는 유엔에서의 한국문제 토의에 북한이 참가하는 것도 무방하다고 밝혔다.

이 '평화통일 구상' 선언은 남북관계사에서 갖는 의미가 크다. 비록 냉전 속의 평화공존을 지향하는 세계사의 흐름에 대한 불가피한 대처방식이라고는 해도 이로 인해 그때까지 남북관계를 지배해왔던 논리에 변화를 초래하게 되었기 때문이다.

밖으로는 남과 북이 각기 냉전질서를 유지하는 첨병으로서 민족의 의사와는 상관없이 전쟁을 포함하여 모든 수단을 동원해 상대방을 격멸하는 것을 존재이유로 하고 있었으나, 이제는 분단현실을 인정하고 현상동결을 제도화하는 것이 요구되고 있었다.

즉, 통일이라는 과제가 국제문제의 범주에서 벗어나 민족내부문제로서의 공간을 넓히게 되었고, '평화통일 구상' 선언은 바로 이러한 현실을 받아들인 시도인 셈이다. 여기에는 '자주'의 의미가 담겨 있다.

안으로는 남과 북이 서로 상대방의 실체를 인정하지 않고 무제한적인 정통성 경쟁을 해오고 있었는데 '평화통일 구상' 선언은 남과 북이 서로를 인정하는 토대위에서 체제경쟁의 룰을 정립할 것을 촉구하고 있는 것이다. 이것은 무력이나 폭력은 통일의 수단으로서 배제하고 상호 공존하면서 어느 쪽이 진정으로 한민족에게 보다 안전하고 나은 행복한 삶을 보장해주는 체제인가를 민족구성원 전체가 선택하도록 선의의 체제경쟁을 해보자는 것이다.

여기에서 우리가 주목해야 할 것은 남한이 그동안 누려왔던 '유엔 프레미엄'을 스스로 내던지고 있다는 점이다. 남한은 유엔의 결의에 근거하여 북한을 인정하거나 협상의 대상으로 삼지 않았고 한반도 내 '2개의 코리아'가 존재한다는 사실 자체를 줄곧 부인해왔는데, '평화통일 구상' 선언을 통해 이러한 입장에 획기적인 변화를 보인 것이다. 이에 반해 북한은 비록 민족내부적으로는 '하나의 조선'을 추구해왔지만 국제사회에서는 '유엔 콤플렉스'를 타파하기 위해 '2개의 코리아'를 추구해 왔는데 이 시기부터 오히려 '2개의 코리아' 추세를 거부하는 태도를 보인다. 즉, 남북관계에 대한 기본적인 입장이 역전되는 현상이 벌어졌다고 할 수 있다.[7)]

'평화통일 구상' 선언은 이와 같이 자주와 평화와 민주를 통일의 대원칙으로 시사하고 있고 남북한이 대화와 협상, 교류와 협력을 통해 분단으로 비롯된 이질화를 단계적으로 해소하고 통일

---

7) 김학준, 앞의 글 p.553 참조.

의 여건을 조성해 나가자고 강조함으로써 기능적 측면의 접근 시각을 제시했는데, 이것이 이후 남한 통일정책의 근간을 이루게 되었다는 점에서도 의미가 크다.

이에 대한 북한의 반응은 냉랭했고 기존의 논리에 입각하여 여전히 남한 정부를 비난하면서 대화의 상대에서 제쳐놓았다.[8)]이같은 북한의 입장에 변화가 온 것은 김일성이 남한의 현 정부와도 협상할 뜻이 있음을 비추고난 이후였다. 김일성은 1971년 8월 6일 평양에서 열린 시아누크 환영대회에서 "남조선의 위정자들이 우리의 8개항 평화통일 방안을 접수하든지 안하든지 별개로 치더라도 그들이 나라의 통일을 바란다면 북남 간 접촉과 협상을 두려워할 수 없는 것이다. 우리는 남조선의 민주공화당을 포함한 정당 · 사회단체 및 개별적 민주인사들과 아무 때나 접촉할 용의가 있다"고 밝혔다. 그 직후 남한은 대한적십자사가 인도주의에 입각하여 한국전쟁이 빚어낸 이산가족들의 재회를 추진하기 위해 남북적십자회담을 제의했으며, 북한이 이를 받아들여 마침내 남북 간에 대화가 시작되게 되었다.

남북적십자회담이 공식적인 정부 당국 간의 대화는 아니라고 하더라도 한반도를 지배해온 적대와 대결의 구조를 바꿀 수 있는 기회를 가지게 된 것이다. 이로써 남과 북은 새로운 남북관계를 지향하는 출발점에 서게 되었다. 1970년대의 대화가 국제환경의 변화와 남과 북 각기의 내부적 정치수요가 복잡하게 얽혀져 이루

8) 김일성은 1970년 11월 노동당 제5차 전당대회에서 "이제 전주민은 누구나 총을 쏠 줄 알고 전지역이 요새화되었으며, 장비가 한층 현대화되고 전군이 차상급 지휘 능력을 갖도록 간부화되어 4대 군사노선이 완료된 만큼 중국 · 소련의 지원이 없이도 남조선 해방을 주도할 수 있다"고 호언하였다 (로동신문, 1970년 11월 21일자 사설 참조).

어진 산물이라고는 해도 분단의 고통을 앓고 있는 당사자인 남과 북이 함께 협상의 마당에 나서고 본격적인 관계를 가지게 되었다는 것은 남북관계사에서 획기적인 일이라 하겠다.

3. 남북적십자회담

1971년 8월 12일 대한적십자사 최두선 총재는 특별성명을 통해 남북한에 흩어져 살고 있는 이산가족들의 인간적 고통을 덜어주고 궁극적으로 그들의 재결합을 주선해주기 위해 남북적십자회담을 제의하고, 회담절차 문제를 협의하기 위해 늦어도 10월 안으로 제네바에서 예비회담을 개최하자고 발표했다. 이에 대해 북한 적십자 중앙위원회 손성필 위원장이 답신을 보내와 남한의 제의를 원칙적으로 수락했다. 다만, 남측이 제안한 이산가족찾기뿐만 아니라 그 대상은 이산가족들의 친척, 친우로까지, 그리고 그 사업은 자유왕래, 상호 방문, 서신거래 등으로 확대하는 것을 의제로 제시하였다.

북한에 있어 적십자회담은 단순한 인도주의 문제를 해결하는 회담일 수 없었다. 남북한이 불신과 적대의 관계를 유지해오던 상황에서 대상에 친우를 포함하고 자유로이 왕래토록 하자는 자체가 이미 정치적 목적을 위해 적십자회담을 이용하겠다는 의도를 깔고 있었다. 유일사상이 지배하고 있는 북한으로서는 선전활동의 공간만 합법적으로 주어진다면 민주주의 제도 아래 다원적 가치를 추구하는 남한 사회를 얼마든지 휘저어 놓을 수 있다고 생각했다.

쌍방 적십자 파견원 접촉을 거쳐 1971년 9월 20일 판문점에서 제1차 예비회담이 열렸는데, 여기에서 판문점 지역에 쌍방의 연락사무소 설치와 연락관의 상주, 그리고 연락사무소 간 직통전화 설치를 합의한다. 이 합의는 남북관계사에서 대단히 중요한 의미를 갖는데, 이후 남북 간의 모든 의사소통은 이 판문점 적십자 연락관과 직통전화를 통해서 이루어져 왔다.[9)]

예비회담은 본회담의 의제를 둘러싸고 남북 간에 타협의 의사가 없이 치열한 논쟁만 되풀이해 왔는데 1972년 6월 16일 제20차 회담에서야 합의를 보게 되었다. 그러나 사실은 남북 간의 입장 차이가 해소되어 합의한 것이 아니라 당시 '7.4남북공동성명'을 앞두고 비밀리에 진행되던 남북 당국간의 접촉에서 적십자 본회담을 성사시키자는데 의견을 같이 한데 기인하였다.

남북 적십자 간에 채택 · 확정된 5개항 의제는 다음과 같다.

① 남북으로 흩어진 가족들과 친척들의 주소와 생사를 알아내며 알리는 문제
② 남북으로 흩어진 가족들과 친척들 사이의 자유로운 상봉을 실현하는 문제
③ 남북으로 흩어진 가족들과 친척들 사이의 자유로운 서신거래를 실시하는 문제
④ 남북으로 흩어진 가족들의 자유의사에 의한 재결합 문제
⑤ 기타 인도적으로 해결할 문제

---

9) 남북 적십자 쌍방은 판문점 공동경비구역 내에 있는 '자유의 집'과 '판문각'에 각기 상설연락사무소를 설치하고 9월 22일 두 사무소를 연결하는 왕복 2회선의 전화선을 가설하여 개통하였다. 적십자 본회담 개최에 관한 합의가 이루어지고 난 후인 1972년 8월 16일 쌍방은 '남북 전신 · 전화 가설 · 운용에 관한 통신기술자 실무회의 합의서'를 채택하고 8월 17일 총 20회선의 직통전화 회선을 가설하였다.

이 5개항 의제를 보면 결과적으로는 북한이 주장해오던 '친우'와 '자유왕래'는 배제되어 있다. 또한 5개항 의제는 이후에 개최되는 이산가족 사업에서의 기본적 지침으로 남게 된다. 1984년 북한의 수재물자 제공과 1990년대 이후 대북 지원사업은 '기타 인도적으로 해결할 문제'에 해당된다고 할 수 있다.

적십자 본회담은 의제 합의 이후에도 대표단 구성과 회담진행 절차에 합의가 이루어지고 나서야 개최되었는데, 이때 남북 간에 합의된 회담진행절차는 이후 개최되는 남북대화의 하나의 전형이 되었다. 예컨대 회담장 시설, 회담 기록과 공개여부, 회담운영형식, 문건 작성, 통신과 보도를 비롯하여 왕래회담일 경우의 신변보장과 편의제공 등에 있어 지금까지 별다른 변화 없이 이를 따르고 있다.

적십자 본회담은 1972년 8월 29일~9월 2일 평양에서 제1차 회담이 열린 이후 서울과 평양을 번갈아가며 일곱 차례에 걸쳐 개최되었으나, 북한측이 남한에서의 '법률적 조건과 사회적 환경의 개선'이 필요하다는 등 정치적 발언으로 일관함으로써 실질적 토의는 이루어지지 못한채 교착상태에 빠지게 되었다. 제8차 회담을 앞두고 1973년 8월 28일 북한이 남북조절위원회 평양측 공동위원장 김영주의 이름으로 남북대화를 중단함으로써 적십자 본회담도 중단이 되었다. 이후에도 1973년 11월 28일부터 1974년 5월 29일까지 일곱 차례의 대표회의와 1974년 7월 10일부터 1977년 12월 9일까지 스물다섯 차례의 실무회의를 진행하였으나, 북한측이 '최고의 인도주의는 통일'이라며 통일이 이루어지면 이산가족 문제는 자동적으로 해결된다고 주장하고 정치문제 우선논의 입장을 고수함으로써 진전을 보지 못하고 끝났다. 제8차 적십자 본회담은 7차 회담 이후 12년만인 1985년 5월 서울에서 개최되었다.

4. 7.4 남북공동성명과 남북조절위원회

가. 7.4 남북공동성명의 발표

적십자회담이 진행되고 있는 동안에 남북 간에는 별도의 막후 협상이 이루어지고 있었다. 막후 협상은 1971년 11월 19일 적십자 예비회담 직후 남한측의 정홍진 대표가 북한측 김덕현 대표에게 비밀접촉을 제의하고 이들이 다음날 단독접촉을 가짐으로써 시작이 되었다. 남한측이 이 비밀접촉을 제의한 이유는 우선 진행되고 있는 적십자 예비회담에서 북한측이 순수한 인도주의를 벗어나 정치협상으로 몰아가려는 태도를 취하고 있어 이러한 기도를 차단하고 회담이 진전될 수 있도록 당국 차원에서 타협과 지원 방안을 모색해 볼 필요가 있었기 때문이다. 또한 한반도 주변정세가 긴장완화로 흐르고 있는 상황에서 북한과 정치적 대화통로를 통해 평화를 정착시키고 서로 공존할 수 있는 새로운 남북관계를 정립할 필요성에 대한 북한의 진의를 탐색하기 위해서라고 할 수 있다.

양측의 두 실무자는 1972년 3월 22일까지 열한 차례에 걸쳐 접촉을 가진 끝에 이후락 중앙정보부장과 김영주 노동당 조직지도부장 간의 회담을 개최한다는데 합의하였다. 회담 개최에 앞서 남한측의 정홍진 대표가 1972년 3월 28일부터 31일까지 평양을, 북한측의 김덕현 대표가 4월 19일부터 21일까지 서울을 각기 방문하여 사전 준비를 마쳤다. 또한 서로의 통신연락을 위하여 이후락 중앙정보부장실과 김영주 노동당 조직지도부장실을 연결하는 직통전화를 4월 29일 개통시켰다.

마침내 이후락 중앙정보부장은 3명의 수행원을 대동하고 1972년 5월 2일부터 5일까지 비밀리에 평양을 방문하여 김일성과 두 차례, 김영주와 두 차례 회담을 가졌다. 김일성은 통일문제의 기초가 될 수 있는 근본원칙을 옳게 세워야 한다며 '자주, 민족대단결, 평화'를 통일원칙으로 제시하였다. 또한 이 부장이 상호 중상과 비방 중지, 무력사용 금지, 이산가족 찾기, 인적·물적 및 통신 교류와 이러한 성과를 바탕으로 한 정치회담 개최 등을 제의한 데 대해 남북조절위원회를 구성해 운영하자고 제의했다.

김일성은 6.25전쟁에 대해 '과거는 과거고 앞으로는 다시는 그런 일이 없을 것'이라고 언급했으며, 1968년 1월 21일의 청와대 습격사건에 대해서도 자신도 모르게 좌경맹동분자들에 의해 야기된 일로서 박 대통령에게 미안하게 생각한다며 그 사건의 주동자들이 숙청되었음을 강조하였다. 그리고 김영주 부장이 서울을 답방하여 사업을 진행시킬 정도의 건강상태가 아니라며 박성철 부수상을 대신 보내겠다고 밝혔다.

김영주 부장의 대리인으로서 박성철이 5월 29일부터 6월 1일까지 서울을 비밀리에 방문하여 평양에서의 합의사항을 재확인하고, 이후락과 김영주를 공동위원장으로 하는 남북조절위원회를 운영하며 그 안에 분야별 분과위원회를 설치하여 남북 간 다양한 교류와 협력을 추진하기로 하였다. 박성철 일행의 예방을 받은 자리에서 박정희 대통령은 남북대화의 성패는 상호 불신을 제거하고 이해와 신뢰의 바탕을 마련할 수 있느냐의 여부에 걸려 있음을 강조하였으며, 남북분단의 현실을 직시하여 해결이 가능한 용이한 문제부터 단계적으로 해결해 나갈 것을 당부하고 그 첫걸음으로 남북적십자회담을 조속히 타결할 것을 강력히 촉구했다.

이와 같은 과정을 거쳐 토의 합의된 내용을 정리하여 남북 쌍방은 1972년 7월 4일 역사적인 '7.4공동성명'을 동시에 발표하였다. '7.4공동성명'은 제1항에서 '자주, 평화, 민족대단결'의 통일원칙을 밝히고, 제2항부터 6항까지 상호 중상 비방과 무력도발 금지, 다방면적인 교류, 적십자회담의 조속 성사, 상설 직통전화 설치, 남북조절위원회 운영을 규정하였으며, 마지막 7항에서 이 합의사항을 성실히 이행할 것을 민족 앞에 약속한다는 내용으로 이루어져 있다.

서명자는 국호나 남과 북의 표시도 없고 직책의 표시도 없이 자연인 이후락 · 김영주가 '서로 상부의 뜻을 받들어' 서명한 것으로 되어 있는데, 이것은 서로의 실체를 인정하지 않는 냉전의 체제논리가 그대로 반영된 것으로서, 변화된 현실을 좇아가는 과정에서의 과도적 현상이라고 할 수 있다. 그 이후 한반도 주변정세가 변하고 남북대화의 의미와 성격이 변함에 따라서 서명인의 표기 방법도 점차 달라지게 되는데 그 변화는 고스란히 남북관계의 반영물이라고 할 수 있다. 특별한 예외의 경우도 있지만 대체로 보면 초기 단계에서는 '○○회담 남측 수석대표'로 표기하다가 1990년대 초반 이후 '○○회담 남측 수석대표, 대한민국 ○○장관' 등 국호와 직책을 병행하여 표기하였으며, 2000년대에 들어와서는 바로 국호와 직책만으로 서명하는 경우가 잦아졌다.

'7.4공동성명'에서 합의된 통일 3원칙에 대하여는 논란이 있다. 남북한이 해석을 달리하고 있는 데서 비롯된 것이다. 북한은 이 합의를 지금까지도 '고려연방공화국 창립방안', '전민족대단결

10대 강령'과 함께 3대 통일헌장으로 받들고 있는가 하면,[10] 이후의 남북협상에서 전가의 보도로 활용하는 등 그들의 표현대로 그야말로 "우리 당 통일정책의 찬란한 승리"라고 믿고 있다. 북한의 입장에서 본다면 '자주'란 외세의 간섭을 받지 않는다는 것이고, 이는 곧 주한미군의 철수와 유엔사의 해체를 뜻하는 것이었다. 또한 '평화'의 원칙은 북한의 재침 가능성에 대한 우려가 근거 없음을 확인시켜줄 뿐만 아니라 남한의 자주국방력 강화에 제동을 걸어 군사력 우위를 유지케 해주는 명분이었다. 그리고 '민족대단결'은 남한에 대해 반공정책을 포기케 하고 국가보안법과 반공법을 폐지시켜 공산주의자들의 활동을 자유롭게 할 수 있도록 요구할 수 있는 훌륭한 근거로 인식하였다. 이렇게 볼 때 북한으로서는 통일 3원칙이 그들이 오랫동안 추구해온 '남조선 혁명'의 여건을 충족시킬 수 있는 조건들이었다.

남한은 이들 원칙에 대해 '자주'는 남북 당사자 해결 원칙, '평화'는 북한의 무력도발 포기와 상호 불가침, '민족대단결'은 민족적 이질화를 극복하고 자유와 민주의 바탕위에서 민족구성원 전체의 의사를 결집하는 것을 의미하는 것으로 받아들였다. 이러한 통일 3원칙에 대한 남북한의 해석 차이는 무제한적 체제경쟁 논리가 지배하고 있는 상황으로부터 비롯된 것이고 상호 이해와 신뢰가 충분하게 이루어지고 평화의 제도화가 확고히 자리 잡을 때까지는 안고 갈 수밖에 없는 것이지만, 그러나 이 해석 차이가 존재한다고 해서 남북 간에 아무런 합의를 할 수 없거나 남북관계

10) 김정일은 1997년 8월 4일 '위대한 수령 김일성 동지의 조국통일 유훈을 철저히 관철하자'는 논문을 통해 조국통일 3대 헌장을 구체화했는데, 바로 이 7.4남북공동성명의 3대 원칙과 함께 전민족대단결 10대 강령, 그리고 고려연방공화국 창립방안이 그것이다.

가 진전되지 못하는 것은 아니다. 그런 면에서 통일 3원칙은 그 자체의 문제점에 논란을 제기하기보다는 이 해석의 차이를 어떻게 좁혀 나가느냐, 그리고 그 본래적 의미를 어떻게 채워나가느냐가 하는 것이 보다 중요한 과제라 하겠다.

나. 남북조절위원회 회의

남북한은 '7.4공동성명'에 따라 남북조절위원회를 가동하기에 앞서 세 차례의 공동위원장 회의를 진행하였다. 양측은 제반 절차문제를 협의한 결과 '남북조절위원회 구성 및 운영에 관한 합의서'를 채택하고 1972년 11월 30일 남북조절위원회를 정식으로 발족시켰다. 남북조절위원회는 1972년 11월 30일~12월 1일, 1973년 3월 15일, 1973년 6월 12일~13일 서울과 평양을 오가며 세 차례의 전체회의를 진행하였다.

회의를 진행함에 따라 양측의 입장 차이가 크게 드러나고 난항을 거듭했다. 무엇보다 '7.4공동성명'의 제1항 통일 3원칙에 대한 해석과 그 구현방법에 대해 기본적으로 의견을 달리했다. 남한측은 서로 체제 내부문제에 간섭함이 없이 비정치 · 비군사적인 분야에서부터 불신을 제거하고 이해와 신뢰를 쌓아 나가며, 이를 바탕으로 정치 · 군사문제에 점진적으로 접근해 나가자는 기능주의적 입장을 취했다. 이에 반해 북한측은 "공동성명이 나온 이상 남북은 서로를 신임해야 한다"면서 우선적으로 군사대표자회담을 열어 남북 간 군사적 대치상태를 해소하는 문제를 협의하자고 주장하는 등 '남조선 혁명론'에 입각한 현상변경적 입장을 노골화 했다.

특히 2차 본회의에서 북한측은 남북 간 군사적 대치상태 해소와 긴장완화를 위한 5개 항목을 내놓고 우선적 해결을 주장하였는데, ① 무력증강과 군비경쟁을 그만둘 것, ② 군대를 10만 명 이하로 줄이고 군비를 대폭 축소할 것, ③ 외국으로부터 일체의 무기와 작전장비 및 군수물자의 반입을 중지할 것, ④ 미군을 포함한 일체의 외국 군대를 철거시킬 것, ⑤ 이상의 문제를 해결하고 서로 무력을 행사하지 않을 것을 보장하는 평화협정을 체결할 것 등이 그 내용이다. 그리고 조절위원회와는 별도로 남북의 정당 · 사회단체 연석회의를 열어 각계각층의 의사를 반영하자고 주장했다.[11)]

이 군사적 대치상태 해소와 긴장완화를 위한 5개항 제안은 1973년 6월 23일 김일성이 발표한 '조국통일 5대 강령'에 포함되어 이후 북한의 대남 및 대외정책에서 핵심 골격을 이루게 되는데, 특이한 것은 남북 간에 평화협정을 체결하자는 주장이 1974년에 들어와 대미 직접대화를 모색하면서부터 사라지고 '평화문제는 북미 간에, 통일문제는 남북 간에' 협의를 해야 한다는 입장으로 변화를 보이게 되었다는 점이다.

이즈음 북한은 세계적 데땅트의 물결과 남북공동성명에 힘입어 대외관계에서 '한반도 문제의 비유엔화'와 한국과의 대등성 확보에 성과를 보고 있었다. 북 유럽 5개국이 북한을 승인하고, 세계보건기구에 가입이 이루어져 유엔에 대표부를 둘 수 있게 되었으며[12)], 1973년 제28차 유엔 총회에서 언커크를 해체하기로 결의

11) 김일성은 1973년 4월 16일 시아누크 환영대회 연설에서 남북조절위원회 사업을 변경하자면서 남북조절위원회 북한측 입장을 뒷받침했다. 북한은 이미 이 시기에 진행되고 있는 남북조절위원회의 성격을 변화시키려는 의도를 드러내고 있다(이 책 p.81 참조).

12) 북한은 1973년에 스웨덴, 핀란드, 노르웨이, 덴마크, 아이슬란드 등과 수교하였고, 9월 5일 유엔본부 상주대표부를 개설하였다. 또한 이 시기부터 각종 유엔 산하기구와 WHO 등 전문기구, 정부 간 국제기구에도 가입하기 시작하였다.

한 것이다. 이러한 국제사회의 '2개의 코리아' 추세로 인해 1975년 제30차 유엔 총회에서는 주한 유엔사 문제와 관련하여 서방측 결의안과 공산측 결의안이 함께 통과되는 이변을 낳는다.

이같은 상황에서 박정희 대통령은 1973년 6월 23일 '평화통일 외교정책'을 선언한다. 이 선언은 ① 남북 간 상호 내정불간섭과 상호 불가침, ② 북한의 국제기구 참여 불반대, ③ 통일에 장애가 되지 않는다는 전제하에 남북한이 함께 유엔에 가입, ④ 모든 국가에 문호를 개방하며 이념과 체제를 달리하는 국가들도 대한민국에 문호를 개방할 것 등을 주요 내용으로 하고 있다. 이는 사실상 한반도의 분단을 잠정적으로 합법화하고 북한의 정치실체를 인정한다는 것을 국제사회에 공식화 한 셈이다. 그럼에도 불구하고 선언에서는 북한과 관련된 사항은 통일시까지의 과도적 잠정조치로서 이것이 북한을 국가로 인정하는 것이 아님을 분명히 해 둔다고 강조하고 있는데, 이는 대한민국 정부의 합법성 및 헌법정신과 관련된 불필요한 논란을 막기 위한 장치로 보여진다. 이 '6.23선언'은 한국과 유엔과의 관계를 재정립하고 그동안 금기시되어 오던 대공산권 외교를 추진해 나갈 수 있는 문을 열어놓았다는 점에서 의미가 있다.

그런데 같은 날 북한은 단일 국호에 의한 유엔 가입 등 '2개의 코리아'를 반대하는 발표를 한다. 김일성은 체코 당 제1서기 후사크를 환영하는 연설에서 ① 군사적 대치상태 해소와 긴장상태 완화(구체 내용은 남북조절위에서 북측이 제시한 것과 동일), ② 다방면적인 합작과 교류 실현, ③ 통일문제를 협의 해결할 대민족회의 소집, ④ 고려연방공화국을 국호로 하는 남북연방제 실시, ⑤ 단일 국호에 의한 유엔 가입 등을 내용으로 하는 '조국통일 5

대 강령'을 제시하였다. 북한이 이때 제안한 남북연방제는 연방공화국의 국호를 제시하고 남북 양 정부의 독자적 활동을 보장하고 있지 않다는 점에서 1960년대의 남북연방제와는 차이가 있음을 알 수 있다.

이후 북한은 남한의 '6.23선언'이 '2개 조선'을 획책하는 분열주의 노선이라며 맹비난을 했으며, 이를 빌미로 진행되어 오던 남북대화를 중단하고 말았다.

5. 1970년대 후반의 남북관계

가. 남북대화의 중단

1973년 8월 28일 북한은 '평양방송'을 통해 남북조절위원회 평양측 공동위원장 김영주의 명의로 남북대화를 중단한다는 성명을 발표했다. 이 성명에서 북한은 대화를 중단하는 두 가지 이유를 밝히고 있다. 하나는 8월 8일 일본 도쿄에서 발생한 김대중 납치사건이다. 북한은 "남조선 중앙정보부가 김대중 선생을 납치함으로써 조국통일을 위한 전민족적 지향에 도전해 나선데 대해 주목을 돌리지 않을 수 없다"면서, "남북조절위원회 같은 민족공동의 기구에 이후락 같은 자가 눌러 앉을 자리가 없으며, 우리는 그들과 마주앉아 국가대사를 논의할 수 없다"고 주장했다. 즉, 협상상대에 대한 보이코트이다.

또 하나는 '6.23선언'인데 이것이 보다 실제적인 이유라고 할 수 있다. 북한은 '6.23선언'을 '2개 조선 노선의 공개적 선포'라고 규정하고 "남한이 남북대화의 간판으로 인민을 기만하고 민족분열을 고정화하여 '2개 조선'을 조작하려 한다"고 비난하면서 남측이 남북공동성명을 완전히 뒤집어 엎었다고 주장했다.

북한은 그러나 남북 간에 아직 해결해야 할 문제가 많기 때문에 앞으로도 회담을 계속할 필요가 있다고 인정한다고 하면서도 몇가지 대화의 조건을 내걸었다. 즉, ① 남북공동성명의 원칙을 존중하고, ② '2개의 조선 노선'을 취소하며, ③ 통일애국 인사들에 대한 탄압 중지 및 체포 · 투옥된 애국인사들을 석방하고, ④ 남북조절위원회에 정당 · 사회단체 및 각계각층 인민들의 대표들이 참가해야 한다는 것이다. 이것은 남한이 반공정책을 포기하고 공산주의자들의 활동을 용인하라는 주문으로서, 남북대화 중단의 책임을 남한측에 전가하기 위한 방편에 불과했다.

북한이 남북대화를 중단한 배경에 대해 분석해 보면 다음과 같다. 첫째, 북한은 국제적 데땅트의 물결이 주한미군의 철수와 한미동맹의 약화로 이어짐으로써 '인민해방전쟁'의 기회가 주어질 것으로 오판했으며, 남북대화는 그러한 여건을 더욱 성숙시킬 것으로 계산한 것 같다. 그러나 주한미군의 부분적 철수는 오히려 한국이 자주국방력을 강화하고 한미 간의 군사적 협력을 더욱 긴밀하게 하는 결과로 이어졌다. 또한 주변국들이 한반도 문제를 국제적 문제라는 차원에서 개입하고 다루기보다는 민족내부문제화 하는데 의견을 같이하고 있었지만, 동시에 현상변경과 상황의 불안정을 용납하지 않는 새로운 구조가 점차 뚜렷이 자리를 잡아나가기 시작하였다. 북한으로서는 국제사회의 지지를 얻고 있는 남한의 '6.23선언'이나 남북대화의 진행을 이와 같은 '2개의 코리아'의 흐름에 기여하는 요소로 보았다. 만일 '2개의 코리아'가 고착화 된다면 북한이 바라는 '남조선 해방'은 기회를 잃게 될 것이었다.

둘째, 북한은 남북대화를 통해서 '남조선 혁명'을 수행하기 위한 조건환경을 조성할 수 있을 것으로 계산했다. 그것은 남북조절위원회 회의에서 대화의 선행 조건을 제시한다든지 남북적십자회담에서 인도주의 문제의 해결을 외면한 채 법률적 사회적 조건 · 환경 개선을 주장한데서 드러난다. 1973년 4월 16일 김일성은 시아누크의 평양방문 환영 연설에서 다음과 같이 주장한다.

"우리는 현재의 남북조절위원회의 사업에 남북의 각 정당 · 사회단체 대표들과 각계각층 인사들을 참가시켜 그 폭을 넓히든지 또는 남북조절위원회 사업은 사업대로 진행하고 북과 남의 각 정당 · 사회단체 대표들과 각계각층 인사들이 참가하는 정치협상회의를 소집하자는 것을 주장한다"[13]

이것은 애초부터 당국 간의 진지한 대화와 협력을 도모할 생각이 없었고 이를 매개로 그들이 주장해온 정치협상회의를 성사시키는 것이 목적이었음을 스스로 실토하고 있음을 말해 준다. 그러나 남한은 1972년 10월 17일 '국정안정과 통일정책의 효율적 추진'을 위해 대통령의 권한을 대폭 강화하는 유신을 단행하고 더욱 철저한 반공정책을 시행하였다. 통일문제를 중심으로 남한 내에 국론분열을 기하고 통일전선전술을 구현하려는 북한의 의도가 남북대화의 지속으로 실현될 가능성은 없었다.

셋째, 북한은 당시 김일성 유일사상체제의 확립과 김정일 후계문제의 해결이 최대의 정치 현안이었다. 북한은 1972년 12월 최고인민회의 제5기 1차 회의에서 헌법을 개정하고 김일성 독재권력체제를 헌법적으로 정당화하기 위해 국가주석제를 도입하여 김일성을 국가주석으로 추대했다. 또한 1973년 2월부터 김일성

13) 통일원, 『남북한 통일 · 대화 제의 비교』(1991) 참조

의 지시로 '3대혁명소조운동'[14]이 시작되어 김정일의 권력장악 과정이 본격화 되었으며, 1973년 9월에 개최된 당 중앙위원회 비공개회의에서 김정일을 조직 및 선전선동 담당 비서 겸 조직지도부장으로 선출하였다. 이즈음 남북조절위원회 평양측 공동위원장을 맡고 있는 김영주와 김동규, 이용무, 유장식 등 권력세습을 반대하는 당료와 군부에 대한 숙청작업이 전개되었다. 김정일은 이후 1974년 2월에 열린 당 중앙위원회 제5기 8차 전원회의에서 당 중앙위원회 정치위원회 위원으로 선출되고 후계자로 결정된다.

김정일은 바로 이러한 후계구축 작업을 통해 1980년 10월 제6차 당대회에서 정치국 상무위원, 비서국 비서, 군사위원회 위원으로 선출되고 공식적인 후계자로 권력의 전면에 나서게 된다. 이렇게 볼 때 1972년 '7.4공동성명' 이후 1973년 8월 남북대화가 단절되기까지의 북한의 최대 관심이 어디에 있었겠는가 하는 것은 자명하다고 하겠다. 숙청된 김영주를 공동위원장으로 계속 내세울 수도 없었겠지만 북한에 있어 남북대화는 이미 그 효용을 다했고 관심사로 끌어갈만한 여력도 없었다고 하겠다.

나. 남북한의 평화문제 공방

남북대화가 중단된 이후 대화 중단의 책임 문제와 한반도 평

14) 3대혁명소조에 대해 『조선말 대사전』은 "사상 · 기술 · 문화의 3대혁명을 더욱 힘있게 밀고나가기 위한 임무를 맡고 인민경제 여러 부문에 파견된 준비된 당 핵심들과 청년지식인들로 무어진 소조"라고 하고 있다. 북한은 1970년대에 들어와 주체사상을 공식 통치이데올로기로 확립한 여세를 몰아 김정일 후계체제를 구축하기 위해 당정의 새 세대를 소조원으로 흡수하여 막강한 힘을 실어주었으며, 각급 조직을 점검하고 집중적 정치사업을 전개하게 하였다. 이들 소조활동은 김정일의 관장 하에 전 인민적 차원의 운동으로 발전해 나갔다.

화 문제를 둘러싼 남북한의 공방이 이어졌다. 1973년 12월 3일 남북조절위원회 서울측 공동위원장 이후락은 공동위원장직을 사임하고 장기영 부위원장이 이를 대리한다고 발표했다. 남북조절위원회는 이제 부위원장회의 등으로 그 명맥만 이어갔다. 이런 가운데 남한은 1974년 1월 18일 남북 상호불가침협정을 제의한다. 이를 통해 남북이 서로 절대로 무력침범을 하지 않겠다는 것을 약속하고 상호 내정간섭을 하지 말 것과 현행 휴전협정의 효력이 존속되어야 한다는 것을 강조했다. 이는 북한이 당시 남북 간에 평화협정을 맺자는 주장을 하고 있는데 대해 현상변경은 결코 용납되지 않는다는 것으로 대응한 것이기도 했다.

북한은 여기서 일대 방향을 전환하게 된다. 1974년 3월 25일 최고인민회의 제5기 3차 회의에서 미국 의회에 보내는 편지를 채택하고 미국과의 직접 협상을 통해 평화협정을 체결할 것을 제의했다. 편지에서 북한은 조미 평화협정에는 서로 상대방을 침범하지 않을 것을 서약하고 한반도 밖으로부터 일체의 무기와 작전장비, 군수물자의 반입을 중지하며, 주한 외국군대가 철수하는 등의 조치들을 예견할 수 있으며, 이 협상을 위해 군사정전위원회보다 높은 급으로 대표단을 구성하자고 주장했다. 미국은 한반도 문제는 남북한 사이에서 직접적으로 해결되어야 한다는 논리로 북한의 이 평화협정 제의를 거부했으나, 이때로부터 북한은 평화문제 논의에서 남한을 배제하고 대미 평화협정 공세를 지속하면서 끈질기게 미국과의 직접적 협상을 추구한다.

남한은 1974년 8월 15일 박정희 대통령이 평화통일 3대 기본원칙을 천명하면서 남북 간에 상호불가침협정을 체결하자는 입장을 재확인하였다. 3대 기본원칙이라함은 우선 한반도에 평화를 정착시키기 위해 상호불가침협정을 체결하고, 남북대화를 성실히 진행하고 다각적인 교류와 협력을 이루어 상호 신뢰를 회복하며, 이 바탕위에서 공정한 선거관리와 감시하에 토착인구 비례에 의한 남북한 자유총선거를 실시하여 통일을 이룩한다는 것이었다. 이 평화통일 3대 기본원칙은 1970년의 '평화통일 구상 선언'의 연장선상에서 그동안 북한에 제의해 오던 것을 집대성 한 것으로서, 향후 단계론적 기능주의에 입각한 남한 통일정책의 근간이 된다.

이로써 북한의 정치 · 군사문제 우선 해결 입장과 남한의 동질성 회복을 위한 비정치적 분야의 교류협력 우선이라는 입장이 명백한 대조를 이루게 되었다. 또한 '7.4공동성명'에서 합의한 자주, 평화, 민족대단결이라는 통일 3원칙에 대한 남한의 해석을 공식적으로 분명히 밝힌 셈이 되었다. 즉, 자주란 남북 당사자 간에 대화하고 교류하고 협력하여 통일의 기반을 마련해 나간다는 것이고, 평화란 서로 무력침공 하지 않고 내정간섭하지 않는 것이며, 민족대단결이란 남북한 주민 전체의 의사를 묻는 민주적 절차를 존중한다는 것이었다. 여기서 주목되는 것은 '공정한 선거관리와 감시'라고 함으로써 그동안 남한이 유엔이 간여하고 감시해야 한다고 주장해 오던 데서 벗어나 북한에게 탈유엔의 공간을 제공해주고 있다는 점이다.

1973년 1월 27일 파리 평화협정이 체결되어 베트남 전쟁이 종결단계로 접어들면서 북한은 다시 대남 무력공세를 강화하는 쪽으로 돌아섰다. 1974년 2월 15일 서해에서 북한의 포격으로 남한측 어선 한 척이 격침되고 한 척이 피납된 사건이 발생했다. 또한 1974년 8월 15일 조총련 소속 인물에 의한 대통령 암살 기도로 대통령 영부인 육영수 여사가 저격당하여 사망했다. 1974년 11월과

1975년 3월에는 비무장지대를 관통하여 남한 지역까지 파고 내려온 땅굴이 발견되었는데 각기 1개 여단과 사단이 한 시간 안에 통과하기에 충분한 규모여서 남한을 경악케 했다. 이 땅굴은 1978년 10월에도 하나가 더 발견되었다. 1975년 1월 23일에는 북한이 휴전선 전역에 걸쳐 확성기에 의한 대남 비난방송을 일제히 재개하여 남북조절위원회에서 합의된 사항을 정면으로 파기하였다.[15)]

1975년 4월 30일 베트남이 완전히 공산화되기 직전 김일성은 이러한 사태 진전에 고무되어 중국과 동구 공산권 및 친북 아프리카 국가들에 대한 순방길에 나섰다. 김일성은 중국을 방문하면서 "만일 남조선에서 혁명이 일어난다면 우리는 단일민족이고 같은 민족으로서 팔장을 끼고 있지 않고 남조선 인민을 적극 돕겠다"고 하면서, "만일 적들이 무모하게 전쟁을 일으키면 단호하게 전쟁으로 대답할 것이며, 이 전쟁에서 우리가 잃을 것은 군사분계선이요 얻을 것은 조국의 통일"이라고 호언하기까지 했다. 그러나 이 같은 중국의 지원에 대한 암시적 요청에 중국의 반응은 냉랭했고 소련은 김일성의 방문 요청을 받아들이지 않았다. 한반도의 분란에 말려들어 미국과의 화해 국면을 깨야 하는 부담을 지는 것을 허용하지 않았던 것이다.

남한은 내부적으로 유신독재에 대한 도전이 거세지고 체제유지를 위해 긴급조치를 발동해야 되는 분란기를 겪고 있는 데다가 이와 같은 북한의 도발이 국가안전을 위협하는 상황에서 북한

15) 1972년 11월 2일 개최된 남북조절위원회 제2차 공동위원장 회의에서 '남북조절위원회 구성 및 운영에 관한 합의서'를 서명하면서 대남 및 대북방송 중지, 군사분계선에서 확성기에 의한 대남 · 대북방송 중지, 상대방 지역에 대한 전단 살포 중지 등에 합의하고 11월 11일 0시를 기해 발효시켰다. 국토통일원, 『남북대화 백서』(1988), p.68.

의 대미 평화협정 주장에 대응하기 위해 1975년 1월 14일 박정희 대통령이 유엔군사령부 해체문제를 선도적으로 들고 나왔다. 그는 "휴전협정 효력이 계속 유지될 수 있는 대안이 마련될 경우 유엔군사령부 해체도 반대하지 않겠다"고 제안했다. 이어 그는 6월 29일 해외언론과의 회견에서도 같은 주장을 하면서 다만 한미 상호방위조약에 따른 주한미군 문제는 유엔군사령부 해체문제와 별개임을 분명히 했다.

김동조 외무부장관도 10월 21일 제30차 유엔 총회 연설에서 현행 휴전협정의 효력에 영향을 주지 않는 조건으로 유엔군사령부 해체 및 산하 유엔군 철수에 동의하며 휴전협정을 대체하고 한반도의 항구적 평화와 안전을 보장할 보다 근본적인 조치를 강구하기 위해 협상 및 기타 방안을 고려할 용의가 있다고 밝혔다. 이때로부터 남한은 북한의 평화협정 제기에 대응하여 휴전협정 준수, 상호불가침협정 체결에 더하여 휴전 당사국간 회의를 개최할 것을 주장한다.

또한 박정희 대통령은 비록 단발성으로 끝나기는 했지만 1977년 1월 12일 순수한 인도적 입장에서 북한동포들을 위해 식량원조를 제공할 용의가 있다는 제의를 함과 아울러 남북한 상호불가침협정을 체결한 후의 주한미군 철수는 반대하지 않는다는 입장까지 밝혔다. 당시 한미관계가 최악의 상태에 있었고 박정희 대통령이 위기감으로 미국에 대해 배수진을 치고 협상력을 확보하기 위한 목적에서 내놓은 제안이었다고도 볼 수 있으나, 당장 북한의 무력도발을 막고 한반도에 평화를 정착시키는 것이 남한의 절실한 과제였다는 것을 실증해주고 있다고 하겠다.

북한은 1977년 인민군 부총참모장 김익현이 남북의 군사당국

대표로 구성되는 남북 군축회담을 개최하여 주한미군 철수, 무력 증강과 군비경쟁 중지, 군축, 외국으로부터의 무기반입 중지 등을 논의하자고 하면서도 휴전협정의 대체문제는 조미간에 평화협정을 체결해야 한다는 입장을 고수했다. 이와 같이 국제환경의 변화와 베트남 전쟁의 종결에 따른 한반도 질서의 변화 가능성이 몰고 온 평화문제를 둘러싸고 남북 쌍방이 서로 이니셔티브를 쥐기 위해 1970년대 중 · 후반기에 치열하게 대결을 전개하였다.

다. 북한의 대미 접근 노력

1974년 북한이 대미 평화협정을 들고 나오고 미국과의 직접 대화를 모색하기 시작했으나 미국의 반응은 냉랭했다. 미국은 남북한 간의 대화를 통한 당사자 해결 원칙의 입장에 서있었다.

미국의 키신저 국무장관은 1975년 9월 22일 제30차 유엔 총회에서 한반도 문제에 대한 미국의 입장을 제시하였다. 북한과 북한의 동맹국들이 남한과 관계개선을 취한다면 미국도 이에 상응하는 조치를 취할 용의가 있으며 남북한 유엔 동시가입을 지지한다는 것과 한국 휴전협정을 새로운 체제로 대체시키기 위해 모든 직접적 당사자들의 회의, 즉 남북한과 미국, 중국이 참가하는 4자회담을 추진할 것을 밝힌 것이다. 북한은 이 제안에 대해 영구분단론이고 평화협정 논의에 남한의 참여를 받아들일 수 없다며 부정적 반응을 보였다.

이러한 미국의 입장에 변화의 조짐이 나타난 것은 1977년 1월 민주당 출신 카터 대통령이 취임하면서부터이다. 카터 행정부는 주한미군의 철수계획을 발표한데 이어 북한을 비롯한 잠재적 적대국가 및 미수교국가와 관계개선을 해나간다는 원칙을 밝히고 북한을 미국인의 여행금지 지역에서 해제시키는 조치를 취했다. 이러한 상황의 전개는 북한에게는 매우 고무적이었다. 북한이 대남혁명 완수를 위해 그토록 갈망해오던 주한미군의 철수가 조만간 실현될 것이라는 기대에 차있었으며 미국을 자극하는 언동을 삼가고 미국과의 단독협상을 트기 위한 분위기 조성에 힘을 기울이면서 기다림의 전략을 취했다.[16]

더구나 이즈음 한미관계가 최악의 상태에 있어서 북한이 이러한 틈바구니를 활용할 여지도 많았다. 미국은 박정희 대통령의 유신체제와 독재정치에 거부감을 갖고 있었으며, 자주국방 및 원자력의 평화적 이용 문제와 관련하여 마찰을 빚었다. 1973년에는 중앙정보부장을 지낸 김형욱이 미국으로 도주하여 유신체제를 비난하고 김대중 납치사건의 전모를 폭로함으로써 대외적으로 망신을 당했으며, 1976년에는 박동선과 김한조를 묶어 '코리아 게이트' 사건이 터지고 중앙정보부 요원들이 미국으로 망명하는 사건들이 잇따라 한국의 대외적 이미지는 추락할대로 추락하였고 한미간 동맹관계에도 균열이 왔다.[17] 더구나 카터 행정부가 한국의 유신체제 하의 인권문제까지 들고 나와 한국을 압박하였다. 주한미군의 철수는 이제 기정사실화된 것처럼 보였다.

그러나 상황은 북한이 기대한대로 흘러가지 않았다. 주한미군 철수 문제가 구체화되기 시작하면서 미국 군부에서 북한의 군사

16) 김학준, 앞의 글, pp.561-562.

17) 1976년 10월 워싱턴포스트지가 박동선, 김한조 등이 한국 정부를 위해 불법 의회로비활동을 했다고 폭로하여 '코리아 게이트'로 발전하였는데, 박동선의 신병을 둘러싸고 청와대 도청사건까지 불거져 한미 간에 외교적 마찰을 빚었다. 또 김한조와 연결된 중앙정보부 요원들이 미국으로 망명하였다. 1978년 12월 미하원 윤리위가 최종보고서를 채택함으로써 일단 파문은 마무리 되었다.

적 능력과 한반도의 안전 상황을 재평가하는 작업에 들어갔고 철군을 무기한 연기하는 쪽으로 결론이 지어졌다.[18] 여기에는 북한 스스로가 자초한 측면이 많았다. 1976년 8월 18일 판문점 공동경비 구역 내에서 미류나무 철거 작업을 하던 미군 병사를 도끼로 살해한 사건은 북한의 호전적인 행태를 여실히 드러내는 계기가 되었다.

카터 행정부는 남북한과 미국이 동등한 지위로 참여하는 3자 회담 안을 내놓고 북한과는 어떠한 형태이든지 직접적이고 쌍무적인 회담을 갖지 않겠다는 뜻을 명백히 했다. 북한은 미국과 북한 사이에 먼저 회담을 열고 그 이후에 남한을 참여시킬 수 있다는 2단계 3자회담 안을 제시하기도 했으나 미국은 이를 거부하였다. 이러한 가운데 1979년 카터 대통령이 방한하여 박정희 대통령과 정상회담을 하고 7월 1일 공동성명을 발표하였다. 한국과 미국은 이 공동성명에서 남북대화의 촉진과 한반도 긴장완화의 방안을 마련하기 위하여 남북한 및 미국 3자간의 고위당국대표 회담을 가질 것을 제의하고, 북한의 주요 동맹국들이 대한민국과의 관계를 확대시킬 용의가 있는 경우에 한하여 미국이 북한에 대해 상응한 조치를 취할 것이라고 밝혔다.

이로써 미국은 북한과 직접적으로 협상하거나 관계를 진전시킬 의사가 없다는 점을 명백히 한 셈이다. 이에 대해 북한은 7월 10일 외교부 성명을 통해 3당국회담 제의를 공식 거부하고, 주한

---

18) 미국의 정보기관은 1979년까지 북한이 2년 전에 생각했던 것보다 훨씬 강한 군사력을 보유한 것으로 결론을 내렸다. 이것은 군부를 비롯하여 그동안 철군계획을 반대했던 사람들의 견해를 입증해주었고 철군의 무기한 연기를 결정케 하였다. 철군 논쟁은 결과적으로 한국군의 군사력 증강에 기여하였다. 백종천, 앞의 글 p.382.

미군 철수문제와 휴전협정의 평화협정으로의 대체문제는 조미 간에 해결해야 할 문제이고 남한은 옵서버 자격으로 참가를 허용할 수 있다고 주장했다. 1970년대 북한의 대미 직접 대화 및 접근 노력은 결국 무위로 끝나고 말았다.

라. 대화 단절 속의 대화 진행

북한이 남북대화를 중단하겠다고 일방적으로 선언한 이후에도 남북 간에는 대화가 진행되었다. 그러나 이 회담들은 엄밀히 말해서 서로의 입장을 이해하고 타협과 절충을 도모하려는 진정한 의미의 회담이었다기보다는 대화중단의 책임을 지지 않겠다는 명분적 성격이 강했으며, 북한의 경우 대남 무력침투 의도를 희석시키거나 대미 접근을 위한 분위기 조성용으로 호응해 나왔다고 보여진다.

남한은 1973년 11월 15일 남북조절위원회 제4차 회의를 조속히 개최하자고 촉구하였고 쌍방은 남북조절위원회 부위원장 회의를 갖기로 합의하였다. 이리하여 1973년 12월 5일부터 1975년 3월 14일까지 남북 간에는 총 열 차례의 부위원장 회의를 개최하였다. 남한측은 남북조절위원회를 정상화하기 위해 북한측의 입장을 고려하여 남북 각기의 위원수를 10명 내외로 늘리고 여기에 정당 및 사회단체 인사를 참여시킬 수 있다는 입장을 밝혔다. 그러나 북한측은 남북의 정당 · 사회단체 및 각계각층 인민의 대표들로 700명 내지 3000명의 위원이 참가하는 회의로 개편하자고 주장했다. 즉, 남북조절위원회를 그들이 말하는 '대민족회의'로 변질시키자는 것이었다. 이와 함께 북한측은 대화를 재개하기 위해서는 남한측이 '6.23선언'을 철회하고, 반공법 · 국가보안법을 폐기하고 공산주의자들의 활동을 합법화시키며, 주한미군을 철수시키고, 북한의 연방제 통일방안을 수락해야 한다고 선행조건을 제시했다.

이로 인하여 남북조절위원회 부위원장 회의는 공전을 거듭하다가 1975년 봄 베트남 전쟁이 종결되자 북측이 예정되었던 제11차 회의를 무기한 연기한다고 통고해옴으로써 완전히 중단되었다.

이후 양측은 남한측의 '당국간 회담을 개최하자'는 주장과 북한측의 '정치협상회의를 소집하자, 혹은 대민족회의를 개최하자'는 주장이 맞서면서 성명전으로 일관했다. 이 기간 특이한 것은 남한측이 1977년 1월 대북 식량원조를 제공하겠다는 제의를 한 것과 1978년 6월 남북한 간의 광범한 경제협력을 추진해 나가며 이를 위해 쌍방 민간 경제계 대표들이 참여하는 '남북간 경제협력추진 협의기구'를 구성하자고 제의한 사실이다. 상대방에 대한 식량원조나 경제협력추진 제의는 당시 남북 간의 현실에서는 경제적 우위에 있는 일방이 상대방의 수락 여부와는 관계없이 힘의 과시 및 심리전적 차원에서 행사해왔다. 북한은 1950년대와 1960년대에 빈번하게 이와 같은 경제교류와 협력을 제의해왔으나 1970년대 들어서 국력의 양상이 전도된 이후에는 이러한 주장이 자취를 감추었다. 이제 남한이 기존 북한의 제의를 역으로 활용하기 시작한 것이다.

남북대화가 단절된지 4년 만인 1979년 1월 19일 박정희 대통령은 시기와 장소와 수준에 구애됨이 없이 남북당국 간에 무조건 만나서 그동안 남북한이 제시해온 모든 분야의 문제들을 직접 논의할 것을 촉구하였다. 이것은 북한측 주장도 논의의 대상으로 삼을 수 있으며 필요하다면 정상회담까지도 고려할 수 있다는 입장을 밝힌 것이다. 이에 대해 북한은 1월 23일 사회단체에 불과한 '조국통일민주주의전선' 중앙위원회 명의로 '전민족대회'를 소집할 것을 주장하면서 이 대회의 준비를 위해 6월 초순에 평양에서 각 정당·사회단체들의 실무급 대표들이 쌍무적 또는 다무적 예비회담을 갖자고 제의하였다.

1979년 1월 31일 민관식 남북조절위원회 서울측 공동위원장 대리는 북한측이 '7.4공동성명'의 준수를 언급하고 있는 이상 남북당국 간 대화 제의와 아울러 기존의 대화기구인 남북조절위원회의 재개를 요구한다고 밝혔다. 북한은 2월 5일 '조국통일민주주의전선' 중앙위원회 서기국의 성명을 통해 "남북조절위원회는 그 존속의 의의를 상실했다"고 주장하고, 전민족적인 대화와 협의기구를 마련하기 위해 예비적으로 '민족통일준비위원회'를 발족시키자면서 양측 연락대표가 만날 것을 제의했다.

남한측은 남북대화를 재개하기 위해 가장 손쉬운 방법으로 남북조절위원회 제4차 회의를 무조건 개최하자며 1979년 2월 17일에 쌍방 부위원장 접촉을 가질 것을 제의했다. 북한측은 같은 2월 17일에 '민족통일준비위원회' 결성협의를 위한 연락대표를 파견한다고 응수했다. 이렇게 됨으로써 남북조절위 부위원장 접촉을 위한 남측 대표와 '민족통일준비위원회' 결성문제 협의를 위한 연락대표라는 북측 '조국통일민주주의전선' 대표 사이에 변칙적인 대좌가 이루어지게 되었다. 남북관계사상 이 초유의 변칙 접촉은 세 차례 진행되었으나, 처음부터 대표성이나 의제 면에서 양측의 입장이 접점을 찾을 수 없는 명분상의 대화에 불과했기 때문에 아무런 진전없이 끝나고 말았다. 남한측이 정상적인 남북대화를 마련하기 위해 실무대표들 간의 접촉을 갖자고 제의하고 실무대표를 내보냈으나, 북한측은 남북조절위원회가 5년 전에 이미 기능을 상실하여 지금은 존재하지 않는다고 주장하고 이에 응하지 않음으로써 실무대표 접촉마저 유산되었다.

남북 당국 간의 대화와 함께 적십자 사이에도 대화가 이루어졌다. 대화가 중단된 이후 1973년 11월 15일 남한측이 제8차 본회담을 개최하는 문제를 협의하기 위해 연락책임자회담을 갖자고 제의한데 대해 북한측이 호응해 나온 것이다. 이를 계기로 1973년 11월 28일부터 1974년 5월 29일까지 남북적십자 대표회의가 일곱 차례 진행되었고 쌍방 대표단 교체수석대표를 책임자로 하는 실무회의를 개최하는데 합의하였다. 이 적십자 실무회의는 1974년 7월 10일부터 1977년 12월 9일까지 3년여에 걸쳐 스물다섯 차례 진행되었다. 남한측은 제8차 본회담을 조속히 개최할 것과 이산가족들의 고통을 덜어주기 위해 시범적으로 노부모의 주소와 생사를 알아내며 알리는 사업을 우선 실시하자고 했으며 성묘방문단 상호 교환 방안 등도 제시했으나, 북한측은 여전히 '조건환경론'을 반복하면서 '6.23선언', 반공정책, 주한미군 철수 등 정치적 문제를 토론할 것을 주장했다. 그러다가 1978년 3월 19일 북한측이 한미 합동군사훈련을 구실로 이 실무회담을 무기 연기함으로써 인도적 문제의 해결을 위한 대화의 길마저 닫혀버렸다.

남북 간에 냉랭한 관계가 지속되는 가운데 체육분야에서도 접촉이 이루어졌다. 1979년 2월 20일 북한 체육지도위원회 김유순 위원장과 북한 탁구협회 김득준 회장은 공동으로 1979년 4월 25일부터 평양에서 개최되는 제35차 세계탁구선수권대회에 남북 단일팀을 구성하여 출전하자면서 이를 위해 남북 탁구협회 간에 회담을 갖자고 제의해왔다. 이에 따라 1979년 2월 27일부터 3월

12일까지 네 차례에 걸쳐 회담이 진행되었는데, 북한측은 애초부터 한국 선수단의 평양 대회 참가를 저지하려는 의도에서 이 회담을 제의했던 것으로 보인다.

남한측은 한국 선수단이 국제탁구연맹의 회원국으로서 당연히 갖고 있는 참가 기득권을 보장할 것을 요구했으나 북한측은 기득권 인정은 단일팀 구성에 합의한 때로부터 효력을 갖게 하자며 단일팀을 구성한다는 원칙에 먼저 합의할 것만을 고집했다. 결국 회담은 결렬되었고 한국 선수단이 개별적으로 평양 대회에 참가하는 것이 물리적으로 불가능하게 되었다.

IV. 남북관계 정립기 1980~1987

Ⅳ 남북관계 정립기 1980~1987

1. 남한의 적극적인 대북정책 추진

가. 80년대 초반의 남북한 내부정세

1979년 12월 소련은 아프가니스탄의 내전을 빌미로 아프가니스탄을 무력으로 침공하였다. 미국은 이를 계기로 중국을 끌어들여 대소 봉쇄정책을 취함으로써 1970년대의 데땅트가 붕괴하고 신냉전이 도래하게 된다. 미국은 주한미군의 지상 전투부대를 철수하려던 계획을 백지화하였으며, 1979년 들어 공식적인 관계정상화를 이루었던 중국과 군사 분야의 협력 가능성까지 언급하고[1] 무역에서의 최혜국 대우를 중국에 부여하는 등 미·중·일간 준군사동맹적 성격의 협력체제로 소련을 고립시키려 하였다. 미국은 자국의 이익이 위협받게 될 경우 무력사용을 불사하겠다는 입

1) 미국은 중국과 1979년 1월 1일 정식으로 국교를 수립하였으며 이와 동시에 대만과의 국교를 단절하고 상호방위조약을 폐기하였다.

장을 천명하고 재군비 프로그램을 가동하였으며, 소련에 대해 곡물거래를 정지시키고 군비확장 경쟁을 유도하여 소련의 경제가 크게 악화되기 시작하였다. 이로 인해 1980년 7월 19일부터 8월 3일까지 개최된 제22회 모스크바 올림픽 경기대회에는 미국을 비롯한 서방권 67개국이 불참하기도 하였다.

이러한 국제적인 신냉전 시대의 서막이 열림과 함께 남한에는 박정희 대통령이 서거함으로써 정치적 혼란기에 들어갔다. 1979년 10월 26일 박정희 대통령이 김재규 중앙정보부장의 총격으로 피살되고 유신정권이 종말을 고하자 정국의 앞날은 한치도 내다볼 수 없게 되었다. 최규하 대통령의 과도정부가 출범했지만 12.12 군사반란을 일으킨 신군부가 권력장악을 위한 준비에 들어가고 학생과 광범위한 유신반대 세력이 민주화 투쟁을 벌임으로써 그야말로 불투명과 불확실이 지배하는 혼돈의 상황이 된 것이다.

5.18 광주민주항쟁이 무력으로 진압되고 비상계엄하의 공안통치가 지속되는 가운데, 최규하 대통령이 1980년 8월 16일 사임하고 8월 27일 전두환 대통령이 선출됨으로써 신군부의 정권장악 과정이 마무리되었다. 그후 국가보위비상대책위원회 입법회의에서 마련한 개정 헌법에 따라 전두환 대통령이 1981년 3월 3일 제12대 대통령에 취임하여 제5공화국이 시작되었다. 이 기간 동안에 반공법이 폐지 통합되어 국가보안법이 새로 마련되었다.

전두환 정권은 광주항쟁 사태의 책임 등 법적·도덕적 정당성 문제에서 태생적으로 자유롭지 못했던 까닭에 초기에는 폭압적인 정치와 권언유착에 의한 여론조작으로 정권을 지탱하였으나, 1983년 학원가를 중심으로 반미의식이 확산되고 반정부투쟁이

다시 일기 시작하면서 노동운동이 이에 합세해 나섰는가 하면, 김영삼의 단식투쟁이 계기가 되어 김대중과의 양김 연합이 이루어지자 1984년부터는 부분적으로 유화적인 태도를 보였다.

한편 미국에서는 1981년 공화당 레이건 정부가 출범하여 소련에 대한 철저한 대결압박정책을 추구했는데, 이는 동북아에서 한 · 미 · 일 3각 군사동맹체제를 강화시킬 필요성에 연계되었다. 전두환 정권은 이에 편승하여 미국과 밀착관계를 유지하였으며, 이에 따라 팀스피릿 한미 합동군사훈련이 강화되고 전술핵무기가 배치되는 등 한반도에도 군사적 긴장 국면이 초래되었다.[2)]

북한은 유신체제의 붕괴에 따른 남한의 새로운 정치상황의 전개를 주목하면서 새 정부의 권력 구도와 통일정책의 성격과 향방을 탐색하는 한편, 정치적 사회적 제 세력들 간의 갈등을 확대시켜 혼란을 가중시킬 목적으로 남북대화를 제의해왔다. 북한은 남한에서 12.12사건 이후 정국이 극도로 불안한 상태에 있던 시점인 1980년 1월 12일 2통의 편지를 보내왔다. 1통은 국가부주석이자 '조국평화통일위원회' 위원장 김일의 명의로 이희성 육군참모총장 등 북한이 임의로 선정한 각계 인사 12명을 수취인으로 하여 쌍무적 다무적 대화를 제의한 것이었다. 다른 1통은 정무원 총리 이종옥이 '대한민국 국무총리 신현확' 앞으로 보내온 것이었다. 편지에서 북한은 "정치협상회의와 함께 북과 남의 당국자 회

---

2) 팀스피릿 한미 합동군사훈련은 1976년 이래 매년 실시해왔는데 1983년부터는 참가 병력이 20만 명 수준에 이르렀으며, 남한을 방어하는 전략개념에 그치지 않고 전쟁을 북한 지역까지 확대하여 공지전 개념, 전술핵무기 사용전략 등을 훈련에 도입하였다. 북한은 1983년의 훈련에 대응해 '준전시상태'를 선포하기도 했다. 김진환, 남북 군사관계 60년, 『남북관계사』(2009), 이화여자대학교 출판부, p.161.

담도 할 수 있고 더 나아가서 고위당국자 회담도 성숙시켜 나갈 용의를 갖고 있다"고 하면서 남북총리회담을 제의했다.

남한은 그동안 지속적으로 촉구해온 남북한의 책임있는 당국자 간의 대화에 북한이 어느 정도 긍정적으로 반응해온 데에 대해 명분상으로 이를 거부할 수 없는 입장이었다. 또한 북한이 남한의 정세에 대해 오판을 하지 않도록 흔들림 없이 안정된 모습으로 대처해 나가는 여유를 과시할 필요가 있었다. 이에 따라 남한은 북한의 제의를 일단 수용하기로 하고 남북총리회담에 필요한 제반 절차문제를 협의하기 위해 실무접촉을 가질 것을 제의하였다. 이에 따라 1980년 2월 6일 판문점에서 제1차 접촉을 시작으로 8월 20일까지 열 차례의 접촉이 진행되었다.

그러나 남북한은 회담의 명칭과 장소, 의제 등에 대해 합의점을 찾지 못했으며, 북한측이 5.17조치 이후인 5월 22일의 제8차 접촉시부터는 당시 서리로 있던 남한측 총리의 자격문제를 들고 나오다가 남한에서의 정치상황 전개를 이유로 실무접촉의 중단을 선언하고 남북직통전화마저 운용을 중단시켰다.[3] 북한은 남북대화의 지속이 남한 정부를 인정하고 민중의 반정부투쟁의 불씨를 끄는 결과를 가져옴으로써 남한의 조속한 정국안정에 도움을 주게 된다고 판단했을 것이다. 또한 북한은 당시 내부적으로 중요한 정치행사를 목전에 두고 있었다.

---

3) 당시 남한은 신현확 국무총리가 1980년 5월 21일 사임하고, 후임으로 박충훈씨가 승계하였는데 국회가 휴회중이어서 동의 절차를 밟지 못하고 '서리'로 집무하고 있었다. 북한측은 실무접촉을 깨기 위한 핑계거리로 국무총리의 자격문제를 들고 나왔으며, 단장이 접촉에 불참하다가 결국 9월 24일 방송을 통해 일방적으로 중단을 선언하였다. 국토통일원, 『남북대화 백서』(1988), pp.149-150.

북한은 1980년 10월 10일 조선노동당 제6차 대회를 개최하였다. 당시 북한에게는 김정일 후계체제를 공식화하고 1970년대에 드러난 사회주의 계획경제의 구조적 한계를 극복하는 일이 급선무적 과제였다. 북한은 그동안 '당중앙', '친애하는 지도자동지'로 불리며 김일성의 후계자로 사실상 그 지위를 확보해왔던 김정일을 드디어 공식적으로 전면에 내세우게 되었다. 제6차 당대회를 통해 김정일은 정치국 상무위원, 비서국 비서, 군사위원회 위원으로 선출되었으며, 그에 대한 우상화 작업이 본격화되기 시작했다. 1983년부터는 김정일이 중국공산당 총서기 호요방의 초청으로 중국을 방문하여 등소평 등 중국 지도자들과 회담하고 중·소 등의 수뇌급과 신년 연하장을 교환하는 등 대외적 활동에도 공개적으로 나섰다.

북한은 자력갱생 원칙에 입각한 경제건설 노선이 선진기술과 해외자본의 도입에 제약을 가져오고 내자동원에 의한 경제개발이 한계에 직면하면서 만성적인 경제침체에 시달리고 있었다. 또한 1978년부터 착수된 제2차 7개년 계획은 목표연도인 1984년을 지나 2년간의 조정기를 거쳐야 할만큼 당초의 목표 달성이 어렵다는 것이 드러나고 있었다. 이에 북한은 제6차 당대회를 통해 대외정책의 기본이념을 '자주, 친선, 평화'라고 내걸고 자본주의 국가와도 친선관계를 맺는다는 대서방 외교 강화방안을 제시하고 외교 다변화를 모색하기 시작하였다. 북한은 대외 무역 및 경제협력에 대한 중요성을 인식하고 서방국가의 자본과 기술을 유치하기 위해 다각적인 노력을 하였으며 1984년 9월 합영법을 제정한 것도 그 일환이라고 하겠다.[4]

---

4) 북한은 외채 상환 문제에 직면한 1975년 이후 자본과 기술의 도입선이 사실

이와 함께 북한은 제6차 당대회를 통해 '고려민주연방공화국 창립방안'을 제시하였다. 이 1980년 연방제의 내용을 정리하면 다음과 같다.

"통일을 위한 가장 현실적이며 합리적인 방도는 남과 북에 있는 사상과 제도를 그대로 두고 남과 북이 연합하여 하나의 연방국가를 형성하는 것이다. 남과 북 동수의 대표들과 적당한 수의 해외동포들로 '최고민족연방회의'를 조직하여 남북 지역정부를 지도하고 연방국가의 전반적인 사업을 관할한다. 연방국가는 정치문제, 조국방위문제, 대외관계문제, 나라와 민족의 전반적인 이익과 관계되는 문제 등을 토의 결정한다. 연방국가는 어떤 정치군사적 동맹이나 블록에도 가담하지 않는 중립국가로 되어야 한다. 연방국가는 경제적 합작 교류, 과학 · 문화 · 교육 분야에서 교류 협력, 교통체신 연결, 민족연합군 조직, 평화애호의 대외정책과 유엔과 국제기구에 단일대표로 참가 등 10대 시정방침을 실천에 옮긴다"

이 연방제 방안은 과거의 연방제 방안과 비교할 때 몇가지 특이점을 보인다. 우선 연방국가의 국호를 제시하고 연방정부의 구성방법과 기능, 연방정부와 지역정부와의 관계 등을 구체적으로 밝히고 있다. 둘째, 과도적 중간조처로서의 연방국가가 아니라 최종적인 형태로서의 완성형 연방국가를 제시하고 있다. 셋째,

---

상 폐쇄되어 경제적 어려움이 가중되고 있었는데, 이를 타개하기 위해 외국인의 합작투자를 유치하기 위한 26개 조항의 합작회사 운영법을 제정 공포하였다. 이후 소득세법 등 후속조치는 중국에 비해 투자 이득을 유리하게 보장하는 방향으로 이루어졌지만, 사회간접자본의 미비와 투자안정성 결핍으로 실제 투자유치는 조총련계 상공인과의 소규모 합작사업 외에는 성과를 거두지 못했다.

10대 시정방침이라고 하면서 구체적인 미래상을 제시하고 있다.

그러나 이 연방제 방안도 과거의 연방제 제안과 마찬가지로 북한의 '남조선 혁명'이라는 기본적 입장에서 아무런 변화를 보이지 않았다. 오히려 1960년에 제의한 국가연합적 성격의 남북연방제 제안보다 훨씬 경직된 것이었으며 실현가능성을 도외시한 것이었다. 첫째, 이 연방제를 실시하는 선행조건으로 ① 남한의 반공법 및 국가보안법 철폐, ② 현 정권 퇴진 및 민주주의 정권으로 교체, ③ 조 · 미 평화협정 체결 및 주한미군 철수 등을 내걸고 있다는 점이다. 둘째, 두 지역정부의 사상과 제도의 차이를 인정한다면서도 연방정부가 정치, 외교, 군사권을 통일적으로 행사한다고 못박은 점이다. 즉, 지역정부의 독자적인 외교군사권 행사를 봉쇄한 것이다. 셋째, 통일된 이후에 실시한다고 한 10대 시정방침 속에 남북 간의 제반 교류와 협력을 집어넣어 '선 정치군사문제 해결' 입장을 고수하고 있다는 점이다.

이렇게 볼 때 북한의 '고려민주연방공화국 창립 방안'은 남한정부를 상대로 남북대화의 장을 마련하려는 의도라기보다 남한의 새 정치질서가 안정되어 가는데 따라 남북관계에서 통일문제의 이슈를 선점하고 남한 내의 반정부투쟁을 연계시켜 '남조선 혁명'의 동력을 지속적으로 제공하며 김정일 후계체제의 새로운 통일 청사진을 뒷받침한다는 다목적적 차원에서 이루어졌다고 하겠다. 이후 북한은 모든 정당과 사회단체를 동원하여 이 연방제 안을 지지 옹호케 하고, '고려민주연방공화국 창립준비위원회'의 구성, 혹은 '민족통일촉진대회'의 소집 등을 요구하면서 남북 간의 대화를 회피하게 된다.

나. 남한의 대북공세

1980년대 초반은 남한이 남북대화에 적극적인 태도를 취하고 북한이 수세적으로 대응하는 국면이 전개되었다. 북한은 남한 정부의 정권장악 과정의 약점을 파고들면서 정통성 및 정당성 문제를 제기하여 정부와 국민을 이간시키고 혼란을 조성하려는 입장에서 남한 정부를 대화의 상대로 삼으려 하지 않았다. 남북대화를 진행하여 맞대응할 경우 협상 상대인 남한 정부를 인정하고 정권의 안정을 도와주는 결과를 가져온다고 믿었을 것이다.

남한은 1981년 1월 12일 '남북한당국 최고책임자 상호방문' 제의로 포문을 열었다. 전두환 대통령은 김일성 주석이 아무런 부담이나 조건 없이 서울을 방문할 것을 제의하고 본인도 같은 조건으로 북한을 방문할 용의가 있다고 밝혔다. 이 제의를 통해 전 대통령은 김일성을 조선민주주의인민공화국 주석이라고 공식으로 칭했다. 그러나 북한은 부주석 김일을 내세워 주한미군 철수, 반공정책 포기, 민주인사 석방 등을 대화의 전제조건으로 내걸고 대통령에 대한 인신공격까지 했다.

전두환 대통령은 이어 1981년 6월 5일 '남북한당국 최고책임자간 직접 회담'을 제의했다. 즉, 서울과 평양을 오가기 어렵다면 판문점이나 제3국 등 장소의 선택을 북한측에 맡기겠다는 것이다. 북한은 이에 대해서도 격렬하게 비난하고 정면으로 거부했다. 김일성은 7월 1일 '재북 평화통일촉진협의회'에 보낸 결성 25주년 축하문에서 "현 남조선 정부와는 어떤 형태의 대화나 접촉도 할 수 없다"고 언급했다.[5)]

남한은 이후에도 남북 체육인회담, 적십자회담, 남북한 고대

5) 통일원『남북한 통일 · 대화 제의 비교』(1991) 참조.

유물 교환전 등을 촉구하며 공세를 이어갔다.[6] 1982년 1월 22일에는 당시까지 대한민국 정부가 취해온 관련 입장을 집대성하여 통일의 원칙과 과정, 미래상을 포괄하는 통일방안으로서 '민족화합 민주통일방안'을 제의하였다. 이 방안은 통일의 원칙으로 민족자결, 민주적 절차, 평화적 방법을 제시하고, 쌍방 주민대표로 '민족통일협의회의'를 구성하여 통일헌법을 기초하고 국민투표로 확정하면 그 헌법에 따라 총선거를 실시하여 통일국가를 완성하자는 것이다. 또한 통일을 이룰 때까지 상호관계를 정상화하기 위해 호혜평등 원칙, 상호 체제인정 및 내정불간섭, 군사적 대치상태 해소, 교류협력을 통한 사회개방, 상호 상주연락대표부 설치 등을 내용으로 하는 '남북한 기본관계에 관한 잠정협정'을 체결하자고 제의했다. 이어 이러한 모든 문제를 협의하기 위해 남북한당국 최고책임자 회담을 개최할 것을 촉구했다.

이 방안의 제의에서 주목할 것은 통일헌법을 기초하는 기구로서 '민족통일협의회의'라는 협의기구를 상정하고 있다는 점이다. 통일조국의 정치이념과 국호, 대내외정책의 기본방향, 정부형태, 국회구성을 위한 총선거의 방법과 시기, 절차 등도 이 협의기구에서 토의하고 결정하자는 것이다. 이것은 두 가지 의미가 있는데, 하나는 통일문제에서 유엔의 간여를 배제하여 민족내부적 성격을 강화했다는 점이다. 또 하나는 북한이 그동안 선전적 차원

---

6) 1980.1.11 대한체육회장, 체육교류를 위한 남북 체육인 대표회담 제의
1980.9.12 대한적십자사 총재, 남북적십자회담 무조건 재개 제의
1980.1.14 국토통일원장관, 1.12제의 실현을 위한 대표접촉 제의
1980.10.15 남북조절위원회 대변인, 조절위 재개 및 총리회담 촉구
1981.6.19 대한체육회장, 남북 체육인 대표회담 제의
1981.8.12 대한적십자사 총재, 남북적십자회담 재개 촉구
1981.11.16 문공부장관, 고대유물 자료교환, 교환전시, 공동연구 제의

에서 공세를 취해온 '대민족회의'나 '전민족대회' 그리고 당시 고려연방제 방안과 맞물려 제의하고 있는 '민족통일촉진대회' 등 북한이 그들의 전유물로 여겨왔고 남한은 항상 회피적으로 대해 왔던 군중집회식 연석회의체 형식을 받아들였다는 점이다. 물론 구체적인 구성방법과 운용방식이 유보되어 있기는 하지만, 남한이 기존의 북한 주장에 수세에만 있지 않고 맞대응을 시도하게 된 것은 국력경쟁에서의 우위를 확보한 자신감과 함께 최고통치자의 공세적 리더십이 작용한 때문이다.

남한은 이어 1982년 2월 1일 손재식 국토통일원장관의 성명을 통해 20개항에 걸친 시범실천사업을 제의하였다. 성명에서 남한은 '민족화합 민주통일방안'에 입각하여 민족화합을 촉진하기 위해 우선 당장에라도 실천에 옮길 수 있는 시범사업을 추진해 나가자면서 다음과 같이 구체적인 사업내용을 밝혔다.

1) 서울 · 평양간 도로 연결
2) 이산가족들간 우편교류 및 상봉 실현
3) 설악산, 금강산을 묶어 자유관광 공동지역으로 개발
4) 해외동포들의 조국방문 공동 주관 및 판문점을 통과하여 쌍방 지역 자유방문
5) 자유교역을 실시하기 위해 인천항과 진남포항을 우선 개방
6) 모략방송 장치와 방송청취 통제장치를 제거하여 쌍방 정규방송 자유청취
7) 86 아시아 경기대회와 88 올림픽대회에 북한 선수단이 판문점을 통과하여 참가
8) 외국인들에게 판문점을 통과하는 자유로운 왕래 보장

9) 남북 공동어로구역 설정

10) 정치인, 경제인, 청년학생, 근로자, 문예인, 체육인 등 각계 인사 간 상호 친선 방문 실시

11) 기자들의 상대방 지역 내에서의 자유로운 취재활동 보장

12) 민족사 공동연구

13) 종목별 체육친선교환경기 개최 및 국제경기대회에 단일팀 구성 참가

14) 일용생산품 교역으로 쌍방 주민 생활편의 도모

15) 자연자원의 공동개발 및 공동이용

16) 동일 제조업체 간의 기술자 교류 및 생산품전시회 교환 개최

17) 비무장지대내 공동경기장 시설 및 친선경기

18) 비무장지대내 생태계 연구 위한 공동학술조사

19) 비무장지대내 군사시설 완전 철거

20) 군비통제 조치 협의 및 군사책임자간 직통전화 설치 운용

남한이 이러한 조치들을 내놓을 수 있었던 것은 남북한 간에 교류협력을 통해 신뢰의 바탕부터 마련해야 한다는 기본입장과 함께 북한에 대해 기선을 제압하고 새 정부의 면모를 과시하기 위한 정치적 수요에서 비롯되었다. 그렇다고는 해도 냉전구조가 지배하고 있던 당시에 이같은 남북 간 분야별 교류협력과 군사적 긴장상태를 완화하기 위한 조치들을 구체적이고 포괄적으로 제시한 것은 획기적인 일이다. 이 조치들은 1990년대에 남북이 합의한 남북기본합의서에 거의 그대로 반영이 되고 2000년대에 들어와서는 선별적이기는 하지만 하나하나 실현이 되고 있다는 점에서 남북관계사에서 큰 의미를 갖는 제안이었다고 평가할 수 있다.

북한은 남한이 이와 같이 '민족화합 민주통일방안'을 제시하고 20개 시범실천사업을 제의하면서 공세를 취해오는데 대해 여전히 연석회의 방식의 과거 주장만 되풀이 하면서 남한 정부를 직접적으로 상대하려 하지 않았다. 1982년 2월 10일 북한은 조국평화통일위원회 위원장 김일의 제의를 통해 '남북정치인 100인 연합회의'를 개최하자고 응수해 나섰다. 북한은 이 제의에서 남한 당국은 물론 현존하는 정당 · 사회단체들을 무시하고 대좌할 수 있는 자격 자체를 시비하였으며, 그들이 일방적으로 지명한 남측 50명의 인사와 북측 50명이 개인적으로 참석하여 다무적 형태의 회의를 하자고 주장하였다. 이것은 대화의 문을 계속 닫아걸겠다는 것이나 다름없었다.

남한은 이에 대해서도 정면으로 배격하지 않고 오히려 대화의 계기로 삼으려 하였다. 남한은 2월 25일 '남북한 고위대표회담'을 제의하고 여기에서 북한측이 2월 10일 제의한 '정치인 100인 연합회의'에 관한 문제도 협의하자고 적극적인 태도를 보였다. 북한측이 말하는 '연합회의'가 아니고 '대표회담'의 형식이었지만 대표단 명단을 제시하면서 당국 뿐만 아니라 정당, 각계 대표 등을 참여시킬 수 있다는 의사를 전달하기도 하였다. 1983년 1월 18일에도 북한은 '남북 정당 · 사회단체 연석회의'를 주장하였으며, 남한은 2월 1일 '당국 및 정당 · 사회단체 대표회의'를 역제의하여 대응하였다. 남북한은 여전히 당국을 참여시키는 문제와 형식에서 '연석회의'냐 '대표회의'냐 하는 문제로 맞서 남북대화의 문을 열지 못하고 있었다.

1980년대 초반 남한은 이와 같이 대북 제의를 공세적으로 전개하였다. 그동안 남한은 '선 평화'와 비정치적 분야에서의 교류협력 문제부터 해결하자는 입장에 서있었고 북한은 '선 통일'을 내세우며 정치군사문제의 우선 해결을 주장해 왔다. 이로 인해 북한은 통일문제에서 우위의 입장에 있다고 믿고 있었고 정치선전적 차원에서 각종 제의를 공세적으로 펼치면서 남한의 내부정치에 간섭하고 김일성의 권위를 과시하는데 통일문제를 활용해왔다. 그러나 남한은 새 정부의 정통성을 확보할 필요성이 있는데다가 1981년 9월 서울이 제24회 올림픽 개최지로 확정된데 따라 이를 성공적으로 치르기 위해 국정의 안정적 운영이 최우선 과제로 대두됨으로써 대북정책에 강력한 드라이브를 걸게 되었다. 남한은 어떻게 하든 북한의 정치선전 공세를 차단하고 대화의 자리로 끌어오기 위해 과감하게 북한측 주장도 포괄적인 협의가능한 대상으로 삼았으며, 이것이 남북관계에서의 공수를 전환시켜 나가는 밑바탕이 되었다.

2. 제2기 남북대화의 진행

가. 대화 성립의 배경

1983년에 들어와서도 북한이 남북대화를 계속 외면하는 가운데 하반기에 한반도에 긴장을 조성하는 사건들이 연이어 일어났다. 9월 1일 소련 전투기에 의해 KAL기가 격추되는 사건이 일어났고, 10월 9일에는 미얀마의 수도 랑군을 방문 중인 남한 정부의 수뇌급 인사들을 북한 요원들이 폭탄 테러한 사건이 일어났다. 또한 북한은 12월 3일 부산 다대포 앞바다에 무장간첩을 침투시키는 도발을 자행하였다. 북한은 남한 정부를 무력화시키고 사회혼란을 조성하여 '남조선 혁명'의 여건을 조성하려는 시도를 멈추지 않았다. 이러한 폭력도발 행위로 인해 국제사회의 비난이 거세어지고 외교적 고립상태가 심화되었다.

당시 중국은 1978년 덩샤오핑을 중심으로 4대 현대화를 내걸면서 경제특구를 설치하고 대외개방정책을 추진하는 등 중국식 사회주의를 건설하는데 총력을 경주하고 있었다. 농촌개혁이 성공을 거두면서 1983년에는 연안 항구도시의 개방을 확대하고 도시들에 대한 개혁으로 불을 붙여 나갔다. 북한은 제2차 7개년 계획의 실패가 확연해지고 주민들의 소비생활에 대한 욕구충족 문제가 더 이상 미룰 수 없는 주요한 과제로 대두되자 중국의 이러한 사회주의 시장경제체제에 관심을 돌리지 않을 수 없었다. 북한은 1984년 1월 최고인민회의 제7기 3차 회의에서 대외경제사업 및 무역 확대발전 방침을 채택하고, 1984년 9월 최고인민회의 상설회의에서 합영법을 제정하였다. 이는 1970년대 중반 이후 외채 상환 및 상업차관 도입이 불가능해짐에 따라 외자를 유치하기 위해 택한 새로운 방안이었으며, 중국의 경제발전 과정에 영향받은 바 크다.

이러한 상황에서 북한은 1984년에 들어와 대남정책을 전술적으로 전환하는 모습을 보인다. 즉, 남한의 보수정권을 오히려 강화시켜 주는 결과를 가져오고 대외경제사업에 걸림돌로 작용하는 폭력도발노선을 유보하고 대외적 이미지를 개선하는 한편, 한반도에 평화 분위기를 조성하려는 방향으로 움직이기 시작했다. 북한의 그러한 노력은 두 갈래로 나타났다. 하나는 미국과의 협상의 길을 열기 위해 미국에 대해 3자회담을 제의한 것이고 또 하나는 남한에 대해 제23회 로스앤젤레스 올림픽에 단일팀을 구성·참가하기 위해 남북체육회담을 개최하자고 제안한 것이었다.

1984년 1월 10일 북한은 중앙인민위원회와 최고인민회의 연합회의를 열고 서울 당국과 미국 정부 및 의회에 보내는 편지를 채택하고 남북한 및 미국이 참가하는 3자회담을 제의하였다. 회담의제로는 정전을 공고한 평화로 전환하고 모든 외국군대를 철거하는 문제 등을 토의하여 조미 평화협정을 체결하는 문제와 상호 무력불행사와 군비축소 문제 등을 토의하여 남북불가침선언을 채택하는 문제를 제기하였다. 북한은 방미 중인 쟈오쯔양 중국 총리를 통해 레이건 대통령에게 이 편지를 전달하였다. 이 3자회담 제의는 1970년대 북한이 주장한 것과는 약간의 차이를 보인다. 남한이 옵서버로 참가할 수 있다는 데서 남한 당국자가 대등하게 참가할 수 있다고 밝혔고, 주한미군 철수를 선행조건화하지 않았으며, '평화문제는 미국과, 통일문제는 남한과'라는 구분을 흐려놓은 것이다. 북한의 이 제의는 어떤 면에서 보면 1979년 한미측이 제의한 '3당국 회담'을 수용한 것이었으나 레이건 행정부는 남북한 당사자회담이 먼저 열려야 한다며 이를 거부했다. 여하튼 북한이 남한 당국을 협상의 상대로 할 수 있다는 것은 긍정적 신호였다.

또 하나는 1984년 3월 30일 북한 체육지도위원회 위원장겸 북한 올림픽위원회 위원장 김유순이 동년 7월에 개최되는 로스앤젤레스 올림픽경기대회와 그 이후의 아시아 및 세계선수권대회에 단일팀을 구성해서 참가하는 문제를 협의하자고 제의해 온 것이다. 남북 정부당국 간의 회담이 아니고 대회참가 선수 명단 제출일이 2개월 밖에 남지 않아 시간적으로 실현가능성도 희박했지만, 오랜 공백 끝에 북한이 남북대화의 장에 나온 것은 의미가 있었다고 하겠다. 회담은 5월 25일까지 세 차례 열렸으나 미얀마 아웅산 폭탄테러 사건의 시인 사과문제를 둘러싸고 진전을 보지 못하다가 6월 2일 북한측이 단독 선수단은 파견치 않겠다며 올림픽경기대회에 불참을 선언함으로써 끝이 났다. 사실은 모스크바 올림픽경기대회가 서방권의 대거 불참으로 반쪽 올림픽이 된 것에 대한 보복으로 로스앤젤레스 올림픽경기대회에는 공산권이 불참하기로 예견된 상태였다.

1984년 8월 20일 전두환 대통령은 남북한이 경제 분야에서 공동번영을 이룩하기 위하여 서로간에 교역과 경제협력을 실시할 것을 제의하고, 북한측이 동의할 경우 북한 동포들의 생활향상에 실질적으로 기여할 수 있는 기술과 물자를 무상으로 제공할 용의가 있다고 밝혔다. 그런데 이 제의 후 얼마 되지 않은 시점인 9월 초에 서울과 경기 일원에 폭우가 쏟아져 많은 수해를 입게 되었다. 이에 북한은 9월 8일 적십자회의 결정이라며 동포애와 인도주의적 입장에서 쌀 5만 석, 천 50만 미터, 시멘트 10만 톤, 기타 의약품 등 구호물자를 제공하겠다고 방송으로 제의했다. 남한측은 이 제의를 받아들였으며, 수재민 구호용이라면 조속한 기간 내에 시행하라고 요구했다. 북한측이 긴급하게 구호물자와 수송수단을 준비하는 과정에서 매우 당황해 했던 태도로 미루어 보면 북한측이 남한의 반응을 예상치 못했던 것임을 알 수 있다. 남북 간에는 한쪽이 제의하면 상대측이 으레 이를 거절해 왔었다. 북한의 이 제의도 이러한 과거를 답습한 선전용 제의였으며, 8월 20일자 남한측의 경협 및 기술 · 물자 무상 제공 제의를 희석시키기 위해 대응 차원에서 이루어졌던 것으로 보인다.

남한측은 당시 논란이 분분했지만 이를 대화의 돌파구를 여는 계기로 삼기 위해 전격 수용하고 수재물자의 인도 인수를 위한 남북적십자 실무접촉을 성사시켰다. 수재물자 인도 인수를 위한 절차문제 협의도 순탄하게 이루어진 것만은 아니었다. 북한측은 수재물자를 인도하는 행사를 거행하고 인도요원들이 직접 수해지역을 방문하여 수재민을 위로해야 한다고 주장, 난관을 조성하기도 했다. 그러나 이 과정에 남북 직통전화가 중단 8년여 만에 재가동하게 된 것은 큰 성과였다.

수재물자 인도 인수가 끝난 직후 남한은 10월 4일에 남북적십자회담과 남북체육회담을 개최할 것을 각각 제의하였으며, 10월 12일에는 남북한 당국의 경제분야 대표들과 민간경제단체 대표들이 남북경제회담을 갖자고 제의하였다.

북한이 남한의 이러한 대화제의 공세에 호응해 나옴으로써 마침내 1970년대의 남북대화에 이어 분야별로 남북대화가 활성화되는 제2의 대화기가 도래하였다. 1984년 11월 15일 남북한 간에 처음으로 경제회담이 열린 것을 필두로 11월 20일에는 남북적십자 본회담 재개를 위한 예비접촉이 이루어졌으며, 1985년 4월 9일 북한이 남북국회회담을 제의해와 7월 23일부터 예비접촉이 열리게 되었다. 이와 함께 1985년 10월 8일부터는 IOC 중재하에 스위스 로잔느에서 남북체육회담이 개최되었다. 이렇게 다양한 대화가 집중적으로 진행되고 부분적으로 성과를 거두기도 했지만 북한측이 1986년 1월 20일 진행 중이던 남북대화를 일방적으로 중단시키고 거듭된 대화 촉구에 불응함으로써 제2의 남북대화기도 1년여 만에 막을 내리게 되었다. 로잔느 남북체육회담은 IOC 중재하의 회담인 만큼 북한측이 1988년 1월 회담중단 의사를 밝히고 서울올림픽경기대회에 불참할 것을 선언할 때까지 지속되었다.

나. 분야별 회담의 경과 및 성과

(1) 남북경제회담

1984년 10월 12일 남한측 신병현 부총리겸 경제기획원장관이 남북한 공동번영과 민족화합을 위해 남북 간에 물자교역과 경제협력을 실현할 것을 제의하고, 쌍방 당국과 민간 경제단체 대표들 간에 대화를 진행하며 필요하다면 상설기구로 남북한 경제협력기구를 설치하자고 제의했다. 북한 정무원 총리 김환이 이 제의를 수락함으로써 11월 15일 판문점에서 제1차 남북경제회담이 열리게 되었다. 북한측은 회담외적인 문제를 거의 거론하지 않고 물자교역 및 경제협력과 관련한 방안을 제안하는 등 처음부터 이 회담에 적극적인 자세를 보였다. 또한 남북 간의 수송을 위해 경의선을 연결하고 북한의 남포항, 원산항과 남한의 인천항, 포항항을 개방하자고 제시하기도 했다. 제2차 회담에서는 쌍방 부총리급을 위원장으로 하는 '남북경제협조공동위원회'를 구성하자고 주장했다.

이에 따라 제3차 회담에서 '남북 간 물자교류 및 경제협력추진과 남북경제협력공동위원회 구성에 관한 합의서'를 채택하는데 원칙적인 합의가 이루어지기도 했다. 그러나 이후 북한측은 공동위원회 우선 구성이라는 기구문제에만 집착하고 실질적인 토의를 진전시키지 않았다. 제6차 회담을 이틀 앞둔 1986년 1월 20일, 북한측이 '팀스피릿 86' 한미 연례 합동군사훈련을 비난하면서 남북회담 대표단 공동명의로 진행되던 일체의 대화를 중단한다고 선언함에 따라 남북경제회담도 1985년 11월 20일에 개최된 제5차 회담으로 끝나게 되었다.

(2) 남북적십자회담

북한적십자회 중앙위원회 손성필 위원장은 1984년 10월 29일 남한측의 적십자회담 재개 제의를 수락하고 실무문제 협의를 위한 예비접촉을 가질 것을 제의해왔다. 11월 20일 판문점에서 열린 예비접촉에서 쌍방은 제8차 본회담 개최에 따른 의제, 장소, 대표단 구성 등에 대해 전례에 따라 쉽게 합의를 이루었다. 개최일자에 대해서는 사후 협의에 의해 1985년 1월 23일로 확정하였는데, 그후 북한측이 '팀스피릿 85' 한미 합동군사훈련을 구실로 무기 연기하였다. 우여곡절 끝에 결국 제8차 남북적십자 본회담은 중단된지 12년 만에 1985년 5월 27일부터 5월 30일까지 서울에서 열리게 되었다.

남한측은 의제 5개항을 조속히 협의하여 이산가족찾기 사업에 착수할 수 있도록 하자면서 이를 촉진하기 위한 시범사업으로 8월 15일을 기해 '이산가족 고향방문단'을 구성하여 상호 교환하자고 아울러 제시했다. 그러나 북한측은 자유왕래 문제만 해결하면 기타 인도적 문제들은 자연히 해결될 것이며, 자유왕래가 가장 선결적이고 중핵적인 방도라면서 이 문제의 합의만 되풀이 주장했다. 그런 가운데도 해방 40돌을 맞아 쌍방 적십자 총재가 각기 적십자 회원들로 구성된 100명 정도의 예술단을 대동하고 상호 방문하여 전통 민속가무를 기본으로 하는 축하공연을 갖자고 제의했다. 남한측은 회담의 진전을 위해 이 예술단 교환을 수용하여 '남북이산가족 고향방문단 및 예술공연단' 을 상호 교환방문케 하자고 제의하였는데 북한측이 이를 받아들여 실무접촉을 진행하기로 합의했다.

'이산가족 고향방문단 및 예술공연단' 교환방문 문제에 대한 실무협의를 통해 합의가 이루어진 후인 1985년 8월 27일 평양에서 제9차 적십자 본회담이 열렸다. 남한측은 의제 5개항의 사업실시에 관한 합의서, 자유왕래 절차에 관한 합의서, 남북적십자공동위원회 및 판문점 공동사업소 구성 · 운영에 관한 합의서 등을 제시하고 일괄토의 타결하려 하였으나 북한측은 자유왕래 문제에 대한 합의서 만을 제시하고 단계적 해결을 주장하였다. 북한측의 이러한 입장은 당시 이산가족 고향방문의 행사를 앞둔 상황에서 주민들에게 사회개방과 남북비교시각을 제공하여 체제 부담으로 연결될 수 있는 사업을 동시적으로 전개할 수 없었던 데에 기인한다. 다시 말해 전략적 필요에서 남북관계를 진전시키기는 하지만 어디까지나 체제유지에 영향을 주지 않는 범위에서, 그리고 통일전선 구축이라는 논리에 부합하는 범위에서 일정한 정도로 속도를 조절하고 있었던 것이다.

제9차 회담 1일 회의 이후 당초 약속과 달리 남한측 대표단을 학생소년궁전이 아닌 10만 명의 평양 시민을 동원한 모란봉경기장으로 안내하여 북한 정권을 선전하고 호전성을 과시하는 카드섹션과 대규모 매스게임을 관람케 한 것도 그 일환이었다. 물론 북한측의 이러한 행동은 상대방에게 부담을 주는 정치적 행사를 하지 않기로 한 합의사항을 명백히 위반한 것이었다. 남한측은 도중에 관람을 중단하고 적십자회담을 정치적 목적에 이용한데 대해 엄중히 항의하였다. 그러나 북한측은 오히려 남한측이 평양 시민을 무시했다며 사과를 요구하고 남쪽에 돌아갈 수 없다고 발언하는 등 강압적인 분위기를 조성하였으며, 이를 빌미로 회의를 공전시켰다.

제10차 회담은 1985년 12월 3일 서울에서 열렸다. 이 시기는 '이산가족 고향방문단 및 예술공연단' 교환방문이 이루어져 이산가족들이 제한적이나마 헤어진 가족 · 친척들과 상봉의 감격을 나눈 후 이산가족들의 기대가 더없이 높아져 있던 때였다. 남한측은 사업실시 방안을 조속히 마무리짓고 실천단계로 들어갈 것을 촉구하고 그 이전이라도 고향방문단 교환사업을 계속 실시하자고 했으나, 북한측은 자유왕래에 관한 합의서 안만 제시하고 기존 입장을 되풀이 함으로써 교착상태를 빚었으며 고향방문단 사업을 계속하자는 남한측의 제의도 거부되었다. 쌍방이 제11차 회담을 1986년 2월 26일 개최하기로 하였으나 북한측의 일괄적 대화중단으로 무산되었다. 이후 지금까지 이산가족 문제를 포괄적으로 해결하기 위한 적십자 본회담은 더 이상 열리지 않고 있다.

(3) '이산가족 고향방문단 및 예술공연단' 교환방문

남북한은 제8차 적십자 본회담에서 1985년 8.15를 기해 '이산가족 고향방문단 및 예술공연단'을 교환방문키로 한데 따라 그 구체적 절차문제를 협의하기 위해 세 차례의 실무대표접촉을 가졌다. 7월 15일에 열린 제1차 접촉에서 북한측은 방문지를 서울과 평양으로 국한하고 예술공연단 규모를 300명으로 확대하며 공연내용을 통제하지 말 것을 주장했다. 이산가족의 염원을 풀어준다는 본질은 뒷전이고 예술공연을 정치선전에 활용하는데 무게를 두고 있었다.

쌍방은 결국 8월 22일에 열린 제3차 접촉에서 절차문제에 대한 완전한 합의를 보았는데, 1985년 9월 20일부터 23일까지 남북 각기 단장을 비롯하여 고향방문단 50명, 예술공연단 50명, 취재기자 30명, 지원인원 20명 등 총 151명이 서울과 평양을 동시에 방문하기로 하였다. 분단 40년 만에 처음으로 이산가족들이 헤어진 가족과 친척을 만나볼 수 있는 길이 열리게 된 것이다. 비록 방문지와 방문단 규모가 제한되고 철저한 통제 속에서 이루어지기는 했으나, 오랜 단절과 불신 속에 어렵게 마련된 남북 간의 첫 인적교류였고 남북대화가 시작된 이래 일구어낸 첫 결실이었다는 점에서 이 방문단 교환은 남북관계사에서 빛나는 이정표를 세우게 되었다.

그런데 이 시기에 남북한이 이와 같은 인적교류 행사를 성사시킨 배경을 살펴볼 필요가 있다. 첫째는 당시 남북한이 물밑접촉을 통해 남북정상회담을 논의하고 있던 시점이었다는 점이다. 1985년에 들어와 김일성은 신년사를 통해 "남북대화가 인민들의 기대와 조국통일의 이념에 맞게 잘 진행된다면 점차 보다 높은 급의 회담으로 발전할 수 있을 것이며 나아가서 북과 남의 고위급정치회담도 실현될 수 있을 것"이라면서 남북정상회담의 가능성을 시사했다. 이에 대해 1월 9일 전두환 대통령은 남북정상회담이 가급적 빨리 실현되기를 촉구한다며 화답하고 서울과 평양에 연락대표부를 상설적으로 설치할 것을 제의했다. 북한측의 언급은 진행되고 있는 남북대화를 북한측에 유리한 방향으로 끌고나가고 '팀스피릿 군사훈련'이나 3자회담 등과 관련한 남한측의 양보를 얻기 위한 포석용 목적이 있었다고는 해도 남북관계를 발전시킬 수 있는 단초를 제공해 주고 있다는 점에서 긍정적 신호였다.

전두환 대통령의 밀명에 따라 1985년 3월 안기부장 특보로 임명된 박철언은 정상회담을 추진하기 위해 특별팀을 만들어 대북 접촉창구를 모색하기 시작했다. 당시 남한의 정치정세는 김대중과 김영삼의 연합이 이루어져 '민추협'이 결성되었으며 민주화 투쟁이 점점 활기를 띠어가고 있었다. 1985년 2월 12일 제12대 국회의원 총선에서 신민당이 67석을 얻어 제1야당으로 부상하였으며, 신민당은 민한당과 국민당 당선자를 영입해 103석을 확보하여 양당체제를 이루고 전두환 정권을 위협하기에 이르렀다. 이로부터 직선제 개헌 문제가 정국의 현안으로 등장하기 시작했다. 더구나 86아시아경기대회와 88올림픽경기대회가 목전에 다가오면서 한반도 정세의 안정이 어느 때보다 긴요해졌다. 이러한 요인들이 전두환 정권으로 하여금 남북관계에 돌파구를 열어 화해국면을 마련할 필요성을 절감케 했던 것으로 보여진다.

1985년 4월 24일 인도네시아에서 열린 비동맹 창립기념 행사에서 이세기 국토통일원장관과 북한 적십자회 손성필 위원장이 접촉한 데 이어, 5월 29일 서울에서 열린 제8차 적십자회담에서 북한측 대표단 자문위원으로 나온 당 부부장 임춘길을 접촉하여 남북 비밀접촉을 타진하였는데 북한측도 이에 동의함으로써 박철언-한시해 라인(88라인)이 가동하게 되었다. 7월 11일 첫 접촉 이래 세 차례의 접촉을 통해 먼저 쌍방 특사의 교환방문에 합의하였다. 바로 이 무렵에 난항을 겪고 있던 '남북이산가족 고향방문단 및 예술공연단' 교환방문 협상을 타개하여 성사시키기로 이 88라인에서 합의가 이루어졌다.

이후 9월 4일 북한측 조평통 위원장 허담이 서울을 방문하였고, 10월 16일에는 장세동 안기부장이 평양을 방문하여 각기 전두환 대통령과 김일성 주석을 면담하고 친서를 전달했다. 남한측은 김일성이 남북정상회담의 조속한 개최를 희망한다고 하면서도 구체적 시기를 정하는데 주저하는 기색이 보여 서두르지 않을 것으로 판단한데다, 특사 귀환 직후 부산 앞바다에 무장간첩선이 침투하다 격침되는 사건이 발생하자 북한측의 진의를 불신하고 정상회담을 더 이상 추진하지 않기로 결정하였다. 이후에도 이 88라인은 가동되었지만 경색된 남북관계를 바꾸지는 못했다.

둘째는 1985년 3월 소련에서 체르넨코가 사망하고 고르바초프가 공산당 서기장에 선출되었다. 고르바초프는 자국의 침체된 경제를 살리기 위해 페레스트로이카와 글라스노스트를 기치로 신사고에 입각한 정책을 추진하기 시작하였다. 이것이 대외적으로는 신냉전을 청산하고 평화공존을 지향하는 한편 아태지역 국가와의 협력관계를 강화해 나가는 쪽으로 나타난다. 이러한 소련의 변화는 전세계 사회주의 국가들에게 각기 국익을 위한 변화의 방향을 모색할 것을 강요하는 것이어서 큰 충격과 동요를 가져다 주었다.

북한은 이러한 새로운 물결이 그들에 미칠 영향에 대해서 주시하면서 중소관계의 틈을 파고들어 소련으로부터 핵기술과 시설을 전수받는데 최선의 노력을 다하고 있었다. 그동안 소련은 북한체제의 호전적 성격과 전수후 핵연료주기의 자체 완성을 통한 통제 불능상태를 우려하여 이를 억제해 왔는데 핵확산방지조약(NPT) 가입은 그 조건 중의 하나였으며, 한반도 긴장완화의 노력도 이에 도움을 줄 것이었다. 북한은 1985년 12월에 NPT에 가입하고 소련의 원자력발전소 건설을 약속받았으며, 1980년대 후반 영변지역 재처리시설 건설에 착수하는 등 핵무기 개발을 서두르게 된다. 돌이켜 보면 제2기 남북대화의 진행과 '남북이산가족 고향방문단 및 예술공연단' 교환방문 등 화해 무드는 이러한 북한이 의도하고 있는 일련의 계획과 연관이 없었다고 보기는 어려울 것이다.

(4) 남북국회회담 예비접촉

1985년 4월 9일 북한은 최고인민회의 상설회의 의장 양형섭 명의로 채문식 국회의장 앞으로 편지를 보내와 남북국회회담을 개최하여 '남북불가침에 관한 선언'을 채택하는 문제를 협의하자고 제의했다. 남한측은 제12대 국회가 개원한 후 입법기관의 고유 기능에 맞게 통일헌법 제정을 위한 남북 간의 협의기구 구성에 따른 제반 문제와 기타 통일기반 조성에 필요한 사항을 토의하기 위해 국회회담을 열자며 우선 예비접촉을 가질 것을 제의했다. 이에 따라 1985년 7월 23일 판문점에서 제1차 예비접촉이 열렸다.

접촉에서 쌍방 각기 11명의 대표로 구성하여 서울과 평양에서 번갈아 개최한다는데 의견일치를 보았으나 북한측이 불가침공동선언 채택문제를 우선적으로 협의해야 한다는 입장을 고수하여 의제에 대해 합의를 이루지 못했다. 9월 25일에 열린 제2차 접촉도 쌍방 입장을 재확인하는 선에서 끝났다. 이후 1986년 2월 18일에 열기로 합의한 제3차 접촉은 북한측이 1월 20일 진행 중이던 모든 대화를 중단시킨 데 따라 유산되고 말았다.

(5) 로잔느 체육회담

1985년 2월 1일 사마란치 국제올림픽위원회(IOC) 위원장은 IOC집행위원회 결정사항으로 IOC 주재하의 남북 체육회담 개최 문제를 남북한 각 올림픽위원회에 제의해왔다. 남북한이 이를 받아들임으로써 남북체육인 간의 접촉이 중단된지 1년반 만에 이어지게 되었다. IOC 주재하의 1차 회담은 1985년 10월 8일 스위스 로잔느에서 개최되었다.

남한측은 서울올림픽경기대회의 개최권과 대회조직에 관한 의무는 움직일 수 없는 기정사실임을 못박고 북한 체육인들도 모든 나라의 선수단과 똑같이 자유롭게 참가할 수 있다고 강조하였다.

그러나 북한측은 “제24회 올림픽경기대회 장소문제와 관련하여 획기적인 대책을 취하지 않는다면 조선인민의 통일위업과 올림픽운동의 건전한 발전에 극히 위해로운 사태가 발생될 수 있다”고 강조하고, 제24회 대회는 남북한이 공동으로 주최하고 각각 절반씩 나누어 경기를 치러야 한다고 주장했다. 남한측은 IOC측에 경기진행에 큰 무리가 없다면 2~3개 종목의 예선경기를 북한 지역에 배정하고 사이클 단체도로경기를 남북한 지역에 연결하여 실시하며 남북한이 개·폐회식에 동시 입장하는 방안을 고려할 용의가 있다고 밝혔다. IOC측은 IOC헌장의 철저한 존중과 1981년 바덴바덴 IOC총회의 결정사항을 준수할 것임을 강조했다.

1986년 1월 8일의 제2차 회담에서도 북한측은 공동주최와 남북 단일팀 출전만을 되풀이 주장했으며, 이에 대해 IOC측은 제24회 올림픽경기대회의 개최지가 서울임은 재론의 여지가 없다는 점을 분명히 했다. 제3차 회담은 1986년 6월 10일 개최되었는데 남한측은 북한이 IOC총회의 결정사항을 존중하고 서울 올림픽대회에 무조건 참가할 것을 확실히 밝힌다면 결승전을 포함하는 2개 종목의 경기를 북한 지역에 배정하는 문제를 긍정적으로 검토할 수 있다고 밝혔다. 북한측은 그동안 주장했던 공동주최 및 단일팀 출전을 거론치 않았으며 북한 지역에 배정할 경기종목 문제가 해결되면 다른 부수적인 문제는 쉽게 해결될 수 있다며 초점을 북한 지역 개최 경기종목 수로 옮겨가는듯 했다. IOC측은 그동안의 회담결과를 토대로 중재안을 제시하고 그 수락여부를 6월 말까지 통보해줄 것을 요청하였다.

제4차 회담은 1년여 만인 1987년 7월 14일 개최되었는데, 북한측은 남북한의 인구비례에 따라 올림픽 경기종목의 3분의 1인

8개 종목을 배정해야 한다고 주장하는가 하면, 대회명칭에 평양을 삽입하고 개 · 폐회식을 서울과 평양에서 분리 실시하자는 등 사실상의 공동주최 안을 다시 들고 나왔다. IOC측은 최종적으로 탁구, 양궁, 여자배구와 축구예선 1개조, 사이클 남자 개인 도로경기를 북한측이 조직할 수 있도록 하는 수정안을 제시하였다. 이에 대해 북한측은 1987년 8월 11일 공식입장을 밝히면서 5개 종목의 완전 경기와 1개 종목의 불완전 경기를 요구하고, 경기대회 명칭, 조직위원회 구성, 개 · 폐막식 등 문제를 5차 회담에서 토의할 것을 주장했다. IOC측은 북한이 중재안을 수락할 경우에만 제5차 회담이 가능하다는 입장을 확인하였다.

북한측은 국제사회의 비난을 의식하여 남북 간의 쌍무회담을 시도해 보기도 했으나 종국에는 초청장이 발송된 후인 1987년 10월 23일 회담의 중단을 선언하였고, 1988년 1월 12일에는 남한이 단독으로 강행하려는 올림픽경기에는 불참할 것이라고 공식성명을 발표하였다. 결국 2년간 끌어온 로잔느 남북체육회담은 북한이 순수한 스포츠 정신에서가 아니라 남한의 서울올림픽 개최와 1987년 후반에 치러질 제13대 대통령선거를 의식하고 이에 영향을 미치려는 정치적 의도로 접근해옴으로써 성과없이 종료되었다.

3. 군사회담을 둘러싼 공방

가. 북한의 집중 공세

(1) 대화의 중단과 방향 전환

북한은 1984년 1월 10일 3자회담을 제의한 이후 1월 25일 외상 허담이 최고인민회의 보고에서 남한과 미국측이 1979년 3당국회의를 제안한 만큼 이를 거부할 이유가 없을 것이라고 언급하는가 하면, 3월 7일에는 정무원총리 강성산이 서한을 보내와 3자회담을 수락할 것을 촉구하는 등 3자회담의 성사를 위해 한동안 노력을 집중하였다. 그러나 3자회담은 북한측 스스로가 밝힌 대로 '북한과 미국과의 회담에 남조선을 참가시키는 형식'이며, 남북 쌍방회담은 '남한이 미국으로부터 국군통수권을 접수하고, 평화협정과 불가침선언에 대한 전권을 인수하며, 주한미군이 철수할 경우' 조건부로 고려할 용의가 있다고 추가 설명함으로써 다시 1970년대의 3자회담으로 돌아가 버렸다.

그러다가 1984년 후반기부터 남북한 간에 대화가 전개되었고 1985년에는 88라인을 통한 비밀접촉도 이루어졌는데, 북한은 이를 통해 그들이 원하는 목적을 달성하고자 했다. 년도 초만 되면 '팀스피릿' 군사훈련을 구실로 대화를 장기간 중단시켜 군사문제가 초점을 받도록 했고, 남북정상회담에 대한 남한측의 의욕을 간파하고 이를 군사문제 논의 및 3자회담 실현에 역이용하고자 했다. 86아시아경기대회와 88올림픽을 앞두고 한반도의 평화와 안정을 희구하는 내외정세도 북한측의 이러한 목적을 달성하는데 유리한 변수로 작용한다고 보았다.

그러나 사실은 북한이 당시 경제발전에 부담이 되어온 군사부문에 대한 투자를 어떻게든 조정해야 할 한계상황을 맞고 있었다. 한정된 자원을 갖고 군사부문에 과도하게 투입해온 결과는 인민경제생활의 붕괴였다. 북한으로서는 기왕에 군비축소와 병력감축 등을 스스로의 필요성에 의해 단행할 수밖에 없다면 이를 미국과 남한의 군사력 증강을 막고 비례적 감축에 의한 군사력 우위를 계속 유지하는 카드로 적절히 활용할 필요가 있었던 것이다.

1985년 10월 18일 국가부주석 박성철이 유엔총회 연설에서 "진행 중인 대화들이 성과적으로 진척되면 나아가서 남북의 고위 정치회담도 마련될 수 있을 것"이라고 발언하였으며, 김일성 스스로도 1986년 신년사를 통해 "북남 간에 진행 중인 대화들이 결실을 가져오게 하며 북남의 최고위급회담의 실현을 위해 노력할 것"이라고 밝힘으로써, 북한은 여전히 남한측이 정상회담에 대한 기대를 버리지 않고 있고 이것이 유인요소가 될 것으로 생각한 것 같다.

1986년에 들어와 북한은 남북대화에 대한 남한측의 효용가치를 극대화하기 위해 진행 중이던 모든 대화를 중단시키고 본격적으로 군사문제를 제기하면서 여기에 대화의 재개나 정상회담의 실현을 집중적으로 연결시키고 나섰다. 1986년 1월 11일 북한은 외교부 성명을 통해 "2월 1일부터 큰 규모의 군사연습을 하지 않으며, 남북대화가 진행되는 전 기간 모든 군사연습을 중지하기로 결정하였다"고 발표하고, 미국과 남한도 이와 같은 조치에 호응하여 군사연습 중지를 선포하고 실천에 옮길 것을 요구하였다.

그리고는 1월 20일 남북경제회담, 적십자회담, 국회회담 예비접촉의 북한측 대표단 공동명의로 '팀스피릿 한미합동군사훈련'이 북한을 선제공격하기 위한 핵전쟁 연습이라고 규정하면서, 회담분위기가 좋게 마련되는 때에 가서 대화를 계속하겠다고 선언했다. 그러나 북한측은 '팀스피릿 86' 훈련이 끝난 후에도 남한의 대화재개 촉구에 호응해오지 않았으며, 남북관계는 다시 대화 단절의 상태로 들어갔다.

(2) 3군사당국자회담

북한은 1986년 6월 17일 인민무력부장 오진우 명의의 편지를 이기백 국방부장관과 리브시 주한유엔군 사령관에게 보내왔다. 북한측은 3자가 군사당국자회담을 열어 긴장격화와 전쟁위험의 직접적 요인으로 되고 있는 군사연습과 무력증강을 중지하는 문제, 병력과 군비를 축소하는 문제, 정전협정을 원안대로 준수하는 문제 등을 협의 해결하자고 제의하였다. 그러면서 군사당국자회담이 열리고 긴장완화를 위한 실질적인 조치들이 취해진다면 한반도에서 긴장완화와 평화의 새 전기가 마련되고 남북대화에서도 획기적인 국면이 열리게 될 것이라고 주장했다.

북한측의 이 제의는 그해 8월에 짐바브웨에서 개최될 비동맹정상회의와 9월에 평양에서 개최될 '한반도에서의 비핵 평화를 위한 국제회의' 등을 겨냥하여 한반도 긴장상태의 책임을 한미측에 돌리고 한반도 평화문제의 근본 원인이 주한미군에 있음을 부각시켜 보려는 의도와 함께, 대남 면에서는 군사회담을 남북대화 재개의 조건화하여 군축문제를 북한측 주도로 다루어 나가는 한편, 이를 3자회담으로 발전시키려는 의도를 갖고 있었다.[7] 남한은 기존 대화의 재개와 남북한당국 최고책임자회담에 호응해 나올 것을 촉구하며 이를 거부하였고, 유엔사측 또한 북한측이 협의하자는 제안 내용은 남북 간에 적절히 토의되어야 할 과제이

7) 북한은 이 시기부터 '조선반도 비핵 · 평화지대 창설'을 본격적으로 제기하였다. 북한은 1986년 6월 23일 정부 성명으로 비핵 · 평화지대 창설을 주장하고 미국이 반입한 모든 핵무기를 철수할 것을 요구하였다. 이어 9월 9일 비핵 · 평화를 위한 국제회의를 열어 7개항의 '평양선언'을 채택하였다. 이에는 핵무기의 개발 · 시험 · 생산 · 보유 · 전파 · 사용 등의 일체 금지, 미군 철수, 전쟁연습과 무력증강 중지, 3자회담 또는 군사당국자 회담 개최 등이 포함되어 있다. 통일원『남북한 통일 · 대화 제의 비교』(1991) 참조.

며, 군사정전과 관련된 사항은 군사정전위에서 토의하면 될 것이라고 응수하였다.[8)]

(3) 남북고위급 정치군사회담

3군사당국자회담을 집중 선전하던 북한은 1986년 9월 5일 조선인민군 최고사령부 보도라고 하면서 인민군이 사회주의 경제건설장으로 대규모 이동 중이라고 밝혔다. 이는 1월의 군사연습 중지의 선언과 함께 북한이 한반도 평화와 군사적 긴장완화를 진정으로 바라고 있다는 것을 과시하기 위한 것이었다. 실제로 북한 지도부는 대내 정치적 수요에 따라 군인들을 서해 갑문이나 평양-남포간 고속도로, 금강산 발전소 등을 건설하는 현장에 노력 동원하기 시작했다. 군인들을 경제건설에 투입함으로써 경제난의 애로를 해소하고 인민대중의 분발심을 촉발하여 사회기강을 다잡으며 김정일의 치적물을 양산하는 등 다목적적 의도가 깔린 것이었다. 그렇다고는 해도 이러한 북한측의 군사 관련 조치는 한미측에 군축문제를 본격 협의하자는 의사를 전달하기에 충분했다.

1986년 12월 30일 김일성은 최고인민회의 제8기 1차 회의에서 남북한 간에 정치적 대결상태를 완화하여 민족 내부의 진정한 신뢰분위기를 조성하기 위해 남북고위급 정치군사회담을 개최할 것을 제의하였다. 그러면서 이 회담에 결실이 있어야 중단된 남북대화가 재개될 수 있고, 정치군사회담과 기존 대화가 성과적으로 추진되어야 최고위급회담을 개최할 수 있다고 주장하였다. 김일성은 남북고위급 정치군사회담에서 다룰 문제들을 구체적으로 제시했는데, 당면한 정치적 대결상태를 해소하기 위해 상호 비방

8) 국토통일원, 『남북대화 백서』(1988), p.352.

중상 중지, 다방면적인 합작과 교류 실현, 그리고 당면한 긴장완화조치로서 무력축소, 군비경쟁 중지, 비무장지대의 평화지대화, 대규모 군사연습 중지 등을 열거하였다. 또한 쌍방의 군사행동을 감시할 기구로 중립국 감독위원회 성원국 인원들로 중립국 감시군을 구성하자는 제안도 내놓았다.

이 제의를 받아 1987년 1월 11일 북한 정무원총리 이근모와 인민무력부장 오진우는 공동명의로 남한측 국무총리와 국방부장관에게 정식으로 제의해왔고, 그 후에도 거듭 편지공세를 펼쳤다. 북한은 이 회담의 결실여하에 따라 여러 분야의 남북대화가 재개되고 최고위급회담도 마련될 수 있을 것이라며 고위급 정치군사회담의 성사를 선결조건으로 내걸었다. 이에 대해 남한은 남북한 당국 최고책임자회담에 호응해 나올 것을 촉구하고, 금강산발전소 문제를 다룰 남북수자원회담과 기존 남북대화를 열어 상호 신뢰의 여건부터 조성해야 할 것이라고 대응했다.

(4) 다국적 군축협상

1987년 7월 23일 북한은 정부 성명을 발표하고 단계별 군축실현 문제를 논의하기 위해 남북한과 미국의 3자회담에 중감위 성원국 대표들이 참가하는 다국적 군축협상을 1988년 3월에 제네바에서 개최할 것을 제의하였다. 회담을 제의하면서 개최일자를 8개월이나 뒤로 미루고 있는 것은 이례적이다. 8개월 후라면 남한에서 대통령선거 과정이 끝나고 새로운 정부가 출범한 이후라는 점에서 이 제의의 목적이 무엇인가를 의심케 한다.

이 제의에서 북한은 남북한의 무력을 1988년부터 91년까지 3단계에 걸쳐 축소해 1992년부터는 각각 10만 이하의 병력을 유지할 것과, 남북 간에 이러한 군축이 진행되는데 따라 미국은 핵무기를 포함한 모든 무력을 철수하고 미군기지도 철폐할 것을 주장했다. 그러면서 북한은 1987년 말까지 인민군 10만 명을 일방적으로 축소할 것임을 밝혔다.

북한은 그 후속조치로 7월 30일 조선인민군 최고사령부가 1987년 말까지 10만 명의 장병들을 제대시켜 사회주의 건설초소들에 진출시킬데 대한 명령을 하달하였다고 보도하였다. 북한은 남한의 제13대 대통령선거를 이틀 앞둔 12월 14일에도 이같은 조선인민군 최고사령부 보도를 반복하였으며, 이에 덧붙여 “미국과 남조선 당국자들은 우리의 병력축소로 생긴 무력불균형의 공간을 불순한 목적에 이용하지 말아야 하며 공화국 정부가 제기한 군축협상에 조속히 호응해 올 것”을 촉구하였다.

북한이 다국적 군축협상을 제의하고 일방적인 병력축소를 단행한 것은 사실은 이미 경제건설에 투입하여 군사적 통제 하에서 건설공사에 종사하고 있는 현실을 인정한데 불과한 것이고 이들이 즉각 전투병력으로 전환이 가능하다는 점에서 의미가 떨어지기는 하나, 심각한 경제부진에 따른 군사비 부담의 고통을 감내하기 어려운 측면이 드러나기 시작했다는 점은 주목할 필요가 있다.

나. 남한의 대응

1986년에 들어와 북한이 진행되던 남북대화를 중단하고 남북관계의 초점을 군사문제에 맞추어 군축과 비핵지대화, 군사훈련중지 등을 이슈화하여 공세를 취해오자 남한은 이에 대한 적극적 대처보다는 그 부당성을 들추어 파급효과를 차단하고 남북관계를 유보적 상태하에 두는 쪽을 선택하였다. 3자회담이나 다국적 협상에 대해서는 남북당사자 해결 원칙으로, 군사문제 협상에 대해서는 교류와 협력을 통한 신뢰구축 우선으로 대응을 하면서 기존 대화의 재개를 우선적 과제로 삼았다.

남한이 이러한 방어적 입장에서 대응을 한 것은 첫째, 북한의 대남 전략에 대한 불신 때문이다. 남북관계에서 북한은 오랫동안 정치군사문제 우선 해결 입장에 있었으며 이는 국력경쟁에서의 우위를 바탕으로 하는 '남조선 혁명' 논리와도 연계되어 있었다. 또 실제로 북한은 수많은 대남 군사도발을 자행하여 그러한 여건을 조성하려는 직접적인 시도를 지속해왔다. 군사력 면에서 열위에 있던 남한은 북한의 무력도발을 저지한다는 수세적 안보 개념에 머물렀으며, 북한의 그 어떤 제의도 안보와 관련한 불순한 의도가 숨어 있는 것으로 단정했다. 그러한 현상은 1970년대 후반부터 남북 간의 국력양상이 전도된 이후에도 조건반사적으로 이어졌으며, 특히 군사 문제는 협상의 대상으로 삼는 것 자체를 우려했다.

둘째, 남한은 1986년 아시아경기대회와 1988년 올림픽경기대회를 앞두고 북한의 교란행위에 말려들지 않고 남북관계를 안정적으로 관리하는 것을 최선의 방책으로 삼았다. 북한이 이러한 남한의 약점을 파고들어 군사력 증강에 제동을 걸고 군사훈련 중지와 주한미군 철수 등에 대한 이슈화를 기도하려 하는데 남한이 스스로 그러한 장을 마련해 줄 수는 없었다. 특히 남북 정상회담의 가능성을 놓고 이를 이용하고 있는 북한의 의도가 명백한 상황에서 남한은 한반도의 현상유지를 택할 수밖에 없었다.

셋째, 남한의 정치적 상황이 한반도 질서에 변화를 초래할 수도 있는 무거운 과제를 두고 남북 협상을 진행할만큼 여유롭지 못했다. 1986년에 들어와 '직선제 개헌' 문제가 본격적으로 불거지고 국회에 특별위원회까지 구성되었다. 개헌과 공안통치를 둘러싸고 대규모 시위가 일어나고 정국이 경색되었으며, 정권의 도덕성에 치명상을 안겨주는 각종 사건들이 연이어 터져 나왔다.[9)] 이러한 가운데 1986년 10월 21일 북한이 강원도 이북지역 일원에서 금강산발전소 건설에 착수했다고 발표한 것은 남한 정권에 좋은 빌미를 제공해 주었다.

(1) 남북 수자원당국회담

남한은 당시 정국상황에서 남북관계를 어떤 수준으로 관리하느냐가 변수였다. '이산가족 고향방문단 및 예술공연단' 교환방문에 이어 정상회담이 개최되어 한반도 질서의 변화를 주도한다면 정국운영에 긍정적으로 작용하겠지만, 북한은 선 군사회담 개최로 빗장을 질러 놓았다. 남한은 임기 내 정상회담의 개최가 어렵다고 판단하고 북한의 위협과 불순한 의도를 부각시켜 남북 간의 대치국면으로 끌고 나가기로 했다. 남한은 1986년 10월 30일 이규효 건설부장관의 성명을 발표하고 북한의 금강산댐 건설이 야기하게 될 여러 가지 문제점, 특히 군사적 측면에서 한강 유역의 수도권 일원에 대한 수공 등 군사전략상 저의가 있다고 지적하고 금강산발전소 건설계획을 당장 중지할 것을 촉구했다.

북한측이 금강산댐 건설은 남북 간 협상의 대상이 아니라며 남한측 요구를 무시하자[10)] 남한은 11월 26일 국방부, 건설부, 문

9) 1985년 2.12총선에서 발판을 마련한 신민당은 1986년 2월 직선제 개헌을 위한 1천만 명 서명운동을 시작하였다. 이를 기점으로 5월 3일 인천 시위, 7월 6일 부천서 성고문 사건, 10월 28일 건국대 시위, 1987년 1월 15일 박종철 고문치사 사건 등이 잇따랐으며 민주항쟁을 위한 동력이 만들어졌다.

10) 북한은 11월 4일 전력공업위원회 자원개발국장 명의의 담화를 발표, 금강산

화공보부, 국토통일원 등 4부장관이 정당한 국가보위적 자위조치로서 북한강 수계의 남쪽에 대응댐('평화의 댐')을 건설하기로 결정했다는 담화를 발표했다. 이어 남북 간에 공유하천의 합리적 개발 · 이용문제를 협의하기 위해 남북 수자원당국회담을 개최할 것을 제의했다. 그 후에도 남한은 수자원당국회담을 개최할 것을 지속적으로 촉구하고 북한측이 대화에 성의를 보이고 건설계획을 포기한다면 전력손실분을 보상해줄 용의도 있다고 표명했으나, 북한측이 이를 외면함으로써 1987년 2월 28일 대응댐인 '평화의 댐'을 착공하게 되었다.

이 과정에서 남한 내에는 수공무력을 확보하려는 북한의 저의를 규탄하는 캠페인과 '평화의 댐'을 건설하기 위한 국민성금 모으기가 대대적으로 벌어지고 민주화투쟁 세력에 대한 탄압이 이어졌으며, 남북 간에는 1987년 내내 각기의 주장만 일방적으로 펼치는 핑퐁식 제의만 주고 받았다.

(2) 남북 총리회담

북한 정무원총리와 인민무력부장이 공동으로 남북고위급 정치군사회담을 제의해온 데 대해 남한은 1987년 2월 14일 노신영 국무총리와 이기백 국방부장관이 답신을 보내 남북한당국 최고책임자회담을 개최하여 북한측이 제기한 문제를 다루자고 하고, 중단된 남북대화의 재개와 수자원당국회담에 조속히 호응해 올 것을 촉구했다. 이에 대해 북한측이 고위급 정치군사회담에 응하면 기

발전소 건설계획은 금강산 일대의 수자원을 개발하여 합리적으로 이용하기 위한 평화적 사업으로서, 북한측 내부문제이며 제3자가 간섭할 문제가 아니라고 주장했다.

존의 대화들도 병행하여 재개할 수 있다고 주장해 나오자 남한측은 1987년 3월 17일 조건부 남북 총리회담을 제의했다. 즉, 중단된 남북대화를 재개하고 수자원당국회담을 열어 상호 신뢰를 위한 최소한의 여건이 조성된 바탕 위에서 남북 총리회담을 열어 남북한 간의 관계개선과 긴장완화에 필요한 제반 문제를 포괄적으로 협의하자는 것이었다.

북한측은 이것을 그들의 고위급 정치군사회담에 동의해 온 것으로 치부하고 의제를 긴장완화문제에 한정하면서 총리회담을 수용하고 이를 위한 예비회담을 갖자고 제의했다. 남한측의 제의를 형식면에서만 빌려와 기존의 대화재개 문제는 배제시킨채 그들이 원하는 군사문제 협의의 장을 마련하자는 의도였다. 이후 남한측이 기존대화의 선 재개 원칙을 고수하자 북한측은 4월 24일 정무원 대변인 성명을 발표하고 남북 총리회담을 포함한 남북대화를 전면 거부하였다. 북한측은 "비정치적 회담으로는 남북 간의 정치군사적 대결로부터 오는 불신과 반목을 해소할 수 없다"고 주장하고, 남한측의 제의는 모든 대화를 거부하기 위한 시한장치에 불과하며 이로 인해 대화를 재개할 수 있는 절호의 기회마저 막아버렸다고 비난했다.

이 시기에 남북 간에 총리회담을 둘러싸고 벌어진 공방은 약 2년 후에 그대로 재연되지만 결국 1990년 쌍방 총리를 수석대표로 하는 남북고위급회담의 성사로 귀착이 된다. 남북 총리회담은 바로 이 시기에 씨앗이 뿌려진 셈이다.

(3) 남북 외무장관회담

1987년 7월에 들어와 북한이 비핵 평화지대 창설을 주장하고 다국적 군축협상을 제의하는 등 군축 문제를 집중적으로 제기해 오자 남한은 이의 확산을 차단하고 남한측 입장에 대한 국제사회의 지지를 확보하기 위해 이에 대응할 필요가 있었다. 1987년 8월 3일 남한은 외무부 성명을 발표하고 유엔총회 개최시기인 9월 중에 뉴욕이나 상호 편리한 장소에서 남북 외무장관회담을 열 것을 제의했다. 성명에서 남한은 남북간 군축문제 협의는 제도적 안전장치가 마련되고 교류협력을 통해 신뢰회복과 평화정착이 이룩되어야 그 실효성을 보장받을 수 있다고 지적하고, 한반도 문제는 민족자결의 원칙에 입각하여 남북당사자 간의 회담을 통해 협의 해결되어야 한다고 강조했다. 또한 회담에서 남북한 불가침 협정 체결, 유엔가입, 교차승인문제 등을 협의하자면서, 기존대화 재개 등 신뢰구축 문제, 긴장완화와 평화정착을 위한 군축을 포함한 제반 문제 등 모든 관심사를 협의할 수 있다고 밝혔다. 여기에서 군축을 포함한 제반 문제라고 하여 군축을 구체적으로 명기한 것은 남한측 제의로서는 처음이다.

그러나 이것은 남한이 군축문제를 본격적으로 협의하겠다는 적극적 의사표시라고 보기는 어렵다. 이미 성명에서 군축문제 협의는 남북한 유엔 가입 및 주변 4강에 의한 교차승인 등 제도적 안전장치와 교류협력의 실현을 통한 신뢰회복이 이룩되어야 그 실효성을 보장받을 수 있다고 지적하고, 군사충돌 방지 및 평화유지를 위한 제도적 안전장치를 강구하는 것이 군축문제의 본질임을 밝히고 있어, 북한이 말하는 군축문제 우선 토의와는 거리가 멀었다. 남한측의 이 제의가 북한의 주장을 희석시키기 위한 것이었다고는 해도 여하튼 군축문제를 협의 기피 대상에서 협의 가능의 대상으로 범주를 옮겨놓은 것은 남북관계사에서 의미가 있다.

북한은 이에 대해 8월 6일 외교부 대변인 성명을 내고 군축문제 해결에는 주한미군 문제가 불가피하게 관련되므로 북과 남의 외교장관뿐 아니라 미 국무장관도 함께 참가하는 3자 외무장관을 개최해야 한다고 주장하고, 여기에서 군축문제와 한반도 긴장완화를 위한 제반 문제를 협의하자고 제의했다. 또한 이를 위한 차관급 예비회담을 갖자면서 북미, 북남 간 쌍무적 예비회담도 무방하다고 밝혔다. 이는 군축문제를 빌미로 대미접근 통로를 마련해 보겠다는 의도로서, 김일성이 9월 26일 방북한 일본사회당 도이 위원장과 회견에서 미국과 대화를 하겠다는 것이 일관된 입장이라고 말한 것과 상통한다.

V. 화해 협력 모색기 1988~1997

Ⅴ 화해 협력 모색기 1988~1997

1. 1988년의 의미

1988년은 남북관계사에서 대단히 중요한 해다. 1985년 소련에서 고르바초프 정권이 출범한 이후 개혁 개방정책이 본격적으로 추진되고 미국과의 적극적인 협력과 평화공존에 나섬으로써 동서관계가 새롭게 재편되는 전환기적 상황을 맞게 되었다. 세계 각국이 이데올로기의 편향성과 폐쇄성을 과감히 탈피하고 국제사회의 보편적 가치를 추구해 나가기 시작한 것이다. 1988년은 이러한 세계사적 대전환의 움직임이 확연하게 자리 잡으면서 동북아 정세에도 상응한 변화를 요구하는 기운이 밀려오던 해였다.

또한 남한 내부적으로는 1987년의 민주항쟁을 통해 직선제 개헌이 이루어지고 이에 의한 민주정부가 출현함과 동시에 사회 각 부문에 걸쳐 민주화의 요구가 팽배해졌으며, 이에 연하여 통일논의가 급속히 확산되던 해였다.

남북관계에서는 남한이 88올림픽의 성공적 개최에 따른 국민적 자신감과 남북 국력경쟁시대의 실질적 종언에 대한 확신을 바탕으로 북한에 대한 인식을 전환하면서 수세적이고 방어적인 입장에서 탈피하여 민족공동체를 내다보는 적극적인 입장에서 대북정책 기조를 수립하게 된다.

이러한 의미에서 1988년은 40여 년간 세계사의 종속변수로 머물며 대결과 불신의 시대를 이어온 한민족에게 한반도 통일환경을 새로운 차원으로 유도하고 민족의 미래를 주체적으로 개척해 나갈 수 있는 소중한 기회를 가져다준 해였다고 하겠다. 결과적으로는 그같은 기회를 적극 활용하지 못한 측면이 있지만 1988년을 분기점으로 남북한의 존재양식을 규정하고 관계를 정립하는 데서 질적인 변화가 이루어진 것만은 사실이다.

가. 탈냉전의 급류

무리한 중앙집중식 계획경제와 군비경쟁은 소련과 공산권 나라들의 쇠락을 가져왔고 이는 필연적으로 이념의 탈피와 냉전구조의 해체를 수반할 수밖에 없었다. 소련은 신사고에 의해 군비경쟁을 포기하고 적극적인 대미 협력정책으로 개방과 화해를 추구했다. 소련은 미국과 1987년 '중거리 핵전력협정'을 체결하고 1988년 9월 16일 크라스노야르스크에서의 연설을 통해 '아시아 태평양지역 7개 평화안'을 제안한 데 이어, 1988년 9월 27일 세바르드나제 외상이 유엔총회 연설에서 "국제사회에서의 계급투쟁은 끝났으며, 이데올로기가 더 이상 국제관계의 기본원리가 될 수 없다"고 소련 외교의 탈이념화를 선언하기에 이르렀다.

소련은 계속하여 1989년 5월 중국과 30년 가까이 진행해온 중소분쟁에 종지부를 찍고 화해하였으며, 동유럽에서 공산당 정권이 전면적으로 몰락하고 변혁이 가속화되는 한편 베를린 장벽이 무너짐에 따라 1989년 12월 2일에는 미소 양국이 몰타에서 정상회담을 갖고 마침내 냉전의 종식을 선언하였다. 미소 양국은 1990년 전략핵무기 감축협상과 재래식무기 감축협상을 벌여 정치적 냉전해체를 군사적으로 뒷받침하였다. 이러한 국제환경의 변화는 동서독의 통일이라는 획기적인 결과를 가져왔다.

한편 소련 내에서는 고르바초프의 개혁정책이 실효를 거두지 못하고 경제사정이 심각한 정도로 악화되자 연방구성국들이 독립을 요구하게 되고 강경보수파의 쿠데타라는 반발이 있었지만 마침내 1991년 12월 공산권의 종주국인 소련이 해체되고 1992년 1월 11개 공화국으로 이루어진 독립국가연합(CIS)이 창설되었다.[1)]

이러한 세계사적인 대변화는 동북아정세에도 커다란 영향을 미칠 수밖에 없었다. 소련은 1986년 7월 28일 '블라디보스톡 선언'을 통해 극동지역의 개발과 아시아 태평양 지역 나라들과의 경제협력의 필요성을 강조하였다. 이후 아시아 진출에 큰 장애가 되어온 중국과의 관계를 개선하고 긴밀한 협력관계를 모색하기 시작하였다. 1990년 9월에는 동맹국인 북한의 저항에도 불구하고 한국과의 수교를 결행하였다. 중국 또한 경제적 선진국 달성을 목표로 '4대 현대화계획'을 밀고 나가면서 경제특별개발구역을

1) 1991년 8월 19일 신연방조약을 반대하는 소련 공산당 간부들이 주도한 쿠데타가 일어났지만 옐친이 이를 무력화시키고 12월 25일 고르바쵸프가 소련 대통령직을 사임함으로써 소련이 해체되었다. 그 결과로 11개국(러시아연방, 우크라이나, 벨로루시, 몰도바, 우즈베키스탄, 아르메니아, 아제르바이잔, 카자흐스탄, 타지키스탄, 투르크메니스탄, 키르키즈스탄)으로 구성된 독립국가연합이 출범하였다(그루지아는 1993년 12월에 가입함).

확대하고 정치와 경제면에서 본격적인 개방 개혁정책을 실시해 나갔다. 일본은 경제대국으로 부상하면서 이에 걸맞는 국제적 지위를 확보하고 역할을 넓혀 나가고자 하였으며 냉전종식의 새로운 상황을 이를 위한 계기로 삼는데 최대의 관심을 두고 있었다. 미국은 소련의 소멸로 세계 최강대국이 되었으며, 1991년 1월 미국이 주도하여 서방진영과 다국적군을 편성하고 걸프전쟁을 수행한 데서 보듯이 국제질서가 미국을 중심으로 급속히 재편되는 상황이 초래되었다. 이에 따라 미국의 동북아 전략도 새롭게 조정되는 것이 불가피해졌다.

한 마디로 1980년대 후반과 1990년대 초반 한반도를 둘러싼 주변환경은 경직되어 있던 냉전구조가 깨짐으로써 대단히 유동적이고 불안정한 상태를 맞게 되었다. 1988년은 그러한 세계사적 대전환이라는 과정이 본격적으로 개시되고 동북아 질서가 재편되기 시작한 시발점이었다.

나. 민주화의 바람

1987년 6월 민주항쟁으로 6.29선언이 탄생하여 직선제 개헌이 이루어지고, 이에 따라 12월 16일 제13대 대통령선거가 실시되었다. 김영삼, 김대중 양김은 군정종식을 바라는 국민열망과 달리 후보 단일화를 이루지 못함으로써 민정당 노태우 후보가 당선되었다. 이에는 11월 29일 북한 공작원에 의해 미얀마 상공에서 KAL기가 폭발 추락한 사건으로 국민들의 안보의식이 자극된 것도 한 요인이었다. 북한은 그들의 도발행위로 그들이 원하지 않는 인물을 대통령에 당선케 하는데 스스로 기여한 셈이 되었다.

어쨌든 노태우 정부가 출범하면서 입법부와 사법부의 권한과 자율성이 강화되고 지방자치제가 실시되어 풀뿌리 민주주의가 시작되었으며 언론기본법이 폐지되어 언론의 자유가 신장되었다. 이와 함께 국민대중들의 다양한 정치, 경제, 사회, 문화적 욕구들이 분출되어 사회 각 분야에 민주화의 진전이 이루어지고 다양성과 다원화가 존중되기 시작하였다. 이러한 가운데 민주화 투쟁의 열기는 자연스럽게 노동운동과 통일운동의 활성화로 이어졌다.

그동안 통일문제는 통치권과 밀접한 관련을 가지면서 이념과 안보 차원에서 다루어졌고 일반 국민들에게는 간여하거나 참여할 기회가 주어지지 않았다. 냉전의 구조하에서 남북한 간 체제우위 경쟁이 지배하던 시기에는 이러한 현상이 일응 당연한 것으로 받아들여져 왔다. 그러나 바깥으로는 냉전체제가 허물어지기 시작하고 안으로는 사회 전반에 민주화의 분위기가 퍼지고 있는 상황에서 통일문제도 예외의 지역으로 남겨질 수 없었다.

1988년에 들어와 학생들을 중심으로 통일운동에 본격적으로 불이 당겨졌다. 서울대 총학생회장 선거 과정에 남북한 대학생들의 체육대회와 국토순례대행진 공동개최가 제안되었고, 북한이 이에 환영의 뜻을 밝힘으로써 6월 10일 남북 청년학생회담을 개최하기로 하였다. 이 회담은 정부의 반대로 무산되었지만, 이후 재야단체들이 '한반도 평화와 통일을 위한 세계대회 및 범민족대회'를 시도하고 종교계, 문화계, 노동계 등에 '북한 바로 알기' 운동이 확산되면서 민간의 자율적 교류와 통일논의 개방에 대한 요구가 활발해졌다. 또한 이러한 통일운동의 열기는 1989년 이후에는 문익환 목사와 전대협 대표 임수경, 작가 황석영 등의 밀입북 사건으로 분출되기도 했다.

1988년 4월 26일 제13대 국회의원 선거에서 여소야대 국면이 만들어지고 4당 분할체제가 이루어짐으로써 정부 여당은 이러한 상황을 주도적으로 관리하기가 어려워지고 정국은 불안정하게 되었다. 정부가 과거와 같이 일방적으로 통일정책을 결정하고 국민들의 통일논의를 통제하고 억압만 할 수 없었다. 이제는 통일정책의 결정과정에 국민적 참여와 합의를 보장하고 투명성을 높이는 것이 중요해졌으며, 북한과 관련한 정보의 독점이 허용되지 않았다. 그것이 민주화의 힘이었다. 이에 따라 정부는 불온자료로 묶어놓았던 북한관련 자료를 개방하고 국회는 통일정책특별위원회를 설치하였으며, 언론매체는 앞다투어 북한문제를 다루는 전담부서를 설치하여 북한 소식을 전하는 프로그램을 편성하고 북한의 동영상을 그대로 방영하기 시작하였다. 대학에는 북한학과 등 남북관계를 대상으로 한 전문학과를 설치하여 사회 전반의 통일 열기를 일정 정도 수용하였다.

이와 같이 1988년은 남한의 정치적 민주화의 진전이 그동안 갇혀 있던 통일논의를 여론의 시장에 풀어내었을 뿐 아니라 그 반작용으로 통일문제에 대한 국민적 관심을 폭발적으로 고조시킴으로써 통일문제가 정치와 사회의 중요 이슈로 자리잡기 시작한 해였다고 하겠다. 그러나 그것은 역으로 통일운동의 주도체에 대한 정체성을 둘러싸고 남한 사회에 심각한 갈등이 일어나고 정부가 과도한 기대와 부담을 떠안게 되는 결과로 이어졌다는 점도 아울러 짚어져야 할 것이다.

다. 대북 인식의 전환

1988년은 이미 소련과 중국이 개방개혁정책을 추진하고 서방권과 평화공존과 화해협력을 심화시켜 그 흐름을 역으로 돌릴 수 없는 상황이 되었다. 냉전구조 하의 체제경쟁은 자유민주주의와 자본주의의 승리로 막을 내리고 있었다. 이러한 상황 전개는 남한에게는 남북 간의 체제경쟁에서의 우위를 확인시켜 주는 것이었다. 더구나 88서울올림픽의 성공적 개최는 이러한 자긍심을 한껏 높여 주었다. 앞서 열린 모스크바올림픽과 로스앤젤레스올림픽이 이념과 체제 문제로 반쪽으로 치러진데 비해 서울올림픽은 전 세계 160여 개국이 참가하여 동서 화해를 이끌었으며, 한국의 국제적 위상과 경제 및 문화 역량을 전 세계인에게 새롭게 인식케 해준 계기가 되었던 것이다.

남한은 남북 경쟁시대가 실질적으로 끝났으며 경제면에서 뿐만 아니라 군사와 외교면에서도 우위를 점하고 있다는 사실을 확신하고 자신감을 갖게 되었다. 그동안 북한의 대남 무력도발과 '남조선 혁명'을 목표로 한 통일공세에 시달리면서 수세적인 입장에 서 있었던 남한은 동북아 정세의 새로운 발전에 힘입어 대북관계에서 공세적인 입장으로 전환하게 된다.

첫째는 대공산권 외교, 즉 북방정책을 적극적으로 추진하는 것이었다. 소련을 비롯한 공산권 나라들이 대거 참가했던 88올림픽은 이를 위한 중요한 디딤돌이 되었다. 1988년 8월 남한은 소련에 영사단 사무실을 설치하고 10월에는 항가리에 상주대표부를 설치하였다. 1989년 2월 1일 항가리와 대사급 외교관계를 수립한데 이어 11월에는 폴란드와, 12월에는 유고슬라비아와 수교하였다. 1990년에는 체코, 불가리아, 몽골, 루마니아와 수교하고 9월 30일 소련과 정상회담을 갖고 국교를 수립하였다. 중국과 정식으로 수교를 한 것은 남북한이 유엔에 가입한 후인 1992년 8월 24일이다.

노태우 정부가 북방정책을 적극 추진한 것은 여러 가지 요인이 있다. 무엇보다 국제환경의 변화를 활용하여 북한을 우회적으로 포위하고 국제사회로 나오게 하여 변화를 선택하게 하려는 포석이다. 그렇게 함으로써 남북갈등으로부터 오는 제비용과 안보부담을 줄이고 남북관계를 남한의 주도로 끌고 가자는 것이다. 이와 함께 정치적으로는 노태우 정부가 출범시부터 지지기반이 약한데다 여소야대의 정국에서 이를 극복하기 위한 정치적 카드가 필요했고, 당시 민주화의 물결속에 사회 전반에 확산되어 가는 통일열망을 풀어주는 기제가 마련될 필요가 있었기 때문이다. 또한 당시 호황이 지속되고 있었기는 하나 기업들이 노동운동에 적응하지 못한데다 생산원가의 증가로 어려움을 겪고 있어 새로운 시장과 값싼 노동력을 제공해줄 개척지가 절실했던 점도 요인으로 볼 수 있다.

둘째는 북한에 대한 인식을 바꾸게 되었다는 것이다. 남북관계사에서 북한을 더 이상 대결이나 경쟁의 상대로 보지 않게 되었다는 것은 획기적인 변화이다. 이에는 북한에 대한 제의나 북한의 제의에 대한 대응에서나 질적인 차이를 수반하게 된다. 적이 아닌 북한을 어떤 상대로 규정해야 할 것인가 하는 시각의 정립 문제도 따르게 되는데 이것은 그동안 문제의 제기 자체가 금기시 되어 왔던 것이었다.

여기에서 남한은 민족공동체라는 개념을 도입하게 되었다. 즉, 북한은 민족공동체의 일원이며 미완성된 민족공동체를 하나로 회복시켜 나가기 위한 협조자요 동반자라는 인식이다. 나아가 민족공동체를 완성하기 위해서는 단절과 대결과 불신을 버리고 서로의 실체를 인정한 토대 위에서 사회, 문화, 경제 부문의 공동체부터 하나씩 회복해 나가야 하며 통일이 될 때까지는 남과 북이 민족공동체 안의 두 체제라는 특수한 관계를 유지할 필요가 있다는 것이다.

이와 같이 북한 체제의 존재를 어떻게 규정할 것인가 하는 문제에서 1988년 이전과 이후는 큰 차이를 보이게 된다. 북한에 대한 이같은 인식의 전환과 국제정세의 유리한 전개, 남북관계를 주도해 나갈 수 있다는 자신감 등이 남한으로 하여금 정치군사문제를 협상의제로 다루는데 있어 과거와 같이 피해의식에서 비롯된 회피적인 태도가 아니라 점차 적극적인 태도를 갖게 하였다.

2. '7.7 선언' 의 발표

가. 통일운동의 대중화

6.29선언 이후 남한 사회에서는 각계의 민주화의 진전과 더불어 통일운동의 대중화라는 현상이 나타났다. 권위주의 시대에 정부가 통일문제를 독점해왔던데 대한 반발이었다. 1988년 2월 29일 한국기독교교회협의회는 '민족의 통일과 평화에 대한 한국 교회의 선언'을 내고 남북한 정부에 대해 이산가족의 고통해소, 통일정책 결정에의 국민 참여, 상대방 체제인정 및 개방과 교류, 평화협정과 불가침조약 체결 등을 요구하였다. 이어 3월의 서울대 총학생회장 선거과정에서 남북한 청년학생 간에 국토순례대행진과 체육대회를 실시할 것과 이를 위한 학생회담을 6월 10일에 가질 것을 김일성종합대학측에 제안했는데 북한측은 이에 즉각 동의해 나왔다. 이를 이어받아 전국대학생대표자협의회가 남북학생회담을 추진하였는데, 이 남북학생회담을 둘러싼 소요가 사회적 파

장을 가져오고 각 대학마다 통일 관련 사업이 주요 이슈로 제기되게 되었다. 이러한 학원가의 움직임은 정치권과 재야단체들에게도 영향을 미쳐 통일문제가 반정부투쟁이나 민주화와 결부되어 남한 사회의 중요한 쟁점으로 발전하였으며, 종교계, 언론계, 문화계, 노동계 등 사회 전반에 통일문제에 대한 관심을 고조시켰다.

남한 정부는 북한이 정상적인 당국간 회담에는 호응해오지 않고 통일전선적 차원에서 남한 사회의 분열을 조장하고 있는 상황에서 무분별한 대북 제의의 남발이 가져올 부작용을 우려하여 6월 2일 정부대변인을 통해 통일논의와 관련한 정부의 입장을 밝혔다. 통일문제에 관한 논의를 적극 개방하고 북한 및 공산권 자료의 개방을 점진적으로 확대하며, 남북한간 인적교류와 물적교류를 실현해 나갈 것이지만, 실질적인 남북관계 개선을 위해서 대북 제의나 접촉창구는 국가적 차원에서 정부로 일원화 되어야 한다는 것이었다. 통일운동의 발전 현상을 수용하면서 탈냉전의 과정에서 미구에 닥쳐올 새로운 남북관계 상황에 대처하기 위한 첫걸음이었다고 할 수 있다.

이와 함께 이현재 국무총리는 6월 3일 남북고위당국자회담을 갖자고 북한측에 제의했다. 이 회담에서 서울올림픽에 남북이 함께 참가하는 문제, 정치인 · 경제인 · 언론인 · 종교인 · 문화예술인 · 체육인과 학자 및 학생 등의 인적교류를 실현하는 문제, 적십자회담 등 기존 대화의 재개를 주선하는 문제, 그리고 그밖에 쌍방이 제기하는 문제들을 협의할 수 있다고 의제를 밝혔다. 이 제의는 노태우 정부 출범후 첫 번째의 당국간 대화를 제의한 것이었지만, 정부가 창구가 되어 남북 간 인적교류를 주선함으로써 남북교류가 관계개선에 도움이 되도록 질서있게 시행해 나가겠다는 방침을 실천에 옮기는데 초점이 맞추어져 있었다. 이것은 남북학생회담을 둘러싸고 다양한 의견들이 표출되고 사회적 분란이 일어나고 있는 현상에 적극적으로 대처하려는 노력의 일환이었다. 이어 6월 9일에는 이홍구 국토통일원장관이 남북고위당국자회담에서 남북학생교류 문제를 우선적으로 협의할 것을 북한측에 제의했다.

통일문제를 둘러싸고 남한 내부 제 세력간에 빚어진 마찰과 갈등을 증폭시키려는 북한측으로서는 남북학생회담의 불씨를 끌 수도 있는 남한측 제의를 당연히 거부했다. 남한측 국무총리 서한을 접수조차 하지 않았던 것이다. 결국 6.10 남북학생회담은 당국의 저지로 무산되었으나 학생들은 다시 8.15에 남북학생회담을 개최할 것을 제안하였고, 이를 둘러싼 남한 내부의 국론분열과 북한의 학생회담 성사를 위한 투쟁 선동은 계속되었다.

나. 북한의 '시간벌기'

소련을 비롯한 공산권의 개방과 개혁으로의 노선 전환과 세계적인 탈이념의 물결은 북한을 매우 당혹스럽게 만들었다. 중소 정상회담과 협력관계로의 전환은 곧 동북아 정세의 대변화를 예고하는 것이었고, 주변국 모두가 한반도의 평화와 안정, 그리고 남북관계의 개선에 대한 필요성을 공감하고 그 환경의 토대를 이루어 나갔다. 남한측은 전향적인 통일외교정책을 전개하면서 정세변화에 능동적인 대처를 준비해 나갔고, 88서울올림픽을 계기로 중국, 소련, 동구공산권은 물론 제3세계 비동맹권 국가들과 급격한 관계개선의 가능성을 보여주고 있었다.

북한은 합영법 시행 등 외자유치를 위해 다각적인 노력을 했지만 국제적 신용불량국가로서의 한계에 부딪칠 수밖에 없었으며, 재정부족과 투자부진으로 산업 전체가 침체일로에 빠져들어 갔다. 여기에다 사회주의체제의 와해 과정이 시작되면서 중요한 시장이 상실되는 등 대외경제협력 기반이 무너지고, 기존에 중국, 소련 등 나라들과의 거래에 적용해오던 '우호가격제도'라는 현물성 원조도 점차 사라져가고 있었다. 실로 심각한 경제파탄 현상에 직면하게 된 것이다.

북한은 이러한 역경을 맞아 체제와 정권의 유지를 급선무적 과제로 인식하게 된다. 안으로는 주민들의 사상무장을 통해 밖으로부터 불어오는 바람을 이겨내야 했고 경제를 회복하여 주민들의 기본적인 생활 수요를 어느 정도라도 충족시켜주어야 했다. 또 밖으로는 국제적 고립으로부터 벗어나기 위해 미국, 일본 등 자본주의 나라들과의 관계를 개선해야 했으며, 이를 위해서라도 남한과의 관계를 대결과 긴장의 상태로 두는 것이 바람직하지 않았다. 그러나 북한은 국력의 격차가 월등하게 커져버린 남한이 정세변화와 국제사회의 지지를 업고 북한체제의 붕괴를 노리고 통일정책을 공세적으로 펼쳐오는 것이 두려웠다. 북한은 이제 과거와 같이 공세적인 혁명전략의 일환으로서 대남정책을 구사할 수 있는 형편에 있지 않았다. 오히려 체제생존을 위해 수세적이고 방어적인 입장에 서게 되었다.

북한은 그들의 우려와 불안감을 덜기 위해 두 가지 방향을 축으로 하여 대처하고자 했다. 하나는 남한이 내적 단합을 이루고 총공세적으로 북한 흡수전략에 나서는 것을 막는 것이었고, 또 하나는 남한으로부터 체제공존과 불가침을 보장받는 것이었다. 그런데 남한 내부에서 민주화의 물결이 통일의 당위로 연결되면서 통일논의가 급격히 확산되었지만 오히려 그것이 사회혼란과 국론분열을 가져왔다. 더구나 남북학생회담이라는 이슈의 제기는 이에 기름을 붓는 것과 같았다. 1노3김의 지역분할체제와 사회 전반에 걸친 민주화의 진전은 정부 여당이 강력한 통합력을 행사하기 어렵게 만들었으며, 5공비리 청문회 등 과거청산 작업의 진행도 이에 기여하였다.

북한은 이러한 남한의 정국상황을 지켜보면서 국론분열의 공간을 키우고 시간을 벌면서 탈냉전의 새로운 상황에 대처하는 남북관계의 방향을 설정해 나갔다. 1988년 전반기의 남북연석회의 소집 제의와 남북학생회담의 선동은 바로 이 시간을 벌기 위한 용도에 적절히 활용되었다. 또한 1987년 11월에 있었던 대한항공기 폭파만행사건으로 인한 국제적 규탄과 비난도 시간이 가면서 점차 희석되어 갔다.

남북연석회의는 1988년 신년사를 통해 김일성이 제의한 이후 북한 내에 '남북연석회의 북측 준비위원회'라는 것을 만들어 지속적으로 반복 제의를 하였다. 이 제의는 쌍방 당국과 정당 · 사회단체 대표 및 각계 인사들이 참가하여 '팀스피릿 합동군사연습' 등 대규모 군사연습을 중지하는 문제, 다국적 군축회담 개최 문제, 서울올림픽 공동개최 문제, 기타 남북간 화해 · 단합 및 긴장완화문제 등을 협의하자는 것이었다. 남한측의 6월 3일자 남북고위당국자회담 제의에 대해서도 북한측은 남북연석회의를 준비하는 예비회의 형식으로 고려할 수 있다고 하면서 회피하였다.

북한은 탈냉전 상황에 대처하는 또 하나의 축으로서 '먹고 먹히우는 관계'를 배제하려는 노력의 일환으로 불가침과 정치군사적 대결상태의 완화문제를 1988년 후반기부터 본격적으로 제기해 왔는데, 바로 이같은 북한의 의도가 1991년 12월 남북기본합의서의 타결에 적극적으로 나서게 했다고 할 수 있다.

다. 민족자존과 통일번영을 위한 특별선언

노태우 대통령은 1988년 7월 7일 민족자존과 통일번영을 위한 특별선언('7.7선언')을 발표하였다. 민주화의 진전, 경제의 지속적 성장, 주변환경의 변화, 올림픽의 개최와 함께 남북관계의 새로운 발전에 대한 국민적 기대감 등이 이 선언의 배경이 되었다고 할 수 있다. '7.7선언'은 다음과 같은 6개항의 구체적 조치를 담고 있다.

① 남북한 각계각층 인사교류의 적극 추진 및 해외동포의 남북 자유왕래를 위한 문호개방
② 이산가족들의 생사 · 주소확인, 서신거래, 상호방문을 적극 추진
③ 남북한 교역 문호개방, 남북한 교역은 민족내부 교역으로 간주
④ 우방국들의 북한과의 비군사적 물자교역에 불반대
⑤ 대결외교 지양 및 국제사회에서의 남북한 자유접촉과 협력
⑥ 북한이 우방과의 관계를 개선하는데 협조, 남한은 소련, 중국 등 사회주의 국가들과 관계개선 추구

'7.7선언'의 핵심은 대북인식의 전환을 공식적으로 밝힌 점이다. 즉, 북한이 적대하는 대상이 아니라 민족공동체의 일원으로서 상호 화해와 협력을 바탕으로 공동번영을 추구해나갈 선의의 동반자라는 인식을 바탕으로 한 것이다. 이는 남북관계를 어떻게 규정하느냐 하는 문제에 있어서 획기적인 전환점으로 된다. 이러한 인식이 가능하기 위해서는 첫째로 북한의 현실적 존재를 실질적

으로 인정해야 하고, 둘째로 한 민족 안의 두 체제를 수용하여 남북관계를 민족공동체 안의 특수한 관계로 보아야 하기 때문이다.

이러한 인식의 전환은 통일외교정책의 기조에도 큰 변화를 가져오게 된다. 북한을 내외로부터 고립시키는 것이 아니라 국제사회의 책임있는 성원으로 참여할 수 있도록 길을 열어주는 것이 필요하고, 남북관계도 민족 전체의 공동 발전이라는 측면에서 적극적으로 교류하고 협력하는 정책이 요구된다.

'7.7선언'은 정치적 선언이기는 하지만 구체적인 실천조치들이 취해짐으로써 그 실효성이 배가되었다. 최광수 외무부장관은 7월 16일 '7.7선언'의 기본정신을 구현하여 대결외교를 지양하고 국제무대에서의 남북협력을 도모하기 위한 전향적인 외교시책을 발표하였으며, 7월 19일에는 해외거주 동포들의 모국방문을 완전히 개방하는 조치를 취하였다. 이에 따라 과거 사상과 이념에 묶여 있던 동포사회도 변화가 일어나고 '조총련' 인사의 남한 방문이 이루어지기 시작했다.

또한 남한은 7월 19일 0시를 기해 전방지역에서의 대북 비난방송을 전면 중단하고 대북 방송에서도 특정인에 대한 인신공격을 지양하였으며 북한 및 공산권 자료를 개방하는 조치를 취했다. 경제분야에서도 물자의 교역은 물론 이와 관련된 인적 교류에 대한 제약요인을 제거하여 남북경제교류를 확대하기 위한 조치가 발표되었다.[2] 이에 따라 1989년 1월 정주영 현대그룹회장

2) 당시 나웅배 부총리겸 경제기획원장관은 1988년 10월 7일 성명을 통해 민간상사의 북한물자 교역을 허용, 북한물자의 제3국과의 중계 허용, 북한 원산지 표시와 상표 부착 허용, 내국간 거래로 보고 관세 미부과, 경제인 직접 접촉 및 방문 허용, 북한선적 선박의 입항 허용, 남북경제교류의 법적·제도적 장치 마련 등을 발표했다.

일행이 북한을 방문하여 조선아시아태평양평화위원회('아태')와 금강산 개발 및 제3국 공동진출 등에 관한 의정서를 체결하는 등 민간 부문에서의 남북한 간 교류가 현실화되기 시작했다. 남한은 이후에도 남북경제교류의 활성화를 뒷받침하는 법적 제도적 장치를 마련해 나갔는데, 1989년 정부 내에 남북교류협력추진협의회가 설치되고 1990년 남북교류협력에 관한 법률과 남북협력기금법이 제정된 것도 바로 이 '7.7선언'에서 비롯된 것이다.

3. 탈냉전시대 남북관계의 포석

가. 남북국회회담 준비접촉

남한은 1988년 2월 25일 노태우 대통령의 취임사에서 남북협력시대의 개막을 선언하고 대화문호의 개방을 밝혔으며, 계기시마다 남북적십자회담, 고위당국자회담, 교육당국회담 등을 제의해왔다. 이를 계속 거부하고 남북학생회담의 선동에만 집중해오던 북한이 1988년 7월 21일 최고인민회의 상설회의 의장 양형섭 명의로 '대한민국 국회에 보내는 편지'를 보내왔다. 북한은 남북연석회의가 소집되기 전이라도 남북국회연석회의를 열어 불가침에 관한 공동선언을 발표하는 문제와 긴장상태 완화 및 평화보장에 유익한 문제를 협의하자고 제의하고 '북남불가침에 관한 공동선언' 초안을 동봉하였다. 이에 남한은 남북국회회담 준비접촉을 갖자고 제의하였고 북한이 이를 남북국회연석회의에 동의한 것으로 간주한다고 하면서 접촉에 응함으로써 8월 19일 판문점에서 제1차 준비접촉을 갖게 되었다. 그러나 이 접촉은 처음부터 회담 형식과 의제에서 현격한 입장 차이를 노정하고 있어 평행선을 달릴 수밖에 없었다.

회담형식에서 남한측이 대표회담을 주장한데 반해 북한측은 쌍방 국회의원 전원과 정당 · 사회단체 대표 및 각계 인사가 참여하는 연석회의를 주장했다. 회담의제는 남한측이 북한 선수들의 서울올림픽 참가문제, 남북간 인적 물적 교류와 협력을 추진하는 문제, 남북당국 사이에 불가침협정 체결을 권고하는 문제, 기존 회담 재개를 촉구하는 문제, 남북정상회담 개최를 촉구하는 문제 등을 제시한데 반해, 북한측은 불가침공동선언 발표문제, 제24차 올림픽경기대회 문제, 기타 긴장완화와 평화보장 문제와 관련하여 남측이 제기하는 문제로 하자고 제안했다. 북한측은 남한의 여소야대 국면을 이용하여 남북연석회의의 테두리 내에서 참석자가 각기 표결권을 행사하는 다중집회를 벌여 그들이 원하는 무력감축과 외군 철수 등을 확보하겠다는 우회전술의 의도를 보였다.

접촉이 진행되는 과정에서 쌍방은 회담을 개회모임, 본회담, 폐회모임 순으로 하고 개 · 폐회모임에는 남북국회의원 전원이 참석하고 본회담은 각기 50명의 대표가 참석한다는데 절충이 이루어지기도 했으나 쌍무회담식 '대표회담'과 연좌회의식 '대표회의'의 차이는 좁혀지지 않았다. 12월 29일의 제7차 접촉후 10개월여 중단상태에 있다가 다시 접촉이 시작되었으나 1990년 1월 24일 제10차 접촉을 끝으로 북한측이 '팀스피릿 군사훈련'을 이유로 완전히 중단하고 말았다.

1989년에 들어와 남북당국 간에 고위급회담을 위한 예비회담이 진행되어 북한이 국회통로를 통해 불가침 문제를 다루어야 할 필요성이 현저히 약화된데다가, 1989년에 각종 밀입북 사건으로 남한 내부에 공안정국이 형성되고 1990년 1월 22일에는 민정당,

민주당, 신공화당의 3당 합당이 이루어져 민주자유당이라는 거대 여당이 탄생함으로써 북한이 활용할 공간이 사라지게 된 것 등이 그 이유라고 할 수 있다.

나. 남북정상회담의 추진

노태우 대통령은 1988년 8월 15일 광복절 경축사를 통해 김일성 주석에게 가능한 한 빠른 시일 안에 만나 회담할 것을 제의하고 장소나 의제나 절차 어느 것도 장애요인이 될 수 없다고 밝혔다. 북한은 이에 대해 김일성이 직접 언급하는 반응을 보였다. 9월 8일 북한정권수립 40주년 경축보고대회에서 김일성은 "남북정상회담에서 불가침선언을 채택하고 통일국가의 연방정부를 세우거나 그 실현을 위한 평화통일위원회 같은 것을 창설하려는 의사를 가지고 평양을 방문하는데 대해서는 환영한다"고 언급했다. 물론 한반도의 평화를 보장하기 위해 미군과 핵무기를 철거시키고 무력을 단계적으로 대폭 줄여야 한다거나 남한 당국이 외세의존에서 벗어나야 한다는 등 선 조건성숙이 달려 있었다.

남한은 10월 4일에도 남북정상회담을 촉구하고 불가침선언과 조국의 통일실현 문제를 비롯하여 쌍방이 제기하는 모든 현안을 아무런 조건없이 논의하자고 구체적 의제를 제시했다. 북한은 10월 14일 조국평화통일위원회 성명을 내고 김일성의 언급 내용을 반복했다. 그리고 정상회담의 조건과 분위기를 성숙시키기 위해 고위급정치군사회담이나 국회연석회의를 개최하고 불가침문제를 해결하며 국가보안법과 반공법규를 철폐해야 한다고 주장했다.

노태우 대통령은 10월 18일 유엔총회 연설에서 남북정상회담에서 한반도 평화정착의 제도적 장치와 통일실현 방안, 남북 간의 교류협력, 군비축소 등 군사문제를 포함한 모든 문제를 논의하고 타결할 것을 제의하였으며, 휴전협정을 항구적인 평화체제로 대체하는 방안도 강구될 수 있다고 밝혔다. 또한 남북불가침선언이 있기 전이라도 북한에 먼저 무력을 사용하는 일은 절대 없을 것임을 선언하였다. 이 유엔총회 연설은 두 가지 점에서 큰 의미가 있다. 하나는 북한에 대한 무력불사용을 국제사회에 정식으로 선언하여 북한의 불안감을 덜어주고 향후 당국간 회담을 통해 남북관계를 개선하는데 동참해 나올 수 있는 동기를 제공해주고 있다는 점이다. 또 하나는 최고책임자가 직접 군축 등 군사문제를 협상의제로 제시함으로써 그동안 북한이 줄곧 주장해오던 군사문제 우선 해결 입장에 대한 접근 가능성을 보였다는 점이다.

북한 외교부 제1부부장 강석주는 유엔총회에서 즉각 이에 대한 반응을 보였다. 그는 남측 최고위당국자가 불가침선언과 조국통일 문제를 협의하기 위해 평양을 방문하는 것을 환영하지만 정상회담이 성과를 거두려면 대화와 통일에 방해가 되는 법의 철폐, 대규모 군사훈련 중지 등 조건이 성숙되어야 하며, 남측이 당장 이러한 조치를 취하기 어려우면 중간단계로 남북고위급 정치군사회담을 개최하자고 주장했다. 초기 단계에 북한이 이와 같이 소극적 반응을 보였음에도 불구하고 남한이 군사문제 협의에 대한 유연성을 확인시켜 준 것은 향후 남북 고위급회담의 성립에 중요한 동인이 된다.

이와 함께 남한은 전두환 대통령 시절에 가동되던 '88라인'을 다시 활용하기 시작했다. 박철언 청와대 정책보좌관이 1988년 11월 30일부터 12월 2일까지 평양을 방문하여 허담, 한시해 등을 면담하고 대통령의 친서를 전달했으며, 궁극적으로 남북정상회담을 성사시키는 여건을 조성하기 위한 이같은 물밑 활동은 노태우 정권 내내 지속되었다. 남북간의 비밀접촉은 서로간의 이해를 넓히고 신뢰관계를 유지하는데 일정한 정도로 긍정적 영향을 미쳤으며, 1989년에 들어와 북한은 여전히 범민족대회 등 과거의 행태에 집착하면서도 남북체육회담과 적십자실무접촉, 그리고 남북고위급회담에 응해 나오기 시작했다.

4. 북한의 양면 대화 전개

가. 남북고위급회담 예비회담의 진행

유엔총회에서 노태우 대통령이 남북정상회담의 의제를 제시한 후 북한은 1988년 11월 7일 중앙인민위원회, 최고인민회의 상설회의, 정무원의 연합회의를 개최하여 '포괄적 평화방안'을 제시하였다. 이 '포괄적 평화방안'은 그 동안 북한이 정치군사문제 우선해결 입장에서 제기해온 여러 가지 방안들을 총망라하여 체계화한 것으로서 크게 두 가지 과제로 나누어 놓았다.

첫째는 단계적 미군무력 철수와 남북 군축방안인데, 주한미군을 1991년까지 3단계로 철수할 것, 1991년까지 3단계로 남북 간에 병력을 감축하여 무력균형을 유지할 것, 미군철수와 남북무력감축에 대한 통보와 검증을 진행할 것 등이다. 이 과제는 남·북·미 3자회담을 진행하여 해결하며, 그 토대 위에서 북미 간에 평화협정, 남북 간에 불가침선언을 채택하자는 것이다.

둘째는 남북 간의 당면한 정치군사적 대결상태를 완화하는 방안이다. 먼저 정치적 대결상태를 완화하기 위해 상호 비방 중상을 중지하며, 상대방을 비난하고 대결을 고취하는 정치행사를 중지하고, 상대방 체제를 부정하는 법규를 철폐하며, 다방면적인 합작과 교류를 실현하자는 것이다. 또 군사적 대결상태를 완화하기 위해 비무장지대를 평화지대화 하고, 대규모 군사연습을 중지하며, 군사분계선 일대에서 일체의 군사행동을 중지하고, 우발적 충돌사건의 확대를 방지하기 위해 고위군사당국자 간에 직통전화를 가설하자는 것이다. 그리고 이 두 번째 과제는 남북고위급 정치군사회담을 열어 협의 해결하자는 것이다.

북한은 이러한 논리에 맞추어 1988년 11월 16일 정무원총리 이근모가 남북고위급 정치군사회담을 개최하여 정치군사적 대결상태를 완화할 대책을 협의할 것을 남한측에 제의했다. 이것은 1987년 1월의 고위급 정치군사회담 제의와 비교할 때 미군철수와 무력감축 문제를 일단 3자회담으로 떼어내었다는 점에서 협상 성립의 가능성을 넓혀놓은 것이 주목할 만하다. 물론 북한측은 그러한 문제를 다룰 3자회담을 시급히 열어야 한다며 미국과 남한측에 이를 위한 실무대표접촉을 갖자고 별도로 제의를 함으로써 불씨를 완전히 제거한 것은 아니었다.[3)]

남한은 북한측의 제의를 적극 수용하여 상호 비방 중상 중지, 상호존중 및 불간섭, 다각적인 교류협력 실시, 군사적 신뢰구축, 남북정상회담 개최 등을 의제로 남북 간에 총리회담을 갖자고 수정 제의했다. 북한측이 이를 일단 그들의 제의에 동의한 것으로 간주하여 남북고위당국자회담을 위한 예비회담이 성사되었고 그 제1차 회담이 1989년 2월 8일 판문점에서 열렸다.

---

3) 북한은 1988년 12월 6일 김영남 외교부장이 슐츠 미 국무장관에게 서한을 보내 3자회담을 개최하자며 12월 중 제네바 또는 제3국에서 남 · 북 · 미 외교부 부부장급을 단장으로 하는 실무접촉을 갖자고 제의했다. 12월 20일에는 같은 내용을 정무원 총리 연형묵이 남한측에 보내왔다.

예비회담이 진행되는 동안 쌍방 총리를 수석대표로 하여 서울과 평양에서 번갈아 개최한다는 데에만 의견일치가 이루어졌을 뿐 회담 명칭과 의제를 둘러싸고 공전만 되풀이 했다. 북한측은 3개항 긴급조치로서 '팀스피릿 89' 합동군사연습 중지를 공식발표하고 동원된 병력과 장비를 복귀시키며 군사훈련의 규모축소 및 훈련 명칭을 변경할 것을 요구하기도 했고, 남한측의 대전차 방어용 군사시설물('콘크리트 장벽') 철거나 남북 당국 · 정당 수뇌급 협상회의 개최 등 회담외적인 문제를 들고 나와 난관을 조성하기도 했다. 또 남한의 민간인을 대상으로 한 북한의 통일전선식 접근과 불법 방북자의 사법처리 등을 둘러싼 남북 간의 갈등으로 회담이 장기간 중단되기도 했다.

이 예비회담에 진전이 엿보이기 시작한 것은 1989년 12월 20일에 열린 제5차 회담에서였다. 회담 명칭을 남북고위급회담으로 한다는 데 합의가 이루어졌고 의제도 다각적인 교류협력 실시문제와 정치군사적 대결상태 해소문제를 함께 묶는 포괄적 표현을 택하자는 데 의견접근을 보았다. 제6차 회담 이후 6개월 만인 1990년 7월 3일에 열린 제7차 회담에서 쌍방은 비로소 합의서 문항을 검토하는 단계로 들어갔으며, 7월 26일 제8차 회담에서 합의서에 서명이 이루어졌다. 쌍방은 남북고위급회담 제1차 회담을 1990년 9월 4일부터 7일까지 서울에서 갖기로 했다. 의제는 남한측이 '남북 간의 정치군사적 대결상태 해소와 다각적인 교류협력 실시문제', 북한측이 '북남사이의 정치군사적 대결상태를 해소하며 다방면적인 협력과 교류를 실현할데 대하여'로 하여 상호 편리한 대로 사용하기로 했다.

나. 남북체육회담과 적십자 실무대표접촉

1988년 12월 21일 북한 올림픽위원회 김유순 위원장은 1990년 9월 베이징에서 열리는 제11차 아시아경기대회에 남북한이 단일팀으로 출전하자며 남북체육회담을 제의했다. 남북한은 1989년 3월 9일부터 1990년 2월 7일까지 아홉 차례에 걸쳐 회담을 진행하여 단일팀의 호칭, 단기, 단가, 선수선발, 훈련 등 10개항의 기본사항에 합의하였다. 특히 호칭에서 우리말로 코리아, 영어로 KOREA, 중국어로 可禮亞라고 하며, 단기는 흰색 바탕에 하늘색 우리나라 지도로 하고, 단가는 1920년대에 부르던 아리랑으로 하기로 하였는데, 이 합의는 그 후의 남북이 함께하는 체육행사에 계속 유효하게 적용되었다. 그러나 남한측이 합의사항의 이행보장 장치를 요구한 데 대해 북한측은 먼저 절대로 개별팀으로 출전하지 않는다는 것을 내외에 선포하지 않으면 더 이상 회담을 계속할 필요가 없다고 주장하여 결렬되고 말았다.

북한측이 체육회담을 제의한 것은 사회주의권 나라들의 변화가 시작되고 남한의 북방정책이 성과를 거두고 있던 상황에서 남한 선수단의 아시아경기대회의 출전을 막아서 남한의 대중국 접근 가능성을 차단하려는 의도가 있었다. 그러나 상황의 변화에 따라서는 단일팀을 성사시킴으로써 남한 내 통일운동세력의 활동공간을 넓히고 당시 범민족대회를 둘러싼 여론분열을 더욱 조장하는 한편, 1989년 7월 평양에서 개최 예정인 세계청년학생축전의 분위기를 고조시키고 단일국호 하의 유엔가입에 대한 지지를 확보하려는 다목적 포석도 깔려 있었다. 그것은 회담이 결렬된지 1년도 되지 않아 1990년 10월 25일 남한 체육부장관과 북한 국가체육위원장이 다시 국제경기대회에 단일팀을 구성해서 참가하는 문제와 남북체육교류 문제를 협의하기 위한 체육회담을 개최할 것을 합의한데서도 알 수 있다.

이에 따라 남북 간에 체육회담을 개최하여 1991년 2월 12일 제41회 세계탁구선수권대회(1991년 4월 24일~5월 6일, 일본)와 제6회 세계청소년축구선수권대회(1991년 6월 5일~17일, 포르투갈)에 단일팀으로 참가하기 위한 제반 문제에 대해 합의가 이루어졌다. 분단 이후 처음으로 남북단일팀으로 출전한 코리아팀은 탁구에서 단체전 우승, 축구에서 8강 진출의 성적을 올렸다. 이어서 1992년의 바르셀로나 올림픽경기대회 단일팀 참가문제와 남북체육교류문제를 협의하기 위해 제5차 체육회담을 열기로 하였으나, 북한은 유도선수 이창수의 남한 귀순을 이유로 이를 무산시켰다.

한편 남북적십자회담 재개를 촉구하는 남한측 제의를 외면하던 북한이 1989년 5월 31일 8.15를 기해 제2차 '이산가족 고향방문단 및 예술공연단' 교환방문 문제를 협의하자며 적십자 실무대표접촉을 제의하였다. 그러나 북한측은 방북했던 문익환 목사와 북한측 간의 합의에 근거하여 진행되는 접촉임을 강조하면서 정치적 목적을 개입시킴으로써[4] 접촉이 지연되어 1989년 9월 27일에야 제1차 접촉이 이루어졌다. 쌍방은 1990년 1월 8일까지 여덟 차례에 걸쳐 접촉을 하여 방문단 교환일자와 규모, 방문지 등에

4) 문익환 목사는 1989년 3월 밀입북 활동 기간 중 조국평화통일위원회 허담 위원장과 공동성명을 발표하였다. 이 성명은 7.4공동성명에 기초한 통일접근, 2개 조선정책 반대, 정치군사회담 및 이산가족문제 등 교류와 접촉 실현, 공존의 원칙에서 연방제 방식으로 통일 등을 내용으로 하고 있다. 북한측은 1989년 5월 적십자 실무접촉을 제의하면서 바로 이 공동성명의 이산가족들 간의 교류 실현을 근거로 하고 있는데, 이는 남한 당국을 고립시키려는 통일전선전술에 바탕을 두고 있다.

합의를 보았다. 그러나 예술공연 문제와 관련하여 이견을 좁히지 못하다가 북한측이 '꽃 파는 처녀' 등 혁명가극을 공연하겠다고 하는 주장을 고수하고 남한측은 예술공연 내용을 적십자의 원칙과 방문단 교환의 취지에 부합하고 쌍방이 상호 수용 가능한 것으로 변경할 것을 촉구함으로써 성과 없이 중단되었다. 최종 합의단계에서 북한측이 혁명가극 공연을 들고 나온 것은 이를 성사시킬 의사가 없었기 때문이며, 같은 시기에 북한이 베이징 아시아경기대회 단일팀 구성을 무산시킨 것과 맥을 같이하는 것이었다.

다. 정치협상회의와 '범민족대회'

1988년의 남북학생회담 추진을 계기로 남한 사회에서는 각계에 통일운동이 확산되고 통일과 관련한 각종 단체들이 결성되었다. 언론계, 종교계, 문화예술계, 체육계에서도 입장 표명이나 연구 차원에 머무르지 않고 직접적인 교류를 추진하고 개별적 인사들의 방북과 북한인사 접촉을 시도하기 시작하였다. 북한도 조선작가동맹, 조선종교인협의회, 천도교청우당, 조선직업총동맹, 조선역사학회 및 사회과학원, 조선불교도연맹 등이 나서서 각기 남한측 상대방에게 회담을 갖자고 집중적으로 제의하였다. 이러한 분위기를 타고 재야단체를 중심으로 '범민족대회'의 개최가 발기되었다. 북한측은 이에 호응하여 1988년 12월 9일 조국평화통일위원회가 직접 나서서 '범민족대회'를 소집하기 위한 북과 남, 해외동포 실무대표들의 예비접촉을 가질 것을 제의하였다. 1989년 8.15를 앞두고 '범민족대회'를 성사시키려는 움직임이 본격화된 것이다.

이와 함께 북한은 서울올림픽경기대회를 의식하여 1989년 7월 1일부터 7월 8일까지 평양에서 제13차 세계청년학생축전을 열기로 하였는데, 이러한 계기도 남한 사회의 통일투쟁을 격화시키는데 적절히 활용코자 하였다. 실제로 북한 조선학생위원회는 동축전에 전대협 대표를 공식 초청하였으며, 남한측 개별인사들에게 평양축전에 초청하는 편지를 보내기도 하였다.

김일성은 1989년 신년사를 통해 남북정치협상회의를 제의하면서 김수환 추기경, 문익환 목사, 백기완 씨 등 개별인사를 지명하여 초청했을 뿐 아니라 남한의 지도급 인사들이 평양을 방문한다면 환영할 것이라고 밝혀, 남한 내부의 분위기에 편승하여 통일전선 차원에서 정치협상회의의 형식을 만들어내는데 총력을 기울일 것임을 예고하였다. 1989년 3월 27일에는 북한 24개 정당, 사회단체가 민간급 대화를 적극 추진해야 하며, 이를 위해 남한과 해외 개별적 인사들이 방북하는 것을 환영하고 그 인사들의 내왕과 신변안전을 담보하며 모든 편의를 제공하겠다는 내용의 연합성명을 발표하였다.

이러한 상황에서 불법 방북사건이 연이어 일어났다. 1989년 3월 문익환 목사가 평양을 방문하여 김일성을 만나고 조평통 위원장 허담과 공동성명을 발표하였다. 이어 6월 29일 임수경이 전대협 대표로 평양 세계청년학생축전에 참가하였다. 천주교 정의구현사제단의 문규현 신부도 방북하여 8월 임수경과 함께 판문점을 통과하여 귀환하였다. 임수경은 북한에서 '통일의 꽃'으로 불리며 대대적인 환영을 받았다. 또한 1989년에는 작가 황석영이 방북하였고 서경원 의원이 밀입북하는 일련의 사건들이 일어났다. 이 같은 불법 방북은 냉전시대의 금기를 깨트렸다는 점에서 남한 사회에 충격을 주었지만, 북한에게도 그들이 원하는 결과만 가져온 것은 아니었다. 어떤 의미에서는 북한 사회에 그들의 폐쇄성에 금이 가게 하였고 남한 체제에 대한 관심과 비교의 시각을 심어 주었으며, 남북한 간의 교류와 협력에 대한 면역력을 키워준 측면도 있다고 할 수 있다.

북한은 1989년 후반기에는 '민족통일협상회의'를 주장하고, 1990년에도 김일성이 신년사를 통해 밝힌 '남북 당국 · 정당 수뇌협상회의'를 기치로 하여 집중적으로 공세에 나서지만 명칭만 조금씩 달리하였을 뿐 연석회의와 다면적 대화의 틀을 벗어나지 못함으로써 한계를 맞을 수밖에 없었다. 또한 8.15범민족대회 추진 등 민간급 대화를 통해 남한 당국을 무력화시키려는 전술도 점차 그 약효를 잃어가게 되었다. 1989년과 1990년을 통해 냉전 종식이 확인되고 한소 수교가 이루어졌으며 독일이 통일되었다. 시장과 후원세력을 잃어버린 북한은 남한의 힘을 약화시켜 체제방어를 한다는 전략의 한 축을 재검토해야 할 시기가 점점 다가오고 있었다.

5. 한민족공동체 통일방안

노태우 대통령은 1989년 9월 11일 국회에서의 특별연설을 통해 한민족공동체 통일방안을 발표하였다. 이 방안은 기존의 통일방안에 뿌리를 두면서도 국제정세의 급격한 변화를 반영하여 통일의 철학, 원칙, 과정, 실현절차와 미래상을 새롭게 집대성하고 체계화한 방안이다. 무엇보다 과거 정치와 이념을 바탕으로 한 국가 중심의 통일 개념에서 민족공동체라는 사회 중심의 통일 개념으로 바꾼 것이 이 방안의 핵심이다. 이 방안의 주요 내용은 다음과 같다.

통일의 원칙으로 자주, 평화, 민주를 제시하였다. '7.4남북공동성명'에서의 통일 3원칙을 반영하되 그 해석을 분명히 하였다. 통일의 과정은 중간과정의 과도적 통일체제로서 남북연합을 만들어 남북 간의 개방과 교류협력을 실현하고 민족사회의 동질화와 통합의 기반을 다져나가면서, 통일의 여건이 조성되면 민주적 절차와 방법으로 통일헌법을 마련하고 이 헌법이 정하는 바에 따라 통일정부와 통일국회를 구성하여 하나의 통일된 민족국가를 완성하자는 것이다.

남북연합에는 최고 의사결정기구로 남북정상회의와 남북 정부대표로 구성되는 남북각료회의, 그리고 남북 동수의 국회의원으로 구성되는 남북평의회를 둔다. 그 밖에 이 기구들에 대한 업무지원과 합의사항 실행 등 실무를 담당하는 공동사무처를 두며 서울과 평양에는 남북 각기 상주연락대표를 파견한다. 남북각료회의는 쌍방의 총리를 공동의장으로 하여 남북한 간에 해결되어야 할 모든 문제들을 협의 · 조정하며, 남북평의회는 통일헌법안을 기초하고 통일국가 건설에 따르는 구체적 절차를 논의한다. 통일국가는 민족구성원 모두가 주인이 되는 하나의 민족공동체이고 자유와 인권과 행복이 보장되는 민주국가가 그 미래상이 되어야 한다.

이러한 통일의 과정을 밟기 위하여 남북대화를 추진하고 신뢰를 회복해 나가는 가운데 남북정상회담을 개최하여 평화와 통일을 위한 기본방향과 당면적인 조치를 비롯하여 남북연합의 설치와 운영에 관한 사항 등을 담은 '민족공동체 헌장'을 채택한다.

한민족공동체 통일방안의 특징은 민족통일을 통해 국가통일로 나아가자는 기능주의적 단계론에 입각해 있다는 것이다. '1민족, 1국가, 1체제, 1정부'가 최종 목표이지만 우선 중간단계로 남북이 연합을 형성하여 남과 북에 서로 다른 체제가 있다는 현실을 인정하고 공종공영하면서 사회공동체, 문화공동체, 경제공동체를 회복하여 민족 공동생활권을 형성해 나가고, 그 다음에 여건이 성숙되면 민족 전체의 의사에 따라 정치적 통합을 이루자는 것이다. 이 점에서 연방정부부터 수립하자는 선 국가통일론에 입각한 북한의 '고려민주연방공화국 창립방안'과는 분명한 차이를 보였다. 이로써 한민족공동체 통일방안이 발표된 시점부터 남측의 '연합제'와 북측의 '연방제'가 통일방안으로 대립하게 되었다.

한민족공동체 통일방안은 당시 여소야대의 정국상황에서 공청회를 거치며 국민들의 의견을 수렴하고 야당총재들이 합의해줌으로써 국회에서 만장일치의 찬성을 얻은 방안이었다. 또한 그 이후 호칭이나 내용면에서의 일부 수정이 가해지기는 했지만 그 기본적인 개념이나 접근방법은 일관성과 연속성을 유지하였으며, 따라서 한민족공동체 통일방안이 바로 대한민국의 공식적인 통일방안으로서 현재까지 유효하다고 하겠다. 북한은 이 방안이 발표된 후 각 정당, 단체 등에서 여러 가지 방안이 제기되고 있는데 남한 정부가 내놓은 방안은 그 중의 하나일 뿐이라며 무시하고, 그렇기 때문에 남과 북의 정당, 단체 및 개별적 인사들이 참여하는 '민족통일협상회의'를 열어 하나의 통일방안을 정립해야 한다며 그들의 입장을 합리화하였다.[5] 그러나 북한은 이후 '고려연방

5) 북한은 1989년 9월 28일 당국 · 정당 · 단체 연석회의를 열고 남조선 당국과 정당 · 단체들에 보내는 편지를 채택하였으며, 이를 10월 3일 방송으로 공개

제'안의 실질적 내용에 변화를 기하면서 점차 이 방안의 기본 개념에 접근해가는 태도를 보여 왔다.

6. 남북기본합의서의 탄생

가. 남북고위급회담의 성립

1990년에 들어와서도 북한은 여전히 '당국, 정당 수뇌 협상회의'나 범민족대회 등에 집착하며 남한 사회의 갈등을 증폭시키고, 북한 내부에는 김일성의 통일지도자상을 부각시키며 주민들 사이에 일종의 '통일열풍'을 만들어내는데 전력을 기울였다. 흡수통일에 대한 불안감을 불식시키기 위한 역대응이었다. 남북 당국 간 대화의 장에 나오기는 했지만 실질적인 진전은 미루는 방식으로 정세의 흐름과 남한의 의도를 탐색하는데 치중하였다.

북한으로서는 소련 및 동구 사회주의권의 개혁이 북한에 미칠 영향을 막는 것이 급선무적 과제였다. 더구나 남북한 간에 대규모 인적교류와 자유왕래, 그리고 사회의 전면개방을 실현하자는 남한의 공세는 불안감을 주기에 충분했다. 김일성은 1990년 신년사를 통해 남북 사이에 장벽을 부수고 자유왕래를 실현하며 서로 전면개방할 것을 주장하는데, 이를 위해 남한측의 콘크리트 장벽을 허물고 각계각층 인사들이 상대지역에 자유로이 들어가 제한없이 활동하자고 허세를 보이기도 했다. 자유왕래가 되지 않는

하였다. 그 내용은 이제 남한 당국의 통일방안이 나온 만큼 제각기의 통일방안들을 하나로 정립하기 위해 '민족통일협상회의'를 소집할 것과 여기에 쌍방 당국 · 정당 · 단체 대표들 각기 60명씩이 남과 북 구별없이 동등자격으로 참가하여 다무적 원탁회의 방식으로 진행하자는 것이었다. 남한 정부의 통일방안을 여러 방안 중 하나로 물타기하고 확산을 차단하려는 의도이다.

것이 북한의 책임이 아님을 선전하면서 남한이 수용할 수 없는 대규모 군사훈련 중지와 대전차 방어벽 철거, 국가보안법 철폐를 연계시킨 것이다. 즉, 방어용 공격으로 시간을 벌면서 나름의 대처방안을 강구하고자 하였다.

1990년 5월 24일 김일성이 최고인민회의 제9기 1차 회의에서 '조국통일 5대 방침'을 제시한 것도 북한이 대처방향을 정립하지 못한 채 남북관계를 당분간 유보상태 하에 두겠다는 의도를 드러낸 것이었다. 이 '조국통일 5대 방침'은 첫째, 한반도 긴장완화와 통일을 위한 평화적 환경을 마련하기 위해 남북불가침선언, 북미평화협정체결, 주한미군 철수, 남북 군축을 하자는 것이며, 둘째, 남북 자유왕래, 전면개방을 위해 콘크리트 장벽 철거, 악법 폐지, 셋째, 통일에 유리한 국제환경을 조성하기 위해 국제무대에서의 대결지양, 남북 단일의석 유엔가입, 넷째, 평화통일을 위해 정당, 사회단체, 각계각층이 참가하는 전민족적 대화, 다섯째, 전민족적 통일전선을 형성해야 한다는 내용으로 되어 있다. 이것은 북한의 기존 주장을 그대로 정리한데 불과하지만, 어떤 면에서는 향후 남북관계에 어떤 변화가 온다 하더라도 이 '5대 방침'을 실현하기 위해, 그리고 이 '5대 방침'의 틀 안에서 이루어지는 것임을 대내 주민에 사전 교양하는 성격도 갖고 있다고 할 수 있다.

1990년 6월 4일 한소 정상회담이 이루어지고 양국 간 수교방침과 북한 개방에 대한 협조를 밝힌 후 북한은 6월 20일 그동안 중지했던 고위급회담 예비회담과 국회회담 준비접촉을 재개하자고 제의했다. 국회회담 준비접촉은 북한이 당시 야당의원들의 의원직 사퇴라는 남한의 정국상황을 이유로 결국 개최를 거부했지만,[6] 6개월 만에 열린 제7차 남북고위급회담 예비회담에서는 쌍방이 합의서 초안을 내놓고 검토하는 등 급진전을 이루었다. 7월~8월에 걸쳐 범민족대회를 둘러싼 남북 간의 공방이 치열한 가운데도 예비회담이 진행되고 7월 26일 '남북고위급회담 개최에 관한 합의서'가 채택되었다.

범민족대회와 관련해서 남한은 일정한 기간을 설정하고 남북한의 주민 누구나 상대측 지역을 자유로이 방문하고 신변안전과 무사귀환을 보장해주자는 '민족대교류'를 제안했다.[7] 북한측이 선정한 특정한 단체와 개인만 판문점이라는 한정된 지역에서 행사를 가질 것이 아니라 그야말로 '범민족'이라는 말 그대로 원하는 사람에게는 제한없이 광범위하게 참가케 해주고 남북을 왕래할 수 있게 해주자는 것이다. 이렇게 남한이 더 큰 보자기로 싸서 범민족대회에 적극적으로 대응해 나오자 오히려 북한이 수세적 입장에 처하게 되었다.

---

6) 1990년 1월 24일 남북국회회담 10차 준비접촉이 있은 후 북한은 2월 8일 팀스피릿 군사훈련 기간 중 회담을 중단한다고 밝혔다. 그러다가 6월 20일 북한측이 먼저 11차 준비접촉을 제의하여 7월 19일 개최하기로 날짜까지 잡았으나, 7월 17일 남한 국회의 위기상태로 정상적 회담이 될 수 없다며 적절한 시기에 날짜를 새로 통지하겠다고 전통문을 보내왔다. 그러나 이 준비접촉은 더 이상 열리지 못했다. 당시 남한은 3당 합당으로 민자당이라는 거대 여당이 출현하여 법안과 추경예산안을 다수의 힘으로 통과시키자 야당의원 전원이 이에 반발하여 의원직 사퇴서를 제출한 상태였다.

7) 1990년 7월 5일 북한은 범민족대회를 겨냥하여 남조선과 해외의 정당 · 단체 · 각계각층 인민들이 평양을 방문하는 것을 환영하며 이를 위해 판문점 북측 지역을 개방하겠다고 밝혔다. 노태우 대통령은 7월 20일 8.15를 전후한 5일간 남북간 민족대교류를 실시하자며, 북한은 방북을 원하는 사람을 제한없이 받아들이고 북한 전 지역을 자유로이 가볼 수 있도록 개방하며, 남한도 북한 동포들이 남쪽을 자유로이 방문할 수 있게 전면 개방하겠다고 특별발표를 하였다. 북한은 이를 거부하고 8.15 범민족대회를 파탄시키려는 것이라며 비난했다.

나. 남북고위급회담의 진행

남북고위급회담은 분단사상 처음으로 남북의 총리를 수석대표로 하는 정부 당국의 고위대표단이 서울과 평양을 왕래하며 개최한 공식회담이다. 이것은 이 회담이 그동안의 남북 간 접촉이나 대화와는 근본적으로 성격을 달리한다는 것을 의미한다. 더구나 북한이 과거와 같은 '대남 혁명전략' 차원에서 협상 그 자체를 유리한 환경조성에 활용하려는 공세적 입장에서 회담에 나온 것이 아니라, 체제위기에 봉착하여 전략적 수세에 처하자 생존전략 차원에서 불가피하게 회담에 응해 나왔다는 점에서 이전의 회담과는 분명히 차별성을 갖는다. 그렇기 때문에 남북한 모두 협상의 목표와 의지와 전략이 과거와 달라질 수 밖에 없었다.

그렇다고 해서 북한이 처음부터 대내외적인 환경변화의 도전에 신축성을 발휘하여 새로운 남북관계를 창출하려는 능동적 의사가 있었다고는 보기 어렵다. 북한은 고위급회담이 진행되는 과정에도 국제정세의 변화를 면밀히 주시하면서 가능한한 타결을 지연시키고자 했으며, 그들이 얻고자 하는 바를 최대한 확보하고 그들의 '하나의 조선' 논리에 배치되는 사안을 최대한 배제시키기 위해 노력했다. 그러나 남한의 압도적 우위의 국력과 점차 심화되는 국제환경의 불리함을 단순한 협상기법 만으로 극복할 수는 없었다. 결국 북한은 1991년 12월 '남북사이의 화해와 불가침 및 교류협력에 관한 합의서(남북기본합의서)'를 채택하는데 호응해 나온다.

남북고위급회담의 진행은 대체로 3단계로 나누어 볼 수 있다. 1단계는 1990년 9월의 제1차 회담부터 1991년 9월 제4차 회담 직전까지의 기간으로서 상대방의 의도를 탐색하고 기본적인 입장을 조정하는 단계이며, 2단계는 1991년 10월 제4차 회담부터

1992년 2월 제5차 회담까지의 기본합의서 도출단계이며, 3단계는 그 이후 1993년 1월까지의 합의 이행 준비단계이다. 남북고위급회담은 본회담 8회, 기타 고위급회담 틀 안에서 분과위원회와 핵통제공동위원회, 대표접촉 등이 113회 개최되었다.

(1) 제1단계

1990년 9월 4일에 열린 남북고위급회담 제1차 회담부터 12월 4일에 열린 제3차 회담까지 북한은 한소 수교, 독일의 통일, 한중 무역대표부 설치 등 대외 정세의 충격적 변화 속에서 남한측의 의도를 파악하고 평화의 제도적 장치를 강구하면서 정책노선 조정의 시간을 버는데 주력했다. 이와 함께 주민들의 심리적 충격을 완화하기 위해 범민족대회나 베이징 아시아경기대회 공동응원, 남북통일축구대회 등 이벤트를 통해 통일열기를 조성했으며, 이를 통해 남한측의 기대감을 높이고 양보적 태도를 유도하는 등 회담운영에 직접적인 영향을 주려고도 했다.

그러나 새로운 남북관계를 어떻게 정립할 것인가 하는 문제와 한반도 평화를 어떻게 확보할 것인가 하는 문제에서 쌍방은 근본적인 차이를 보일 수밖에 없었다. 남한은 분단현실을 인정하고 서로의 실체를 존중하는 토대 위에서 화해와 협력을 지향해 나가자는데 반해, 북한은 '2개의 조선'은 있을 수 없으며 1국가 2체제에 의한 통일을 지향해야 한다고 주장했다. 북한은 사실 딜레마에 빠져 있었다. 흡수통일을 우려하는 상황에서 체제를 보전하자면 당연히 국가로서의 북한에 대한 실체를 존중받아야 하고, 대신에 남한 정부가 타도대상이 아님을 공언해야 했다. 즉 '2개의 조선'을 인정해야 했다. 그러나 그것은 통일의 구심점으로서의 북한의 지위와 체제지탱 논리로서의 '남조선 혁명론'을 포기하고 남한을 분단을 고착화하는 분열지향적 세력으로 비난해온 것을 부정하는 결과로 이어진다. 북한은 어떻게든 '하나의 조선' 논리를 유지하면서도 흡수통일의 위험성을 제거하고 당면한 난국을 헤쳐나갈 수 있는 방도를 찾고자 했다.

또한 평화문제에 있어서도 북한은 전쟁위험이 정치군사적 대결상태로부터 오는 만큼 평화를 보장하기 위해서는 이것을 해소하는 것이 급선무이며, 이를 위해 남북사이의 불가침선언, 북미사이의 평화협정, 대폭적인 군축, 남한에서 핵무기와 외군 철수 등이 이루어져야 한다는 입장을 고수하였다. 즉, 정치군사문제 우선 해결론에 입각하여 교류와 협력문제는 병행토의조차 할 수 없다는 것이었다. 반면 남한은 평화정착을 위해 다각적인 교류와 협력으로 신뢰를 구축하고 불가침을 실효적으로 보장할 수 있는 조치들을 선행시켜야 한다는 입장이었다.

이와 함께 북한은 1차 회담부터 3대 원칙,[8] 3대 긴급과제라는 것을 들고 나왔다. 유엔 단일의석 가입, '팀스피릿 군사훈련' 중지, 구속 방북인사 석방을 긴급과제라며 회담 진전의 사실상 전제조건화 한 것이다. 특히 북한은 남한이 유엔가입을 추진하고 있는 상황에서 이를 저지하는 것이 시급한 과제였다. 남한의 유엔가입이 실현된다면 '하나의 조선' 논리와 연방제 통일방안이 타격을 받을 것이 분명한 만큼 유엔가입 문제가 완전히 합의될 때까지 남북 간에 협상을 계속해야 한다고 주장했다.

8) 북한은 3대 원칙으로 7.4남북공동성명의 3대원칙 준수, 일방의 이익보다 민족공동의 이익 존중, 회담분위기를 흐리거나 회담 진전에 저촉되는 일을 하지 않을 것을 제시했다.

제2차 평양회담에서 남한이 북한의 긴급과제 주장에 제동을 걸기 위해 대남혁명노선 포기, 이산가족 고향방문 실현, 경제교류와 협력의 추진 등 세가지 당면 해결과제를 제시했는데, 북한측은 공식 회담석상에서 대남혁명노선 포기를 요구한데 대해 충격을 받고 당황해 했으며 거친 항의를 하기도 했다. 그러면서도 불가침선언과 동시에 정치군사와 교류협력 두가지 문제를 병행해서 포괄적으로 합의하자는 제안을 내놓는 일부 변화된 모습을 보였다.

결국 제3차 회담까지는 의제와 관련된 각기의 기본입장만 제시하고 이의 정당성을 주장하는 장으로 활용하는데 주력하였을 뿐 본격적인 협상을 통한 절충의 시도는 이루어지지 못했다. 남한측은 남북고위급회담을 남북정상회담을 성사시키는 계기로 삼고자 했다. 회담장에서 정상회담 개최를 거듭 촉구했을 뿐 아니라, 1990년 9월 27일 서동권 국가안전기획부장이 수행원과 함께 비밀리에 평양을 방문하여 김일성, 김정일과 면담하고 정상회담의 조기 실현을 추진했다. 북한측도 11월초 윤기복 노동당 대남사업담당비서를 비밀리에 서울에 보내 정상회담 개최문제를 논의했다. 그러나 북한측이 고위급회담에서 불가침선언을 채택하는 등 성과를 거두어야 하고 남한이 연방제를 수용하는 등의 통일문제 해결단계에서 정상회담의 개최가 가능하다는 입장을 보임으로써 정상회담은 일단 무산되었다.

북한은 남북고위급회담이 시작되는 시기에 미국과 일본과의 관계개선도 함께 도모하였다. 1990년 9월 20일 일본의 가네마루 신 전 자민당부총재 일행을 평양에 초청하여 일본 자민당·사회당과 북한 노동당이 '3당 공동선언'을 하고 북일간 수교협상의 단초를 마련하였다. 그러나 일본과의 협상은 배상문제, 북한의 핵개발문제,

일본인 납치문제 등으로 아무런 진전이 없이 난관에 봉착하였고, 1988년 12월부터 베이징에서 참사관급 접촉을 진행해오던 미국과의 관계개선 노력도 그 전망을 낙관하기가 어려웠다.

북한은 1991년 1월 걸프전쟁이 발발하고[9] 그들이 제시한 3대 긴급과제가 한 가지도 실현이 되기 어렵다는 사실을 확인하게 되자 사태의 추이를 지켜보는 쪽으로 방침을 정하고 제4차 회담을 무기한 중단시켜 버렸다. 이에 따라 남한은 유엔가입을 위한 절차를 밟는데 속도를 내게 되고 중국과 소련도 더 이상 거부권을 행사하지 않을 방침임을 북한에 통보하는 한편 북한도 유엔에 가입할 것을 강력히 권고했다. 김일성은 결국 1991년 5월 대외적으로 '하나의 조선' 정책을 포기하고 남한과 함께 유엔에 가입하는 중대한 결정을 내리게 되었다.[10] 남북한이 동시에 유엔에 가입한다는 것은 대외적으로 한반도에 2개의 국가가 있다는 현실을 인정하는 것이고 국제사회의 성원으로서 유엔헌장에 따른 의무를 부여받게 된다는 것을 의미한다. 이것은 북한이 그동안 남한 정부당국을 대화의 상대로 인정하지 않고 타도해야 할 대상으로 삼아온 기존의 논리를 근저에서 무너뜨리게 된다. 이렇게 되면 남북관계도 정상화될 수 있는 기본 바탕을 갖추게 되어 새로운 관계를 정립하는 전기가 마련될 수 있게 된 것이다.

북한이 유엔에 가입하는 결단을 내림과 함께 회담을 지속하는

9) 걸프전쟁은 이라크가 1990년 8월 쿠웨이트를 침공하자 미국을 중심으로 34개국의 다국적군이 1991년 1월 17일 작전을 시작하여 이라크를 응징하고 일방적인 승리를 거둔 전쟁이다.

10) 북한은 1991년 5월 27일 외교부 성명을 내고, 남한이 단독으로 유엔에 가입하면 전 조선민족의 이익과 관련된 문제들이 편견적으로 논의될 수 있어 유엔에 가입하지 않을 수 없게 되었으며 이는 불가피하게 취하게 되는 조처라고 강변했다.

쪽으로 방향을 선회한 이후 8월 22일에 제4차 회담을 열기로 합의하고 사전 실무대표접촉도 진행했지만, 개최일 직전 8월 19일 소련에서 군사쿠데타가 발생하자 북한은 이것이 갖는 의미와 그 파장의 추이를 살펴볼 필요성에서 남쪽에 전염병이 돈다는 것을 핑계대면서 2개월 가량을 또 늦추어버렸다. 그러나 쿠데타는 곧 진압되고 소련의 개방, 개혁으로의 전진에는 아무런 변화를 가져오지 않았다. 이는 오히려 소련이 해체과정을 밟는 움직임으로 나타났다. 뒤이어 9월 28일 미국이 전세계에 배치된 전술핵무기를 철수, 폐기한다는 선언을 하고 소련도 이에 상응하는 조치를 취했다.

김일성은 급박하게 돌아가는 국제정세 속에서 북한의 대내외 정책에 대한 조언을 듣고 지원을 얻어내기 위해 10월 초 중국을 방문했다. 그러나 중국측은 북한이 하루속히 중국처럼 개방과 경제개혁을 추진하고 한반도에서의 평화와 화해 분위기를 조성하기 위해 남북관계를 개선하며, 남한에 배치된 핵무기의 철수를 계기로 북한도 핵관련 의혹을 해소하고 미국과 관계정상화를 기해 나갈 것을 권고하였다. 김일성은 귀국후 당 정치국회의를 열어 이러한 방향으로 정책결단을 내리고 남북협상의 타결과 나진 · 선봉 자유무역지대 설치 등을 지시하였는데, 제4차 회담은 그 직후인 10월 22일 개최되었다.[11] 또한 북한은 1992년 4월의 김일성 주석 80회 생일 축하행사를 대대적으로 거행하는 한편 김정일이 후계자에서 사실상 최고통치권자로 실권을 장악하고 성과를 과시해야 할 대내정치적 수요가 있었으며 남북관계의 개선은 이를 위해

11) 임동원, 『피스메이커: 남북관계와 북핵문제 20년』(2008), 중앙북스, pp.205-206.

서도 절실한 과제가 되었다.

(2) 제2단계

이러한 배경 때문에 북한은 1991년 10월 22일 평양에서 개최된 제4차 회담에서 적극적인 타결의지를 보이면서 그동안 주장해왔던 회담외적인 문제들을 접어두고 본질문제 협상에 주력하였다. 이전에는 그들의 입장을 무조건 관철하려는 등의 협상행태를 보였으나, 이같은 강탈적 자세가 사라지고 절충안을 제시하는 타협적인 태도를 보였다. 물론 북한은 그들이 받아들이기 어려운 쟁점사항들에 대해서는 아예 빼버리고 쌍방이 제시한 안 중 공통적인 것만 묶어 합의서를 작성하자고 합의서 생산에만 급급한 모습을 보여주기도 했으나, 전반적으로 남한측 안을 가능한 수용하면서 생산적인 회담을 이끌어 가려고 노력을 했다.

이에 따라 제4차 회담에서 합의서의 형식문제는 물론 내용면에서도 큰 진전을 이루었다. 합의를 하게 될 문건을 하나로 하고 그 명칭은 서로의 안을 고려하여 '남북사이의 화해와 불가침 및 교류협력에 관한 합의서'로 하며, 그 안에 전문을 비롯하여 화해, 불가침, 교류협력의 장을 각기 두고 수정 및 발효를 넣는 등 내용체계를 마련하자는 데에 합의한 것이다. 또한 구체적 조항에 대해서도 대체적인 토론을 마치고 제5차 회담이 열리기 전 실무대표 접촉을 통해 쟁점사항에 대한 이견을 좁혀 나가기로 하였다.

제5차 회담을 앞두고 실무대표접촉 등 쟁점사항을 사전에 조정하려는 노력이 이어졌으며, 회담 직전까지 대체로 8가지 사항이 미해결된 채로 남았다.

첫째, 정전상태를 평화상태로 전환하는 당사자가 누구냐 하는 문제인데 북한은 북미 간의 협의사항이라는 점을 완강히 고집했다. 둘째. 분쟁이 생겼을 경우 남한은 유엔 등 국제사회가 간여토록 하자는데 반해 북한은 남북 간에 해결하자는 입장이었다. 셋째, 남한이 구체적인 군사적 신뢰구축 조치를 명기해야 한다고 주장했으나 북한은 불가침을 선언하는 것만으로 충분하다는 입장이었다. 넷째, 남한이 경제 교류협력을 위해 통행·통신·통상의 3개 공동위를 두자는데 반해 북한은 교류협력 1개의 공동위로 충분하다는 입장이었다. 다섯째, 남한은 언론매체를 상호 개방하자고 했으나 북한은 인민보호를 위해 불가하다는 입장이었다. 여섯째, 남한은 남북 간의 합의서가 쌍방이 이미 맺고 있는 조약 등에 영향을 주지 않아야 한다는 입장인데 반해, 북한은 남북 간의 합의서가 상위라고 주장했다. 일곱째, 남한이 서울, 평양에 상설 연락사무소를 교환 설치하자고 했고 북한은 이를 반대했다. 여덟째, 남한은 각계 인사의 자유왕래를 보장해야 한다고 했으나 북한은 법률적, 제도적 장애부터 제거해야 한다고 주장했다.

이로 볼 때 북한은 '하나의 조선' 논리를 허물거나 그들이 말하는 분열주의적 입장에 서 있는 조항과 그들의 체제내부에 이른바 자유의 바람을 불어넣게 할 가능성이 있는 조항은 극력 반대했으며, 특히 체제유지의 마지막 보루인 군부의 시설과 활동에 대한 투명성을 보장하는 문제에 대해서는 난색을 표했다고 평가된다.

이런 가운데 북한 핵개발 문제가 불거지고 남북한 협상통로를 통한 사찰방안을 강구하는 것이 과제로 대두되었다. 남한은 이를 선도해 나가기 위해 대통령이 11월 8일 '한반도 비핵화와 평화구축을 위한 선언'을 발표하게 된다.[12)] 또한 제5차 회담을 앞둔 전

12) 조지 부시 미국 대통령은 소련의 해체를 앞두고 분산 배치된 소련 핵무기의

략회의에서 기본합의서 채택을 핵문제와 연계시킬 것인가, 만일 북한이 '팀스피릿 훈련' 중지를 조건으로 핵사찰을 수용할 경우 이를 받아들일 수 있는 것인가, 남북 정상회담 추진을 어떤 조건으로 압박할 것인가 등에 대한 심각한 검토가 있었다.

남한측은 미국과 긴밀히 협의하였으며, 핵사찰이 이루어진다면 '팀스피릿 훈련'을 중지할 수 있다는 카드를 쥐고 협상에 임할 수 있었다. 또한 남북정상회담에 대해서는 북한측을 강력히 설득하되 이것을 기본합의서 타결의 전제조건으로는 하지 않는다는 입장으로 정리하였고, 만일 북한이 기본합의서만 타결하고 핵문제 해결에 성의를 보이지 않을 경우에 대비하여 시간이라는 변수를 도입, 기본합의서의 발효일까지의 과정상에 이를 면밀히 컨트롤 해나가기로 하였다.

1991년 12월 10일 북한측 대표단은 판문점을 넘어와 남한측 대표와 차량에 동승한 이후 한결같이 '이번 회담에서는 반드시 합의서에 서명해야 한다. 절대 빈손으로는 돌아가지 않겠다'는 메시지를 전달하고자 애를 썼고, 연형묵 정무원총리도 그것이 김일성의 지시임을 강조했다. 제5차 회담이 열리자 양측은 바로 남아 있는 쟁점사항에 대한 절충을 시작했으며, 북한측은 대부분 남한측 안에 가깝게 양보안을 준비해 나와 협상에 별다른 장애를 조성하지 않았다. 다만 북한측이 끝까지 완강하게 거부한 조항은 평화체제구축을 남북한 간에 해나간다는 것과 불가침을 구체적으로 실현해 나가기 위한 군사적 신뢰구축조치들을 명기해야 한다는

확산을 방지하기 위해 1991년 9월 28일 전 세계에 배치된 전술핵무기 철수 및 폐기 선언을 발표하였다. 이에 노태우 대통령은 11월 8일 남한은 핵무기의 생산 · 보유 · 사용은 물론 재처리시설과 농축시설을 보유하지 않을 것을 밝히고 북한도 이에 동참할 것을 촉구하는 이 선언을 발표하였다.

것이었다.

결국 합의서 타결에 목마른 북한측 대표들은 심야에 각개 약진으로 남한측 안에 대한 수용의사를 전하고 타협을 시도함으로써 기본합의서 25개 조항에 대한 문구정리를 모두 마칠 수 있었다.[13] 결과적으로 남북기본합의서는 남한측이 실제로 남북관계를 개선해 나가기 위해 필요하다고 인정한 조항들을 북한측이 따라오게 하여 합의를 이끌어낸 기념비적 문서가 되었다.

남은 과제는 비핵화 공동선언의 채택과 국제 핵사찰 수용문제인데 남한측은 기본합의서와의 동시타결을 원했으나 북한측은 두 가지 조건을 제시했다. 즉, 남쪽에서 미국 핵무기가 완전히 철수된 것을 확인해야 하며, '팀스피릿 훈련'이 중단되어야 한다는 것이었다. 쌍방은 이에 대한 원칙적인 합의를 이루었으며, 차기 회담에서 두 가지 문건이 함께 발효되는 것을 전제로 12월 13일 역사적인 문건인 남북기본합의서에 쌍방 총리가 서명하게 되었다.

그러나 마지막으로 서명자의 직함문제가 걸림돌이 되었다. 남한측은 '하나의 조선' 논리의 근거를 허무는 것이 필요했고 쌍방의 국호를 쓰는 것은 이를 강화하는 좋은 수단으로 생각했다. 그래서 체제를 인정·존중한다고 합의한데 따라 각기 대한민국 국무총리와 조선민주주의인민공화국 정무원총리라는 직함을 써야 한다고 주장했다. 그러나 북한측은 민족내부관계에서는 나라와 나라 사이가 아니라는 이유로 이를 반대했으나, 결국 이 문제도 양보하여 국호를 쓰게 되었고 이후로는 남북 간 합의서에 국호를

13) 남북기본합의서 5조는 현 정전상태를 '남북사이의' 공고한 평화상태로 전환하기 위하여 공동으로 노력하기로 하였고, 12조는 남북공동위원회에서 협의 추진할 과제로 군사적 신뢰조성을 위한 구체적 조치내용과 단계적 군축 실현을 명기하였다.

쓰는 것이 아무런 시비없이 자연스러운 일이 되었다.

북한은 기본합의서가 채택되자 이러한 성과를 업고 1992년 1월 당시 노동당 국제부장이던 김용순을 미국에 보내 미국에 접근하는 시도를 했는데,[14] 미국은 뉴욕에서 아놀드 캔터 국무부 부장관을 면담케 하고 핵사찰이 이루어져야 한다는 기본 전제를 내세움으로써 그러한 시도는 당분간 좌절되었다.

남북기본합의서에 대한 서명은 이루어졌지만 그것이 발효되기 위해서는 일정한 절차를 거쳤다는 문본을 교환해야 하고 그것은 또한 핵문제의 해결과 결과적으로 연동되어 있었다. 즉 남한으로서는 일종의 안전장치를 마련해둔 셈이었다. 핵문제가 해결되지 않는다면 북한이 원하는 불가침선언, 즉 기본합의서도 발효되지 않는다는 것을 전제한 것이다. 남한은 제5차 회담 직후인 1991년 12월 18일 대통령이 "이 시각 우리나라의 어디에도 단 하나의 핵무기도 존재하지 않는다"는 핵부재 선언을 했다. 즉, 미국 핵무기가 모두 철수되어 그 당시 시점에 대한민국 땅 안에 일체의 핵무기가 없다는 것을 공식적으로 선언한 것이다. 이로써 북한측이 내놓은 조건 하나는 충족이 되었다.

핵문제를 협의하기 위한 실무대표접촉은 12월 26일부터 31일까지 판문점에서 열렸다. 북한이 그동안 주장해오던 비핵지대화 논리를 접어두고 핵무기를 시험, 제조, 생산, 접수, 보유, 저장, 배비, 사용을 하지 않으며 핵재처리시설과 우라늄 농축시설도 갖지 않는다는 데 합의해 나옴으로써 '한반도의 비핵화에 관한 공동선언

14) 김용순 부장은 당시 미국에 대해 "남북기본합의서와 비핵화공동선언이 채택되고 국제사찰도 수용키로 했으니 이제 북미관계 개선을 위한 고위급회담을 개최하자"고 제의했다. 임동원, 앞의 책, p.240.

(비핵화 공동선언)'은 어렵지 않게 타결을 볼 수 있었다. 다만, 남한이 관철시키고자 했던 상호 시범사찰과 강제사찰은 북한이 끝내 반대 입장을 고수함으로써 포함되지 못했으며 대신 핵사찰공동위원회를 가동하여 이를 위한 사찰규정을 논의해 나가기로 하였다.

남은 것은 북한이 국제원자력기구(IAEA)와의 핵안전조치협정에 서명하고 국제핵사찰을 받아들이는 문제인데, 남북 간에 협의할 사항은 아니나 기본합의서 발효와 관련된 주요 사안이므로 쌍방이 각기 진행해 나갈 일정에 대해 확인을 하였다. 이에 따라 1992년 1월 7일 남한은 당해 연도 '팀스피릿 훈련'을 중지한다고 발표하였고, 북한은 빠른 시일 안에 IAEA 핵안전조치협정에 서명하고 국제핵사찰을 받아들일 것임을 발표하였다. 이후 일정은 일사천리로 진행되었는데, 쌍방 총리가 1월 20일자로 비핵화 공동선언에 서명하고 제6차 회담에서 기본합의서와 함께 발효시키기로 하였으며, 북한은 실제로 1월 30일에 핵안전조치협정에 서명을 마치고 4월 9일 최고인민회의에서 협정 체결을 승인하게 된다.

1992년 2월 18일에 개최된 제6차 회담은 이러한 순항하는 과정을 밟아 열린 만큼 화기애애한 분위기가 이어졌다. 2월 19일 양측의 최고지도자가 인준한 문본을 교환함으로써 기본합의서와 비핵화공동선언을 발효시켰으며, 고위급회담 내에 3개의 분과위원회를 구성·운영하는 합의서에도 서명을 하게 된다.

남북기본합의서의 탄생은 남북관계사의 흐름을 바꿔 놓는 획기적인 전환점을 이루는 것이었다. 우선 형식면에서 쌍방 최고책임자가 비준한 최초의 남북 정부간 포괄적인 합의문서이다. 또한 내용면에서 남북관계의 성격에 대한 쌍방의 인식에 합치를 가지게 되었다. 합의서 전문에서 "쌍방 사이의 관계가 나라와 나라 사이의 관계가 아닌 통일을 지향하는 과정에서 잠정적으로 형성되는 특수관계라는 것을 인정"한다는 것을 명확히 규정해 놓은 것이다.

이와 함께 그동안 남북한이 교류협력문제 우선 해결과 정치군사문제 우선 해결로 맞서왔으나 이러한 소모적 논쟁에 종지부를 찍고 모든 사안을 병행적으로 협의하고 이행해 나가게 되었다. 사실 북한측은 협상과정에서 오히려 교류협력 분야의 조속한 타결과 실행에 대해 의지와 기대감을 보였으며, 정치군사 분야는 공통점만 확인하고 논쟁점은 부각시키지 않고 묻어두려는 입장을 보였다. 남북기본합의서는 그 실행 여부에도 불구하고 그 이후의 남북관계 전개에 큰 영향을 미쳐 왔다는 점에서 탈냉전시대 남북관계를 규율하는 기본틀이자 평화공존의 장전이라고 할 수 있다.

이로써 차기 회담까지 화해, 군사, 경제교류협력, 사회문화교류협력 등 4개의 공동위원회를 구성하고 이들이 활동할 지침 성격의 부속합의서를 작성하면 남북한 간에 기본합의서를 이행해나갈 제도적 틀은 다 갖춘 셈이 되었다. 물론 비핵화 공동선언을 이행해 나갈 핵통제공동위원회는 별도로 운영되는데 남북한이 서면협의를 통해 3월 19일 핵통제공동위원회 구성 · 운영에 관한 합의서를 발효시키고 그 가동에 들어갔다.

(3) 제3단계

남북기본합의서에 합의서 발효후 1개월 안에 분과위원회를 구성하여 부속합의서를 작성하게 되어 있고, 3개월 안에 이행을 위한 기구로 부문별 공동위원회를 구성 · 운영하게 되어 있다.[15] 이

15) 분과위원회 구성 · 운영은 남북기본합의서 제8조, 제14조, 제23조 참조. 공동위원회 구성 · 운영은 제12조, 제22조 참조. 단, 화해분야의 공동위원회

에 따라 제7차 회담일까지 남북 간에는 분과위원회가 수시로 열렸는데, 교류분과위와 군사분과위는 일정에 맞추어 무리없이 진척이 이루어진 데 반해 정치분과위는 기본합의서 협상시에 첨예하게 부딪쳤던 기본적인 문제들이 다시 불거져 제자리 걸음을 했다.

북한측은 '하나의 조선' 논리를 보강하는 사안들, 즉 국제기구나 회의에 하나의 의석으로 가입하거나 하나의 대표단으로 참가하자는 것을 주장하는가 하면, 한미동맹 와해를 염두에 두고 다른 나라와 맺은 조약과 협정 가운데 민족의 이익에 배치되는 것은 개정, 폐기해야 한다는 등을 강력히 들고 나왔다. 이와 같이 남한측이 수용 불가능한 사안을 들고 나온 것은 기본합의서 협상과정에서의 열위적 지위에 대한 보상 차원이거나 다른 분과위에서의 애로를 풀어 나가는 카드로 활용하겠다는 의도였다. 특히 핵통제공동위에서는 상대방의 핵사찰대상을 임의로 정하여 불시에 사찰할 수 있는 특별사찰의 도입을 둘러싸고 쌍방 간에 첨예하게 대립되어 있어서 이에 대한 견제장치로 던져진 것이라는 분석도 가능했다.

1992년 5월 5일 제7차 회담에서는 군사공동위와 경제교류협력공동위, 사회문화교류협력공동위 및 판문점 남북연락사무소를 구성하는 데 대해서는 합의가 이루어졌다. 그러나 정치분과위가 진전을 보지 못하고 군사분과위가 남북기본합의서 12조의 구체적 실천대책을 명기하지 못함으로써 분야별 부속합의서 타결을 차기 회담으로 미룰 수 밖에 없었다. 이에 따라 공동위원회의 가동

구성 · 운영 문제는 빠져 있는데, 이것은 문구 정리상의 기술적 착오로 보여진다. 따라서 화해공동위원회가 9월 8차 회담에 가서 구성된 것이 기본합의서를 위배한 것은 아니다.

조치도 이루어지지 못했다. 그것은 공동위원회의 임무가 부속합의서를 세부적으로 협의하고 실천하는데 있는데 그 근거가 되는 부속합의서 작성이 완료되지 못했기 때문이다. 또한 설사 타결이 된 부속합의서를 먼저 발효시킨다 해도 4개의 공동위원회가 함께 균형 있게 움직여 나가야 한다는 명분과도 어긋나는 일이었다. 북한은 당시 남북한 간의 교류협력, 특히 경제분야의 교류협력에 큰 관심을 갖고 있었으며, 협상도 적극적이었지만 당시 실용주의자로 알려져 있던 김달현 부총리를 남한에 보내 시범적 합작사업의 조기실현에 대한 의욕을 드러내 보이기도 했다.[16]

9월 15일에 열린 제8차 회담에서 화해분야의 부속합의서도 타결에 이름으로써 9월 17일자로 3개의 부속합의서가 타결이 되고 화해공동위원회 구성 · 운영에 관한 합의서도 발효가 되었다. 또한 각 공동위원회의 가동 날짜도 잡았다. 마침내 기본합의서의 이행체계가 완전하게 갖추어진 셈이었다.

화해분야의 부속합의서는 다소 변칙적인 측면이 있다. 즉 북한측이 제기하여 조항으로 명기하자고 고집했던 쟁점들을 한꺼번에 몰아서 '이러이러한 조항들은 합의에 이르지 못했으므로 앞으로 계속 토의한다'고 부기 형태로 집어넣은 것이다.[17] 이것은 교

16) 김달현 부총리는 1992년 7월 19일 남한을 방문하여 본격적인 남북경협 추진 이전이라도 시범사업을 하자면서 시베리아와 남북한을 연결하는 가스관 건설, 원자력발전소의 공동건설과 전력 공동사용, 대우의 남포 경공업단지 합작건설 참여 등을 제안했다. 그 몇 개월 후 김달현은 철직된 것으로 알려졌다.

17) 화해부속합의서 부기는 '국제기구에 하나의 명칭, 하나의 의석으로 가입하기 위하여 노력한다', '국제회의를 비롯한 정치행사들에 전민족을 대표하여 유일대표단으로 참가하기 위하여 노력한다', '제3국이 상대방의 이익을 침해하는 일체 행위에 가담하거나 협력하지 않는다', '다른 나라들과 맺은 조약과 협정들 가운데서 민족의 단합과 이익에 배치되는 것을 개정 또는 폐기하는 문제를 법률실무협의회에서 협의 해결한다'는 조항들은 앞으로 계속 토의한

류협력부속합의서에서 자유왕래를 우려하는 북한측에 명분을 주기 위해 장애로 되는 법적, 제도적 장치가 있다면 그것은 그것대로 법률실무협의회에서 협의해 나가자고 북한측 주장을 부기로 뽑아내었던 방식을 준용한 것이었다.

또한 불가침 분야의 부속합의서에서도 오해의 소지를 남기고 있는 부분이 있다. 즉 기본합의서에서 불가침의 경계선과 구역을 '군사분계선과 쌍방이 관할하여 온 구역으로 한다'고 명시해놓고 있는데, 부속합의서에는 해상불가침 경계선에 대해서는 앞으로 계속 협의한다고 규정한 것이다. 물론 확정될 때까지는 현재의 관할구역을 준수한다고 못박고 있기는 하지만, 해상불가침 경계선을 협의대상으로 남긴 것은 당시 북한 군부에 명분을 주어 그들이 제동을 걸고 있는 여러 가지 장애물로 되는 조항들을 포괄적으로 제거하려는 의도와 함께 오히려 북한측으로 하여금 현재의 관할 구역을 존중하고 준수한다는 다짐을 재확인하는 의미가 있다는 점도 고려되었던 것으로 본다.

그런데 이 제8차 회담에서 이산가족 방문단 교환사업과 판문점 면회소 설치, 그리고 동진호 납북선원 송환과 이인모의 송환을 어떻게 연계하여 타결짓느냐 하는 문제를 둘러싸고 이른바 '훈령조작사건'이 발생하였다.[18] 그 진상은 나중에 밝혀지지만 당시 현장에서는 결과적으로 이 문제와 관련하여 아무런 성과없이 끝난 셈이 되었다. 더구나 제8차 회담 이후 '남한조선노동당' 사건이라는 대규모 간첩단 사건이 터지고 한미 연례안보회의에서 93년도 '팀스피릿 훈련' 실시를 위한 준비조치를 해나간다고 발표가 있자

다고 되어 있다.

18) '훈령조작 사건'에 대한 상세 내용은 임동원, 앞의 책, pp.284-296 참조

남북관계는 돌연 경색국면에 빠져들었다. 북한은 이에 크게 반발하고 일정이 예정되어 있던 분야별 공동위원회의 가동과 제9차 고위급회담을 동결해 버렸으며,[19] '팀스피릿 훈련'이 실시되는 것이 확실해지자 1993년 1월 29일 남북한 간의 모든 대화를 중단한다고 선언해 버렸다. 이어서 문민정부가 출범한 직후인 3월 12일 IAEA를 탈퇴하겠다고 선언함으로써 1차 핵위기로 이어지고 남북기본합의서는 한 조항도 실천에 옮겨지지 못했으며 결국 남북고위급회담 체제는 무너지고 말았다.

7. 북한 핵문제의 발화

가. 90년대 초반의 남북한 내부 정세

1991년과 92년에 걸쳐 남북한은 각기 중요한 정치일정을 밟고 있었다. 남한은 3당 합당 이후 거대 여당인 민자당 내부에 내각제 등을 둘러싼 분란이 격화되었다. 1991년 상반기에 처음으로 실시된 지방자치제 선거에서는 여당이 압승을 거두었으나, 1992년 3월 24일에 실시된 제14대 국회의원 총선거에서는 야당이 약진하여 어느 정도 균형을 이루었으며, 이러한 분위기 하에 대선정국으로 넘어가 1992년말 제14대 대통령 선거를 맞게 되었다.

남북한 간에 남북기본합의서의 이행문제를 본격적으로 협의

19) 남한은 1992년 10월 6일에 '남한조선노동당' 사건을 발표하고, 10월 8일에 한미 공동으로 남북 상호핵사찰이 없는 한 팀스피릿 93훈련의 준비조치를 계속한다고 발표하였다. 제8차 고위급회담에서 제9차 고위급회담은 12월 21일에 개최하고 4개의 남북공동위원회들은 11월 5일부터 일주일 간격으로 가동시키기로 합의하였으나, 이같은 상황 전개로 인해 북한은 11월 3일 공동위원회 회의들에 참가할 수 없게 되었다고 밝혔다. 또 12월 12일 공동위원장 연합 전통문을 통해 9차 고위급회담도 무산시켰다.

하기 시작할 즈음에 1992년 3월말 북한의 윤기복 노동당 대남사업담당비서가 극비리에 서울에 와 김일성의 메시지를 전달했다. 1992년 4월 15일 노태우 대통령을 평양으로 초청하며 정상회담을 가지자는 내용이었다. 당시 남한은 제14대 국회의원 총선거 후 여당 내부의 갈등과 대선정국 돌입으로 어수선할 때였고 북한은 이를 틈타 김일성 생일 행사에 임기가 끝나가는 노태우 대통령을 끌어들여 '통일 구성'으로서의 이미지를 부각시키고 연방제 통일방안을 밀어부칠 생각이었다. 그러나 남한측이 제반 정치적 여건과 통일논의의 위험성을 고려하여 이를 거부함으로써 정상회담 논의는 더 이상 진전되지 못했다.

남한은 제14대 대통령선거에서 민자당의 김영삼 후보가 당선됨으로써 30년간 지속되어온 군부통치의 시대가 실질적으로 막을 내리고 1993년 2월 25일 문민정부가 출범했다. 김영삼 대통령은 임기 초반 공직자 재산공개, 군부 숙정, 금융실명제 등 강력한 개혁과 사정 드라이브로 인기가 최고조에 달했다. 남북관계에서도 취임사를 통해 "어느 동맹국도 민족보다 더 나을 수는 없다"며 전향적인 정책의지를 보여주었다. 김영삼 정부는 1993년 3월 11일 그동안 북한이 끈질기게 요구하여 왔던 이인모 노인을 아무런 조건 없이 북한으로 돌려보내겠다고 발표했다. 바로 다음날 북한이 핵확산금지조약(NPT) 탈퇴를 선언하여 동 조치가 희석되고 말았지만, 남한 정부는 예정대로 3월 19일 판문점을 통해 이인모 노인을 송환함으로써 남북관계 개선 의지를 북한측에 충분히 전달하였다.

북한은 노령한 김일성 영도체계 이후에 대비한 김정일 체제의 본격 부상을 위해 정치적 기반을 정비하고 있었다. 이미 1980

년대부터 당을 장악하고 군에 대한 실질적인 통제권을 쥐고 있었던 김정일은 1990년 5월 24일 최고인민회의 제9기 1차 회의에서 국방위원회 제1부부장이 되었고, 남북기본합의서가 타결된 직후인 1991년 12월 24일에는 조선인민군 최고사령관으로 추대되어 실질적인 군통수권을 행사하기 시작하였다. 북한은 이때부터 군대를 '혁명의 군대, 수령의 군대, 당의 군대, 인민의 군대'라고 내세우며 군이 '우리식 사회주의' 체제를 지키는 최후 보루임을 강조하고 모든 인민이 군대의 기풍을 따라 배우도록 사상교양을 강화해 나갔다. 즉, 군을 앞세워 통치를 하고 군을 중심으로 과도적 위기관리체제를 유지해 나가겠다는 것이었다. 김정일이 50세가 되던 1992년 2월 16일 김정일 생일에 당중앙위원회, 당 중앙군사위원회, 중앙인민위원회, 정무원이 공동축하문을 내고 김정일을 '당과 국가와 군대의 수위'라고 호칭하면서 충성을 맹세했다.[20]

남북기본합의서가 발효되어 새로운 남북관계에 대한 내외의 기대가 고조된 가운데 북한은 1992년 4월 9일 최고인민회의 제9기 3차 회의를 열어 헌법을 개정하였다. 새로운 헌법은 국방위원회를 중앙인민위원회로부터 분리하여 국가주석과 중앙인민위원회가 가지고 있던 군사 관련 제반 기능과 권한을 국방위원회에 이관하여 군정을 국방위원장 산하로 일원화하였다. 또한 국가 지도이념으로 마르크스-레닌주의를 삭제하고 주체사상의 독자성을 강조하였으며, 대남적화노선의 표징으로 일컬어지던 '전국적 범위에서 외세를 물리치고 통일위업을 성취한다'는 부분을 삭제하였다. 김정일은 1992년 4월 20일 원수 칭호를 수여받은 데 이어 대대적인 군 인사를 단행하였다. 개정된 헌법에 따라 김정일이

20) 통일부, 『2004 북한개요』, p.86.

국방위원장으로 추대된 것은 1993년 4월 7일 최고인민회의 제9기 5차 회의에서이다. 이로써 김정일의 통수권을 법적, 제도적으로 뒷받침하는 작업이 완료되었다.

북한은 이와 같이 '우리식 사회주의' 체제를 유지하기 위한 대내적 조치로 군사 분야의 기반을 강화해 나가는 한편으로는 서방권의 자본과 기술을 적극 유치하여 무너진 경제 기반을 복구하고 국제사회에서의 정치경제적인 고립을 탈피하기 위한 노력을 전개하였다. 1991년 12월 나진 · 선봉지역을 자유경제무역지대로 설정하였으며, 1992년 4월에 상법, 10월에 외국인투자법, 합작법, 기업법 등을 채택한 것을 비롯하여 외국인 투자유치를 위한 각종 법규와 제도를 연이어 보완해 나갔다.

이에 앞서 김일성은 1991년 신년사를 통해 "고려민주연방공화국 창립방안에 대한 민족적 합의를 보다 쉽게 이루기 위하여 잠정적으로는 연방공화국의 지역적 자치정부에 더 많은 권한을 부여하며 장차로는 중앙정부의 기능을 더욱 더 높여나가는 방향에서 연방제 통일을 점차적으로 완성하는 문제도 협의할 용의가 있다"고 밝혔다. 이것은 북한이 완성형 통일국가라는 기존의 고려연방제 방안의 기본틀을 그대로 유지하면서도 점진적 · 단계적 연방제 통일방안으로 선회하고 있음을 보여준다고 하겠다. 북한은 독일이 통일된 직후 흡수통일을 우려하여 제도통일은 누가 누구를 먹거나 먹히우는 것을 전제로 한다며 이를 극력 반대하고 '2제도, 2정부'와 '지역정부 권한 강화론'을 내세워 수세적 태도로 전환한 것이다.

한편 북한은 1990년대에 들어서면서 '민족대단결론'을 강조하기 시작했다. 1990년 5월 김일성이 '조국통일 5대방침'을 제시하면서 "전체 조선 민족은 계급적 차이와 사상과 정견, 신앙의 차이를 가리지 않고 오직 민족공동의 이익을 앞세우는 원칙에서 단결해야 한다"고 주장하였으며, 1991년 8월 조국평화통일위원회 간부들과의 담화에서도 통일의 기본은 절차나 방법 문제가 아니라 민족대단결을 통해 이룩해야 한다고 강조했다.[21)]

또한 1993년 4월 6일 김일성은 '조국통일을 위한 전민족대단결 10대 강령'이라는 것을 발표했는데, 공존, 공영, 공리를 도모하고 조국통일 위업에 모든 것을 복종시키는 원칙에서 단결하여야 한다, 북침과 남침, 승공과 적화에 대한 우려를 없애고 서로 신뢰하고 단합해야 한다는 등 민족주의 감정에 호소하여 통일을 지상과제로 내세우면서 반외세 통일투쟁을 선동하는 내용으로 되어 있다. 나아가 북한은 1993년 평양 강동군에서 단군릉 개건 작업중 단군의 유골을 발굴했다고 발표하였다.

이러한 '민족대단결론'의 주장은 북한 정권이 역사적 정통성을 갖고 있고 통일의 중심체가 되어야 한다는 점을 과시하면서 민족이라는 혈연적 동질성을 내세워 광범위한 통일전선을 형성하려는데 그 목적이 있었다. 아울러 핵문제를 둘러싸고 미국과 체제의 운명을 건 협상을 시도하면서 한미 간의 공조체제를 와해시키고 민족주의에 의거하여 남한을 응원세력화하려는 의도도 있었다. 그러나 1990년대 초반 북한이 통일과 민족주의를 강조하기 시작한 것은 사회주의권이 무너지고 체제전환을 시도하는 대외정세 속에서 북한 주민의 엄청난 충격과 공포감을 완화시키고 남한의 흡수통일 공세를 흐트러뜨림으로써 생존을 위한 내부 정비와 힘을 비축하려는 방어적 책략에서 비롯된 선택이었다고 볼 수 있다.

21) 위의 책, p.452.

나. 1차 핵위기의 진행

북한이 핵안전조치협정에 서명함에 따라 IAEA는 1992년 5월부터 임시 핵사찰을 실시하였다. IAEA는 미국 정보당국으로부터 넘겨받은 위성첩보 사진을 근거로 북한이 제출한 16개 시설 외에 핵시설로 의심되는 영변의 2개 핵시설에 대해서도 사찰을 요구하였으며, 북한이 이를 강력히 비난하자 IAEA는 1993년 2월 25일 미신고시설에 대한 특별사찰을 촉구하는 결의안을 채택하였다. 이에 대해 북한은 3월 12일 NPT를 탈퇴하겠다고 선언함으로써 핵 위기국면이 찾아왔다.

당시 북한의 핵무기 개발의혹, 특히 핵재처리시설의 가동은 국제적 관심사로 대두되었는데, IAEA의 사찰은 강제성이 없고 상대국의 동의하에서만 이루어진다는 취약성 때문에 남북핵통제공동위원회를 통한 강제사찰의 확보에 대해서 큰 기대를 걸고 있었다. 그러나 북한은 이마저도 사찰규정 협상을 무한정 지연시키며 협상을 위한 협상을 진행하다가 1993년 1월 25일 핵통제공동위원회 위원장간의 접촉을 끝으로 회담 자체를 중단해버리고 말았다.

북한의 NPT 탈퇴 선언으로 인해 핵문제가 불거지면서 한반도에 긴장이 급격하게 조성되었다. 이런 가운데 남한은 핵문제의 위중성을 감안, 남북관계의 진전과 핵문제 해결을 연계시키는 전략을 수립하고 1993년 5월 20일 황인성 국무총리 명의로 핵문제 해결을 위해 남북고위급회담 대표접촉을 갖자고 북한측에 제의하였다. 김영삼 대통령도 1993년 6월 “핵무기를 갖고 있는 상대와는 결코 악수할 수 없다”며 강경한 입장을 취하기 시작하였다. 미국내에도 북한이 조만간 붕괴할 것이라는 가정하에 군사적 수단을 동원해서라도 굴복시켜야 한다는 강경론이 우세했다.

이에 대해 북한측은 통일문제 해결을 위해 쌍방 정상이 만나는 문제와 남북 사이의 현안문제들을 협의하기 위하여 특사교환을 하자고 역제의를 하였다.[22] 남한측이 핵문제를 최우선적으로 해결해야 한다는 입장을 고수하자 북한측은 9월 1일 쌍방 최고책임자가 임명하는 특사가 비핵화 문제 및 긴장완화와 남북합의서 이행을 위한 공동대책 문제를 우선적으로 협의하자고 제의해 핵문제를 남북한 간에 협의할 수 있다는 변화된 입장을 전해 왔다. 남한측이 이를 수용하여 핵문제를 최우선적으로 협의 해결하고 그 밖의 남북한 간 현안문제들을 다루는 특사를 교환하자며, 그 실무절차를 협의하기 위한 실무대표접촉을 갖자고 제의함으로써 1993년 10월 5일 특사교환을 위한 실무대표접촉이 시작되었다.

북한측은 처음부터 '핵전쟁연습 중지'와 '국제공조체제 포기'를 전제조건으로 제시하여 특사교환을 위한 절차문제 토의에 진전을 이루지 못했다. 제3차 접촉후 북한측이 한미 연례안보협의회의에서 북한의 우발적 도발에 대비한 문제도 협의될 예정이라고 한 국방부장관의 발언을 이유로 실무대표접촉을 중단하였으나, 1994년 2월 25일 북미 간 접촉에서의 합의문에 실무접촉의 재개가 명시됨에 따라[23] 제4차 접촉은 4개월 만인 1994년 3월 3일 다시 열리게 되었다.

북한측은 신형무기 반입중지와 김영삼 대통령의 발언 취소 등을 요구조건으로 추가하였다. 1994년 3월 19일에 열린 제8차 접

22) 1993년 5월 25일 북한 강성산 정무원총리 대남 서한 참조.

23) 미국과 북한은 1994년 2월 22일부터 25일까지 실무접촉을 진행한 후 팀스피릿 94훈련 중지, 7개 시설에 대한 IAEA 사찰, 남북간 특사교환 실무접촉 재개, 3.21 3단계 회담 개최 등 4개 동시조치에 합의하였다.

촉에서 북한측이 “전쟁이 일어나면 서울은 불바다가 될 것”이라는 전쟁위협 발언을 하고 일방적으로 퇴장함으로써 실무대표접촉은 종료하였으며, 문민정부의 첫 남북대화는 북한이 남북관계 개선에 호응해올 의지와 여력이 없다는 사실을 확인하는데 그치고 말았다. 북한은 당시 남한이 대결정책을 취하고 있다고 판단하고 남한을 제쳐 두고 핵문제를 매개로 미국과 직접 대화하는 전략으로 맞섰던 것이다. 남한도 1994년 4월 15일 “특사교환을 통해서는 핵문제를 해결하기가 사실상 어렵게 되었다고 판단하고, 이를 더 이상 추진하지 않기로 했다”, “핵문제를 최우선적으로 해결하겠다는 우리의 입장에는 변화가 없다”고 발표함으로써 특사교환 문제는 물밑으로 들어가 버리고 말았다.

1993년은 미국에도 새로 민주당 클린턴 행정부가 출범하였던 해다. 이전 부시 행정부는 북한의 핵투명성이 완전히 보장되기 전에는 북미 간 양자대화는 없다는 식의 강경한 자세를 유지했으나, 클린턴 행정부는 6월에 북미고위급회담을 열어 핵문제 해결과 북미관계 정상화 문제에 대한 포괄적인 협상을 시작하였다.[24] 미국은 핵비확산정책에 따라 북한과 일괄타결을 시도하려 하였지만 김영삼 대통령은 미국의 이러한 접근방법에 반대하였다. 남북관계의 개선 없이 북미관계만 앞서 나가는 상황을 수용할 수 없었던 것이다. 이에 반발하여 북한이 5MW급 원자로에서 사용 후 핵연료를 추출하기 시작하고[25] 미국이 이를 저지하기 위해 군사

24) 미국의 갈루치 국무부 차관보와 북한의 강석주 외교부 제1부부장 간에 1993년 6월 2일~11일 1단계 회담, 7월 14일~19일 2단계 회담이 진행되었다. 1단계에서는 북한의 NPT 탈퇴 효력이 임시 정지되고, 2단계에서는 북한이 IAEA와 협의 및 남북대화를 가능한 빠른 시일내에 가질 것이 발표되었다.

25) 북한은 1994년 5월 3일 외교부 대변인이 핵연료봉 교체 강행을 예고하고 5월

적 공격까지 검토하자 1994년 봄 한반도는 전쟁위기에 직면하게 되었다. 김영삼 정부는 한반도에서의 전쟁은 불가하다는 입장이었지만 사태는 걷잡을 수 없이 심각한 상황으로 접어들었다.

북핵 위기의 돌파구는 지미 카터 전 미국 대통령에 의해 만들어졌다. 카터 전 대통령은 1994년 6월 15일 평양을 전격 방문하여 김일성 주석과 회담하고 북미 간 포괄적 해결을 위한 협상을 지속할 수 있는 바탕을 마련하였다. 김일성은 미국이 경수로 건설을 지원하고 대북 핵공격 위협을 제거한다면 핵개발 계획을 동결할 수 있다고 확언했고, 미국은 이러한 사실을 전달받고 북한의 제의를 수용한 것이다. 이와 함께 김일성은 남한과의 정상회담에도 응하겠다는 의사를 밝혔다.

김일성의 사망에도 불구하고 북미 양측은 1994년 8월 5일 3단계 고위급회담을 재개하여 10월 21일 제네바에서 '북미 기본합의서'를 채택하였다. 이 제네바 합의문은 "북한은 핵활동을 즉각 동결하고 모든 핵시설을 단계적으로 폐기하기로 하며 IAEA의 감시와 사찰을 받아들이기로 하였고, 미국은 북한의 안전을 보장하고 각종 제재를 해제하며 관계정상화를 추진하는 한편, 200만kw 발전능력의 경수로형 원자력발전소를 건설하여 제공하고 이것이 완공될 때까지 전력손실을 보전하기 위해 매년 50만 톤의 중유를 제공하기로 한다"는 내용으로 되어 있다. '북미 기본합의서'는 이후 합의사항을 이행하는 과정에서 굴곡이 있기는 했으나 북한 핵문제 해결과 북미 간 관계개선 단계로 들어가는 토대가 되었다.

남한은 이 제네바 합의를 위한 협상과정에 배제되고 결과적으로 북한에 지어줄 경수로발전소의 건설 경비만 대부분 떠안게 되

12일 원자력총국장 박용남이 핵연료봉 교체작업 시작을 IAEA에 통보하였다.

었는데, 이것은 당시 남한이 기본적으로 북한 붕괴론에 입각하여 북한 정권의 생명을 연장시킬 수 있는 어떠한 타협도 반대하는 입장에 있었기 때문이다.

이로 인해 핵문제를 둘러싸고 미국과 갈등관계를 빚게 되고[26)]남북관계도 상당 기간 냉랭한 관계를 유지하게 된다. 그런 의미에서 보자면 김일성의 남북정상회담 수용은 이러한 남한의 대북 압박정책을 풀고 대미 관계개선의 장애를 견제하기 위한 포석이었다고 할 수 있다.

8. 문민정부의 대북 접근

가. 남북정상회담의 추진과 조문 파동

김영삼 대통령은 1993년 2월 25일 취임사와 1994년 취임 1주년 기자회견에서 김일성 주석과 만날 용의가 있음을 거듭 밝혀 남북정상회담 추진에 대한 의지를 보였다. 그러던 중 1994년 6월 18일 카터 전 미국 대통령이 평양을 방문하고 서울로 돌아와 김영삼 대통령을 만난 자리에서 김일성 주석이 남북정상회담에 호응하겠다는 의사를 밝혔다고 전했다. 김영삼 대통령은 한반도 위기상황을 해결하고 남북관계 개선을 도모하기 위해 언제 어디서든 조건없이 김일성 주석을 만나겠다고 말하였으며, 정부는 정상회담 개최 절차를 논의하기 위해 6월 20일 부총리급을 수석대표로 하는 예비접촉을 가질 것을 북한측에 제의하였다.

26) 김영삼 대통령은 제네바 합의 직전 뉴욕타임즈지와 회견에서 '붕괴에 직면해 있는 북한과 타협한다는 것은 북한 정권의 생명을 연장시키는 결과를 초래할 뿐이다. 미국은 북한에 속고 있다'며 반대 의사를 표명했다.

북한이 즉각 이에 동의해 나옴으로써 6월 28일 판문점에서 남북정상회담 개최 절차문제 협의를 위한 부총리급 예비접촉이 개최되었다. 남한측은 서울과 평양에서 번갈아 개최해야 한다는데 반해, 북한측은 정상회담에 교환방문이라는 상호주의 원칙을 적용할 필요가 없다며 단 한 차례의 회담이라는 입장을 고수하여 난관에 부딪치기도 했으나, 이번에는 평양에서 개최하되 다음 회담은 쌍방 정상의 뜻에 따라 정하기로 하자는데 합의가 이루어졌다. 단 한 차례의 회담으로 합의서가 만들어진 전례 없는 경우였다.

'남북정상회담 개최를 위한 합의서'에서 쌍방은 1994년 7월 25일부터 27일까지 평양에서 남북정상회담을 개최하기로 하였으며, 기타 대표단 구성, 체류일정, 왕래절차, 신변안전보장 등 제반 실무문제는 대표접촉을 갖고 논의하기로 하였다. 실무절차 합의서도 쉽게 합의가 이루어졌으며, 통신 및 경호관계 실무자 접촉을 비롯하여 모든 준비사항이 순탄하게 진행되고 있었는데, 7월 9일 북한측은 김일성 주석이 7월 8일 사망하였다고 발표했다. 이어 7월 11일 남북정상회담 예비접촉 북측 단장 김용순의 명의로 "우리측의 유고로 예정된 북남 최고위급회담을 연기하지 않을 수 없게 되었음을 위임에 의하여 통지한다"고 전해옴으로써 남북정상회담은 무산되었다. 남한은 이에 대해 '남북정상회담 합의는 여전히 유효하다'는 입장을 밝혔다.

김일성 사망에 따라 김영삼 대통령은 긴급국가안보회의를 소집하고 전군과 경찰에 비상경계령을 내려 만일의 사태에 대비하도록 했다. 또한 국회에서 이부영 의원이 정부가 조문 의사를 표명할 용의가 없는지를 물은 것이 발단이 되어 김일성의 전쟁범죄자 문제를 둘러싸고 논란이 일고 있는 가운데, 정부가 7월 20일 러시아의 6.25 관련 비밀문서를 공개하고 김일성이 스탈린, 모택동과 사전 협의하여 6.25를 도발했으며 따라서 김일성은 6.25전범이라고 공표했다. 또한 '학생 운동권의 배후에 북한이 있다'는 한 대학총장의 발언을 계기로 주사파 문제가 이슈가 되고 반공·반북의 사회적 분위기가 형성되었다. 이런 과정에서 북한은 김일성 사망에 즈음한 남한 정부의 태도에 분개하고 7월 15일부터 대남비난방송을 다시 시작했으며, 남북관계는 접촉마저 끊어진 채 냉랭한 관계로 돌아가고 말았다.

나. 민족공동체 통일방안

김영삼 대통령은 1994년 8.15 광복절 경축사를 통해 기존의 '한민족공동체 통일방안'을 보완 발전시켜 '한민족공동체 건설을 위한 3단계 통일방안(민족공동체 통일방안)'을 천명하였다. 이 방안은 기본적으로 '한민족공동체 통일방안'을 그대로 계승하고 있다. 다만, 남북기본합의서가 발효된 상황에서 남북한이 남북연합을 구성하기 위해 필요로 하는 화해와 신뢰구축의 과정을 하나의 단계로 설정하여 민족공동체를 건설해 나가는 과정을 화해·협력단계 → 남북연합단계 → 통일국가 완성단계의 3단계로 명확히 제시했다는 점에 차이가 있다. 화해·협력단계에서 남과 북은 상호 신뢰 속에 긴장을 완화하고 화해를 정착시켜 나가면서 실질적인 교류협력을 실시함으로써 평화공존을 추구한다는 것이다.

또한 그동안 냉전종식 등 통일환경이 급격히 변화된 점을 감안하여 통일의 기본철학으로 자유민주주의의 구현을 바탕에 깔고 통일국가의 미래상도 민족구성원 개개인의 자유와 복지와 인간존엄성이 보장되는 선진 민주국가라는 점을 분명히 하였다. 한편 1989년 당시 남북한의 대결이 지속되는 냉전의 분위기에서 대한민국의 주도적 역할을 표방하고 명칭 자체의 중립적 성격을 피하기 위해 민족공동체 앞에 '한'이라는 단어를 붙여왔던 것을 남한 주도의 자신감에 의해 정식으로 '한'을 떼고 '민족공동체'로 명명하게 되었다.

다. 대북 인도적 지원

(1) 베이징 쌀 지원 회담

1994년 김일성 사망 이후 남북관계는 극도로 악화되어 갔다. 북한은 미국과의 핵협상을 마무리짓고 1994년 10월 제네바 합의를 이끌어내 중유를 제공받기 시작하였으며, 1995년 초부터 미국의 대북 경제제재 완화조치가 발표되고 KEDO가 발족되는 등 제네바 합의의 이행조치가 이어졌지만 당장 실질적인 경제 회복에 도움을 기대하기는 어려웠다. '고난의 행군'에 들어간 북한은 아사자가 발생하는 등 식량난이 심각한 상황에 봉착하고 주민들의 고통이 드러나고 있었지만 체면과 자존심, 그리고 흡수통일의 위기감 때문에 남한에 지원을 요청할 수는 없었다. 이러한 상황에서 김영삼 대통령은 1995년 3월 7일 독일 방문중 "북한에 곡물을 비롯한 원료와 물자를 장기 저리로 제공할 용의가 있다"고 말하고, 5월 15일 서울에서 개최된 국제언론인협회 총회 개막연설에서도 같은 취지의 뜻을 밝혔다.

1995년 5월 26일 북한 국제무역촉진회 이성록 위원장은 일본을 방문하여 와타나베 전 부총리 등 3월에 북한을 방문했던 연립여당 대표단과 회담을 갖고 식량지원을 요청했으며, 전제조건만 없으면 한국 쌀도 받겠다는 의사를 표명했다. 이에 남한은 나웅배 부총리겸 통일원장관이 "식량난을 겪고 있는 북한 동포들이 현실적인 곤경에서 벗어날 수 있도록 민족복리 차원에서 아무런 전제조건이나 부대조건 없이 북한이 필요로 하는 곡물을 제공할 의사가 있다"고 발표했으며, 이에 따른 절차문제를 협의하기 위해 쌍방 당국대표 간 접촉을 가질 것을 제의하였다.

북한은 당초부터 당국 간 회담이라는 형식을 피하기 위해 대외경제위원회 산하 조선삼천리총회사를 내세워 남한의 대한무역진흥공사와 민간 차원에서 비공식적으로 협의하는 선에서 끝내려 하였다. 대한무역진흥공사는 일단 협의를 시작했지만 식량지원은 아무 결정권이 없고 당국 소관사항이라는 점을 되풀이 강조함으로써 일단은 북한이 당국대표회담을 여는 것을 수용하였다. 이에 따라 남북한 간의 식량제공을 위한 제1차 회담이 1995년 6월 17일부터 21일까지 베이징에서 비공개로 개최되었다.

제1차 회담에서 15만톤의 쌀을 북한에 무상으로 지원하며, 쌀의 원산지는 표기하지 않고 남한측 선박으로 수송한다는 합의가 이루어져 사상 처음으로 남한이 북한에 식량을 지원하는 선례가 만들어졌지만, 이 회담은 더 이상의 진전을 이루지 못했다. 그것은 첫째로 기본적으로 어떻게 해서든 당국 간 접촉의 계기를 마련하여 남북관계의 경색국면을 풀고 화해 협력의 물꼬를 트려는 남한과, 북한 주민에 충격을 주지 않고 남한으로부터 비공개로 민간 차원의 안정적인 쌀 지원만 확보하려는 북한의 입장이 첨예하게 부딪쳐 있어서 접점을 찾기가 어렵게 되어 있었기 때문이다. 북한은 이 회담이 당국 간의 회담이라는 것을 인정하려 하지 않았으며, 서명주체에 있어서도 당국회담 형식을 피하기 위해 단장인 전금철의 당정관련 직함을 사용할 수 없다고 버텼다. 결국 쌍방은 '대외경제협력추진위원회 고문'이라는 직명을 사용하는 것으로 절충하였다.

둘째로 합의를 이행하는 과정에서 북한의 부정적인 행위가 돌출하여 회담 지속의 동력이 떨어졌다는 점이다. 동 기간에 쌀 수송선 씨아펙스호의 인공기 게양사건,[27] 쌀 수송선 삼선비너스호 선원의 억류사건,[28] 안승운 목사 납북사건, 김용순 노동당비서의 쌀 지원 비하 망언사건 등이 이어져 남한 국민의 분노와 대북 불신감이 확산되었다. 인공기 게양사건은 남한측이 북한측의 사과가 없으면 쌀 지원을 중단할 수밖에 없다고 강한 입장을 취하고 북한측이 공식사과와 재발방지를 약속함으로써 일단락 되기는 했다. 또 언론에 발표된 합의사항들도 지켜지지 않았다. 제2차 회담에서 합의한 납북 우성호 선원의 조속 송환, 인수과정의 문제 재발방지를 위한 조치 보완이 이루어지지 않았고 경협 문제를 병행 토의한다는 약속도 이루어지지 않았다.

결국 이 회담은 9월 26일에 제3차 회담을 개최한 것을 끝으로 종료되었는데, 당시 북한은 대규모 홍수피해를 입고 국제사회에 지원을 요청한 처지에 있었음에도 불구하고 끝내 남한 정부에 대해 공식 요청을 피했으며, 남한은 당국간 공식절차를 통해서 지

27) 베이징 쌀지원 회담에서 남한 선박이 북측 항구에 입항시 파일럿 지점에서 모든 기를 내리기로 구두로 합의했었다. 그러나 이 합의가 현장에 전달되지 않아 씨아펙스호는 국제관례에 따라 태극기, 인공기를 달고 입항하려 했고 북한은 태극기를 내리도록 해 결국 인공기만 올린채 하역작업을 한 사건이다.

28) 1995년 8월 6일 쌀 수송을 위해 청진항 내에 대기하고 있던 삼선비너스호의 일등 항해사가 항구 사진을 찍자 북한이 필름을 빼앗고 배를 억류한 사건이다. 남한측이 북한법을 어겨 유감이라는 사과문을 전달한 후 8월 15일 새벽에야 억류에서 풀려났다.

원이 가능하다는 입장을 확고히 함으로써 감정의 앙금을 남기게 되었다.

한편 이 회담은 남한 내부의 정치적 수요와도 무관하지 않았다. 남한은 1995년 6월 27일 4대 지방선거를 동시에 치르는 정치일정을 앞두고 있었다. 여권은 대북 쌀 지원이 정치적 성과로 연결되어 긍정적 영향을 미칠 것으로 판단했고, 이를 서둘러 추진했다. 그러나 당시 연이어 터진 사회적 대형사고들과 정치적 불협화에 의한 지지도 추락과 함께, 이 대북 쌀 지원에 따른 이행과정상의 부작용들로 인해 선거결과는 오히려 여권의 참패로 끝났으며, 이것이 김대중의 정계 복귀와 '새정치 국민회의'의 신당 창당으로 이어졌다.[29] 이러한 변수들이 겹싸여 문민정부의 대북정책은 다시 강경 일변도로 돌아섰으며 북한도 남한에 대한 적대적 태도를 누그러뜨리지 않았다.

(2) 민간 대북지원활동의 시작

1995년 8월 북한은 유례가 없는 집중호우로 인한 대홍수를 만나 전국적 규모의 재난을 당했다. 북한은 당시 68명이 사망하고 실종, 부상자가 다수이며, 주민 520여만 명이 피해를 입어 추산피해액이 150억 달러에 이른다고 발표했다. 북한은 이를 국제사회에 공식적으로 알리고 유엔에 긴급구조를 요청하였는데, '인민들의 낙원'을 자랑해온 북한으로서 이러한 공개지원요청은 처음 있는 일이었다. 남한은 식량지원과 관련한 회담이 진행되고 쌀

29) 당시 광역단체장은 15개 가운데 민자당 5, 민주당 4, 자민련 4, 무소속 2이었으며, 기초자치단체장은 총 230석 가운데 민자당이 71석을 얻는데 그쳤고 특히 서울에서 25석 가운데 23석을 민주당이 차지했다. 이 결과를 업고 김대중은 7월 18일 정계복귀와 '새정치국민회의' 창당을 선언했다.

15만톤의 수송이 계속되고 있는 상황에서 북한의 공식요청이 없는 한 정부가 직접적으로 지원하는 것은 유보하기로 하였고, 우선 국제식량기구와 유엔아동기금 등 국제기구를 통한 간접 지원을 하였다.

민간 차원에서도 북한사회에 굶주림이 만연하고 아사자가 속출하고 있다는 소식에 대한적십자사를 단일 창구로 하여 북한동포돕기 사업이 이루어졌다. 그동안 공산권이 붕괴되고 남한 사회의 민주화가 정착됨으로써 이념문제의 이슈화가 약화된데다가 북한 핵문제와 남북관계의 경색으로 인해 통일운동이 전반적으로 침체되어 있던 상태에서 대북 인도적 지원에 대한 사회적 공감대가 확산되자 종교계와 시민단체들이 지원활동을 중심으로 다시금 활발한 활동에 나서기 시작했다.

그러나 지원활동의 초창기인 이 시기에 실질적인 모금활동은 제대로 이루어지지 못했다. 적십자사를 단일 창구로 지정하고 민간단체들의 직접지원을 불허함으로써 아무래도 자발성이나 적극성이 떨어질 수 밖에 없었다. 또 언론사를 통한 모금이나 범기업체적 참여 등에 대한 제한도 그 중요한 요인이 되었다. 그럼에도 불구하고 이 시기부터 남한 사회에는 북한에 대한 인도적 지원문제에 관심이 커지고 민간 차원에서 본격적 지원을 중심으로 하는 단체도 결성되기 시작하였다는 것은 남북관계사에서 주목할만한 일이라 하겠다. 특히 종교계는 대북지원운동에 적극적으로 앞장섰으며, 이를 통해 북한 종교단체들과 인적 교류 및 종교와 관련한 사업을 전개하였다.

북한은 1996년 3월 20일 제4차 베이징 회담에 대한 남한측의 의사를 탐색하기 위해 발신처가 불분명한 팩스 문건을 보내오기도 했으나, 남한측이 변칙적 대화에 대한 거부 입장을 명백히 하고 한반도 내의 장소 개최, 대남 비방 중상 중지를 요구한데 북한측이 불응함으로써 무산되었다. 그러나 한편으로는 북한의 심각한 식량난에 대한 국제적 관심이 높아가는 상황에서 남한 정부가 식량지원에 계속 외면 내지 소극적 태도를 보이는 것은 부담이 되었다. 남한은 1996년 8월 12일 쌍방 적십자 총재 또는 부총재가 만나 이산가족 문제를 비롯하여 지원문제를 협의할 것을 제의하였으나, 그 후 북한측이 비전향장기수 김인서 노인의 송환문제를 제기하고 동해안에 잠수함을 동원한 무장요원을 침투시킨 사건이 발생하였으며,[30] 1997년 2월에는 황장엽 전 노동당비서가 망명하여 지원문제를 다룰 여건이 조성되지 못했다.

1997년 4월 18일 남한측 적십자사가 구호식량 및 물품제공에 따른 절차문제를 협의하기 위한 남북적십자 간 대표접촉을 판문점에서 가질 것을 북한측에 제의하였는데, 북한측은 이에 즉각적으로 호응해 나왔다. 다만 장소는 여전히 베이징을 고수하였는데 한반도 내 회담 개최라는 원칙을 견지하던 남한측이 이를 용인함으로써 1997년 5월 3일부터 1998년 3월 27일까지 다섯 차례에 걸쳐 남북적십자 대표접촉이 진행되었다. 당시 북한의 대남 비방이 극심하고 남북관계가 최악의 상태에 놓여 있었는데도 불구하고 북한이 4자회담 과정을 일부 진척시키고 적십자 대표접촉에 응해 나온 것은, 1997년 4월 2일 한성렬 유엔주재 공사가 "한국과 미국이 식량지원 의사를 표명하면 4자회담을 즉각 수용할 것"

30) 1996년 9월 18일 강릉 앞바다에 좌초된 북한 잠수함이 발견되었고 군 당국은 상륙한 무장공비들을 추적 사살하였다. 이로 인해 50일간 대간첩작전이 전개되었다. 북한은 12월 29일 평양방송과 조선중앙통신을 통해 외교부 대변인 명의로 유감표시, 재발방지 약속을 해 사건이 마무리되었다.

이라고 밝힌 것처럼 북한의 식량사정이 대단히 위급했다는 것을 말해준다고 하겠다.

동 접촉은 남한의 민간단체들이 모은 식량과 물품을 전달하기 위한 절차문제를 다루었기 때문에 별다른 어려움은 없었으며 물품포장에 적십자 표시와 지원하는 단체 또는 개인 명의를 표기하고 기존 상표도 그대로 부착할 수 있도록 하는 등에 대해서는 북한측이 유연한 태도를 보였으나, 지정기탁 대상자의 확인문제, 분배에 따르는 투명성을 보장하는 문제 등에 대해서는 거부 반응을 나타냈다. 이 접촉을 통해 3회에 걸쳐 옥수수 기준 15만 톤 정도가 지원되었다. 제5차 접촉은 김대중 정부가 들어선 이후에 열렸는데, 이 접촉에서는 북한측이 식량지원 문제와 함께 비료지원 문제도 협의해야 한다고 주장하였다. 남한측은 비료 등 대규모 지원은 당국 차원에서 협의해야 한다고 설득하였는데, 바로 이것이 계기가 되어 김대중 정부 출범 이후 최초의 당국 간 회담으로 연결이 되었다.

9. '고난의 행군' 에 나선 북한

가. 체제위기의 엄습

북한은 1990년대에 들어와 식량난, 에너지난, 외화난 등 극심한 경제난을 겪어 온데 이어 중국마저 식량지원에 대한 경화결제를 요구해 나섬으로써 밖으로부터의 식량유입이 급감하였고 주민들의 궁핍생활이 한계에 도달해 있었다. 더구나 1994년 김일성이 사망하여 심리적 공황까지 겹치자 그들 스스로의 표현대로 '고난의 행군'을 할 수밖에 없는 상황이 되었다.

1993년 12월 8일 당중앙위원회 제6기 21차 회의에서 제3차 7개년 계획(1987~1993)의 주요 지표들이 목표에 미달되었다는 사실을 인정하고 이후 3년간을 '사회주의 경제건설의 완충기'로 설정했지만, 이마저도 흐지부지 되어버리고 그 이후에는 아예 종합적인 중장기 경제계획을 수립하지도 못하고 있다. 실제로 북한은 1990년에 들어와 경제성장률이 마이너스로 돌아섰으며 완충기인 1994년에 -2.1%, 1995년에 -4.1%, 1996년에 -3.6%를 기록하여 최악의 상태로 떨어졌다.

1995년의 대홍수는 엎친데 덮친 격으로 북한의 경제난을 가중시켰으며, 주민들이 먹는 문제를 우선적으로 해결하기 위해 근무지를 이탈하고 허가 없는 여행을 감행하는가 하면 사적 경제활동이 증가하는 등 사회 전반적으로 통제가 이완될 수밖에 없는 상황에 놓여지게 되었다. 1990년대 중반 식량배급체계가 붕괴된 상황에서 생존권 확보를 위해, 또는 사회일탈행위에 대한 처벌을 우려하여 중국 접경지역으로 탈북하는 사례가 급증하기 시작하였다. 그 중에는 남한에 대한 다양한 정보를 접하게 되면서 남한을 최종 목적지로 하는 탈북이 증가하였고, 신분도 외교관, 해외무역 상사원, 노동자, 벌목공 등 다양해졌다.[31] 중국은 북한 이탈주민을 불법 입국한 외국인으로 취급하고 난민의 지위를 인정하지 않았는데, 이 중국에 체류하는 북한 이탈주민의 처리 문제가 남북관계에서 또 하나의 이슈로 등장하였다. 남한은 국내 입국 규모가 늘어나고 탈북양상도 다양해지면서 이에 체계적이고 효율

31) 북한이탈주민의 국내 입국 규모는 1993년까지 매년 10명 이하였다가 94년부터 급증하기 시작하였는데, 1994년부터 98년까지 40명-85명 수준이던 것이 1999년부터는 전해에 비해 두배 이상씩 늘어났다.

적으로 대처하기 위해 1997년 7월 14일 '북한이탈주민의 보호 및 정착지원에 관한 법률'을 제정 · 시행하게 되었으며, 북한이탈주민의 사회적응교육과 직업훈련 등을 위해 정착지원시설을 착공하게 되었다.

더구나 황장엽 전 노동당 비서 같은 핵심고위층이 남한으로 망명해온 것은 북한에 큰 충격을 안겨주었다. 그는 1997년 2월 12일 김덕홍 조선여광무역회사 사장과 함께 베이징주재 한국총영사관으로 찾아와 망명을 요청했으며, 중국 정부의 협조로 4월 20일 남한에 입국하였다. 북한은 처음에는 남한에 의해 납치되었다고 발표하였으나, 2월 17일 "그가 망명을 추구했다면 그것은 변절을 의미하므로 변절자는 갈테면 가라는 것이 우리의 입장"이라고 하고 더 이상 남북 간의 첨예한 문제로 삼지 않았다.

이러한 체제이탈 현상이 가속화되는 위기 국면을 맞아 북한은 일심단결에 대한 호소와 군을 앞세운 강력통치를 통해 극복하고자 했다. 북한은 다원주의를 지향하는 동구의 민주화와 개혁 · 개방의 움직임을 지켜보면서 "사회주의 사회에서 사상의 자유화와 정치에서의 다당제를 허용하는 것은 결국 사회주의 사회의 기초를 허물고 인민의 정권을 허물기 위한 반혁명적 책동의 길을 열어주는 것"[32]이라며, '우리식 사회주의'의 우월성을 강조하고 이를 끝까지 지켜나가자고 선동해 왔었다.

김일성 사망 이후 체제위기 상황에 직면하자 북한은 '붉은기 사상'을 강조하기 시작했다. '붉은기'는 사회주의의 순결성, 체제의 보루를 지키는 상징으로서, "어떤 배신도 모르며 사소한 사상적 변질도 없는 일심단결의 상징이며, 혁명적 지조와 절개로 죽

32) 김정일 담화(1992.1.3).

어서도 붉은 기폭에 싸여 영도자의 품속에서 영생하려는 신념의 기치"[33]라는 것이다. 즉, 어떤 상황이 닥치더라도 사상적 동요를 하지 말고 김정일 중심의 체제에 회의를 가져서는 안되며, 이에 역행하는 것은 배신으로 매장하겠다는 위협이다. 그만큼 북한의 충격이 컸으며 사상적 동요와 불안이 확산되고 있었다는 증거라고 볼 수 있다.

이와 함께 북한은 체제유지의 최후 보루로서 군의 역할에 대한 의존을 강화하기 시작했다. 즉, 선군정치가 본격적으로 시작된 것이다. 북한은 1990년대 중반의 어려운 시기를 군을 중심으로 극복하기 위해 정치, 경제, 사회 등 국가 전반에 걸쳐 군에 선도적 역할을 부여하고 김정일이 직접 중요한 통치도구로 이를 챙기는 방식으로 대처하고자 했다.

선군정치에 대해 북한은 "인민군대의 강화에 최대의 힘을 넣고 인민군대의 위력에 의거하여 혁명과 건설의 전반 사업을 힘있게 밀고 나가는 특유의 정치"[34]라며, "군대를 기둥으로 하여 혁명을 완성해 나가야 하며 군대를 본보기로 온 사회와 혁명대군을 정예화 하여야 한다"[35], "군대가 혁명주체의 핵심역량과 주력군을 이루며, 군대는 곧 인민이고 국가"[36]라고 주장하였다. 더 나아가 "인민군대가 창조한 정신과 도덕, 문화와 생활기풍을 사업과 생활에 철저히 구현해 나가야 한다"며 사회가 군을 따라 배울 것을 독려하였다. 결국 선군정치를 표방한 목적은 군에 대한 국가 자원의 우선적 배분과 이를 통한 직접적인 국방력 강화에 있다기

33) 로동신문(1996.1.9): 〈붉은기는 조선혁명의 백전백승의 기치이다〉.
34) 로동신문(1998.10.19) 참조.
35) 로동신문(1998.3.9) 참조.
36) 1997년 2월 15일 김정일의 55회 생일을 축하하여 정권기관들이 보낸 축하문.

보다는 당의 조직 장악력이 제대로 가동되지 않는 상황에서 군을 통치력 강화와 사상적 이완을 막는 중심조직으로 활용하겠다는데 비중이 두어진 것이라고 하겠다.

이러한 선군정치는 군사선행, 군 중시 정책으로 구체화되었다. 1996년에 인민군 창건일(4월 25일)과 조국해방전쟁 승리기념일(7월 27일)을 국가명절이자 공휴일로 지정하였고, 김정일 위원장의 현지시찰 대상에 군부대가 압도적으로 늘어났으며, 권력핵심에 군사지도자들을 중용하여 우대하였다. 또한 각종 경제건설에 군병력을 동원하고 필요시 군이 일반치안유지에 간여케 하였으며, 공장, 기업소, 광산, 협동농장 등을 운영하게 하였다.

이런 가운데 김일성이 사망한 이후 김정일 위원장은 3년이 넘는 기간 아무런 직책을 승계하지 않고 단지, 군 최고사령관으로서 김일성 유훈만을 내세우며 북한을 실질적으로 통치할 뿐이었다. 다만, 1995년 2월 7일 중앙인민위원회 정령으로 김정일 생일을 '민족 최대의 명절'로 지정하고 주민들에게 이틀간의 휴무일을 부여하여 후계자로서의 상징조작에 나섰다. 1997년 7월 8일 김일성 사망 3주기를 맞아 노동당 중앙위원회, 노동당 중앙군사위원회, 국방위원회, 중앙인민위원회, 정무원이 공동으로 '위대한 수령 김일성 동지의 혁명생애와 불멸의 업적을 길이 빛내일데 대하여'를 발표하면서, 김일성 출생연도인 1912년을 주체 원년으로 하고 주체연호를 쓰며, 생일인 4월 15일을 태양절로 제정할 것을 결정하였다. 유훈통치를 마무리하는 형식적 절차였다.

뒤이어 1997년 10월 8일 노동당 중앙위원회와 중앙군사위원회가 김정일을 당의 총비서로 추대하였음을 선포한다고 특별보도함으로써 드디어 유훈통치를 끝내고 김정일 위원장이 전면에 나서기 시작했다. 이것은 한편으로는 체제위기를 어느 정도 수습하고 내부정비의 바탕을 마련했다는 것을 의미하는 것이기도 했다. 김정일 위원장은 당총비서 추대 직전 8월 4일 '조국통일 3대원칙', '전민족대단결 10대강령', '고려민주연방공화국 창립방안' 등을 묶어서 조국통일 3대 헌장이라고 명명하고 김일성 시대의 이러한 대남관련 기본노선을 그대로 답습할 것임을 밝히기도 했다. 김정일이 헌법을 개정하고 국가의 최고 직책으로 격상된 국방위원장에 재추대되어 공식적인 김정일 시대를 개막한 것은 그 1년 후이다.

나. 평화체제 문제의 대두

(1) 대남 무력도발의 재개

북한은 미국과의 관계개선을 통해 체제안전에 대한 보장과 경제적 이익을 확보할 수 있다고 보고 미국을 체제위기 극복의 중심고리로 삼아 왔다. 이러한 인식에 바탕을 두고 북한은 1990년대에 들어와 미국의 관심을 끌고 미국과의 직접 협상을 위해 적극적인 노력을 해왔다. 그러나 미국이 소극적인 태도를 보임에 따라 북한은 대체로 두 가지 방향에서 접근했다고 볼 수 있다. 하나는 핵과 미사일 개발 등 미국이 세계전략상 최대의 관심을 갖고 있는 사안에 대한 의혹을 쟁점화 하여 미국을 압박하는 전술을 구사했다. 1994년의 제네바 기본합의는 바로 이와 같은 북한의 대미 접근노력의 산물이다.

또 하나는 한반도 평화를 유지하는 제반 제도적 장치를 흔들어 한반도에서의 미국의 지위에 근본적인 변화를 초래케 하려는 기도이다. 즉, 남한을 배제시킨 채 미국과 한반도 정전체제를 평화체제로 전환시킴으로써 미국을 북한에 적대하지 않고 남북관계에서 최소한 중립적 태도를 갖는 상태로 묶어두려는 것이다. 북한은 이를 위해 정전협정체계를 무력화시키는 행동을 적극적이고 구체적으로 취하기 시작했다. 1991년 3월 군사정전위원회 유엔사측 수석대표에 한국군 황원탁 소장이 임명된 것을 빌미로 북한은 이를 인정하지 않고 군사정전위원회 회담을 거부하기 시작하였다. 이후 북한은 1994년 4월 28일 외교부 성명을 통해 정전협정의 실제 당사자인 북미 사이에 정전협정을 평화협정으로 바꾸고 현 정전기구를 대신하는 평화보장체계를 수립해야 한다며 이를 위한 협상을 진행할 것을 제안했다.

북한은 이어 5월 24일 군사정전위원회 북측 대표단을 철수시키고 새로운 협상기구로서 '조선인민군 판문점 대표부'를 개설했다고 일방적으로 통보하였다. 또한 정전체제의 중요한 축을 담당해온 중국측 대표단과 중립국 감독위원회 구성 국가 대표단들도 철수할 것을 종용하였다. 이에 따라 1993년 4월 20일 중립국 감독위원회 체코 대표단이 철수한 데 이어 중국이 1994년 12월 15일 군사정전위원회 중국측 대표단을 소환하였고, 1995년 2월 28일 중립국 감독위원회 폴란드 대표단이 철수하였다.

북한은 1995년 5월 3일 판문점 중립국 감독위원회 사무실과 공동경비구역 북한측 지역을 폐쇄하였고, 1996년 4월 4일에는 '조선인민군 판문점 대표부' 담화를 통해 비무장지대를 인정하지 않겠다고 선언하면서 "자위적 조치로서 군사분계선과 비무장지대의 유지관리 임무를 포기하고 판문점 공동경비구역과 비무장지대에 출입하는 북측 인원과 차량에 제정된 모든 식별표지를 착용하지 않을 것"이라고 주장하였다. 또한 1996년 2월 22일 외교부 대변인 담화를 발표하여 한반도에서의 무장충돌과 전쟁을 막기 위해 최소한의 제도적 장치라도 시급히 마련해야 한다며, 평화협정 체결 이전에 잠정협정을 체결하고 군사정전위원회를 대신하는 '조미 군사기구'를 조직하자고 제안했다. 북한은 이와 같이 정전협정체계를 무력화시키는 조치를 단계적으로 강화하면서 평화협정 체결의 필요성을 부각시켜 나갔다.

이와 함께 북한은 1990년대 중후반 그들의 호전성을 드러내는 무력도발을 빈번히 자행하였다. 1994년 12월 19일 미군 헬기를 그들의 영공을 침범했다며 격추시켰으며 1995년 10월 17일 임진강을 통해 무장간첩을 침투시켰다. 1996년 4월 판문점 공동경비구역에 3회에 걸쳐 중무장한 군인을 투입해 박격포 진지를 구축했으며, 9월에는 강릉 해안에 수십 명의 무장병력을 잠수함으로 침투시킨 사건이 일어났다. 1997년 6월에는 북한 경비정이 월선하고 포격을 가하는가 하면 7월에는 북한군 14명이 강원도 철원부근 군사분계선을 월경하여 남북 간에 포격전이 벌어지기도 했다. 이러한 무력도발 행위는 김대중 정부가 출범한 1998년에도 계속 이어졌다. 6월의 동해 속초항 부근 잠수정 침투사건, 7월의 동해안 무장공비 침투사건, 11월의 강화도 해안 간첩선 침투사건, 12월의 여수 앞바다 반잠수정 침투사건 등이 그것이다.

이 시기에 북한이 이같은 군사적 도발을 연이어 감행하고 한반도에 긴장을 조성한 것은 다분히 의도적이다. 우선 북한이 이 시기를 심각한 체제위기국면으로 인식하고 이를 극복해 나가기 위해 대내적으로는 주민들의 사상적 혼돈상태를 막고 결속력을 강화하는 한편, 군 중시 사상의 정당성을 확보하여 김정일 체제의 출범을 위한 기반을 다지려는 목적에서이다. 대외적으로는 그들의 호전성을 과시하고 한반도 정세의 안정이 그들의 선택에 달려 있다는 것을 보여줌으로써 체제 전환기의 취약성이 드러나지 않도록 공세적 방어막을 치는 한편, 제네바 기본합의의 이행과 미사일 협상 등 계속되는 미국과의 협상에서 이익의 극대화를 뒷받침하고 한반도 평화체제에 대한 논의를 진전시켜 그들에게 유리한 새로운 질서를 창출하려는 의도를 갖고 있었다.

(2) 4자회담의 진행

평화문제와 관련하여 남한 정부는 한반도 정세의 불안정과 유동성을 초래할 가능성을 차단하기 위해 가급적 이를 이슈화 하지 않는 방향에서 대처해 왔다. 그러나 북한이 정전체제를 무실화하는 강도를 단계적으로 높여나가고 군사적 도발을 지속함으로써 한반도 평화에 대한 불확실성이 증가하자 이에 대한 입장을 분명히 제시할 필요가 있었다.

김영삼 대통령은 1995년 광복절 경축사에서 다음과 같은 한반도 평화정착의 기본원칙을 제시하였다. 첫째 한반도 평화체제 구축문제는 반드시 남북 당사자 간에 협의 · 해결되어야 한다, 둘째 남북기본합의서와 한반도 비핵화 공동선언을 비롯한 남북 간의 모든 합의사항이 존중되어야 한다, 셋째 한반도 평화체제 구축은 관련국가들의 협조와 뒷받침이 있을 때 그 실효성이 보장될 수 있다는 것이다. 또한 이를 위해 남북한은 정전협정을 준수하는 가운데 평화체제 구축을 위한 적절한 대책을 함께 강구해 나가자고 제의하였다. 이어 김영삼 대통령은 1995년 10월 24일 유엔총회 연설에서도 이같은 입장을 거듭 밝혔다. 북한의 태도를 예의 주시해온 한미 양국은 한반도 안보상황에 긍정적 분위기를 조성하고 제네바 기본합의서의 지속적 이행을 위한 신뢰 증진 차원에서 96년도 '팀스피릿' 훈련을 중지한다고 발표를 하여 북한의 상응하는 태도변화를 유도하기도 하였다.

한미 양국은 북한의 일방적인 정전협정 파기행위와 대미 평화협정 체결 주장을 근원적으로 차단하고 한반도 긴장상태의 완화를 위한 보다 적극적인 조치를 취할 필요성에 공감하고 남북대화를 거부하고 있는 북한의 입장을 감안하여 1996년 4월 16일 한미정상회담에서 남북한 및 미 · 중이 참여하는 4자회담의 개최를 제의하였다. 이 제의를 통해 정전협정은 항구적인 평화협정으로 대체될 때까지 준수되어야 한다는 입장을 분명히 하고 4자회담에서 한반도 평화체제 구축문제뿐만 아니라 광범위한 긴장완화 조치와 신뢰구축 문제도 논의할 수 있다고 밝혀 북한이 수용할 수 있는 여지를 넓혔다.

이에 대해 북한은 4월 18일 4자회담의 목적과 현실성을 검토해 보겠다는 첫 반응을 보이다가 비공식 채널을 통해 미국측에 구체적인 설명을 해줄 것을 요구하였다. 한미 양국은 4자회담이 양국의 공동제의인 만큼 한미가 공동으로 설명하겠다고 하였는데, 이에 대해 북한은 공동설명회 참여를 시사하면서도 사실상 식량지원을 연계하였다. 김영삼 대통령은 북한측 요구 등을 고려하여 1996년 광복절 경축사에서 북한이 4자회담에 호응해올 경우 식량문제의 근원적 해결과 교역확대 등을 허용할 용의가 있음을 밝히고 긴장완화 차원에서 남북경협문제도 4자회담의 협의대상으로 제시하였다. 식량지원 문제로 시간이 흘러가면서 1996년 9월 강릉 잠수함 침투사건이 벌어져 긴장이 고조되자 한미 양국은 강경한 태도를 견지하였고, 이에 북한은 1996년 12월 29일 외교부 대변인 성명을 통해 동 사건에 대한 사과의사를 표명하였으며, 뒤이어 4자회담 공동설명회에 참여하겠다는 뜻을 밝혔다.

이에 따라 4자회담 공동설명회가 1997년 3월 5일 뉴욕에서 개최되었으나 북한측은 남북 간에는 이미 불가침 합의(남북기본합의서를 지칭한 것임)가 있으므로 평화협정은 북미 간에 체결되어야 한다는 기존 입장을 되풀이하였다. 1997년 4월 2일 북한 한성렬 유엔주재 공사가 한미 양국이 추가 식량지원 약속을 하면 4자회담을 즉시 수용하겠다며, 쌀과 평화를 바꾸는 정책을 취한다고 나쁠 것이 없지 않느냐고 노골적으로 밝힌 바와 같이[37] 북한은 4자회담 성사 그 자체를 식량지원과 연계시키고 있었다. 1997년 4월 16일 추가 설명회에서도 북한측은 4자회담 개최를 전후하여 대규모 식량지원을 요청하였으나, 한미 양국은 4자회담 개최 이전에 식량지원은 불가하며 4자회담이 시작되면 신뢰구축과 긴장완화 차원에서 동 문제를 논의할 수 있다고 대응했다. 이후에도 남 · 북 · 미 3자 실무대표들이 계속 협의를 진행해오다가 6월 30일 4자회담의 절차문제를 협의하기 위한 예비회담을 갖자는데 합의가 이루어졌다. 여기에는 남북한, 미국은 물론 중국 대표도 참가하기로 하였다.[38]

예비회담은 1997년 8월 5일부터 10월 21일까지 세 차례에 걸쳐 진행되었는데, 한 · 미 · 중 측이 의제를 포괄적이고 일반적인 것으로 하자는데 반해 북한측은 '주한미군 철수', '북미 평화협정 체결' 등 세부 의제를 추가해야 한다고 맞서 난항을 겪었다. 결국

37) 통일부, 『남북한 통일 · 대화 제의 비교』(1997).

38) 이 과정에서 북한 김계관 외교부 부부장은 4자회담에 앞서 미국과 남북한이 참가하는 3자 협상을 더 진행한 다음 4자회담에 들어가자며 '3+1'형식의 회담을 제안하기도 했으나 한미측에 의해 거부되었다.

포괄적 단일 의제로 '한반도 평화체제 구축과 긴장완화를 위한 제반 문제'를 채택하는데 합의가 이루어졌다.

이리하여 제1차 4자회담이 1997년 12월 9일부터 10일까지 스위스 제네바에서 개최되었으며, 1998년 10월 3차 회담 이후에는 대체로 3~4개월에 한번 정도로 회담이 열려 1999년 8월 6차 회담을 끝으로 종료되었다. 회의에서는 미국, 중국, 남한, 북한이 윤번제로 의장국을 맡아 사회를 보았다. 1~2차 회담에서 남한은 회의의 효율적 운영을 위해 의제에 맞추어 '평화체제 구축'과 '긴장완화'의 2개 분과위원회를 구성할 것을 주장하였으나, 북한은 주한미군 철수와 북미 평화협정 체결문제가 우선적으로 논의되어야 한다는 입장을 고수하여 진전을 보지 못했다. 2차 회담부터는 1998년 2월 김대중 정부가 출범한 이후에 개최되었는데, 3차 회담에서 2개의 분과위원회를 구성 운영하자는데 겨우 합의가 이루어졌다. 그러나 4차 회담 이후에도 한 · 미 · 중 3국이 합의하기 쉬운 문제부터 논의하자는데 반해 북한은 계속하여 주한미군 철수와 북미 평화협정 같은 근본문제가 의제로 명기되어야 한다고 주장함으로써 공전을 벗어나지 못했다.

6차 회담 직후 1999년 8월 12일 북한은 더 이상 회담에 흥미를 갖지 않겠으며 미국이 주한미군 철수와 북미 평화협정 체결문제를 논의하겠다면 언제든 그에 응하겠다는 입장을 밝혔다. 북한은 당시 미국과 미사일 협상이 진행 중인데다[39] 미국과 별도의 대

39) 북한의 미사일 수출 의혹이 제기되면서 1996년 4월부터 북미 간에 미사일 협상이 시작되어 2000년 11월까지 여섯 차례에 걸쳐 진행되었다. 1999년 9월 베를린에서 합의가 이루어져 미국이 대북 경제제재 완화조치를 취하고 북한이 미사일 재발사 유보 입장을 밝혔으며, 현안문제 해결을 위한 후속회담이 재개되었다.

화 채널을 갖고 있어 굳이 4자회담을 통한 대미 접촉이 불필요할 뿐 아니라, 북한에 대한 옹호세력으로서의 중국의 역할에 기대를 거는 것이 불확실해진 상황에서 4자회담을 통해 얻을 것이 없다고 본 것이다. 또한 김영삼 정부와 직접적 대화를 피하면서도 실익을 취하는 우회적 수단으로 삼고 한미 간의 틈을 벌리기 위해 4자회담에 응했는데, 남한의 정권이 바뀌어 새로운 대북정책이 추진되고 있고 한미 간 공조가 튼튼하다는 것을 확인한 이상 4자회담은 더 이상 유용하지 않다고 판단한 것으로 보인다.

VI. 화해 협력 진입기 1998~2007

Ⅵ 화해 협력 진입기 1998~2007

1. 대북 포용정책의 추진

가. 포용정책의 배경

1998년 2월 25일 사상 처음으로 수평적 정권교체를 이루고 김대중 정부가 출범하였다. 당시는 전세계적으로 냉전질서가 해체되고 민주주의와 시장경제가 확산되는 가운데 새로운 세계질서가 확고히 구축되지 못한 과도기적 시기였다. 미국은 압도적인 군사력과 경제력을 바탕으로 '개입과 확산' 전략을 펴면서 세계질서를 주도해 나갔다. 그러나 21세기를 앞두고 세계는 과학화, 정보화가 심화되고 비군사적 안보문제에 대한 관심이 크게 증대함으로써 다른 나라와의 협력 없는 일국의 일방적인 국익 추구는 허용되지 않았다. 기아와 환경, 테러와 마약 등 새롭게 대두된 전 인류적 문제에 대처하기 위해서는 각국 간의 협력과 이해조정이 필수였고, 미국 또한 다자주의를 통해 필요에 따른 전략적 협력을 추구해 나갔다.

이러한 세계적인 질서의 변화는 동북아와 한반도에도 자연스럽게 영향을 미치게 되었다. 첫째로 한반도 문제에 대한 주변 강대국의 결정력이 상대적으로 감소되었다. 그것은 한민족의 미래를 한민족 스스로 결정할 수 있는 선택의 폭이 넓어졌다는 것을 뜻한다. 남한으로서는 북한을 포함한 한반도 전체 차원에서 적극적이고 능동적으로 국가발전전략을 수립할 수 있는 기회를 맞았다고 할 수 있다.

김대중 정부는 단순히 자유와 번영의 조건으로서의 전쟁 억제라는 소극적 평화 개념에 머물러 있어서는 이러한 호기를 상실할 수 있다고 보았다. 다시 말해 한반도 평화를 위협하는 요소들을 근원적으로 제거하여 평화를 적극적으로 창출하고 구조적으로 안정화시키는 적극적 평화 개념에 입각함으로써만이 한민족의 자유와 복지, 인간의 존엄성을 보장받을 수 있고 선진 강국으로 도약할 수 있는 길이 열린다고 본 것이다. 대북 포용정책은 한반도 주변정세의 변화에 부응하면서 이러한 평화 개념을 충족시키려는 선택이었고, 따라서 남북한이 평화공존하면서 화해와 협력을 적극 추진해 나감으로써 북한을 점진적으로 변화시킨다는 것이 그 목표였다.

둘째로 미국의 클린턴 정부는 북한 지역에까지 자유민주주의 체제를 확산시키고 핵과 미사일 문제를 해결하여 한반도에서의 냉전을 종식시키는 것이 전략적 목표 중의 하나였고, 그런 점에서 남한이 적극적으로 남북관계 개선을 추진하는 것은 이와 맥을 같이 하는 것이라고 보았다. 1998년 6월 한미정상회담에서 김대중 대통령이 한반도 문제의 당사자 해결 원칙과 대북 포용정책의 추진 입장을 밝힌데 대해 미국측이 이를 적극 지지하고 최대한 협조의 뜻을 밝힌 것도 이 때문이다.

셋째로 북한의 상황에 대한 현실적 인식이 그 토대가 되었다고 하겠다. 북한은 1997년에 최악의 상태에 빠져 있었다. 1994년 김일성 주석이 사망한 이후 유훈통치를 지속해오는 동안 북한 경제는 완전히 고립되고 공장가동률이 30%를 밑돌면서 마이너스 성장을 지속하였으며, 체제이완 현상이 심화되고 있었다. 1993년 제3차 7개년 계획이 끝나고 1994년부터 3년간 완충기를 설정했지만 이후에는 새로운 경제계획을 내놓지 못하고 각 부문에서 임시변통적으로 정책을 제시하는데 머물렀다. 설상가상으로 자연재해까지 겹쳐 식량난이 가중되자 수십만 명의 아사자가 생기고 탈북자가 늘어나기 시작하였으며 식량문제의 해결을 외부의 인도적 지원에 의존하는 상황이 되었다. 한마디로 경제가 완전히 파탄상태에 들어가 남북 간의 국력 격차는 그 비교 자체가 무의미하게 된 것이다.

그렇다고 해서 북한이 조만간 급격하게 붕괴할 조짐은 보이지 않았다. 북한체제 특유의 유일사상 지배와 주민에 대한 감시와 통제 시스템은 그런대로 가동이 되고 있어 체제 유지의 기축이 흔들릴 가능성은 낮아 보였다. 이 경우 북한의 붕괴를 기다리거나 적극적으로 붕괴로 몰아가는 정책은 현실성이 없고 자칫 한반도 질서의 급격한 변화를 수반할 수 있다고 볼 때, 남한이 선택할 수 있는 대안은 결국 북한과 접촉과 대화를 강화하면서 북한 스스로가 변화를 택하도록 여건을 조성해 나가는 길 뿐이었다.

남한은 지속적인 자주국방력 증대와 초강대국인 미국과의 확고한 안보동맹으로 북한의 군사도발의 모험에 대한 충분한 억지력을 갖고 있었다. 여기에다 민주주의와 시장경제가 성숙도를 더해가고 국제사회에서의 위상이 제고됨에 따라 북한에 대한 피해의식에서 완전히 벗어나 북한을 민족공동체라는 당위적 큰 틀 속에서 화해와 협력의 실질적인 대상으로 인식하였다. 이와 같은 자신감 또한 대북 포용정책을 추진해 나가기 위한 밑바탕이 되었다. 실제로 국민여론도 남북 간에 냉전적 대결관계를 탈피하고 남한이 개입의 확대를 통해 북한을 리드해 나가야 한다는 의견이 늘어났다.

이 밖에도 경제적인 측면도 중요한 고려요소가 되었다. 당시는 남한이 외환위기의 홍역을 겪을 때였고, 안보정세를 악화시키는 조그만 부정적 사안도 이러한 상황을 타개하기 위한 노력에 치명적일 수밖에 없었다. 북한을 안정적으로 관리하여 한반도의 평화를 공고히 해나가는 일은 남한의 경제상황과도 직접적으로 관련이 있었다. 특히 국제통화기금(IMF) 관리체제를 벗어난 이후 21세기에 한국경제가 어떠한 비전을 가질 것이냐 하는 문제와 관련하여 북한이 신개척지의 대상으로 관심을 모으게 된 것은 자연스러운 일이었다. 기업들은 저렴한 노동력과 지리적 접근성, 유라시아 대륙에의 진출 등을 고려할 때 남북 간에 경제협력을 활성화 한다면 남북 모두 경제적 이익을 얻을 수 있을 것으로 기대했다.

대북 포용정책이 추진될 수 있었던 것은 무엇보다도 김대중 대통령 자신의 의지와 끈기있는 실천력에 기인한다. 김대중 대통령은 1970년 야당 대통령후보 시절부터 획기적인 통일정책을 내놓고 정계의 통일논의를 선도해 왔는데 통일문제와 관련하여 비전과 철학을 논리적으로 체계화하고 통일의 가능성을 신념화한 정치지도자라는 점에서는 독보적이다. 포용정책을 추진해 나가는 과정에서도 많은 걸림돌과 돌발적 사건들이 이의 후퇴를 요구했지만 김대중 대통령은 집념을 갖고 돌파해 나갔다.

사실 대북 포용정책은 처음부터 적극적으로 추진할 수 있는 여건이 마련되어 있었던 것은 아니다. 북한이 당장 이에 호응해 나올 수 있는 상황에 있지도 않았지만, 대내적으로 김대중 정부는 출범 당시부터 두 가지의 큰 걸림돌에 의해 발목이 잡히고 있었다. 하나는 국제통화기금의 구제금융을 받기에까지 이른 국가적 외환위기 사태에 직면해 있었다는 것이고, 또 하나는 자민련과의 연합에 의해 창출된 정권이라는 태생적 한계와 여소야대로 인해 정국운영의 주도권을 쥘 수 없었다는 것이다.[1)]

고도성장의 신화를 이룩해온 한국 경제는 1997년에 들어와 대기업이 연쇄부도사태에 몰림으로써 끝없이 추락하였다. 이로 인해 주가폭락과 환율급등의 악순환이 가속화되고 외환보유고가 고갈되자 1997년 11월 21일 한국 정부는 국제통화기금에 긴급 구제금융을 신청하였으며, 한국의 신용도는 크게 떨어졌다.

김대중 정부는 국가 부도위기를 극복하기 위해 국제통화기금의 지원금을 조기에 도입하여 유동성 문제를 해결하는 한편, 국제통화기금의 권고에 따라 긴축기조, 시장개방 확대, 구조개혁을 정책방향으로 설정하였다. 이에 따라 금융, 기업, 노사, 공공 등 4대 분야에서 강도 높은 개혁이 이루어졌다. 그 결과 국제통화기금

1) 1996년 4.11총선에서 신한국당이 139석을 차지하자 국민회의와 자민련 간에 야권공조체제를 구축했고 이를 바탕으로 1997년 대선을 앞두고 후보단일화를 이룩했다. 그러나 이 DJP연합은 자민련에서 총리 선출, 총리에 대한 실질적 권한 보장, 내각제 개헌 등이 조건이었고 이로 인해 공동정부 안에서 갈등과 혼란이 상존하였다.

의 지원자금 195억 달러를 당초 예상보다 앞당겨 2001년 전액 상환하고 외환보유고를 2002년 말 1,200억 달러 수준으로 늘렸으며, 마이너스를 기록했던 경제성장률이 다시 이전 수준으로 회복되었다. 그러나 출범 초기 단계에서 경제 전반에 걸친 구조조정은 곳곳에서 강력한 저항에 부딪쳤고 기업 퇴출과 실업자의 양산으로 인한 불안과 고통이 사회통합력을 크게 떨어뜨리고 있었다.

또한 정치이념을 달리하는 자민련과의 연합정권으로 정국운영이 불안정한데다가 거대 야당인 한나라당이 비협조적 태도로 일관함으로써 정치적 갈등과 대립이 확산되었다. 양당 연합시 합의했던 내각제 개헌문제를 둘러싸고 1999년 7월 이를 일단 유보하기로 하자 자민련에 내부 동요가 일어나고 급기야 공동정권이 와해되는 사태를 맞았다. 2000년 4월 13일 제16대 국회의원 선거에서 자민련이 참패하자 양당의 공조체제는 다시 복원되었으나 정책혼선과 불협화가 계속 이어졌고, 한나라당이 여전히 원내 제1당으로서 주도권을 쥐고 있어 정국파행이 거듭되었다.[2)]

김대중 정부의 대북정책은 이러한 정치적 제약 상황 속에서 추진되어야 했으며, 따라서 출범 초기에 기존정책을 전환하여 과감하게 대북 접근을 시도하기는 어려웠다. 오히려 정책기조를 조심스럽게 변화시켜 나가는 시도를 함으로써 국민들의 진보정권에 대한 의구심을 완화시키고 정치적 부담을 더는 방향에서 대처하고자 하였다. 대북정책 3원칙의 첫 번째를 북한의 무력도발 불용으로 제시하고, 정책기조에서 국민적 합의를 강조하였으며, 화해협력의 추진에는 항상 병렬적으로 '안보 중시'가 붙어 다녔다는

2) 2000년 4.13총선 결과는 한나라당 133석, 새천년민주당 115석, 자민련 17석 등으로 나타났다. 김대중 대통령은 DJP연합을 지속하지 않을 수 없었다.

사실들이 이를 말해준다. 김대중 정부에 들어와 첫 번째로 이루어진 당국 간 회담에서도 '상호주의'를 내세워 인도적 지원을 서두르지 않았던 것도 대북정책이 본격 추진되기도 전에 정치적 소용돌이에 휘말려 좌절될 것을 우려했던 때문이다.

나. 포용정책의 기조와 내용

김대중 대통령은 1998년 취임사에서 "첫째, 어떠한 무력도발도 결코 용납하지 않겠습니다. 둘째, 우리는 북한을 해치거나 흡수할 생각이 없습니다. 셋째, 남북 간의 화해와 협력을 가능한 분야부터 적극적으로 추진해 나갈 것입니다"라고 3원칙을 밝히고, 남북기본합의서 이행을 위한 특사교환을 제의했다. 또한 우방국가와의 교류협력 지원, 경수로 사업 이행, 식량지원, 이산가족문제 해결, 경제와 사회문화 부문의 교류 확대 등을 언급하였다. 특히 경제교류와 관련하여 정경분리 원칙을 밝혔는데, 이는 포용정책의 핵심을 시사하는 것이었다. 즉, 경제분야의 교류와 협력사업은 한반도 정세와 남북관계의 상황 변화에 영향을 받지 않으며, 순전한 경제적 논리에 입각하여 중단되거나 축소됨이 없이 지속적으로 추진해 나간다는 것이다. 이것은 남북 경협을 정치의 종속변수로 여겨왔던 과거 정부와 분명한 차별성을 갖는 것이며, 한편으로는 북한이 이를 다른 목적으로 이용하지 못하도록 제어하는 의미도 갖는다 할 수 있다.

이어 정부는 안보와 협력을 병행 추진하고, 평화공존의 토대 위에서 통일지향적인 남북관계 발전을 이룩해 나가며, 보다 많은 접촉과 대화와 협력으로 북한이 스스로 변할 수 있는 환경과 여건을 조성하고, 민족 전체의 공동번영이라는 관점에서 경제공동체를 건설하며, 남북당사자 해결 원칙하에 국제적 지지를 확보하고, 국민적 합의에 기초한 일관성 있는 대북정책을 추진해 나간다는 등의 정책기조를 수립하였다. 또한 대북정책의 추진방향으로 ① 남북대화를 통한 남북기본합의서 이행 추진, ② 정경분리에 입각한 남북경제협력 활성화, ③ 남북 이산가족문제의 우선적 해결, ④ 북한 식량문제 해결을 위한 탄력적 대북지원, ⑤ 대북경수로 지원사업의 차질없는 추진, ⑥ 한반도 평화환경의 조성 등을 제시했다.[3)]

이와 같은 내용의 대북 포용정책은 '사실상의 통일된 상태'를 실현하는 것이 그 목표였다. 반세기 이상 서로 상이한 이념과 제도를 갖고 적대적 관계를 지속해온 남북한이 당장 법적·제도적·정치적 통일을 실현하기는 어렵다는 현실을 인정하고, 우선 평화를 확고히 정착시킨 가운데 교류와 협력을 통해 남북 주민들이 자연스럽게 오가고 서로 도우면서 이해의 폭을 넓히고 동질성을 회복하는 단계를 실현하자는 것이다. '사실상의 통일된 상태'란 결국 남북한 간에 정치적으로나 군사적으로 신뢰가 구축되고 평화체제가 제도적으로 정착된 상태이며, 경제 사회 모든 부문에서 호혜적 관계가 구축되고 대외적으로도 민족공동이익을 추구해 나가는 정도의 상태가 이룩됨으로써 완전한 통일단계로 들어가기 직전에까지 이르른 것을 말한다.

여기에서 중요한 것은 통일을 당장의 실현목표로 보지 않는다는 것, 즉 통일의 실현 그 자체보다는 통일을 달성해 나가는 과정을 중시한다는 것과, 그 과정은 통일로 가기 위해 거쳐야 할 필수적인 단계라는 점을 전제로 하고 있다는 것이다. 이러한 인식

3) 통일부, 『통일백서 2003』(2003), pp.27-40 참조.

은 새삼스러운 것은 아니다. 이미 민족공동체 통일방안이 포괄하고 있는 기능주의적 단계론에 입각해 있기 때문이다. 대북 포용정책이 기존의 정책과 차별성을 갖는 것은 제시한 구체적인 정책의 방향과 실천이 일치했고 또 일관성, 지속성에 대한 의지를 보여주었기 때문이라고 하겠다. 특히 북한 붕괴론에 입각한 정책을 추진하지 않는다는 것을 공언하고 정경분리를 표방하여 남북경협과 인도적 지원에 대한 정치적 부대조건을 털어버림으로써 북한이 체제안보에 대한 위협으로부터 벗어나 남북 간의 교류와 협력에서 실익을 취할 수 있는 공간을 넓힌 것이 포용정책이 동력을 가지게 된 원인이 되었다고 본다.

다. 포용정책의 실천 조치

(1) 남북경협 활성화 조치

남한은 1990년 8월 1일 남북교류협력에 관한 법률과 남북협력기금법을 제정하여 남북 간의 교류와 협력을 뒷받침하고 여러 가지 보완 조치를 취해 왔지만, 협력사업 승인이 7건에 불과하는 등 북한 핵문제의 영향과 남북관계의 상황 변화에 따라 그 성과는 대단히 미미하였다. '보다 많은 접촉과 교류와 협력'을 슬로건으로 내건 김대중 정부는 1998년 4월 30일 경협 추진의 절차를 간소화하고 투자규모 상한을 철폐하는 등을 내용으로 하는 '남북경협 활성화 조치'를 발표했다.

방북 승인 범위를 대기업 총수 등 모든 기업인으로 확대하며, 위탁가공교역을 위한 생산설비 반출에 무상 또는 임대를 허용하고 1회 승인한도 기준을 폐지했다. 또 협력사업에서도 투자규모

제한을 완전 폐지하고 투자 업종도 일부 민감한 분야만 제외하고 모두 승인하는 네거티브 리스트로 전환했다. 경협의 주체인 기업의 자율적인 판단에 따라 민간 주도로 경협이 추진될 수 있도록 한 것이다. 이를 시발로 각종 시행령, 고시, 규정, 지침들이 규제완화와 절차간소화 차원에서 개정되었다. 물론 사회간접시설과 법제의 미비 등 북한 내부의 열악한 환경과 투자보장 등 제도적 장치의 미비, 남북관계의 불안정 등으로 교류와 협력이 당장 활성화 되는데는 많은 제약요인이 있었지만, 이를 계기로 위탁가공교역을 중심으로 남북 간의 인적 · 물적 교류가 서서히 증가하기 시작하였다.[4)]

(2) 금강산 관광의 성사

1989년 현대그룹과 북한측 간에 금강산 공동개발에 합의가 이루어졌으나 그동안 구체적인 진전이 없었다.[5)] 정주영 현대그룹 명예회장은 대북정책의 변화에 따라 1998년 6월 16일 북한을 방문하여 조선아시아태평양평화위원회(아태)와 금강산 개발 및 관광사업을 추진하기로 합의하였다. 정 명예회장은 소떼를 몰고 판문점을 통해 육로로 방북하였는데, 민간인으로서는 처음으로 판문점을 통해 방북한 사례였고, 더구나 트럭 50대에 500마리의 소를 실어 함께 넘어갔다는 점에서 남북관계사에 여러 가지 기록

4) 남북간 인적 교류는 1998년 3,317명, 99년 5,661명, 2000년 7,986명, 01년 8,742명, 02년 13,877명이다. 물적 교류는 1998년 2억2,200만 불, 99년 3억3,300만 불, 2000년 4억2,500만 불, 01년 4억300만 불, 02년 6억4,200만 불이다. 통일부, 위의 책 참조.

5) 1990년 5월 16일 조평통 대변인은 89년 정주영 명예회장이 방북시 체결한 금강산 공동개발에 관한 경제합작 계약은 남조선 당국자들의 방해책동으로 이미 무효로 되었다고 천명한 바 있다.

을 남기게 되었다.

그 후 현대와 북한측 간에는 신변안전문제, 통신보장문제, 공동해난구조문제, 관광요금문제, 부두시설문제 등에 대한 실무적인 협의를 거쳐 11월 18일 첫 관광선을 운항하기로 합의하였다. 정 명예회장은 10월 27일 소 501마리를 몰고 두 번째로 방북길에 올랐는데, 김정일 위원장을 만나 서해 유전개발, 자동차 조립생산, 경의선 철도 복선화, 평양 화력발전소 건설, 휴전선 직후방 산업공단 설치 등과 관련한 장기 독점사업권을 현대에 부여하는 문제를 비롯하여 경협문제에 대해 광범위하게 논의했다. 현대는 아태와 금강산 지역의 토지 및 시설물 이용권과 관광사업권을 30년간 독점하며, 그 대가로 6년 3개월간 9억 4,200만 달러를 매월 분할 지불하기로 합의하였다. 이 고정 지불방식은 얼마가지 않아 실제 방북한 관광인원 수에 따라 지불하는 방식으로 바뀌게 되었다.[6)]

금강산 관광사업은 대북 포용정책을 추진해 나가는 데 있어 하나의 시금석이 되었다. 1998년 6월 동해안에 북한 잠수정이 침투한 사건을 비롯해 8월에는 금창리 지하핵시설 의혹이 불거지고,[7)] 8월 31일에는 함북 무수단리에서 다단계 로켓이 발사되어[8)] 한반도에 긴장이 고조되고 있었다. 11월 18일 800여 명의 관광객을 태우고 동해항을 첫 출항하는 관광선은 분단현실을 깬다는 상징적 측면에서 뿐만 아니라 이러한 안보 불안상황을 타개하고 남

---

6) 현대는 2001년 6월 8일 북한 아태측과 금강산 관광사업이 활성화될 때까지 관광객 수에 따라 대가를 지불하기로 하였으며 육로관광을 실시하고 관광특구 지정을 추진하기로 합의하였다.

7) 금창리 지하 핵시설 문제가 대두되자 북미 간에 1998년 11월부터 99년 3월까지 4차례 협상이 진행되었으며, 미국은 약 60만 톤의 식량을 제공하고 99년 5월 현장방문단이 현지 조사함으로써 논란이 마무리되었다.

8) 이 책 p.234 참조.

북한 간의 대결관계를 협력의 관계로 바꿀 수 있다는 기대와 확신을 주기에 충분하였다. 포용정책이 금강산 관광사업을 성사시켰고, 금강산 관광사업은 포용정책의 정당성을 입증해 주는 상호작용을 하고 있었다.

(3) 남북당국대표 회담

1998년 3월말 제5차 남북적십자 대표접촉이 베이징에서 열렸다. 이 자리에서 북한측은 통례대로 구호물자 전달 절차를 협의하는 것과는 별도로 비료 20만 톤을 지원해줄 것을 요청했다. 이에 대해 남한측은 대규모 비료지원은 적십자 차원에서는 불가능하며 당국 간에 협의해야 할 사항이라는 것을 설명하였다. 그 직후 북한측은 비료지원 문제 등 상호 관심사를 협의하기 위하여 차관급을 단장으로 하는 남북당국 간 회담을 베이징에서 개최하자고 제의했다. 북한이 남북당국 간 회담에 호응해 나온 것은 1994년 6월 남북정상회담 개최를 위한 절차문제 협의 때문에 이루어진 부총리급 예비회담 이후 4년 만의 일이었다. 북한은 사실상 김영삼 정부 내내 당국 간 회담을 거부해왔던 것이다. 그렇기 때문에 김대중 정부 출범 이후 북한이 먼저 당국 간 회담을 제의해온 것은 의미가 있었다. 북한측으로서는 대북 포용정책을 내건 남한의 새 정부에 대해 기대를 가지고 그 실질적 내용을 파악하는 계기로 삼으려 했다.

남한측은 새 정부에서 처음 열리는 당국 간 회담이라는 상징성을 고려해 회담장소를 판문점 등 한반도내에서 정할 것을 희망했으나 종국에는 북한측 입장을 고려하여 베이징에서 회담이 개최되었다. 회담은 4월 11일부터 17일까지 일주일간이나 진행되었는데, 쟁점은 '상호주의'로 귀착되었다. 남한측은 비료는 남북협력 차원에서 적극 지원하되 이산가족 문제, 남북기본합의서 이행문제 등 남북관계를 개선하는 문제와 연계하여 협의되어야 한다는 입장을 취했다. 반면 북한측은 비료를 조건부로 받을 수 없고 먼저 비료지원에 합의가 이루어지면 이산가족 문제 등 상호관심사를 협의할 수 있다는 입장으로 일관하였다. 남한측은 이산가족 면회소 설치 · 운영 문제 협의를 위한 적십자 대표접촉을 여는데 동의만 하면 비료지원을 할 수 있다는 수정안을 제시했지만, 북한측은 남한의 대북정책과 대화자세를 비난하면서 회담 중단을 선언하였다. 이후 북한은 포용정책에 대해 반북 · 반통일 대결정책이라고 비난하고 남북당국 간 회담을 회피하였으며, 미사일 문제 등을 빌미로 대미 접근에 진력하게 된다.

남북당국 간에 대화가 재개된 것은 그 후 1년여가 지나서이다. 남북한은 비공개로 접촉을 갖고 1999년 6월 3일 당국 간 회담을 개최한다는데 합의하였다. 남한측이 7월까지 20만 톤의 비료를 북한측에 전달하고 6월 21일에 차관급 당국회담을 열어 이산가족 문제를 비롯한 상호 관심사로 되는 당면문제들을 협의하기로 한 것이다. 남한으로서는 비료지원을 먼저 약속했으니 1년 전에 견지했던 상호주의를 포기한 것으로 비쳐졌다. 그러나 결과적으로 상호주의가 이루어진다면, 다시 말해 먼저 주고 나중에 얻는 식으로 해서 남북관계를 개선시킬 수 있다면 상호주의를 탄력적으로 적용할 수도 있다는 방향으로 입장을 조정한 것이다. 그래서 6월 3일자 합의도 비료제공을 먼저 시작하되 비료가 전량 전달되기 전에 이산가족 문제에 대한 타결이 이루어지도록 일종의 동시행동을 상정해놓은 것이었다.

그런데 바로 그 즈음부터 서해안 연평도 부근 해상에서 북한 경비정이 북방한계선을 넘어 영해를 침범하는 도발사건이 잇따라 일어났다. 과거에도 꽃게잡이 철이면 북한 어선들이 침범했다가 남한 고속정이 접근하면 달아나는 일이 반복되어 왔으나 당시에는 북한 경비정의 보호 아래 남한 해군의 경고에도 불응한 채 어로작업을 강행하고 있었다. 급기야 6월 15일에는 남북한 함정 사이에 치열한 포격전이 벌어져 쌍방이 피해를 입었으며, 북한의 경우 함정 1척이 격침되고 5척이 대파되었다. 이로 인해 남북한 간에는 군사적 긴장이 고조되고 국회에서 대북결의안이 채택되는 사태로 번졌다.

이와 함께 6월 21일에는 북한이 금강산 관광객 한 명을 억류시키는 사건이 발생했다. 북한은 한 여성 관광객이 안내원에게 한 발언을 문제삼아 그들 법을 위반했다며 필요한 조사를 한다고 주장했다. 금강산 관광사업을 개시한지 처음 일어난 억류 사건에 대해 남한은 북한에 대해 강력히 항의하고 즉각적인 석방을 요구하였다. 이어 금강산 관광객의 신변안전이 보장될 때까지 금강산 관광사업을 전면 중단한다는 강경한 조치를 취했다. 남한은 금강산 관광객의 신변안전을 위해 관광세칙과 신변안전조치에 합의하고 유사한 사태처리를 위한 남북조정위원회를 설치할 것을 요구하였으며, 이러한 요구가 받아들여지기 전까지는 관광선 운항을 중단하고 대북 송금도 불허한다는 입장을 밝혔다. 북한은 6월 25일 억류관광객을 돌려보냈지만 관광선 운항이 재개된 것은 이와 같은 요구가 충족된 8월 5일에 이르러서였다. 이 관광객 억류사건은 북한 군부가 서해 교전에서 큰 피해를 본데 대해 앙심을 품고 상처입은 자존심을 만회하는 보상 수단으로 저지른 것으로 보여진다.

이러한 예상하지 못한 돌발사건들이 이어지는 가운데 당국대표회담이 열려진 만큼 그 성과를 기대하기는 어려웠다. 6월 22일과 26일에 열린 회담에서 북한측은 서해 교전에 대해 남한측이 계획적이고 고의적으로 무장도발을 자행했다며 사과하고 재발방지를 담보하라고 주장하고 이산가족 문제 협의를 외면했다. 7월 1일에 열린 2차 회담에서도 북한측은 아무런 태도 변화가 없었다. 서해 교전에 대해 사과하고 재발방지를 보장하며, 비료 잔여분 10만 톤의 수송계획을 내놓는다면 다른 문제를 협의하겠다는 것이었다. 남한측은 이미 합의한 대로 이산가족 문제에 대한 협의가 이루어지지 않으면 비료는 더 이상 지원될 수 없음을 분명히 하였으며, 이로써 두 번째 당국 간 회담도 성과없이 끝나고 말았다.

(4) 민족화해협력범국민협의회(민화협)의 발족

북한은 김대중 정부의 출범을 앞두고 1998년 2월 18일 정당·단체 연합회의를 열어 연북화해정책으로의 전환을 요구하면서 민족대단결의 입장에서 통일방안을 논의하자고 편지를 보내 왔다. 당국을 배제하고 각계각층을 망라하는 군중집회식 대민족회의나 정치협상회의를 열자는 대남공세는 매년 되풀이 되어온 것이었다. 북한은 6월에 들어와서는 범청학련 통일대축전을 개최할 것을 선동하고, 정당·단체들과 각계 인사들한테는 8.15에 즈음하여 판문점에서 '민족의 화해와 단합, 통일을 위한 대축전'을 개최할 것을 제의했다. 남한에서도 일부 재야단체들이 이에 호응하여 8.15 통일대축전을 추진하고 대북 접근을 시도했다.

정부가 이를 차단하고 과거와 같이 대응한다면 남북간에 불필요한 소모전이 전개되고 남한 사회 안에서의 이념적 갈등이 재연되는 현상을 답습할 것이었다. 포용정책을 선언한 김대중 정부는 8.15 통일대축전 행사를 불법 행사로 몰아 북한의 의도에 말려드는 결과가 되는 것을 방치할 것이 아니라, 이를 통일축구 교환경기 등 남북 간에 화해와 단합을 기하는 계기로 삼겠다는 적극적인 대처를 강구하게 된다. 이에 따라 일차적으로 당국이 주선하여 정당 · 단체 및 각계 인사로 준비위원회를 만들어 양측 위원회 간에 행사의 구체적 내용과 절차문제들을 협의케 하자고 제안했으나 북한은 이를 거부하고 일방적으로 행사를 강행하였다.

남한은 이러한 북한의 구태의연한 통일전선전술이 남북관계 진전에 아무런 도움이 되지 않는다고 보고 범국민적 민간기구가 구성되어 이에 공세적으로 맞서서 제압하거나 흡수할 수 있기를 바랐다. 이렇게 함으로써 북한의 통일전선식 접근을 완충시키고 순수한 목적에서 민간 분야의 교류와 협력을 적극 추진하여 포용정책을 구현할 뿐만 아니라 통일문제에 대한 국론을 통합하는 효과를 거두겠다는 것이었다.

이에 따라 1998년 9월 각 정당과 관련단체의 지도자들을 비롯하여 진보 · 보수를 망라한 다양한 성격의 단체들이 민족화해협력범국민협의회('민화협')를 결성함으로써 민간 차원의 접촉과 교류를 주도하고 대북문제에서 조율된 공동입장을 갖게 되었다. 북한은 초기에 이 '민화협'이 민간단체의 외피를 쓴 관제어용기구라며 대화와 협상의 대상으로 삼지 않을 것이라고 주장했지만, 2000년 이후 '민화협'은 남북간 사회문화교류의 중심체로서 활발한 활동을 전개하였으며, 북한도 이에 대응하는 민족화해협의회라는 외곽단체를 만들었다.

(5) 남북 상설대화기구 창설 제의

대북 포용정책을 내세운 김대중 정부는 정경분리 원칙에 입각한 남북교류 증진을 착실히 실천해 나갔다. 북한이 잠수정 침투 사건을 일으켰을 때도, 또 미사일을 발사하고 지하핵시설 의혹이 불거지고 서해 교전이 벌어졌을 때도 정책기조는 불변임을 밝히고 금강산 관광사업을 지속하여 진정성을 보여주었다. 또한 미국의 대북정책 변화를 이끌어내기 위해서도 노력을 하였다. 1998년 6월의 한미 정상회담을 통해 남북관계 개선과 미북관계의 진전이 조화를 이루어야 한다는데 의견을 같이 하고 북한에 대한 제재를 단계적으로 완화해 나가는 것이 바람직하다는 입장을 밝혔다. 또한 한반도 냉전구조 해체를 위해서는 포괄적 접근이 필요하며 북한의 미국 및 일본과의 관계개선을 돕겠다고 지속적으로 강조했다.

이러한 포용정책의 실천 노력과 함께 남한은 1998년 8월 15일 광복절 경축사를 통해 다시 한번 대북 포용정책의 내용들을 보다 구체화하여 제시하였다. 남북기본합의서의 틀 내에서 공존공영의 남북관계를 실현하고, 정경분리의 원칙을 견지하면서 상호 이익과 민족복리를 도모하며, 분야별 공동위원회를 가동하여 남북기본합의서를 이행함으로써 평화정착과 통일의 토대를 마련하자고 강조한 것이다. 특히 남한은 남북기본합의서 정신에 입각하여 북한의 안정과 발전을 지원할 용의가 있음을 밝혔다. 또한 공동위원회의 정상 운영에 앞서 남북한 간에 시급히 해결해야 될 주요 현안문제를 지속적으로 협의 · 해결하기 위해 장차관급을 대표로 하는 남북 상설대화기구를 창설할 것을 제안했다. 그리고 이러한 모든 문제들을 협의하기 위해 대통령 특사를 평양에 파견할 수도 있음을 밝혀 남북관계를 타개하려는 적극적인 의지를 보였다.

2. 1990년대 후반의 북한

가. 대내적 상황

북한은 1997년이 최악의 해였다. '우리식 사회주의'의 우월성을 강조하고 있었지만 경제는 마이너스 성장이 누적되어 계획경제가 무너지고 외부의 지원 없이는 회복이 불가능한 상태에 빠졌으며, 사회 전반에 걸쳐 이완현상이 심화되고 사상적 변절을 방지하는데 급급해야만 할 실정이었다. 총체적 체제위기를 군대를 앞세워 극복하려는 비상관리체제로 돌입했지만 인민들의 기본적인 생활 수요를 충족시키는 문제는 해결의 전망이 보이지 않고 있었다. 김정일로서는 새로운 최고 통치권자로서의 권위를 확보하고 인민생활의 개선을 위한 비전과 효능있는 치적을 과시하는 것이 절실하였다. 국가의 최고 직책을 비워둔채 유훈통치를 더 이상 지속하기도 어려운 상황을 맞게 된 것이다. 김정일은 결국 1997년 10월 당대회를 열지도 않은채 당 중앙위원회와 중앙군사위원회의 추대 형식으로 노동당 총비서를 승계하였으며, 군대가 혁명주체의 핵심역량이고 군대를 기둥으로 혁명을 완수해야 하며 온 사회가 군대가 창조한 정신과 도덕, 문화와 기풍을 사업과 생활에 철저히 구현해 나가야 한다면서 선군정치를 표방하였다.[9]

1998년에 들어와 북한은 강성대국론을 김정일 시대의 새로운 정치이념으로 내세우기 시작하였다. 강성대국론은 사상과 정치의 강국, 군사의 강국, 경제의 강국을 건설하자는 것이다. 즉, 사상면에서 당과 혁명대오의 공고한 사상의지적 통일단결이 이룩된 나라, 군사면에서 강력한 공격수단과 방어수단을 다 갖춘 무적필

9) 1998년 1월 1일 로동신문, 인민군보 신년 공동사설 참조.

승의 강군과 전민 무장화, 전국토 요새화가 실현되어 난공불락의 보루를 이룬 나라, 경제면에서 사회주의 건설을 촉진시켜 경제가 활성화되고 자립경제의 위력이 높이 발양된 나라를 만들면 강성대국으로 올라설 수 있다는 것이다.[10] 강성대국론은 김정일 시대의 본격적인 출범에 즈음하여 주민들에게 새로운 비전과 희망을 제시하는 한편 북한 정권이 건재하다는 것을 대외적으로 과시하기 위한 슬로건이었는데, 이것은 역으로 북한이 생존 그 자체에 매달려야 할만큼 어려운 환경에 처해 있었다는 것을 말해준다.

1998년 8월 31일 북한은 광명성 1호라고 하는 인공위성을 발사하여 궤도에 진입시키는데 성공했다고 9월 4일 공식 발표하였다. 이 로켓은 여러 가지 정황으로 보아 인공위성을 궤도에 진입시키지 못했고 인공위성 발사체라기보다는 대포동 1호로 일컬어지는 중거리미사일 시험발사용인 것으로 분석되었다. 이로써 북한이 핵무기 개발을 위한 활동을 지속하고 있을 뿐만 아니라 핵탄두를 장착시켜 발사할 수 있는 탄도미사일 개발 능력을 갖추어가고 있음을 확인시켜 주었다. 여하튼 북한은 이를 위성발사의 성공이라고 대대적으로 선전하였는데, 그 의도는 다목적적이었다.

북한 정권이 수립된지 50주년이 되는 시점에서 본격적인 김정일 시대의 개막을 축하하는 분위기를 조성하려는 것과 함께, 인공위성을 강성대국의 상징이자 김정일의 치적으로 포장하여 침체된 사회분위기를 일신하고 김정일 체제를 공고히 하기 위한 정치적 동력을 확보하려는 의도가 있었다. 또한 미국을 비롯한 국제사회에 미사일 발사 능력을 과시하여 관계정상화에 관심을 보이

10) 로동신문(1998.9.9): '위대한 당의 령도 따라 사회주의 강성대국을 건설해 나가자'.

지 않고 있는 미국을 협상의 장에 불러들여 제2의 제네바 합의를 이끌어내려는 의도도 갖고 있었다. 실제로 미국은 북한의 중장거리 미사일 개발을 우려하여 대북정책의 전면적인 재검토 요구에 직면하게 되며, 결과적으로는 북한과 미사일협상을 진전시켜 1999년 9월 베를린에서 '미사일협상이 진행되는 동안에는 미사일 발사를 유예하기로 하며, 미국은 대북 경제제재를 해제하고 식량을 지원한다'는 합의가 이루어졌다.

북한은 인공위성의 성공적 발사를 발표한 다음날 1998년 9월 5일 최고인민회의 제10기 1차 회의를 개최하여 헌법을 개정하고 국방위원장을 국가의 최고 직책으로 격상시킨 다음 김정일을 이 국방위원장에 재추대하였다. 개정헌법은 첫째, 헌법 서문을 신설하고 김일성을 '사회주의 조국의 시조'로 규정하였으며, 김일성을 '공화국의 영원한 주석으로 모시고' 그의 사상과 업적을 계승 발전시킬 것임을 밝히면서, 이 개정헌법을 '김일성 헌법'이라고 명명하였다.

둘째, 권력구조를 대폭 개편하였다. 주석직과 중앙인민위원회 및 정무원을 폐지하고 내각제를 채택하였으며, 국방위원장, 최고인민회의 상임위원장, 내각 총리가 권력을 분점하는듯한 형식을 취하였다. 최고인민회의 상임위원회가 종전의 국가주석과 중앙인민위원회의 일부 기능을 통합 수행하게 되었고 그 상임위원장에게 국가를 대표하는 권한을 부여하였다. 즉, 대외적으로 국가원수인 셈이다. 내각 총리도 전반적 국가관리기관으로서 북한 정부를 대표하는 권한을 갖는 등 권한이 강화되었다. 국방위원장은 '국가 주권의 최고 군사지도기관이며 전반적 국방관리기관'이라고 규정되어 있지만, 실제로는 막강한 권한을 가진 국가의 최고 직책이며 군대뿐만 아니라 국정 전반을 실질적으로 장악하고 모든 결정권을 행사한다. 김영남 최고인민회의 상임위원장이 김정일을 국방위원장에 추대하면서 국방위원장은 "나라의 정치 · 군사 · 경제 역량의 총체를 통솔 · 지휘하는 국가 최고의 직책"이며, "일체의 무력을 지휘 · 통솔하여 국방사업 전반을 지도하는 절대적인 직책"이라고 밝힌 바 있다.[11]

셋째, 경제와 관련한 부분에서 제한적이나마 시장경제적 요소를 가미하는 방향으로 변화의 모습을 보이고 있다. 개정헌법은 "터밭 경리를 비롯한 개인부업 경리에서 나오는 생산물과 그 밖의 합법적인 경리활동을 통하여 얻은 수입도 개인소유에 속한다"며[12] 개인소유 범위를 확대하고 대외무역에 대한 통제를 완화하였으며 가격이나 원가, 수익성 같은 시장경제 개념을 일부 도입하였다.

이렇게 함으로써 김일성 주석의 사망 후 근 4년간의 공백을 마감하고 명실공히 김정일 시대가 개막되었다. 그러나 북한은 김일성이라는 사상적 구심점이 없어진 상황에서 체제를 유지하기 위한 결속력을 강화하여 흐트러진 사회기강을 다잡고 인민생활 개선에 대한 희망을 심어주는 것이 최대의 당면과제로 여전히 남아 있었다. 1998년 3월 김정일은 함경북도 성진제강 연합기업소를 찾아가 전후복구 시기에 전개했던 천리마 운동에 비견되는 '제2의 천리마 대진군'을 발기했지만 지속적인 군중노력동원 운동은 한계에 부딪쳤다. 경제난의 여파로 재외공관의 30% 정도가 폐쇄

11) 1998년 9월 5일 최고인민회의 제10기 1차 회의에서 김영남 최고인민회의 상임위원장이 한 추대 연설.

12) 북한의 1998년 개정 헌법 제24조.

되기도 했다. 1999년 4월에 열린 최고인민회의 제10기 2차 회의에서는 200억 1,821만 원의 세출예산을 책정했는데, 이는 1994년의 예산과 비교할 때 절반 이하로 줄어든 것으로 5년간 재정규모가 지속적으로 축소되어 왔음을 알 수 있다.[13] 그렇긴 해도 김일성 사망 이후 처음으로 예산안을 상정하고 공개했다는 사실 자체는 경제가 최저점을 때리고 어느 정도 추스릴 수 있는 단계로 접어드는 조짐으로 보여졌다.

1998년과 99년의 북한은 이와 같은 산적해 있는 과제들을 해결하는 방안을 놓고 고심하면서 타개의 방향을 잡기 위해 침잠에 들어갔던 시기이다. 미국 및 일본과의 관계를 개선하고 국제사회에 정상적인 일원으로 참여하기 위해 대량살상무기를 폐기하는 문제와 세계적인 시장경제의 확산에 부응하기 위해 경제정책을 획기적으로 전환하는 문제를 놓고 김정일의 결단을 요구하는 시기가 점점 다가오고 있었다.

나. 대남정책

김대중 정부의 출범을 앞두고 북한은 1998년 1월 당보 · 군보 공동사설을 통해 남한 정부가 반북대결정책을 연북화해정책으로 바꾸고 국가보안법을 철폐하며 안기부를 해체할 것을 요구했다. 또 2월 18일의 정당 · 단체 연합회의를 통해 외세의존을 배격하고 연북화해정책으로 전환할 것을 요구하면서도 남북이 공존 · 공영 · 공리를 도모할 것을 주장하고 대화의 문을 열어놓고 있다는 것을 강조했다.

김대중 대통령의 취임사에서 3원칙을 밝히고 남북기본합의서

13) 통일부, 『2004 북한개요』(2003), p.251 참조.

이행을 위한 특사교환을 제의한데 대해서도 전환적인 정책표명이 없어 실망을 안겨주었다고 부정적인 반응을 보였다.[14] 4월에 들어와 남북당국대표회담이 개최되었지만 북한측이 상호주의를 받아들이지 않고 일방적인 시혜만을 고집함으로써 성과없이 끝나고 말았다. 그 직후인 4월 18일 김정일 위원장의 서한 형식으로 '민족대단결 5대 방침'이 발표되었다. 이것은 ① 민족자주의 원칙에 입각한 대단결, ② 애국애족의 기치 밑에 단결, ③ 남북사이의 관계 개선, ④ 외세지배 반대, 반통일세력 반대 투쟁, ⑤ 온 민족이 내왕하고 접촉 · 대화를 발전시키며 연대와 연합 강화 등을 그 내용으로 하고 있다. 이는 1993년 4월 김일성의 '전민족대단결 10대 강령' 내용을 추려서 제시한데 불과하나. 민족대단결을 위해 남북한 간에 관계를 개선하여야 한다는 항목은 시점과 대상으로 보아 특이한 면이 있다. 이 5대 방침의 발표는 대내적으로는 김정일의 통일지도 능력을 과시하는 한편 남한 정부의 대북 포용정책에 대응하면서 그 실체를 확인하려는 차원에서 이루어진 것으로 보인다.

이후 남한은 남북정상회담, 남북적십자회담, 특사교환, 상설대화기구 창설, 국제체육경기대회에 남북단일팀 참가, 경평축구대회의 부활 등을 연이어 제의했지만, 북한은 이를 계속 거부하면서 남북관계를 경색시키는 태도를 견지했다. 특히 김대중 대통령의 8.15경축사에 대해서는 '조평통' 서기국이 공개질문장을 내고, 주한미군 영구 강점 애걸, 국가보안법과 안기부 존속, 상호주의, 외세와의 합동군사연습 등을 비난하였다. 북한은 밖으로는 '햇볕정책'이 조국통일 3대원칙에 반하는 반북 · 반통일의 대결정책이라고

14) 로동신문(1998.2.28).

낙인찍고 이전 정권과 하등 달라진 것이 없다고 주장하였다. 그러나 김대중 대통령에 대한 직접적인 거명 비난은 삼갔으며, 잠수정 침투나 무장간첩 침투 사건에도 불구하고 대북정책의 일관성을 유지하고 있는 데 대해서는 조심스러운 반응을 보였다. 또한 정경분리의 간판 밑에서 실제로는 남한 당국이 민간급의 교류협력을 가로막고 있다고 비난하기도 했는데, 이는 정경분리 그 자체에 대해서는 긍정적으로 평가하고 있음을 시사한 것이었다.

북한은 1998년 한해 동안 남한 새 정부에 대해 연북화해라는 유화정책을 기대하면서 대북 포용정책의 실체를 가늠해보려 하였다. 당국 간 협력이 여의치 않자 민간급 협력에 치중하여 실익을 취하는 이중적 태도를 보였는데, 이같은 이중적 태도는 1999년 들어 더욱 노골화되었다. 북한은 당보 · 군보 · 청년보의 신년 공동사설을 통해 '민족대단결 5대 방침'을 재강조한데 이어, 2월 3일 정부 · 정당 · 단체 연합회의를 개최하여 고위급정치회담을 제의하였다. 이 회담에서 남북기본합의서 이행문제, 남북 간 교류협력문제, 이산가족문제 등 당면문제들을 협의하자는 것이었다.

그런데 국가보안법 철폐, 외세와의 공조 파기, 합동군사훈련 중지, 통일애국 단체와 인사들의 활동 보장 등을 선행실천사항이라며 상반기에 이러한 선행실천사항들이 해결되면 하반기에 가서 고위급정치회담을 열자는 것이었다. 그럼에도 불구하고 북한이 연합회의에서 공식적으로 이를 채택하여 남한측에 서신으로 전달해왔다는 점과 그동안 남한측이 제기해온 문제들을 의제에 포함시켰다는 점에서 남한은 긍정적으로 평가하고 당국 간 회담을 실현시키려 노력하였다. 그러나 북한의 이 회담성립을 위한 전제조건으로서의 선행실천사항은 지속적으로 강조되었고 포용정책에 대한 비난 강도도 점차 높아져 갔다.

북한의 대북 포용정책에 대한 반응은 다음과 같다. "원래 남북관계에서 포용이란 있을 수 없으며, 이 말을 쓰는 것 자체가 민족의 단합과 통일을 바라는 겨레의 지향에 대한 우롱이자 모독",[15] "포용정책의 진속은 반인민적 식민지 제도를 공화국 북반부에까지 연장시키려는 대결정책",[16] "미국의 '평화적 이행전략'의 변종으로 화해와 협력의 미명 아래 우리를 개혁 · 개방으로 유도하여 자유민주주의 체제에 흡수통일하려는 모략책동",[17] "구 소련을 붕괴시킨 미국의 '평화적 이행전략'의 모조품으로서 선임자들의 반공정책과 아무 것도 다른 것이 없다".[18] 이와 같은 비난내용으로 볼 때 북한은 대북 포용정책을 수세적 입장에서 남한의 흡수통일 전략으로 인식하였으며, 남한의 여러 가지 실천 조치에도 그 진정성을 의심하여 선뜻 손을 잡지 못하는 상황에 있었다고 보여진다.

그럼에도 불구하고 남한은 1999년에 들어와 상호주의를 비동시적 · 비대칭적 · 비등가적으로 탄력성 있게 적용한다는 방침을 발표하고,[19] 인도적 지원에서도 물품의 범위를 확대하며 정부가 국제단체나 제3국을 통하지 않고 직접 지원하는 방안도 강구키로 한다고 밝히는 등 유화적 메시지를 계속 전달했다. 미국이 페리 전 국방장관을 대북정책조정관에 임명하여 대북정책을 전면적으로 재검토하는 과정에서도 대북 포괄적 접근방안을 선도적으로 제시하고 미국을 설득하였다. 포괄적 접근방안은 한마디로 북한

15) 평양방송(1999.5.3).
16) 로동신문(1999.6.4).
17) 북한 외무성 대변인 담화(1999.8.17).
18) 북한 조평통 서기국 성명(1999.11.6).
19) 국가안전보장회의 상임위원회 발표(1999.1.7).

이 핵과 미사일을 포기하면 한 · 미 · 일이 북한 체제의 안전을 보장하고, 경제제재 해제 및 전폭적인 경제지원을 하며, 미국 · 일본과의 수교를 보장해준다는 것이었다. 페리 조정관은 1999년 5월 평양을 방문하여 클린턴 대통령의 친서를 전달하고 이 포괄적 방안을 제시하였다.

북한은 선행실천사항을 내걸고 당국 간 회담을 회피하고 있는 가운데도 비공개리에 남한측과 접촉을 진행하여 차관급 당국회담을 개최하기로 합의하기도 했다. 그러나 그 바로 직후 서해 해상에서 남북 함정사이에 충돌이 일어나고 교전상황이 발생한데다 금강산 관광객을 억류하는 사건이 연이어 터지자 북한은 다시 경색국면을 선택했다. 남한 정부도 국민들의 대북 감정이 악화되어 더 이상 진전시킬 수 있는 상황이 아니었다. 이로 인해 금강산 관광은 40일간이나 중단되었고 북한은 인민군 총참모부를 내세워 서해 북방한계선이 무효라고 주장하면서 그들 임의대로 서해 해상 군사분계선을 선포하고 나서 군사적 긴장을 고조시켰다.[20]

당시 북한은 남북관계를 긴장상태에 두는 것이 대내 주민들의 결속을 다지고 군의 사기를 진작시키는데 유리하다고 보았고, 남한측이 요구하는 이산가족 상봉 등 화해 지향의 행사가 이루어질 경우 북한 사회의 분위기와 배치되고 경제적 상황을 타개하는 데도 부정적인 결과를 가져온다고 판단한 것으로 보인다. 한편으로는 미사일협상, 금창리 핵의혹시설을 둘러싼 논란, 미군 유해 발굴 등 미국과의 협상에 전력을 쏟고 있었다는 점에서 남북관계를

20) 1999년 9월 2일 조선인민군 총참모부 특별보도를 통해 서해상의 좌표를 임의로 지정하고 그 북측 해상수역을 조선인민군측 해상군사통제구역으로 한다고 선포했다.

끌고 나갈 여력이 없었고, 또 북미관계의 진전을 통해 남한을 종속적으로 끌고 갈 수 있다는 계산을 한 것으로 보인다.

3. 2000년 남북정상회담의 개최

가. 정상회담 개최의 배경

2000년에 들어와 남한은 한반도 냉전구조 해체과정을 본격적으로 추진해 나가기로 하고, 정경분리 원칙하에 민간경제협력을 확대하여 상호이익과 공존공영의 틀을 구축함으로써 남북경제공동체를 건설해 나가겠다고 정책방향을 제시했다. 북한은 남한 당국이 외세의존에서 벗어나고 국가보안법을 철폐하며 국가정보원을 해체하는 등 근본문제부터 해결해야 한다며 남한의 제의를 외면했다. 이러한 가운데도 그동안 현대와 북한과의 사업을 주선해 온 요시다 다께시라는 일본 경제인을 통해 남한측은 남북정상회담 추진의사를 북한측에 전달했고, 북한측이 이에 긍정적인 반응을 보이기 시작했다.[21)]

북한은 남한측의 제의를 확인하기 위해 박지원 문화관광부장관과 송호경 아태 부위원장 간에 싱가포르에서 비밀접촉을 가질 것을 제의해왔다. 3월 9일에 가진 예비 접촉에서 북한측은 남한 최고당국자의 정확한 의도를 확인하였으며 '상부에 보고하겠다'는 반응을 보이고 접촉을 마쳤다. 그러나 바로 이날 독일을 방문 중이던 김대중 대통령이 베를린자유대학에서 "독일 통일의 교훈과 한반도 문제"라는 제목의 연설을 하였다. 김 대통령은 이 연설에서 다음과 같은 요지의 '베를린 선언'을 발표하였다.

---

21) 요시다의 역할에 관해서는 임동원, 앞의 책, pp.27-28 참조.

"우리는 북한이 경제적 어려움을 극복할 수 있도록 도와줄 준비가 되어 있다. 북한 당국이 요청한다면 우리는 민간 경협을 정부간 협력으로 전환하여 도로, 철도, 항만, 전력, 통신 등 사회간접자본에 적극 투자하고 북한의 농업구조개혁에도 협력할 용의가 있다. 우리는 북한의 안전과 경제회복, 국제사회 진출 등을 보장할 것이니 북한도 무력도발과 핵개발을 포기하고 장거리 미사일 야망을 버려야 한다. 북한은 냉전종식과 평화정착을 위해 화해협력에 호응하고 이산가족문제의 해결에도 적극 노력해주어야 한다. 이러한 모든 문제를 효과적으로 해결하기 위해 남북한 당국자 간 대화가 필요하다. 남북기본합의서 이행을 위한 특사교환 제의를 수락할 것을 촉구한다"

이 '베를린 선언' 이후 로동신문은 내용에 새로운 것이 없고 기제시한 선행실천사항에 남한측이 실지 행동으로 긍정적인 변화를 보인다면 허심탄회하게 협상할 것이라는 논평을 내었지만,[22] 내면적 반응은 부정적이지 않았다. 3월 17일에 중국 상하이에서 박지원 장관과 송호경 부위원장간에 특사접촉이 정식으로 이루어졌으며, 3월 23일 두 번째 접촉을 가졌다. 이 자리에서 북한측은 정상회담을 하겠다는 의사는 드러내 보였지만 두 가지 문제로 난관을 조성하였다. 하나는 헌법상 국가수반이 김영남 최고인민회의 상임위원장이라는 점을 들어 김영남과 정상회담을 하고 김정일 위원장과의 만남은 상봉으로 표현해야 한다는 것이었고, 또 하나는 정상회담 전에 현금지원을 포함한 경제원조에 대해 구체적인 약속을 요구하는 것이었다. 남한측이 이를 수용하지 못함으로써 접촉은 일단 결렬되었다.

22) 로동신문(2000.3.15).

그러나 그 후 북한측이 베이징에서 실무접촉을 갖자고 제의해 온 데 따라 양측 실무자 간에 합의서 문안의 구체적인 조정작업이 이루어졌고, 4월 8일 박지원 장관과 송호경 부위원장 양 특사가 다시 만나 이를 확인하고 남북정상회담 개최에 관한 합의서에 서명하게 되었다. 이 비밀접촉 결과는 4월 10일 서울과 평양에서 동시에 발표되었다.

"남과 북은 역사적인 7.4남북공동성명에서 천명된 조국통일 3대원칙을 재확인하면서 민족의 화해와 단합, 교류와 협력, 평화와 통일을 앞당기기 위하여 다음과 같이 합의하였다.

김정일 국방위원장의 초청에 따라 김대중 대통령이 금년, 2000년 6월 12일부터 14일까지 평양을 방문한다.

평양 방문에서는 김대중 대통령과 김정일 국방위원장 사이에 역사적인 상봉이 있게 되며 남북정상회담이 개최된다.

쌍방은 가까운 4월중에 절차문제 협의를 위한 준비접촉을 갖기로 하였다"

남한과 당국 간 회담을 기피해온 북한이 정상회담에 호응해 나온 이유에 대해서는 여러 가지 분석이 가능하다. 첫째로 북한의 내부사정이다. 1998년 본격적인 김정일 시대가 출범했지만 누적적으로 마비되어온 계획 메카니즘이 단기간에 회복되기는 어려웠다. 농업제일주의, 경공업제일주의, 무역제일주의 등 3대 제일주의를 내세워 주민생활 향상을 위한 노력을 집중적으로 펼쳤지만 석탄, 전력, 금속 등 선행부문이 이를 받쳐줄 수가 없었다. 새로운 분조관리제를 도입하는 등[23] 경제관리 체제를 부분적으로 개선하는 것으로는 물질적인 자극이 될 수 없었다.

북한으로서는 경제관리 체제를 전면적으로 재검토해야 할 필요성이 점차 증대하고 있었고 그 성공 여부는 결국 밖으로부터의 자본과 기술 도입에 달려 있었다. 더구나 다가오는 2002년은 김일성 탄생 90주년, 김정일 탄생 60주년이 되는 해이므로 이에 맞추어 가시적인 성과를 내놓고 축제로 맞이하는 것은 김정일의 영도력을 공고히 하는데 대단히 긴요한 과제였다. 남북정상회담은 우선 사회 전반의 관심을 통일문제에 집중시키면서 김정일의 통일지도자로서의 면모를 과시하는 기회로 삼을 수 있었다. 또한 정상회담 이후 남북 간에 교류 협력이 증대되고 남한 자본의 투자확대가 따르게 된다면 북한이 당면한 경제적 애로를 타개하고 실리를 취할 수 있게 해줄 것이었다.

둘째로 남한의 포용정책에 대한 신뢰이다. 김대중 정부에 대해 선행실천사항을 던져 연북정책의 가능성을 떠보았지만 이는 기대할 수 없었다. 그러나 김대중 정부 출범 후 2년간 포용정책의 구체적 내용을 확인하였고 잠수정 침투나 서해 교전사태 등에도 불구하고 일관성을 유지하고 있는 데 대해 인식을 달리 하였다. 결국 남한의 포용정책이 소위 흡수통일 전략의 변종으로 의심하지 않아도 될 정도의 진정성을 담고 있다고 본 것이다. 더구나 남한은 포괄적 접근방안을 선택하고 미국을 설득하여 이를 '페리 프로세스'

23) 북한은 계속된 자연재해와 생산량 감소 등으로 위기상황에 봉착한 식량사정을 극복하기 위한 수단의 하나로 협동농장 관리방식을 성과주의로 전환하고 근로의욕을 높이고자 분조규모 축소 및 우대제, 생산계획 하향조정, 초과분 자유처분권 인정 등을 시행하였다. 분조는 협동농장에서 작업반 밑에 조직되어 있는 최하위 생산 조직이다.

로 반영되도록 하였는데,[24] 이는 북한의 대미협상을 용이케 하는 데 대단히 유용한 발판으로 평가할 수 있었다. 또한 대통령이 직접 정부 당국 간 협력을 통해 북한이 절실히 필요로 하는 사회간접자본 투자와 농업구조개혁을 지원할 용의를 밝히고 이를 국제사회에 공언한 것은 그 실현가능성에 대한 기대를 높이게 하였다.

셋째로 대미 관계개선 측면이다. 1999년 9월의 북미 베를린 합의의 후속조치로 미국의 대북 경제제재 해제조치가 이루어졌으며, 북한은 고위급회담이 진행되는 동안에는 미사일 발사를 하지 않을 것이라고 선언하였다. 또한 현안문제와 함께 북미관계 정상화 문제에 대한 본격적인 협상을 진행할 수 있게 되었다. 그러나 북한은 미국의 협상 의지와 진행 속도에 대해 의구심을 갖고 있었다. 실제로 1999년 12월 8일 외무성 대변인 성명에서 북한은 "미국에서 대통령 선거를 앞둔 지금 서로 상반되는 양단의 대북정책안 중에서 어느 것이 진짜 미국의 정책으로 되겠는지에 대해 종잡을 수 없다. 이러한 형편에서 미사일 문제와 같은 중대사를 이제 임기 1년 밖에 남지 않은 현행 정부와 토의 결정한다는 것은 우리에게 있어 커다란 모험이 아닐 수 없다"고 강조했다. 이는 미국의 협상속도에 대한 조바심을 표현한 것이면서 동시에 미국이 빨리 타협하지 않으면 다시 미사일 발사유예를 철회할 것이라는 위협도 겸한 것이었다. 여하튼 북한은 호의를 보이고 있는 클린턴 대통령이 임기를 끝내기 전에 관계정상화 문제를 매듭짓고 싶

24) 1999년 9월 페리 대북정책조정관은 미 행정부와 의회에 북한이 핵무기 및 장거리 미사일 개발을 포기함과 함께 포괄적인 대북관계 정상화 조치를 취하며, 북한이 거부할 경우 군사적 대비태세와 경제제재를 강화하되 전쟁을 방지하기 위해 비상조치를 취해 나가야 할 것이라는 내용의 보고서를 제출하였다.

어 했고, 남북정상회담은 워싱턴의 분위기를 전변시킬 수 있는 좋은 카드로 여겨졌다.

한편 남한은 1999년 여야 간 끊임없는 정쟁이 이어지는 가운데 2000년 4월 13일 제16대 국회의원 총선을 앞두고 국민회의가 자진 해산하고 새천년민주당을 창당하여 신진인사들을 대거 영입하였다. 그러나 공동정권의 한 축인 자민련은 정통 보수세력의 결집을 주창하며 차별성을 부각시키다가 민주당과의 결별을 선언하였다. 4.13 총선은 여당인 새천년민주당이 정국의 주도권을 쥘 수 있는지, 그리하여 김대중 정부의 후반기 정국운영을 강력하게 뒷받침할 수 있는지를 가름하는 하나의 시금석이었고 차기 구도와 관련하여서도 대단히 중요한 선거였다. 이러한 상황은 총선을 목전에 두고 남북정상회담의 발표가 이루어졌다는 점에서 남북정상회담이 총선을 겨냥한 정략적 차원에서 추진되었다는 비난을 면키 어렵게 하였다. 이로 인해 이면합의의 의혹이 계속 제기되어 왔고 노무현 정부에 들어와 특검까지 받게 되었다.

4.13 총선의 결과는 한나라당이 133석, 새천년민주당이 115석, 자민련이 17석, 기타 8석으로 나타났다. 여당이 여전히 제1당이 되지 못하고 자민련이 참패하여 교섭단체 구성도 하지 못하게 된 것이다. 이로 인해 새천년민주당과 자민련은 다시 공조체제를 복원하였으나, 이것이 계속해서 정국을 불안하게 만들고 김대중 정부의 발목을 잡게 만들었다.

나. 정상회담 개최 과정

남북정상회담이 합의된데 따라 4월 22일부터 절차문제를 협의하기 위한 준비접촉이 다섯 차례에 걸쳐 진행되었다. 5월 18

일 남북한 양측은 주요 실무절차 문제를 모두 타결짓고 '남북합의서 이행을 위한 실무절차 합의서'에 서명하였다. 상봉 및 회담 의제는 '민족의 화해와 단합, 교류와 협력, 평화와 통일을 실현하는 문제'로 하고, 수행원 130명, 취재기자 50명으로 대표단을 구성하며, 사전에 선발대를 파견하기로 하였다. 또한 TV실황중계도 가능하도록 모든 편의를 제공하기로 하였다. 의전과 경호, 통신과 보도 등 실무적인 문제들에 대한 논의도 별도로 이루어졌다.[25)]

그러나 남북정상회담에서 구체적으로 무엇을 협의하고 공동선언에 무엇을 담아 발표할 것인지 등 본질적인 문제에 대해서는 거론이 되지 않았다. 이에 따라 5월 27일 임동원 국정원장이 특사로 평양을 방문하여 남한측 입장을 전달하고 공동선언 문제를 협의하고자 하였다. 그러나 북한측은 김대중 대통령이 평양을 방문하면 김일성 주석의 시신이 안치된 금수산기념궁전을 찾아 참배할 것을 요구했다. 그렇게 하지 않을 경우 김정일 위원장과의 상봉은 불가하다고 통보했다. 임동원 국정원장은 6월 3일 다시 평양으로 향했다. 이번에는 김정일 위원장을 직접 만나 남북관계 개선과 통일문제, 긴장완화와 평화문제, 교류협력문제, 이산가족문제와 상호관심사 등 남한측이 생각하고 있는 의제에 관해 입장을 설명하였다. 금수산기념궁전 방문과 김정일 위원장의 서울 방문문제도 논의하였으나, 정상회담 이전에 금수산 기념궁전을 참배해야 한다는 북한측 입장에는 변함이 없었다.[26)]

북한측은 합의된 방북일자 이틀 전인 6월 10일 "기술적인 준

25) 통신 · 보도 분야 실무자접촉은 5월 13일과 17일, 의전 · 경호 분야 실무자접촉은 5월 16일 각각 개최되었다.

26) 임동원 국정원장의 사전 방북 상세 내용은 임동원, 앞의 책 제1장 참조.

비관계로 불가피하게 하루 늦춰 평양을 방문토록 변경해 줄 것"을 요청해 왔으며, 남한측이 이를 수용하여 김대중 대통령의 평양 방문일정은 6월 13일부터 15일까지로 조정되었다. 북한측이 이와 같이 일방적으로 정상회담 일정을 바꾼 것은 김정일 위원장의 신변안전을 최우선 과제로 삼고 김정일 위원장의 일체의 동선을 비밀에 부치는 체제특성에 기인한 것으로 분석했다. 그러나 김정일 위원장이 김대중 대통령과의 첫 환담에서 환영군중에게 미리 어떤 코스로 평양시내를 퍼레이드 하는지 알려주었다고 밝힌 대목은 이러한 분석과 부합하는 것은 아니었다. 그 보다는 북한이 협상의 결과를 그들에게 유리한 방향으로 이끌기 위해 시간이나 장소, 일정 등을 임의로 변경하고 직접 관련없는 문제들을 갑자기 제기하여 협상의 상대방을 제압하고 당혹하게 만드는 것을 통례적인 협상기법으로 활용해왔다는 점과 연관지어 볼 필요가 있다.

마침내 2000년 6월 13일 평양 순안비행장에 안착한 전용기 트랩에서 내려온 김대중 대통령은 영접나온 김정일 위원장과 역사적인 악수를 나누었다. 분단 55년 만에 이루어진 감격적인 해후였다. 김대중 대통령은 인민군 의장대를 사열하고 분열을 받았고, 김정일 위원장과 동승하여 50만 군중이 연도 환영하는 가운데 숙소까지 카퍼레이드를 벌였다. 이후 두 정상은 2박3일 동안 두 차례의 정상회담을 갖고 허심탄회하게 의견을 교환하여 합의점을 찾게 된다.

다. 6.15 남북공동선언의 탄생

남북정상회담이 순탄하게 진행되지만은 않았다. 북한측은 특정 기자들의 입북을 거부하고 사죄와 배상을 요구했는가 하면, 대학가에 인공기를 게양한 사건에 대한 남한 정부의 사법처리 방침과 '주적 발언'을 시비하였고, 금수산기념궁전 참배를 여전히 요구하였다. 또 본질문제에 있어서도 자주문제, 국제공조문제, 연방제문제 등에 대해 의견 차이를 드러냈으며, 김정일 위원장은 공동선언에 구체적인 사업을 명기하는 것을 회피하려 했고 서명 주체에 대해서도 직접 하지 않겠다고 하여 난관을 조성하기도 했다.[27] 결국 6월 14일 자정이 다되어 공동선언 조인식이 거행됨으로써 역사적인 6.15 남북공동선언이 탄생할 수 있었다. '6.15공동선언'의 내용 전문은 다음과 같다.

〈6.15 남북공동선언〉

조국의 평화적 통일을 염원하는 온 겨레의 숭고한 뜻에 따라 대한민국 김대중 대통령과 조선민주주의인민공화국 김정일 국방위원장은 2000년 6월 13일부터 6월 15일까지 평양에서 역사적인 상봉을 하였으며 정상회담을 가졌다.

남북정상들은 분단 역사상 처음으로 열린 이번 상봉과 회담이 서로 이해를 증진시키고 남북관계를 발전시키며 평화통일을 실현하는데 중대한 의의를 가진다고 평가하고 다음과 같이 선언한다.

1. 남과 북은 나라의 통일문제를 그 주인인 우리 민족끼리 서로 힘을

27) 서명 문제에 대해 김정일 위원장은 '상부의 뜻을 받들어 조선노동당 중앙위원회 비서 김용순과 국정원장 임동원'으로 하자고 했다가 김영남 최고인민회의 상임위원장이 대신토록 하겠다는 등 자신이 서명하는 것을 회피하려 했다. 임동원, 앞의 책, pp.118-120.

합쳐 자주적으로 해결해 나가기로 하였다.

2. 남과 북은 나라의 통일을 위한 남측의 연합제 안과 북측의 낮은 단계의 연방제 안이 서로 공통성이 있다고 인정하고 앞으로 이 방향에서 통일을 지향시켜 나가기로 하였다.
3. 남과 북은 올해 8.15에 즈음하여 흩어진 가족, 친척 방문단을 교환하며, 비전향 장기수 문제를 해결하는 등 인도적 문제를 조속히 풀어 나가기로 하였다.
4. 남과 북은 경제협력을 통하여 민족경제를 균형적으로 발전시키고, 사회, 문화, 체육, 보건, 환경 등 제반분야의 협력과 교류를 활성화하여 서로의 신뢰를 다져 나가기로 하였다.
5. 남과 북은 이상과 같은 합의사항을 조속히 실천에 옮기기 위하여 빠른 시일 안에 당국 사이의 대화를 개최하기로 하였다.

김대중 대통령은 김정일 국방위원장이 서울을 방문하도록 정중히 초청하였으며, 김정일 국방위원장은 앞으로 적절한 시기에 서울을 방문하기로 하였다.

'6.15공동선언'은 1972년의 7.4 남북공동성명과 1992년의 남북기본합의서와 더불어 남북관계사에서 중대한 전환점을 마련한 기념비적 문건이다. '6.15공동선언'이 갖는 의의를 살펴보면 첫째, 분단사상 처음으로 남북 쌍방의 최고당국자가 직접 합의하고 서명한 문건이라는 점이다. 이것은 그 자체로 실천적 규범력을 확보하고 있다는 것을 보여준다. 즉, 과거 양산된 합의가 양측의 정치적 수요와 상황의 변화에 따라 실천에 옮겨지지 못하고 사실상 사문화 되어 왔었으나, '6.15공동선언'은 양측이 직접 충분한 토론과 공통적 이해를 바탕으로 국제사회에 함께 실천의지를 밝혔다는 점에서 차별화 된다. 실제로 이후 남북한 간에는 대화와 교류와 협력이 대폭 증가하였고 남북관계가 획기적으로 진전되었다.

둘째, 남한과 북한이 상호 체제인정을 바탕으로 한반도 문제를 당사자 간의 대화를 통해 풀어 나가기로 한 점이다. 한반도 문제는 민족문제이면서 국제적 성격을 띠고 있다. 이러한 이중적 성격을 감안할 때 무엇보다 당사자 해결 원칙에 따라 남북 쌍방이 해결의지를 갖고 주도적으로 임하는 것이 중요하며, 이것이 전제되어야 주변국들의 지지와 협력도 확보할 수 있다. '6.15공동선언'에서 남북한의 자주적 해결 노력을 명시하였고 상시적 대화 채널을 가동시키기로 한 것은 이런 점에서 의의가 크다.

셋째, 통일에의 접근방법에서 공통성을 찾으려는 시도가 처음으로 이루어졌다는 점이다. 통일에 대한 인식과 방법론에서 접근 가능성을 배제해오던 남북한이 정치적 통일은 장기적 과제로서 점진적이고 단계적으로 추진해 나가야 하며, 그 과정에서 남북한이 긴밀히 협력하여 분단 상황을 평화적으로 관리해 나가는 것이 중요하다는 데 인식을 같이하게 된 것이다. 북한은 1991년 김일성 신년사에서 고려민주연방공화국 창설방안이라는 완성형 연방제 통일방안을 일부 조정하여 하나의 제도를 만드는 문제는 후대에 맡기고 잠정적으로 지역 자치정부에 더 많은 권한을 부여하여 점차적으로 연방제를 완성해 나가자고 밝힌 바 있다. 그 권한의 개념이나 범위가 모호하기는 했지만 당장 통일을 추구하기 보다는 평화공존의 토대 위에서 서로 협력해 나가자는 현실적 인식을 갖게 된 것으로 보여졌다.

그런데 남북정상회담에서 김정일 위원장이 '낮은 단계의 연방제'란 남과 북이 군사권과 외교권을 각각 보유하는 등 현존하는 2체제 2정부를 그대로 유지하면서 점진적으로 통일하자는 개념이라고 밝히고 사실상 남한의 연합제와 차이가 없음을 인정하였다. 이것은 1990년대 모호한 채로 남겨졌던 '느슨한 연방제'의 의미와 내용을 구체화한 것이었고, 이에 따라 양측 안이 서로 공통성이 있다는 것을 인정하고 앞으로 이러한 공통성이 통일문제 논의의 토대가 될 수 있음을 공동선언 2항에 포함시켰다.

이 조항은 나중에 야당이 북한측 연방제 통일방안에 동조한 것이 아니냐며 정치쟁점화 하였는데, 북한측은 2000년 10월 6일 고려민주연방공화국 창립방안 제시 20주년 기념보고회에서 안경호 '조평통' 서기국장의 보고를 통해 '낮은 단계의 연방제'에 대해 다시 한번 구체적 내용을 분명히 밝혔다. 그는 "낮은 단계의 연방제 안은 하나의 민족, 하나의 국가, 두 개 제도, 두 개 정부의 원칙에 기초하되 북과 남에 존재하는 두 개 정부가 정치, 군사, 외교권을 비롯한 현재의 기능과 권한을 그대로 가지게 하고 그 우에 민족통일기구를 내오는 방법으로 북남관계를 민족공동의 이익에 맞게 통일적으로 조정해 나가는 것을 기본내용으로 하고 있다"고 설명하였다. 이렇게 볼 때 북한측은 하나의 국가라는 연방제 논리가 살아 있기는 하지만, 실상은 기존의 완성형 연방제 주장을 수정한 것으로 보아야 하며, 결과적으로 점진적인 통일, 중간단계의 설정, 평화공존 토대 위의 협력의 제도화 등 남한측의 연합제 안에 접근해 왔다고 할 수 있다.

넷째, 제반 분야의 교류협력을 활성화 하는 기본 토대를 제공해주고 있다는 점이다. 남북한은 경제협력뿐만 아니라 사회, 문화, 체육, 보건, 환경 등 다양한 분야에서 교류와 협력을 실현해 나가기로 했고 이산가족 방문단 교환사업도 명시하여, 그야말로 불신과 대결의 시대를 마감하고 평화와 화해의 시대를 열어갈 수 있는 조건을 갖추게 되었다. 흡수통일의 우려 속에 정치 · 군사문제 선결을 앞세우며 교류와 협력을 회피해오던 북한이 동참의지를 표명한 것은 한반도 평화구축 문제의 진전과 북한의 개방정책으로의 전환 등에 대해서도 긍정적 기대를 가질 수 있게 하였다. 이와 같이 '6.15공동선언'은 남북한 간에 전쟁의 위험과 소모적인 갈등요인을 없애고 공동번영을 위해 민족 전체의 역량을 건설적이고 창조적인 방향으로 결집시킬 수 있는 계기를 마련해 주었으며, 국제사회에 한민족에 대한 폭넓은 신뢰를 심어주었다는 점에서 의의가 있다고 할 것이다.

4. 남북회담의 다양화와 정례화

남북정상회담 이후 남북한 간에는 다양한 분야에서 회담이 지속적으로 개최되었다. 과거에는 대화 제의 자체도 주변환경의 변화와 대내적 수요에 따라 간헐적으로 이루어졌고, 대화가 열렸다고 해도 신뢰가 뒷받침되지 못했기 때문에 언제든 필요에 따라 진전과 단절을 거듭하는 양상을 보였다. 그러나 정상회담 이후에는 양과 질에서 큰 변화를 보이기 시작했다. 정상회담 이후 2003년 2월까지 총괄분야 13회, 군사분야 17회, 경제분야 21회, 인도분야 7회, 체육분야 2회 등 총 60회의 회담이 각급 수준에서 개최되었다. 또한 회담이 개최되면 과거와 같이 회담외적 목적 달성을 위한 비생산적인 말씨름에 그치지 않고 실질적이고 생산적인 토론을 통해 공통점을 넓혀가는 방향에서 회담이 진행되었다.

'6.15공동선언'을 구체적으로 이행하는 문제와 남북한 간의 현안 문제에 대해서 쌍방이 서로를 이해하는 바탕위에서 현실적인 합의점을 찾았다. 정상회담 이후 공동보도문이 18건, 합의서가 22건이 채택된 것은 이러한 사실을 뒷받침 해준다.

특히 1995년 이래 한반도 내에서 개최되지 못했던 남북회담이 남북을 왕래하며, 또는 판문점과 금강산에서 개최되었는데, 이로써 북한이 정전협정 무실화 시도를 해옴으로써 야기된 군사적 긴장으로 1994년 이래 회담이 열리지 못했던 판문점이 회담장소로 복원되었을 뿐만 아니라 남북한이 직접 군사문제를 협의하기 시작했다는 것은 의미가 크다.

가. 남북장관급회담

'6.15공동선언'에서 합의한 사항을 조속히 실천에 옮기기로 한데 따라 남북한은 장관급회담을 갖기로 하였다. 이에 따라 2000년 7월 29일 서울에서 제1차 회담이 개최된 것을 시작으로 김대중 정부 기간에 양측 지역을 번갈아 가며 아홉 차례 개최되었다. 남북장관급회담은 '6.15공동선언'을 이행하기 위한 대책을 마련하고 이를 실천하는 과정에서 제기되는 제반 현안문제들을 다루어 나가는 중심적 협의체로서 역할을 했다. 그렇기 때문에 군사 · 경제 · 사회문화 · 인도 등 제반 분야의 회담을 생성시키고, 그 회담들의 진행을 총괄 조정하며 지원하는 기능도 수행했다.

제1차 회담(2000년 7월 20일~31일)에서는 장관급회담의 운영원칙을 정하고 판문점 연락사무소 업무 재개, 조총련 동포들의 고향방문 협력, 경의선 철도의 끊어진 구간 연결 등에 합의하였다. 제2차 회담(2000년 8월 29일~9월 1일)에서는 이산가족 방문단 교환사업의 추가적 실시, 군사당국자 간 회담 개최, 경협을 확대 발전시키기 위한 제도적 장치 마련, 경의선 철도 연결 및 문산-개성 간 도로 개설, 임진강 수해방지 사업의 공동 추진, 한라산과 백두산 시범 관광단 교환 등에 합의하였다.

군사당국자 간 회담은 남측 수석대표인 박재규 장관이 자강도 강계까지 가서 김정일 위원장을 직접 만나 요청한데 따른 것이다. 이후 김용순 대남담당비서의 서울 방문시 이를 확정하여 남북관계사상 최초로 남북국방장관회담이 열렸고 화해협력 문제 뿐만 아니라 평화문제도 다루게 된다.[28)]제3차 회담(2000년 9월 27일~30일)에서는 이산가족들의 생사확인 · 서신교환 · 면회소 설치 등에 관한 조속한 조치, 경제분야의 제반 문제를 협의하기 위한 남북경제협력추진위원회의 설치, 서울 평양 친선축구대회 및 교수 · 대학생 · 문화계 인사 등 방문단 상호 교환 검토 등에 합의하였다. 이로써 장관급회담과는 별개로 경제분야를 심도있게 다루어 나갈 협의체가 발족되어 제4차 회담 직후 평양에서 첫 회의를 갖게 된다.

제4차 회담(2000년 12월 12일~16일)에서는 남북경제협력추진위원회의 구성 및 1차 회의일자, 어업부문 상호 협력, 태권도 시범단 교환, 이산가족들의 생사확인 및 서신교환 시범 실시, 북한측의 한라산 관광단 및 경제시찰단 파견 등에 합의하였다. 이 회담에서 북한은 남한의 전력지원을 집요하게 요구하였으며, 이를 압박하기 위해 '2000 국방백서'에 북한을 주적으로 표현한 것을 집중 비난하고 나오는 등 실질적 토의를 지연시키기도 하였다. 한편 그동안 실무적으로 합의된 4개 경협합의서(이중과세 방

28) 상세한 내용은 이 책 p.260 참조.

지, 투자보장, 상사분쟁 해결절차, 청산결제)에 대한 정식 서명이 이루어졌다.

이후 미국에서 대통령 선거를 거쳐 2001년 1월 부시 행정부가 새로이 출범함에 따라 남북관계의 상황이 달라지기 시작했다. 부시 정부는 북한을 불량국가로 낙인찍고 대북정책에 대한 전면 재검토 작업에 들어간 것이다.[29] 북한은 북한대로 부시 대통령의 적대적 태도와 김정일에 대한 인신공격에 분개하면서 미국의 대북정책 방향을 지켜보기 위해 남북당국 간 대화를 중단하고 남북관계 진전의 속도를 늦춤으로써 그동안 진행되어온 화해와 협력의 노력이 탄력을 잃게 되었다.

이에 따라 북한은 2001년 3월 13일부터 제5차 회담을 개최하자는데 합의해 놓고도 회담 당일에 "여러 가지를 고려하여 오늘하기로 된 제5차 북남상급회담에 우리측 대표단이 나갈 수 없게 되었다"고 통보하는 전통문을 보내와 무기한 연기하였다.[30] 그러나 2001년 6월에 들어와 북한 선박 3척이 제주해협을 침범하여 통과한 사건이 발생했고,[31] 8월 15일 평양에서 개최된 2001년 민족통일대축전 행사에 참여했던 일행중 일부가 몇 가지 돌출행동을 한 것이 발단이 되어 국회에서 통일부장관 해임안이 가결되었

29) 부시 미 대통령은 2001년 3월 8일 한미 정상회담 후 공동기자회견에서 '대북정책을 근본적으로 재검토할 것이며 대북접촉 재개를 서둘 의사가 없다'고 밝혔다.

30) 북한은 2001년 3월 7일 전통문을 통해 3월 13일 개최에 동의하였고 대표단 일행이 서울에 오기 위해 베이징에 이동해 놓고도 당일 회담 불참을 통보해 왔다.

31) 북한 선박들은 동 · 서 공해상을 항해하다가 사전 허가 없이 남한 영해를 무단 침범하였으며, 남한측은 이를 군사정전협정 위반으로 규정하고 북한측에 강력히 경고했다.

다.[32] 북한으로서는 이같은 사태 진전으로 인한 남북관계의 장기적 경색이 남한 유화론자들의 입지를 축소시키고 남한마저 대북강경정책으로 기울게 할 가능성에 대해 우려하지 않을 수 없었을 것이다.

이러한 배경하에 북한측이 장관급 회담에 호응해 나옴으로써 제5차 회담이 2001년 9월 15일부터 18일까지 개최되었다. 이 회담이 9.11 테러사건 발생 직후에 개최되었음에도 불구하고 북한측은 남북관계를 지속적으로 발전시켜 나가겠다는 의지를 보여주었으며, 그동안 밀려 있던 남북 간 현안문제들에 대해서도 타협적 자세로 임함으로써 5개항 9개 세부사항에 합의를 이루게 되었다. 특히 남과 북, 러시아 사이에 철도와 가스관 연결 사업을 하고, 금강산 육로관광과 개성공단 건설을 위한 실무협의를 하며, 민간선박들의 상호 영해통과 문제를 협의한다는 내용이 새롭게 포함되었으며, 그밖에 임진강 수해방지를 위한 현지조사 착수, 경의선 철도와 문산-개성 간 도로를 가급적 빠른 시일 내에 개통, 태권도 시범단 교환 등 실천이 지연되고 있던 사안들에 대해서도 구체적인 방도를 협의하고 의견일치를 보았다.

제6차 장관급회담(2001년 11월 9일~14일)은 회담 개최 자체도 힘든 과정을 겪었지만 공동보도문이 없는 유일한 회담으로 기록된다. 미국은 9.11 사태 이후 테러와의 전면전쟁을 선포하고 탈레반 치하의 아프가니스탄에 대한 공격을 개시했다. 남한은 만약에 있을지도 모를 테러활동으로부터 주요 전략시설을 보호하기 위하여 비상경계조치를 취했다. 북한이 이에 즉각 반발하고 남측의 조치는 대화상대방에 대한 적대행위이자 '6.15공동선언'의 정

32) 상세한 내용은 이 책 p.290 참조.

신을 위배하는 것이라고 주장했다. 그리고 "남측의 살벌한 경계태세 하에서는 남북대화와 왕래가 순조로울 수 없게 되었다"면서 회담은 아무런 문제가 없는 금강산에서 개최하자고 해 회담장소를 둘러싸고 남북 간에 격돌이 일어났다. 결국 회담은 금강산에서 개최되었지만 협의과정에서도 여전히 비상경계조치 문제로 인해 실질토의는 진전이 없었으며 차기 회담의 일자를 정하는 문제까지 감정적으로 대립하게 되었다. 결과적으로 남북관계는 다시 침잠기로 들어갔으며, 제7차 회담이 개최되기까지에는 그 후 9개월이나 걸렸다.

2002년 4월 임동원 특사가 평양을 다녀와 남북관계를 복구할 분위기가 마련되고 있는 즈음에 6월 29일 북한측의 서해 도발사건이 벌어짐으로써 남북관계가 동면상태를 벗어나기 어려운 것이 아닌가 하는 우려를 가져왔다.[33] 그러나 이 사건이 오히려 머뭇거리던 북한으로 하여금 관계개선을 가속화하는 쪽으로 선회시키는 계기가 되었다. 북한측은 7월 25일 전통문을 보내와 서해 교전사건에 대해 "유감스럽게 생각한다"며 공개적 사과를 하고 우선 장관급회담의 실무대표접촉을 갖자고 제의해왔다. 8월 2일부터 4일까지 열린 실무대표접촉을 통해 제7차 회담의 일정과 의제를 확정하고, 분야별 회담을 재개하며 부산 아시아경기대회에 북한이 참여한다는 등에 합의를 이루었다.

이에 따라 8월 12일부터 14일까지 열린 제7차 회담에서는 10개항에 이르는 합의사항을 도출하였다. 남북경제협력추진위원회 2차 회의 개최, 철도 · 도로 연결을 위한 군사적 보장조치와 군사당국자 간 회담 개최, 적십자 회담의 개최와 이산가족 상봉행사,

---

33) 상세한 내용은 이 책 p.291 참조.

부산 아시아경기대회 북한측 참가와 남북축구경기 개최, 북한측 경제시찰단의 남한 방문 등에 대한 합의로 이후 김대중 정부의 말기까지 남북관계가 화해와 협력의 분위기를 지속해 나갔다.

남북장관급회담은 새 정부가 출범하기까지 제8차(2002년 10월 19일~22일) 및 제9차(2003년 1월 21일~24일) 회담 등 두 차례 더 개최되었는데, 그동안의 합의사항들을 다시 한번 확인하고 그 이행을 위해 적극 노력해 나가기로 하는 마무리적 성격과 함께 남한의 차기 정부가 이를 승계하여 추진해 나갈 수 있도록 여건을 조성하는 징검다리적 성격도 있었다. 또한 2002년 10월 2차 핵위기가 발발함에 따라 남한은 국제사회의 우려를 전달하고, 핵문제가 해결되지 않고 있는 상황에서 남북관계가 진전되기 어렵다는 점을 설득하는 등 남북당국 간 회담을 핵문제의 평화적 해결을 위한 또 하나의 통로로 활용하려 하였다.

나. 남북군사회담

'6.15공동선언'의 이행을 위해서는 남북 간 군사적 긴장완화가 병행 추진되어야 하며, 특히 철도 · 도로 연결과 통행은 비무장지대 개방 등 군사적 조치가 필수적이라는 점에서 군사당국자 간의 대화와 협력이 수반되어야 한다. 이에 따라 남한은 쌍방 군사당국자 회담을 줄곧 요구해 왔으며, 제2차 남북장관급회담에서의 합의와 2000년 9월 북한 김용순 특사의 방문시 구체적인 동의를 이끌어냄으로써 분단사상 처음으로 남북 간에 국방장관회담이 개최되었다. 회담은 2000년 9월 25일부터 26일까지 제주도에서 열렸다.

남한측은 국방장관회담을 계기로 군인사간의 교류와 군사정보

교환, 군사직통전화 설치 등 조치를 통해 군사적 신뢰를 구축하고, 남북군사위원회를 설치하여 군사문제의 지속적 협의를 위한 제도적 장치를 마련하는 문제를 협의하고자 했다. 그러나 북한 측은 군비통제 등 한반도의 평화와 군사적 긴장완화를 위한 제반 현안문제들에 대해서는 소극적인 태도를 취하고, '6.15공동선언'의 이행에 따르는 군사적 보장문제만 다루려고 하였다. 이로 볼 때 북한은 본격적 의미의 군사회담 추진은 처음부터 염두에 두지 않았다고 할 수 있다.

그럼에도 불구하고 쌍방의 군사책임자가 한 자리에 앉았다는 사실 자체가 주는 상징적 의미는 컸다. 또한 민간인들의 왕래와 교류협력을 보장하는데 따르는 군사적 문제 해결을 위해 적극 협력하기로 하고 철도 · 도로 연결을 위해 군사분계선과 비무장지대를 개방하여 남북관할지역을 설정하기로 하며 제2차 회담을 개최한다는 등에도 합의하였다. 제2차 국방장관회담은 7년여 만인 2007년 제2차 정상회담이 개최되고 나서야 열렸다.

남북국방장관회담은 남북 군사실무자 간의 회담과 접촉으로 이어졌다. 2000년 11월부터 진행된 군사실무회담에서는 2001년 2월 8일 '남북관리구역 설정과 남과 북을 연결하는 철도와 도로 작업의 군사적 보장을 위한 합의서(군사보장 합의서)'를 타결하였다. 이에 앞서 유엔군과 조선인민군 간에 비무장지대 일부 구역을 개방하여 남북의 관할구역으로 하는 합의를 하였다. 이러한 절차는 정전협정의 규정에 따른 것이다.[34] 그러나 이 군사보장 합의서는 발효가 지연되다가 2002년 4월 임동원 특사가 평양을 방

34) 정전협정에는 군사정전위의 특정한 허가를 얻고 들어가는 인원을 제외하고는 누구도 비무장지대 내에 들어갈 수 없도록 규정되어 있다.

문하여 새로이 동해선 철도·도로도 연결하기로 추가적으로 합의함에 따라, 2002년 9월 17일 '동해지구와 서해지구 남북관리구역 설정과 남과 북을 연결하는 철도·도로 작업의 군사적 보장을 위한 합의서'로 통합 발효되었다. 합의서에 따라 군사당국자들 간에 통신선이 연결되었는데, 이 통신선은 철도·도로 연결작업과 관련하여 설치된 것이지만 이후에도 남북 군사당국자 간 중요한 대화통로로서 기능하게 된다. 남북 간의 경제교류와 협력이 군사분야의 교류와 협력을 수반하게 만든 좋은 사례라고 할 수 있다.

군사보장 합의서가 발효된 후 그 구체적 이행문제를 협의하기 위하여 2002년 10월 3일부터 2003년 1월 27일 사이에 7차례에 걸쳐 군사실무접촉을 하였다. 이 접촉에서 지뢰제거 작업 및 검증문제, 통신선 연결문제, 공동측량문제 등과 함께 경의선 및 동해선의 기본도로가 개통되기 전에 남북 인원의 비무장지대 통행을 가능케 하는 군사적 보장문제에 대해서도 논의하였다. 이에 따라 2003년 1월 27일 '동·서해지구 남북관리구역 임시도로 통행의 군사적 보장을 위한 잠정합의서'가 채택되었다. 이 합의서는 철도·도로 연결 작업과 개성공단의 착공, 그리고 금강산 육로관광이 원활히 추진될 수 있도록 뒷받침을 하였다.

다. 남북경제회담

'6.15공동선언' 4항에서 경제협력을 통하여 민족경제를 균형적으로 발전시키기로 한데 따라 이를 실현하기 위해 필요한 제도적 장치부터 우선 협의가 이루어졌다. 남북한은 실무접촉을 통해 투자보장 합의서, 이중과세방지 합의서, 청산결제 합의서, 상사분쟁 해결절차 합의서 등 경협 4대 합의서를 타결하고 2000년 12

월 16일 제4차 남북장관급회담에서 서명하였다. 그러나 발효는 2003년 8월에 가서야 절차가 완료되었다. 또한 남북한은 경협사업들을 실행해 나갈 공동의 추진기구를 마련할 필요성에서 제4차 남북장관급회담에서 양측 차관급을 위원장으로 하는 남북경제협력추진위원회를 구성 운영하기로 합의하였다. 이에 따라 2000년 12월 27일 제1차 회담이 개최된 것을 시작으로 노무현 정부 출범 이전까지 네차례 개최되었다.

남북경제협력추진위원회는 크게 보아 철도 · 도로 연결사업과 개성공단 건설사업, 금강산 관광사업 등 남북한 간의 중요한 경협사업들을 안정적으로 추진하는 문제와 기타 농업 · 수산업 · 경공업 · 광업 · 해운업 등 산업 전 분야에 걸친 협력사업을 개발하고 발전시키는 문제, 그리고 임진강 수해방지와 식량지원, 경제시찰단 교환 등 시급히 해결해야 할 현안문제들을 다루었다.

이러한 결과로 남북회담은 남북경제협력추진위원회를 중심으로 내용면에서나 형식면에서 크게 달라졌다. 우선 내용면에서 논의가 전 산업 분야로 확대되어 다기화 · 세분화되었고 그 깊이도 일반론적인 논의를 뛰어 넘어 구체화 · 전문화되었다. 또한 남북경제협력추진위원회는 의제에 따라 필요한 하부 회의체들을 실무협의회 또는 실무접촉 형식으로 계속하여 확대 생산해 나갔고, 실무접촉이 빈번하다 보니 서울과 개성을 출퇴근하면서 회담하는 등 의례적인 면이 지양되고 실효적이고 정례화된 형태로 정착되어 갔다.

이렇게 하여 경제분야에는 철도 · 도로 연결 실무협의회, 개성공단건설 실무협의회, 임진강 수해방지 실무협의회, 해운협력 실무접촉, 전력협력 실무협의회, 경제협력제도 실무협의회 등이 만들어졌다. 2003년 노무현 정부 이후에는 경공업 및 지하자원개발 실무협의회가 새로 가동되었고 2007년 정상회담 이후에는 남북경제협력추진위원회가 부총리급 남북경제협력공동위원회로 격상되고 그 산하에 산업별 8개 분과위원회를 두는 식으로 체계가 변화되었다.

남북경제협력추진위원회 1차 회의에서 북한측은 전력협력 문제에 집중적으로 매달렸다. 남측의 예비전력 200만kw를 송전해줄 것과 우선 50만kw를 긴급제공해줄 것을 요청한 것이다. 이에 대해 남한측은 남북 쌍방의 전력에 질적인 차이가 있어 그대로는 송전선을 연결할 수 없고, 북한측 송배전 시설을 모두 새로 건설하거나 다른 대안을 찾아야 하기 때문에 일단 전력실태를 공동조사하자고 주장하였으며, 결국 실무협의회 협의사항으로 넘기기로 했다. 이러한 논쟁의 분위기로 1차 회의의 합의문은 회담이 끝난지 한달이 지나 2001년 1월 30일 문서교환 방식으로 타결지어 발표할 수 있었다. 2차 회의는 2001년 상반기 미국의 대북정책과 서해 도발사건에 영향을 받아 전반적으로 분위기가 위축된 탓에 2001년 9월에 열린 제5차 장관급회담에서야 10월 23일로 일정을 잡았으나, 또 다시 9.11 테러사태로 인한 비상경계강화 조치를 둘러싸고 대립함으로써 거의 2년이 경과한 2002년 8월 27일에 열리게 되었다.

2003년 2월까지 회담결과를 정리하여 발표하는 수준의 공동보도문이 아닌 경제분야에서 채택된 합의서는 9건이며 다음과 같다.

남북사이의 투자보장에 관한 합의서(2000.12.16)

남북사이의 소득에 대한 이중과세방지 합의서(2000.12.16)

남북사이의 상사분쟁해결절차에 관한 합의서(2000.12.16)

남북사이의 청산결제에 관한 합의서(2000.12.16)

남북 철도 및 도로 연결공사 자재 · 장비 제공에 관한 합의서 (2002.9.17)

개성공업지구 통신에 관한 합의서(2002.12.8)

개성공업지구 통관에 관한 합의서(2002.12.8)

개성공업지구 검역에 관한 합의서(2002.12.8)

남북해운합의서(2002.12.28)

라. 남북적십자회담

'6.15공동선언'에서 "올해 8.15에 즈음하여 흩어진 가족, 친척 방문단을 교환하며, 비전향장기수 문제를 해결하는 등 인도적 문제를 조속히 풀어나가기로 하였다"는 합의에 따라 남북적십자회담이 열렸다. 2000년 6월 27일부터 30일까지 열린 제1차 회담에서 쌍방이 각기 100명의 규모로 이산가족을 동시 교환하고 북으로 가기를 희망하는 비전향장기수도 전원을 송환하기로 합의하였다. 이에 따라 8.15를 계기로 서울과 평양에서 1,170여 명의 이산가족이 상봉의 기쁨을 누렸다. 1985년 이산가족 고향방문단이 서울과 평양을 교환 방문한 이후 15년간 단절된 상태에 새 길을 내게 된 것이다.

이후 북한 김용순 특사가 방문하여 두 차례 더 이산가족 방문단을 추가교환 하자는 데 의견이 접근되어 9월 20일부터 23일까지 제2차 적십자회담을 개최하였다. 여기에서 방문단의 2차~3차 동시교환에 합의하는 한편, 생사 · 주소 확인사업을 하고 서신교환도 진행하기로 하며, 이산가족 면회소 설치문제도 구체적으로 협의해 나가기로 하였다. 남북정상회담이 몰고온 화해의 분위기가 이산가족 문제의 해결에 북한측의 적극적인 호응을 불러 왔다. 제3차 적십자회담은 2001년 1월 29일부터 31일까지 개최되어 3차 상봉행사의 날짜를 조정하고 서신교환의 구체적 일정과 절차도 확정하였다. 세 차례의 방문단 교환을 통해 3,600여 명의 이산가족이 상봉하였다.

그러나 적십자회담 역시 전반적인 남북관계 진전 상황에 영향을 받을 수밖에 없었으며, 2001년 9월에 열린 제5차 장관급회담에서 그해 10월 추석을 계기로 이산가족 방문단을 교환하기로 합의하기까지 공백상태에 놓여졌다. 그리고 이마저도 9.11 테러사태와 관련하여 북한측이 일방적으로 연기함으로써 4차 방문단 교환은 남한측 임동원 특사가 방북하여 합의한 사항을 토대로 2002년 4월 28일부터 5월 3일까지 이루어졌다. 이 4차 상봉행사시부터 진행방식이 크게 달라졌다. 상봉장소가 금강산으로 바뀌어졌을 뿐만 아니라, 동시교환 방식이 아니고 한 쪽 방문단이 먼저 가족을 상봉하고 철수한 연후에 다른 쪽 방문단이 상봉하는 순차상봉 방식으로 되었다.

제4차 적십자회담은 2002년 9월 6일부터 8일까지 개최되었는데 남북관계사상 처음으로 쌍방 적십자 최고책임자들이 직접 만나 이산가족문제의 해결방안을 논의하였다. 이 회담에서 '전쟁시기 소식을 알 수 없게 된 자들'에 대한 생사 · 주소 확인문제를 협의 · 해결해 나가기로 하였다. 그동안 북한측은 납북자 및 국군포로의 존재 자체를 부인해 왔는데, 비록 간접적인 표현이나마 이를 합의서에 명기함으로써 향후 납북자 및 국군포로 문제를 인도주의 사업의 일환으로 해결해 나갈 수 있는 근거를 마련한 셈이다.

제4차 회담후 양측은 실무접촉을 세 차례 열어 합의사항의 구체적 이행문제를 협의하고, 금강산면회소를 1,000명 정도의 인원을 수용할 수 있는 규모로 건설하며 남북 공동으로 금강산면회소 건설추진단을 구성하여 실무적으로 추진해 나가기로 하였다. 한편 당시 남북한 간에 화해 분위기가 급류를 이루는 상황에 발맞추어 5차 상봉이 2002년 9월 13일부터 18일까지, 6차 상봉이 2003년 2월 20일부터 25일까지 진행되었는데, 여기에 납북자와 국군포로 가족이 포함되기 시작했다. 이는 북한측이 그동안 완전히 외면해오던 납북자·국군포로 문제를 공개 부각시키지 않는 범위에서 부분적으로나마 풀어나가겠다는 의사로 보여졌다. 특히 6차 이산가족 상봉행사는 김대중 정부에서 노무현 정부로 정권이 이양되는 전환기 시점에 이루어졌다는 사실에서 북한의 의도를 읽을 수 있다.

마. 남북특사회담

국제정치관계에 있어 최고책임자간의 의사가 정확하게 소통되는 것은 매우 중요하며 그래서 현안문제를 풀기 위해 특사외교를 많이 활용한다. 군사적 대치상태가 엄중하고 신뢰가 구축되지 않은 남북관계에서는 통일문제가 통치권 차원의 문제로 이해될만큼 최고책임자의 의사는 결정적이며, 그 의견교환을 매개하는 특사의 임무와 역할이 더욱 중요할 수밖에 없다. '6,15공동선언' 이후 이행과정에 새로운 문제가 제기되거나 의견 차이가 커 정체상태가 빚어질 경우, 그리고 환경변화의 영향으로 남북관계가 역경을 맞이할 경우 남북한은 특사를 파견하여 현안문제를 조정하고 돌파구를 마련하였다. 이 과정에서 특사 간의 회담이 세 차례 개최되었다.

먼저 2000년 9월 11일부터 14일까지 북한측 특사로 김용순 대남담당비서가 남한을 방문하였다. 김용순 비서는 제주도와 경주, 포항을 방문하고 김대중 대통령을 예방하였다. 북한측은 특사를 통해 '6.15공동선언'에 대한 이행의지가 확고하다는 점을 확인하고 추진사업의 순차를 조정하는 한편 남한으로부터 식량 지원을 받고자 하였다. 특사 간의 협상을 통해 남한이 100만 톤의 식량을 제공하는 대신 남북국방장관회담과 이산가족의 생사 · 주소 확인 및 서신교환사업을 추진하기로 타결하고 7개항의 합의를 발표하였다.[35] 김정일 국방위원장의 서울 방문에 앞서 김영남 최고인민회의 상임위원장이 방문한다는 것, 경의선 철도 · 도로 연결 기공식을 빠른 시일내 한다는 것, 이산가족 방문단을 년내 두 차례 추가교환 한다는 것 등도 포함되었다. 김용순 특사의 남한 방문은 남북정상회담이 일구어낸 화해의 분위기를 지속시켜 나가는 역할을 하였다.

2001년에 들어와 미국 부시 행정부의 대북 강경정책과 9.11 사태 등으로 남북관계가 소강국면을 맞이한데 이어 장관급회담도 중단상태에 들어가자 남한측은 이를 타개하기 위해 2002년 4월 3일 임동원 특사를 평양에 파견했다. 임동원 특사는 김용순 비서와 회담을 갖고 김정일 위원장을 면담했다. 이 자리에서 김대중 대통령의 친서를 전달하고 현안문제 해결을 위한 김정일 위원장의 결단을 촉구하였다. 남북관계가 계속 정체될 경우 한반도 긴장국면이 보다 심화될 우려가 있으므로 이미 합의된 사항들을

35) 7개항 합의사항은 다음과 같다. ① 김정일위원장 조만간 서울 방문, 이에 앞서 김영남 최고인민회의 상임위원장 방문, ② 남북 국방장관회담 개최, ③ 이산가족 생사 · 주소확인 시작 및 적십자회담 개최, ④ 경협제도화 실무접촉 개최, ⑤ 경의선 철도 · 도로 연결 기공식, ⑥ 북한 경제시찰단 파견, ⑦ 임진강 수해방지 공동사업 실시.

이행해 나가야 한다는 점과 북미대화를 통해 핵과 미사일 문제의 해결에 진전이 있어야 한다는 점을 강조하였다. 미국 특사의 평양방문 초청과 일북관계 개선의 필요성에 대해서도 설명하였다.

김정일 위원장은 경의선과 함께 동해지역에서도 철도 · 도로가 연결되어야 한다고 새로이 제안하고 특사방문을 계기로 남북관계를 모두 원상회복하자고 말했다. 또한 9월에 열리는 부산 아시아 경기대회에 북한측 선수단 및 문화예술단의 참가 요청에 대해서도 긍정적인 검토를 약속하였다. 다만, 김정일 위원장의 답방에 대해서는 제3국에서 만날 것을 제시하여 사실상 회피하였다.[36)]

이렇게 하여 4월 5일자로 된 공동보도문에서 남북관계를 원상회복한다는 것을 명기하였고, 제2차 경제협력추진위원회, 금강산 당국회담, 4차 이산가족 방문단 교환, 북한측 경제시찰단 파견 등의 구체적 일정을 박아 넣었으며, 장관급회담과 군사당국자회담도 재개할 것을 합의하였다. 특사 방북 이후 몇가지 부정적 요인들이 작용하여 1~2개월 정도 지체되기는 했지만 특사회담의 합의사항이 이행되고 민간 차원의 교류협력이 증대됨에 따라 남북 간에는 다시 경색 이전의 상황이 전개되었다. 또 북한이 남한측의 권고대로 미국 특사의 방북을 수용하고 9월에는 일본 고이즈미 총리의 방북을 초청하는 결과로 나타났다.

2002년 10월 미국 켈리 특사의 방북이후 북한의 고농축우라늄 개발계획 의혹으로 불거진 2차 핵위기의 발생으로 한반도에 다시 긴장이 고조되었다. 남한측은 이 문제를 평화적으로 해결하기 위해 주변국과 입장을 조율하는 한편 북한에 다시 특사를 파견하기로 하였다. 임동원 특사는 당시 대통령 당선자가 정해진

36) 임동원 특사 방북 상세 내용은 임동원, 앞의 책 참조.

상황에서 당선자측 인사도 대동하여 2003년 1월 27일 방북하였다. 임동원 특사는 북한측 고위 인사들과 만나 현안문제들에 대해 협의하면서 핵문제는 대화를 통해 평화적으로 조속히 풀어야 하며, 북한측이 보다 전향적인 입장을 가지고 사태가 악화되기 이전의 상태로 돌려야 한다고 강조했다. 또한 고농축우라늄 계획 의혹에 대해 해명하고 이의 폐기를 선언할 것을 설득하였다. 남북관계에 대해서는 쌍방이 '6.15공동선언'의 정신에 기초해서 남북관계를 지속적으로 발전시켜 나가야 한다는데 의견의 일치를 보았다. 그러나 김정일 국방위원장은 지방에서 중요한 현지 지도를 하고 있다고 해 김대중 대통령의 친서만 전달하고 특사가 직접 만나지 못했다.

북한은 부시 행정부의 출범 이후 미국의 강경정책에 맞서기도 했으나 2002년 들어 미국과의 관계개선을 적극 추진해 왔으며, 대내 경제정책의 전환과 함께 남북관계도 화해의 분위기로 복원시켜 이를 뒷받침하고자 했다. 그러나 미국은 당시 이라크와의 전쟁 준비에 전력을 기울이며 북한의 접근을 의도적으로 무시하고 압박정책을 통해 북한의 행동을 묶어두고자 했다. 북한은 더 이상 기대할 것이 없다고 보고 미국이 협상의 장에 나오도록 또 다시 '벼랑끝 전술'을 쓰기 시작한 것이다.

북한이 특사의 방북을 허용한 것은 이러한 상황 전개에 대해 미국이 어떤 입장을 갖고 있는지 그 진의를 확인하고 남한에서 새로이 출범하는 정부가 향후 어떤 대북정책을 추진할 것인지를 탐색하려는데 목적이 있었다고 하겠다. 그러나 특사가 전달한 "북한이 먼저 고농축우라늄계획 포기 용의를 밝히면 미국이 대화에 임할 것", "미북대화가 다자틀 속에서 이루어지기를 선호한다"

는 미국의 메시지는 '미국이 쌍무회담을 피하고 핵문제의 국제화를 기도한다'는 북한의 의심을 더욱 깊게 하였다. 김정일 위원장이 특사를 만나지 않은 것은 북한이 이에 반발하여 당분간 현재의 기조를 그대로 유지한다는 의사표시였고, 만나서 미국에 전달할 새로운 메시지도 없었기 때문이다.

남한측 또한 핵문제로 인해 한반도가 또 다시 위기국면으로 치닫는 것을 어떻게든 막기 위해 북한의 태도변화를 설득하는 것이 주목적이었지만, 차기 정부에서도 화해협력정책이 이어져 남북관계를 지속적으로 발전시켜 나갈 수 있도록 북한측의 호응을 다짐해두는 의미도 있었다. 김대중 대통령은 친서를 통해 북한측에 남북 간에 합의한 핵심과제의 계속적인 추진을 강조하고 화해협력정책을 더욱 발전시켜 나가겠다고 공약한 차기 정부와의 협력이 계속 이어지기를 기대한다고 밝혔다. 노무현 정부에서 외교 · 안보 · 통일 분야의 핵심적 역할을 수행한 당시 대통령직 인수위원회 이종석 위원이 함께 방북하여 차기 정부의 입장을 설명한 것도 이러한 맥락에서이다.

5. 3대 경협사업의 추진

가. 철도 · 도로 연결사업

남북한 간 철도 · 도로 연결사업은 남북장관급회담에서 서울~신의주 사이의 철도를 연결하며 문산~개성 사이의 도로를 개설하기로 합의한데 따라 시작되었다. 이어 2000년 9월 18일 남한은 경의선 연결을 위한 남쪽 지역 공사의 기공식을 거행하였다. 비무장지대 내의 공사는 정전협정의 절차에 따라야 하기 때문에 먼저 유엔군과 조선인민군 대표 간에 경의선 철도 · 도로 연결에 필요한 일부 구역을 남과 북이 관리하는 구역으로 설정하는 합의를 하였다. 이 합의서의 효력은 판문점 장성급회담에서 비준한 날로부터 하기로 했다. 이후 남북한이 군사실무회담을 열어 2001년 2월 8일 연결작업을 위한 군사적 보장에 합의하였다. 그러나 판문점 장성급회담이 차질을 빚자 북한측은 남북 군사보장합의서에 대해 "행정상의 이유로 서명 교환을 할 수 없게 되었다"면서 발효를 미루었다.

남한측은 2001년 12월말 비무장지대 앞까지 철도와 도로 공사를 모두 끝냈으나 비무장지대내 공사는 여전히 막혀 있었다. 이러한 상황은 2002년 4월 대통령 특사가 평양을 다녀온 것을 계기로 경의선과 함께 동해선도 연결하기로 합의함으로써 새로운 전기를 맞게 되었다. 남북경제협력추진위원회 제2차 회의(2002.8.27~30)에서 철도와 도로 연결의 구체적 일정에 대해 합의하였는데, 연결 착공식은 2002년 9월 18일 개최하고, 경의선의 철도는 2002년 말, 도로는 2003년 봄까지 연결 완료하며, 동해선은 철도의 경우 저진~온정리간, 도로의 경우 송현리~고성간 구간을 1년 이내에 완공하기로 했다. 또한 북한 지역 연결공사에 필요한 자재와 장비는 남한측이 제공하기로 했다. 이에 따라 유엔군과 조선인민군 대표는 2002년 9월 12일 동해선 지역의 비무장지대 연결공사를 위한 남북관리구역 설정에 추가로 합의하였고,[37] 남북한은 군사회담을 통해 2001년의 합의서를 포괄

37) 미국측은 동해지구 철도 · 도로 작업을 위해 비무장지대 일부 구역을 남북한이 관할하는 구역으로 설정하는 것을 한동안 승인해주려 하지 않았다. 미국은 서해지구 관할구역 설정시에는 남북한의 의사를 존중하여 즉각 승인한 바 있는데, 미국의 당시 견제는 10월 초 고농축우라늄 핵개발계획 문제의 제

하여 '동해지구와 서해지구 남북관리구역 설정과 남과 북을 연결하는 철도 · 도로 작업의 군사적 보장을 위한 합의서'를 9월 17일 서명하고 교환하였다. 이 합의서에서 동해지구는 철도 노반을 중심으로 100m의 폭을, 서해지구에서는 250m의 폭을 남북관리구역으로 하기로 하였다.

합의에 따라 남북한은 2002년 9월 18일 철도 · 도로 연결공사 착공식을 동시에 갖고 본격적인 공사작업에 들어갔다. 이 작업을 통해 남북한 군사인원 간에 지뢰제거와 공동측량, 접촉과 통신이 이루어져 긴장완화와 군사적 신뢰구축에 실질적인 첫걸음을 내디딘 것은 의미가 있다. 한편 금강산 관광을 활성화 하기 위해서는 육로관광이 긴요하다는데 남북이 인식을 같이 하고 동해지구에서 임시도로 연결공사가 완료되자 이 도로를 이용한 육로관광을 실시하기로 하였다.

남북한은 군사실무자 간에 임시도로 통행에 대한 군사적 보장 문제를 논의하여 2003년 1월 27일 '동 · 서해지구 남북관리구역 임시도로 통행의 군사적 보장을 위한 잠정합의서'를 발효시켰다. 비무장지대 출입절차와 소요시간 등을 점검하기 위한 사전답사를 거쳐 2003년 2월 14일 시범적인 육로관광이 실시됨으로써 금강산 관광사업이 새로운 차원에서 확대될 수 있는 기반이 마련되었다. 남한은 김대중 정부 임기중에 철도 · 도로의 연결을 마무리 짓고 열차와 차량을 운행코자 전력을 기울였으나, 경의선과 동해선이 동시에 연결된 후 열차 통행문제를 협의하자는 북한측 입장으로 실제 운행은 결국 차기 정부의 과제로 넘기게 되었다. 활용 가능한 카드 하나가 아쉬운 북한으로서는 임기를 마치는 남한 정

기를 염두에 둔 것으로 보인다.

부에게 철도 · 도로 연결과 실제운행의 성과를 남겨주는데 인색할 수밖에 없었다.

나. 금강산 관광사업

금강산 관광사업은 1998년 10월 남한측 현대아산과 북한측 '아태'간에 계약서를 체결하고 11월 18일 첫 배를 출항시킴으로써 시작되었다. 그 후 배 3척이 추가 투입되고 관광객 수도 늘어났으나 단조로운 관광일정과 편의시설의 부족, 절차의 복잡성과 행동의 제약 등으로 2001년부터 관광객 수가 줄고 사업이 침체에 빠지게 되었다. 적자가 누적되어 북한과 매월 1,200만 불씩 지급하기로 합의한 관광대가도 지불이 어려운 상황에 봉착하였다. 현대아산은 북한측과 장기간의 협상 끝에 2001년 6월 관광이 활성화될 때까지는 관광객 수에 따라서 지급하는 방식으로 바꾸기로 하였다. 또한 관광을 활성화 시키기 위해 북한이 조속히 관광특구를 지정하기로 하고 육로를 이용한 관광도 실시하기로 하였다.

그때까지 미지불되었던 4,800만 불은 관광공사가 현대아산과 컨소시엄을 구성하고 정부가 우선 운영자금을 대출해줌으로써 해결이 되었다. 금강산 관광사업이 대북화해협력정책의 상징적 결과물이며 남북 간 신뢰형성과 대외적인 신인도 확보 및 평화이미지 제고에 기여해 왔다고 판단하는 정부로서 이 사업이 중단되도록 방관할 수는 없었던 것이다. 2002년에 들어와서도 사업성이 개선되지 못하자 학생, 교사, 이산가족, 국가유공자 등에 대한 관광경비를 정부가 보조하는 등 조치를 취함으로써 겨우 지속가능한 여건이 마련되었으나, 육로를 이용한 관광으로 전환되지 않으면 채산성의 악화를 막을 수 없었다.

이러한 상황에서 북한측이 2002년 11월 13일 최고인민회의 상임위원회 정령으로 금강산관광지구법을 제정하고 고성 · 해금강 · 삼일포 · 통천 일대를 관광지구로 지정하였으며 출입절차를 간소화 하고 투자와 기업활동을 안정적으로 추진할 수 있는 권리를 보장하였다. 또한 동해선의 임시도로 연결공사가 완료되자 사업자간에 이 도로를 통한 육로관광을 실시하기로 합의하고 2003년 2월 14일 시범관광을 실시하여 본격적인 관광활성화와 금강산 개발계획의 추진에 기반을 마련하였다.

다. 개성공단 개발사업

개성공단 개발사업은 1999년 10월 정주영 현대그룹 명예회장이 방북했을 때 김정일 국방위원장이 서해안 공단조성사업에 관심을 갖고 원칙적으로 동의함으로써 시작되었다. 이어 2000년 8월 9일 현대 정몽헌 회장과 김정일 국방위원장이 개성지역 공업단지 조성에 합의하고 현대-'아태' 간에 관련 합의서를 체결하였다. 남북한은 개성시와 판문군 평화리 일대에 공단 800만 평, 배후도시 1,200만 평 등 총 2,000만 평을 개발하되 우선 1단계 100만 평 규모의 시범공단을 조성하는 것을 목표로 사업을 추진하기로 하였다. 현대는 한국토지공사와 공동으로 공단개발을 시행키로 합의하고 현지측량 및 지질조사를 실시하여 본격적인 사업추진에 들어갔다.

개성공단 개발사업을 당국 차원에서 뒷받침하기 위해 2001년 9월 제5차 남북장관급회담에서 빠른 시일 내에 공사에 착수하기로 합의하였지만, 이후 남북관계가 소강상태를 빚음에 따라 진척되지 못하다가 2002년 8월에 개최된 제2차 남북경제협력추진위원회에서 연내에 착공키로 하고, 북한측은 '개성공업지구법'을 제정하고 남한측은 기반시설을 지원하기로 합의하였다. 또한 공단건설과 관련한 실무협의를 위해 개성공단건설실무협의회를 가동시키고 개성공업지구 통관 · 통신 · 검역에 관한 합의서를 타결하여 제도적인 보장방안을 마련해 나갔다.

북한측은 남한측 사업자와 협의하여 개성공업지구의 개발 및 관리, 기업창설과 운영, 분쟁문제 해결 등을 담은 '개성공업지구법'을 2002년 11월 27일 발표하였다. 이 법에서 지구 내에 기업설립 등 경제활동의 자유를 보장하고 투자자의 재산권을 보장하며 개발사업자의 추천으로 공단개발 · 운영을 위한 관리기관을 두기로 하는 등 시장경제 원리에 따라 운영될 수 있는 토대가 확보되었다. 남북한은 2002년 12월 30일 착공식을 갖기로 합의하였으나 군사적 보장문제 타결이 늦어짐에 따라 개성공단의 본격적인 사업추진은 철도 · 도로의 연결 개통과 함께 차기 정부가 승계하는 형태로 넘겨지게 되었다.

6. 남북간 교류협력의 확대

가. 인적 · 물적 교류

1989년 남북교류협력에 관한 기본지침이 시행된 이후 남북한 주민의 왕래가 이어져 오기는 했으나 인원수도 미미했고, 북한 주민의 남한 방문은 당국 차원의 회담참가 목적 외에는 아예 없다시피 했다. 더구나 1994년부터 98년까지 5년간은 북한 주민의 남한 방문이 전혀 이루어지지 않았다. 1997년까지 남한 주민의 방북 인원은 총 2,405명이었다. 그러나 1998년부터 방북 인원이 급증하기 시작하여 2002년말까지 총 37,572명을 기록하였다. 또한 북한 주민의 남한 방문도 급증하여 2002년 한해에 1,052명이 남한을 다녀갔다. 이와 같은 결과는 김대중 정부가 정경분리 원칙을 적용한 대북화해협력정책을 꾸준히 추진해옴으로써 회담이 늘어나고 북한 금호지구에서의 경수로 건설사업이 본격적으로 추진되기 시작한데다, 이산가족 상봉행사가 진행되고 사회문화 분야의 협력사업이 왕성해진데 따른 것이다.

특히 북한은 2002년 9월에 있었던 부산 아시아경기대회에 선수단과 응원단을 참가케 하였으며, 10월 26일부터 8박9일 동안 경제시찰단을 보내왔다. 이 경제시찰단은 국가계획위원회 박남기 위원장과 장성택, 김히택 등 당중앙위 제1부부장을 비롯하여 고위간부들로 구성되었는데, 남한 전 지역에 걸쳐 38개의 산업시설, 관광지, 유통시설, 연구소 등을 돌아보았다.

남북 간의 물자교역도 대폭 늘어났다. 1988년 대북 경제개방조치로 시작된 남북교역이 초기 1,870만 달러 수준이었으나 그동안 꾸준한 증가세를 보여 1997년 3억 달러 수준에 이르렀다. 1998년 외환위기로 대내외 경제여건이 악화되면서 남북교역도 위축되어 2억 2천만 달러 수준으로 감소하기도 하였으나 다시 상승세를 타고 2002년에 사상 처음 6억 달러를 넘어섰다. 식량차관과 경협사업 진전에 따른 자재 · 장비 지원이 늘어났기 때문이기는 하지만, 거래성 교역의 비중이 점차 커지고 교역 내용면에서 남북한 간의 직교역이 늘어나고 반출입 품목이 다양화된 것은 북한의 대남 의존도 증가라는 측면에서 긍정적으로 평가할 수 있다.

그 밖에도 인적 교류가 잦아지고 교역량이 증가하다 보니 남북한 간에 선박 및 항공기 운항이 증가하고 통신 연결이 늘어났다. 인천-남포, 부산-나진, 속초-장전, 속초-양화 간에는 정기선이 운항하게 되었고, 운항횟수도 2002년말 편도기준 1,827회에 이르렀다. 항공기는 남북정상회담시 서울-평양 직항로를 처음 운항한 이후 그 항로를 통해 회담이나 남북공동행사에 필요한 인원 수송을 주로 담당해왔으며, 경수로사업을 위해 양양-선덕 간 항로가 개설되어 2회 운항하기도 하였다. 통신도 남북 간 기존에 직접 연결된 전화 29회선 외에 군당국간 직통전화를 2회선 가설하였고, 제3국을 경유한 간접연결전화도 크게 증가하였다. 이러한 수송·통신의 확대는 남북 간의 인적·물적 교류와 경협사업의 증대에 따르는 당연한 결과였다.

나. 사회문화 분야의 협력

김대중 정부의 대북화해협력정책의 기조는 사회문화 분야에서의 교류와 협력도 크게 진전시켰다. 양적인 면에서의 증가뿐만 아니라 질적인 면에서도 문화예술, 체육, 언론, 학술, 종교, 여성 등 다양한 분야로 확대되었고, 북한 주민들이 남한을 방문하여 행사를 가짐으로써 쌍방향 교류도 이루어지기 시작했다. 평양교예단, 조선국립교향악단, 평양학생소년예술단이 남한을 방문하여 공연을 했고, 남북통일축구경기대회, 통일농구경기대회, 태권도 시범단 공연, 부산 아시아경기대회 등에 북한측이 참가하기도 하였다. 남북한은 6.15 및 8.15 기념 공동행사를 가졌는가 하면 춘향전 합동공연, 민족옷 전시회, 공동사진전, 고구려 유물전시회 등을 개최하여 동질성을 확인하였다. 2000년에 개최된 시드니올림픽 개·폐막식에 남북한 선수단이 동시 입장하였고, 2001년 세계탁구대회에 단일팀을 구성하여 참가하였다.

제14회 부산 아시아경기대회(2002.9.29~10.14)에 북한이 참가한 것은 남북관계사에서 여러 가지로 특이한 측면이 있다. 우선 남한에서 개최되는 국제경기대회에 북한이 참가한 것이 처음 있는 일이다. 둘째로 북한이 응원단 275명을 포함하여 총 705명의 대규모 인원을 남한에 보냈다는 점이다. 그것도 서울이 아닌 지방에까지 파견한 것은 이례적인 일이다. 셋째로 선수단의 경우 길게는 23일간, 응원단은 18일간이나 머물렀다는 점이다. 넷째로 응원단이 만경봉호를 타고 왔고 대회 기간중 부산 앞바다에 배를 정박시키고 그 안에서 생활했다는 점이다. 이와 함께 응원단이 거리공연을 하거나 남한 주민에 공개되는 것에 적극적으로 응했다는 점도 특이했다.

남북정상회담 직후 2000년 8월 남한 언론사 사장단이 방북하여 김정일 국방위원장을 비롯하여 북한 언론에 관련된 고위 인사들을 만났다. 사장단은 남북 언론교류 의향서를 북한에 전달하고 기사 사진과 영상물을 교환하고 각종 취재활동을 상호 보장하며, 공동취재, 상호 방문, 공동연수 등 사업을 추진해 나갈 것을 제안했다. 이러한 언론사 경영진의 움직임은 이후 남북 언론사 간 교류와 협력을 활성화 시키는 촉매제가 되었다. 방송사들은 앞다투어 자연경관 및 문화유적 등을 기획물로 공동제작하고 드라마도 북한지역에서 촬영하였으며, 예술공연을 생중계하기도 하였다. 특히 KBS 교향악단과 남한 대중가수들의 평양공연의 경우 북한지역에 방영이 이루어졌다. 남한 정부는 방송교류를 촉진시키기 위해 북한 영상물의 반입을 허용하고 북한 위성방송을 부분적으로 개방하였다. 이에 따라 TV를 통해 북한이 제작한 영상물을 방영하는 사례가 늘어났다.

7. 그늘 속에 들어간 남북관계

가. 북미관계의 변화

1999년 5월 미국 페리 특사 일행이 북한을 다녀온 이후 9월에 북미 간 베를린 회담에서 북한은 미사일 협상이 진행되는 동안에는 미사일 발사를 유예하고, 미국은 경제제재를 해제하고 식량을 지원하기로 한다는 데 양측이 합의하였다. 또한 상호 위협감소를 통해 포괄적으로 관계를 개선하는 과정을 밟아 나가는 것을 내용으로 하는 '페리 보고서'가 미 의회에 보고되었다. 이에 따라 북미 간에는 본격적인 미사일 협상이 진행되고 관계개선 문제를 협의할 수 있는 여건이 마련되었다. 2000년에 들어와 6월에 남북정상회담이 이루어지고 미국이 대북 경제제재를 완화하는 조치를 취함으로써 그같은 분위기는 더욱 짙어졌다.

2000년 7월 말 방콕에서 열린 아시아지역안보포럼에서 올브라이트 국무장관과 북한 백남순 외교부장이 사상 최초로 회담을 가졌는데, 이 자리에서 북한 특사의 방미에 대해 의견의 접근을 보았다. 이후 10월 9일부터 13일까지 북한의 국방위원회 제1부부장 조명록 차수가 미국을 방문하여 올브라이트 국무장관과 회담하고 클린턴 대통령도 예방하였다. 이 예방시에는 군복을 입었는데, 이것은 군부가 북미관계 개선을 지지하며 합의 준수를 뒷받침하겠다는 의지를 나타내는 상징으로 보여졌다. 조명록 차수를 수행한 강석주 외교부 부부장도 전면적인 외교관계를 조속히 수립할 것을 강조했다. 북한으로서는 2001년 미국의 새 정부가 출범하기 전에 클린턴 현 정부와 어떻게든 관계정상화를 마무리짓고 이를 공식적으로 확인해놓기를 절실히 원하고 있다는 것이 분명했다.

양측은 10월 11일 공동 코뮤니케를 발표했다. 이 코뮤니케에는 북미관계를 근본적으로 개선해 나가기로 한다는 것과 함께 상호 적대의사 불보유, 상호 신뢰조성, 주권존중 및 내정불간섭, 경제협력과 교류, 미사일문제 해결, 국제적 반테러 노력 지지 등이 포함되어 있고, 올브라이트 장관과 클린턴 대통령의 방북 관련 사항도 명시되었다. 미국측도 클린턴 대통령의 임기말을 앞둔 상황에서 북한 핵문제의 해결과 한반도의 냉전 종식에 대해 큰 관심을 가질 수밖에 없었다. 북한의 방북 초청에 대해서도 긍정적으로 받아들였다. 실제 올브라이트 장관은 10월 23일 미 국무장관으로서는 사상 처음으로 평양을 방문하였다. 그리고 그의 방문은 클린턴 대통령의 방북을 전제로 이를 준비하기 위한 성격이었다.

올브라이트 국무장관은 김정일 국방위원장과 직접 회담을 갖고 함께 집단체조를 관람하는 등 환대를 받았다. 올브라이트 장관은 기자회견을 통해 김정일 위원장과의 회담에 만족을 표하고 “중요한 진전을 이룩했다”고 밝혔다. 올브라이트 장관의 방북을 통해 북미 간에는 미사일 문제에 대한 타협의 여지를 찾았다. 즉, 북한이 사정거리 500km 이상 미사일은 추가개발, 생산을 하지 않으며, 단거리 미사일은 MTCR 기준을 준수하고 관련 부품과 기술의 대외판매를 중단하며, 미국은 반대급부로 과학연구 및 통신용 인공위성 발사를 지원하고 수년간 식량 등 현물로 보상해준다는 것이었다. 그리고 북한은 즉각적인 외교관계 수립과 클린턴 대통령의 평양 방문을 희망했다.

2000년 11월 7일 미국에서 대통령 선거가 실시되었으나 개표와 검표 과정에 문제가 생겨 법정공방으로까지 이어졌다. 결국 한달여가 지난 후 연방대법원은 공화당 부시 대통령후보의 손을 들어주었다. 공화당은 클린턴 대통령의 평양 방문에 대해 임기말에 민감한 문제를 서둘러서는 안된다며 제동을 걸었고, 12월 29일 미국 정부는 "클린턴 대통령이 시간적 여유가 없어 평양 방문을 포기했다"고 공식 발표했다. 북미 간의 정상회담이 무산된 것은 미 공화당이 요격미사일을 개발 · 배치하려는 프로젝트(MD)를 추진하고 있었는데, 북한과의 협상을 통한 미사일 문제의 해결은 이에 부정적으로 작용할 수 있다고 판단한 때문이다. 만일 클린턴 대통령의 평양 방문이 미 대통령 선거전에 실행될 수 있었더라면 북미관계 정상화를 위한 초석이 마련되었을 가능성이 많았을 것이다. 북한은 미국 대통령 선거일정을 클린턴 정부에 대한 압박카드로 이용할 수 있다고 계산했으나 결과적으로 그러한 의도가 스스로의 발목을 잡고 말았다.

2001년 1월 새로 출범한 미국 부시 행정부는 북한을 불신의 대상으로 규정하고 북한과 같은 불량국가에 대해서는 봉쇄와 압박정책을 펴야 한다고 강조했다. 따라서 클린턴 행정부의 대북정책을 계승할 수 없고 전면적으로 재검토해야 한다는 입장이었다. 부시 대통령은 김정일 국방위원장에 대해 '독재자', '버릇없는 아이', '피그미' 등 직설적으로 인신공격을 했고, 미 행정부내 강경파들은 협상 무용론 및 군사적 조치까지도 언급하였다. 6월 6일 부시 대통령은 새로운 대북정책을 발표하였는데 제네바합의의 개선 및 이행, 미사일계획의 검증가능한 제한, 재래식 군사위협의 감소 등을 의제로 북한과의 대화 재개를 제의했다. 그러나 북한은 외무성 대변인 성명을 내고 미국의 제안은 북한을 무장해제시키려는 목적을 추구하는 조건들을 내세우고 있어 일방적이고 전제조건적이며 적대적인 것이라고 비난했다. 특히 재래식 군사력

문제는 논의의 대상이 될 수 없다고 못박았다.

이러한 가운데 9.11 테러사건이 발생함으로써 미국이 범세계적인 차원에서 테러와의 전쟁을 선언하고 아프가니스탄에 대한 공격을 시작하자 북미대화의 창은 닫혀 버리고 말았다. 미국은 북한을 이란, 이라크와 더불어 국가안보를 위협하는 '악의 축'으로 규정하고 핵 선제공격 대상이자 정권교체 대상으로 지목했다. 북한은 북한대로 이것이 노골적인 침략위협으로서 사실상 선전포고나 다름이 없다며 격렬히 비난했다. 이같은 사태 발전으로 한반도는 전쟁위기설까지 나오는 등 긴장과 불안에 휩싸였다. 2002년 2월 부시 대통령이 방한하여 "북한을 침공하거나 공격할 의사가 없다"고 공개적으로 언명한데 이어, 4월에는 임동원 특사가 방북하여 미 국무부 대사가 평양을 방문하겠다는 메시지를 전달하고 북한측이 미국과 대화할 용의를 밝힘으로써 한반도에서의 긴장 분위기는 다소 완화되는듯 했다. 그러나 미국의 이라크 침공을 앞두고 한반도에는 또 다시 핵위기의 어두운 그림자가 드리워지기 시작했다.

나. 북한의 변화 모색 동향

(1) 대내외정책의 전환

1990년대에 들어와 북한은 심각한 경제 상황에 봉착했다. 구 공산권 시장이 사라지고 국제적 고립이 심화된데다 만성적인 에너지난과 외화난이 경제 전 부문에 걸쳐 급격한 축소재생산을 가져왔으며, 전반적인 생산력 수준이 1970년대 초반 수준으로 떨어졌다. 재정규모도 급격히 축소되고 재정수지는 적자를 나타냈다. 김일성 사망 직후 1995년~97년의 3년간은 아예 재정규모를 발표하지도 못했고, 1998년에 발표한 재정규모는 1994년에 비해 절반도 안되는 91억불 수준이었다. 1990년 이후 경제성장률은 내리 마이너스를 기록하였다. 거기다가 연속된 자연재해로 식량난이 가중되어 아사자가 속출하고 이로 인해 주민통제가 어려울 만큼 사회 · 경제 구조가 무너져 내렸다.

김정일 정권이 공식 출범한 후 1999년에 플러스 성장으로 돌아서서 한숨을 돌린 북한은 빈곤의 악순환에서 탈출하기 위해 나름대로 경제회복전략을 세우고 전력을 기울여 나갔다. 이러한 노력은 대체로 두 가지 방향에서 이루어졌는데, 그 하나는 대내적인 산업정상화 노력이다. 북한은 북한식 사회주의 체제를 유지하면서도 계획경제체제의 모순을 극복하기 위해 2000년대에 들어와 '실리사회주의 노선'을 내걸었다. 즉, 사회주의 원칙을 지키는 가운데 경제활동 성과에 있어 최대의 실리를 추구한다는 것이다. 이것은 경제주체들이 생산량보다는 수익성을 앞세워 경제활동을 한다는 것이고 이를 위해서는 시장이라는 가격조절 기능이 수반되어야 하기 때문에 시장경제를 지향하는 초보적 단계의 조치로 이해될 수 있다.

북한은 또한 2001년 신년 공동사설을 통해 "모든 문제를 새로운 관점과 새로운 높이에서 보고 풀어 나가자"고 주장하면서 '신사고론'을 제시하였다. 이는 기존의 낡고 폐쇄적인 사고의 틀로는 변화하는 국제환경에 낙오될 수밖에 없다는 판단에서 비롯되었다. 한편 과학기술 중시 정책이 강조되고 IT기술을 응용한 기술개건 운동이 대대적으로 벌어졌으며 IT인력 양성과 교육에도 적극적인 노력을 기울였다. 이 시기에 북한은 전반적으로 새로운 경제개혁 조치를 준비해가고 있었던 것으로 볼 수 있다.

또 하나는 자립적 민족경제건설 노선의 한계를 인식하고 해외 자본과 기술의 도입을 위해 대외개방정책을 적극 추진하기 시작했다는 점이다. 2000년대 이후 "자립적 민족경제를 건설한다는 것이 결코 문을 닫고 경제를 건설한다는 것을 의미하지 않는다"고 주장하고 전방위 외교에 본격적으로 나섰다. 북한은 우선 중국 · 러시아와 전통적 우호관계를 복원하여 불편한 관계를 해소했다. 중국에는 김정일 국방위원장이 남북정상회담 직전인 2000년 5월 29일부터 31일까지 비공식 방문하였고, 이어 2001년 1월 15일부터 20일까지 재차 방문하였다. 2차 방중시에는 김정일 국방위원장이 상하이 푸동지구를 시찰하고 '천지가 개벽되었다'며 중국의 개혁 · 개방 성과를 높이 평가했다. 장쩌민 중국 국가주석도 답방 형식으로 2001년 9월 3일부터 5일까지 북한을 방문하여 우호관계 강화와 대북 지원을 약속했다.

러시아와는 2000년 2월 9일 북 · 러 우호선린협조조약을 체결하고 정상적인 국가관계를 회복하였으며,[38] 사상 처음으로 2000년 7월 푸틴 러시아 대통령이 북한을 방문하여 "양국에 침략 위험이 조성되거나 평화와 안전에 위협을 주는 정황이 조성돼 협의와 상호 협력을 필요로 할 때 지체없이 서로 접촉할 용의를 표시했다"는 등을 내용으로 하는 공동선언을 채택했다. 김정일 국방위원장은 2001년 7월 26일부터 8월 18일까지, 그리고 2002년 8

38) 1995년 9월 7일 러시아가 기존의 '조 · 러 우호협조 및 호상원조 조약'을 더 이상 연장하지 않는다고 공식 발표하여 러시아와 북한은 군사동맹관계에서 일반국가관계로 변화를 맞았다. 신조약 협상과정에서 자동군사개입 조항을 폐지하고 고려연방제 지지 조항 삽입을 배제하기로 하여 2000년 신조약에 서명이 이루어졌다.

월 20일부터 24일까지 모스크바와 극동지방을 방문하여 전방위 협력체제를 구축했다.

북한은 1992년 이후 중단되었던 일본과의 국교정상화 노력도 재개했다. 2000년 4월 외교관계 수립을 위한 제9차 본회담을 평양에서 개최한데 이어 제11차 본회담까지 진행되었다. 그 후 괴선박 사건, 조총련계 은행 수색 등으로 경색되었으나 2002년 8월 북·일 국장급회담을 거쳐 9월 17일 고이즈미 총리가 북한을 방문하여 김정일 국방위원장과 정상회담을 가졌다. 여기에서 국교정상화 교섭을 조속히 개최하고, 일본은 과거 식민 지배에 대한 사과와 경협 방식에 의한 대북 지원을 하며, 북한은 피랍 일본인 문제에 대한 사과와 재발방지를 하고, 핵문제의 포괄적 해결을 위한 국제적 합의 준수 및 미사일 발사유예를 연장하기로 하는 등을 내용으로 하는 '평양선언'을 발표하였다. 비록 일본인 납치 사건과 새로운 핵개발 의혹으로 일본내 대북여론이 악화되어 후속적인 진전을 이루지 못했지만 당시 북한은 일본과의 수교를 절실히 원했고 나름대로 '통큰' 양보안도 내놓았었다.

북한은 특히 EU와의 외교관계 확대에 전력을 기울였다. 2000년 1월 4일 회원국인 이탈리아와 외교관계를 수립한데 이어 영국, 독일 등 8개 국가와 수교하였으며, 2001년 5월 2일에는 당시 EU 의장이었던 스웨덴 페르손 총리를 단장으로 하는 EU 대표단이 방북하고 5월 14일 EU 집행위원회가 대북 수교를 결정했다는 성명을 발표하였다. 북한은 2002년 12월 대외 결제수단으로 미국 달러화 대신 유로화를 사용하기로 결정하기도 했다.

북한은 이와 같이 2000년~2002년 사이에 기존의 폐쇄적 태도를 바꾸어 김정일 정권의 안정과 경제회복을 위해 대내외 정책

방향을 전환하는 새로운 시도를 해나갔다.

(2) 7.1 경제관리개선조치

김정일 국방위원장은 2001년 10월 당 · 경제기관 일꾼들과의 담화를 통해 사회주의 원칙을 고수하면서도 최대의 실리를 도모할 수 있도록 변화하는 현실에 맞게 경제관리 방식을 혁신할 것을 지시하였다. 이에 따라 북한은 2002년 7월 1일 경제 전 분야에 걸쳐 획기적인 개혁조치를 단행하였다. 동 조치는 사회주의 체제를 유지함과 동시에 경제단위들의 경제활동에서 분권화, 시장화, 화폐화를 통해 북한식 경제개방 · 개혁을 시도해 나가려는 성격을 갖고 있다. 즉, 계획경제의 기본틀은 유지하면서 시장경제적 기능을 일부 활용해 보자는 의도였다.

7.1 경제관리개선조치의 주요 내용은 다음과 같다.[39] 첫째, 경제 단위의 자율성과 재량권을 확대하였다. 중앙집권적 통제방식을 개혁하여 세부적인 생산계획과 상품의 가격 및 품질, 규격 등을 기업소, 공장 등이 자율적으로 정하도록 허용하고, 독립채산제를 강화하여 국가에 납부하던 감가상각금이나 초과이윤을 자체의 생산확대기금 및 종업원 복지기금으로 활용할 수 있도록 했다. 농업의 경우에도 계획생산량 자체를 하향 조정하고 초과생산물의 자율처분권을 확대하는 한편, 부분적으로 작목선택과 영농방식의 결정권도 부여하였다.

둘째, 물질적 인센티브제를 적극 도입하여 임금의 차등지급제를 제도화하게 되었다. 즉, 평균주의적 분배개념에 의한 일률적

39) 조동호 외, 『북한 경제발전전략의 모색』, 한국개발연구원(2002), pp.252-268참조.

임금 지급방식을 탈피하여 성과에 따른 차등 분배를 원칙으로 하게 되었다. 셋째, 가격체계를 현실화하였다. 그동안 유지해온 계획가격제는 수요 · 공급의 원리를 전혀 반영하지 않았으며 이로 인해 국정가격과 암시장 간에 극심한 가격차가 형성되고 정상적인 유통이 이루어지지 않았다. 7.1조치로 국정가격제를 개혁하여 모든 재화의 가격을 당시의 시장가격의 수준에 맞추어 평균 25배 이상 올리고 임금도 전 직종에 걸쳐 평균 18배 이상 올렸으며, 고평가되어온 북한 원화의 미 달러당 환율을 2.2원에서 153원으로 현실화 하였다. 넷째 가격편차 보조금을 철폐하는 등 재정정책을 개혁하였다. 그동안 이중가격제의 유지로 주민들에게 낮은 가격으로 생활필수품을 공급하고 기업들에는 원가로 원자재를 공급하여 그 차액은 재정자금으로 보전해 왔으나 이는 '사회적 공짜' 심리를 유발하였고 재정에도 큰 부담이 되었다. 북한은 생필품 배급제를 단계적으로 축소하고 사실상 구입제로 전환하는 한편 전기 · 주택 · 토지 등 공공재 사용료를 부과하고 공공요금을 20배 이상 인상하였다.

다섯째, 상품유통망을 개선하고 개인경제활동을 일부 인정하였다. 공식적인 물자공급망이 미비한 가운데 가격현실화 조치가 이루어짐으로써 시장의 보완적 기능에 의존할 수밖에 없었고, 북한은 2003년 3월 시장을 상품유통망의 한 부분으로 공식 인정하게 되었다. 종합시장에서 개인 매대도 허용하고 생필품, 공산품까지 거래가 가능하도록 하였다. 또한 개인이 임의로 개간 경작할 수 있는 토지를 종래 40평 정도에서 400평으로 확대하는 조치도 취하였다.

북한은 7.1 경제관리개선조치 이후 연달아 새로운 형태의 특구정책을 발표하여 이를 뒷받침 하고자 하였다. 9월 19일 신의주 특별행정구, 11월 13일 금강산관광지구, 11월 20일 개성공업지구를 새로 경제특구로 추가하는 법적인 조치를 취하였다. 그러나 시장경제적 요소를 일부 도입한 7.1 조치에도 불구하고 북한이 의도한 경제회복은 많은 장애에 부딪쳤다. 에너지 및 원자재의 부족은 여전히 물자공급의 부족을 가져왔고 이로 인해 만성적인 인플레 현상이 나타났으며 비공식시장이 더욱 확대되었다. 게다가 평균분배를 타파하다 보니 계층 간의 소득격차가 극심해지고 부정부패도 만연해졌다. 무엇보다 2002년 10월 2차 핵위기의 도래는 외국자본을 유입하기 위해 투자환경을 조성하려는 북한의 노력을 무위로 만들었다.

다. 남한의 내부 정세

남북정상회담 이후 획기적으로 발전하던 남북관계가 2001년 미국 부시 정부의 출범과 9.11 테러사태로 소강상태를 빚었으며 김정일 국방위원장의 서울 답방도 이루어지지 않고 있었다. 또한 국내정치에서도 4.13 총선 이후 DJP공조체제가 복원되었다고는 하나 균열 조짐이 나타났고, 원내 과반수를 확보하지 못한 여당은 정국주도권을 쥐지 못했다. 민주당 내부에서도 쇄신파동 등 분란이 심화되어 당총재인 김대중 대통령에 정치적 부담을 안겨주었고 결국 2001년 11월 8일 김대중 대통령이 민주당 총재직을 사퇴하게 되었다. 여기에다 2002년 대선을 앞두고 각종 비리의혹과 관련해 정치공방이 치열해졌다. 김대중 대통령의 가족들이 이권에 개입한 혐의로 구속되는 사태까지 벌어져 지지도가 떨어지고 레임덕 현상이 찾아왔다.

야당은 정상회담과 이후 남북관계의 전개 양상에 대한 국민적 호응으로 대북정책에 대해서는 상대적으로 소극적 비판에 머무른 편이었으나, 이러한 정국 변화와 미국 부시 정부의 대북압박정책 추진에 따라 그동안의 성과를 지우기 위한 거센 공세에 나서기 시작했다. 2001년 6월 3일 북한 선박이 제주해협을 무단통과한 사건에 이어, 평양에서 열린 8.15민족통일대축전 행사에 참석하러 간 남한측 민간단체 일부 인원들이 돌출행동을 한 사건이 발생했다. 이들은 정부의 방침을 어기고 3대헌장 기념탑 앞에서의 개회식과 폐회후 야회에 참관했으며, 한 사람은 김일성 주석의 생가인 만경대를 방문하면서 방문록에 "만경대 정신 이어받아 통일위업 이룩하자"라는 글을 남겼다.

이로 인해 사회 전반에 색깔론 논쟁이 파급되고 야당은 대북정책이 총체적으로 실패했다며 통일부장관의 해임건의안을 제출하는 등 총공세에 나섰다. 그런데 김종필 자민련 명예총재는 '해임과 공조는 별개 문제'라며 해임건의안에 동조할 뜻을 비쳤고 그동안에도 정부의 대북정책에 입장 차이를 보이던 자민련이 이를 좇아 해임건의안을 통과시켰다. 이로써 민주당과 자민련의 공조체제는 파기되었고 야당의 견제는 더욱 거세져 대북화해협력정책을 추진해 나가기 위한 정치적 동력이 크게 떨어졌다.

더구나 북한이 경제 회복을 위한 내부 정비에 전력을 기울이고 있는 상황에서 미국이 강경정책을 취해오자 이에 반발하고 남북당국 간 대화를 회피함으로써 남북관계는 정체상태를 면치 못했다. 이런 가운데도 2002년 2월 하순 미국 부시 대통령이 방한하여 대북 불침공 의사를 분명히 밝히고 도라산역과 철도연결공사 현장을 방문하였으며, 4월 초순 임동원 특사가 평양을 방문하여 김정일 국방위원장을 면담한 것이 남북관계의 흐름을 바꾸어 놓는 계기가 되었다.

그러나 월드컵 폐막식을 앞두고 6월 29일 서해 연평도 부근에서 북한 해군 경비정이 기습적인 함포사격을 해와 남한 고속정이 침몰하고 24명의 사상자를 낸 사건이 발생하여 이 불씨를 꺼트릴 만큼 심각한 분위기가 형성되었다. 북한측이 즉각 이 사건이 계획적이거나 고의성을 띤 것이 아니며 현지 부대원들의 우발적 사고였다고 하면서, 사과와 재발방지를 약속하는 긴급 통지문을 보내왔다. 남한측은 더 이상의 확전을 방지하기 위해 공개 사과, 책임자 처벌 등을 요구하며 냉정한 대응을 했지만, 일방적인 기습공격으로 막심한 인명피해를 입은 데 대해 남한의 국민여론은 악화되었다. 2002년에 들어와 남한은 대선정국에 본격적으로 돌입했고 대북정책은 중요한 이슈 중의 하나였는데, 야당을 비롯한 보수세력은 이 사건이 큰 호재가 되었다.

북한측은 서해도발사건으로 인한 사태 악화를 막기 위해 선도적이고도 집중적인 노력을 기울였다. 그동안 중단되고 있던 당국 간 회담을 서둘러 진행하고 철도·도로 연결공사 착공식을 거행하는가 하면 부산 아시아경기대회에 대규모의 선수단과 응원단을 참가시키고 고위 경제시찰단을 보내왔으며, 이산가족 상봉이 이어지고 통일축구경기 등 공동행사들이 연달아 개최되었다. 이러한 남북관계의 진전은 다시 남한의 국민여론을 반전시켰으며 2002년 하반기의 한반도는 화해 무드가 살아나고 있었다. 북한으로서는 2002년이 김정일 위원장의 환갑년에 해당하고 김정일 시대의 5년차가 되는 만큼 주민들에게 생활여건 향상과 관련된 성과와 비전을 내놓아야 할 절박감이 있었다. 이를 위해 대내외정책의 일대 전환과 안정적 추진이 필요했고 한반도에서의 긴장해소와 평화가 뒷받침되어야 했다. 한편으로는 남한의 차기 정부가 남북관계를 지속적으로 발전시켜 나갈 수 있는 여건을 조성해주는 것이 북한측에 유리하다고 보았다.

한편 남한에서는 2002년이 선거의 해였다. 지방선거, 국회의원 재·보선, 제16대 대통령 선거가 연달아 이어졌다. 남한 정치권에서는 대선 후보선출을 국민참여 경선방식으로 진행하여 2002년 초반부터 대선정국의 불이 붙었다. 결국 민주당은 노무현 후보를, 그리고 한나라당은 이회창 후보를 선출하여 양자 대결을 하였는데, 20~30대 젊은 층의 자발적 참여의 확산에 힘입어 12월 19일 대선에서 노무현 후보가 당선되었다. 김대중 정부로서는 대북화해협력정책의 연속성과 일관성을 보장받을 수 있다는 기대를 갖게 되었다.

라. 2차 핵위기의 도래

2002년 7월 브루나이에서 열린 아세안지역안보포럼에서 파월 미 국무장관이 백남순 북한 외상을 만나 특사를 평양에 보내겠다고 언급했고 백남순 외상은 이를 받아들이겠다는 의사를 밝혔다. 이에 따라 10월 3일 제임스 켈리 미 국무부 동아시아·태평양담당 차관보가 특사로 평양을 방문했다. 켈리 특사는 방북 하루전 서울을 경유했는데, 그는 북한이 고농축우라늄 개발계획을 갖고 있다는 확실한 증거가 있어 이를 폐기하라고 통보하기 위해 평양에 간다고 하면서 이 계획의 폐기가 북미대화의 전제조건임을 밝혔다. 이것은 당분간 북한과 대화할 생각이 없고 고압적으로 북한을 밀어붙여 굴복시키겠다는 입장으로 해석되었다.

켈리 특사를 만난 김계관 외무성 부상은 "우리는 고농축우라늄 개발계획이 없다"고 주장했고, 뒤이어 만난 강석주 제1부상은 "고농축우라늄 개발계획이 실재한다. 미국이 우리를 선제공격하겠다고 위협하는데 우리도 국가안보를 위한 억제력으로 핵무기는 물론 그보다 더한 것도 가질 수밖에 없지 않느냐"고 말한 것으로 알려졌다. 그리고 북한은 최고위층과의 회담을 통해 일괄타결 할 것을 희망했다.

당시 북한은 경제회복을 위해 대외적으로는 전방위적 외교활동을 전개하고 대내적으로는 새로운 조치를 취하는 등 정책방향의 전환을 시도하고 있었고, 남북관계도 정상회담 직후에 못지 않은 화해의 분위기를 고조시키고 있었다. 또한 일본과의 관계개선도 목전에 이르렀다고 판단하고 미국과의 협상에 잔뜩 기대를 걸고 있었다. 그러나 미국은 협상할 의도가 없었고 북핵 문제가 불거지지 않도록 당분간 묶어두려고 했다. 그것은 미국이 '테러와의 전쟁'의 연장선상에서 이라크 침공을 준비중이었기 때문이다. 부시 행정부는 '대 이라크 군사력 사용권한 부여 결의안'이 의회에서 통과되자 10월 17일 북한의 고농축우라늄 개발계획을 공개하였다.

북한은 즉각 이에 반발하여 10월 25일 외교부 대변인 성명을 발표하였다. 북한은 성명에서 제네바 합의를 유린한 쪽은 미국이며, 미국이 핵선제공격 대상에 포함시켰기 때문에 "우리가 자주권과 생존권을 지키기 위해 핵무기는 물론 그보다 더한 것도 가지게 되어 있다"고 특사에게 말해주었다고 밝혔다. 또한 "미국이 불가침조약을 통해 우리에 대한 핵 불사용을 포함한 불가침을 법적으로 확약한다면 우리도 미국의 안보상 우려를 해소할 용의가 있다"고 주장했다. 즉, 불가침조약과 핵문제 해결을 일괄타결하자는 것이다.

그러나 미국은 북한의 고농축우라늄 개발계획이 제네바 합의를 위반한 것으로 규정하고 중유공급 중단에 나섰다. 미국은 북한이 고농축우라늄 개발계획을 폐기하지 않는 한 북한과의 대화는 없고 제재가 불가피하다는 강경한 입장을 견지했다. 이에 따라 11월 14일 KEDO 집행이사회는 북한의 긍정적 조치가 없으면 12월분 중유공급부터 중단하게 될 것임을 결정했다. 이렇게 되면 제네바 합의를 백지화하는 것이나 다름없었다. 북한도 중유공급을 중단하면 제네바 합의가 완전히 깨지게 되며, 그 책임은 미국이 져야 한다고 응수했다.

12월에 와서 실제로 중유공급이 중단되자 북한은 12월 12일 "중유제공을 전제로 취했던 핵동결을 해제하고 핵시설의 가동과 건설을 즉시 재개하기로 하였다"는 외교부 담화를 발표하였다. 이어 북한은 IAEA 사찰관의 입회하에 핵시설 봉인장치를 제거하고 핵연료봉 장전을 준비하는 등 핵동결 해제조치를 취했고, 12월 31일에는 IAEA 사찰관을 추방했다. 또한 2003년 1월 10일에는 NPT 탈퇴를 선언하고 이후 5MW급 실험용 원자로의 가동에 들어갔다. 북한은 당분간 미국과 양자협상의 기대를 접고 핵무기 확보에 본격적으로 착수하면서 벼랑끝 전술을 펴기 시작했으며, 미국은 계속 북한이 먼저 핵을 포기하라며 압박정책의 기조를 유지함으로써 접점을 찾기가 어려워졌다. 더구나 미국은 북미 양자대화 대신 북한을 다자 틀에 묶어두고 북핵문제를 국제화하려고 했고, 북한은 미국이 북한의 주권을 존중하고 쌍무회담에 나오는 것 외에 다른 길은 없다는 입장이어서 이제는 양자냐, 다자냐 하는 회담형식 문제까지도 겹쳐지게 되었다.

2002년의 2차 핵위기가 도래한 것은 미국의 이라크 침공이 변수로 작용했다고 볼 수 있다. 미국은 이라크전을 앞두고 그 준비에 전력을 기울이고 있는 상황에서 북핵 문제를 관리할 여력이 없었다. 군사적 압박을 가하기도, 본격적인 협상을 진행하기도 어려웠다. 특히 이라크 전의 명분 중 하나가 핵개발 저지인데 같은 '악의 축'인 북한과 협상을 한다는 것은 그 명분을 약화시키는 결과가 될 것이었다. 그렇기 때문에 이라크 전이 끝날 때까지 북핵 문제를 봉합해두고 시간을 버는 것이 최선이라고 보았다.

북한은 기왕에 핵문제가 국제화 된 상황에서 미국이 이라크 전에 들어가기 전에 강경대응으로 문제를 확대하여 미국의 발목을 잡는다면 오히려 미국을 협상의 장으로 끌어들이는 기회를 만들 수 있고, 쌍무대화가 실현되지 못하더라도 이라크 전 이후의 협상에서 협상카드를 더 많이 확보하는 유리한 위치를 점할 수 있을 것이라고 보았다. 이러한 양측의 계산이 핵문제를 증폭시키고 타협의 여지를 좁혀 놓았다. 미국은 2003년 3월 20일 결국 이라크를 침공했고 4월 9일 바그다드를 점령함으로써 이라크 전이 일단 마무리되었다. 이제 미국은 북핵 문제를 본격적으로 다룰 수 있게 되었으나, 제네바 합의로 되돌아갈 수 있는 동력이 약화되는 등 상황은 악화되어 있었다.

8. 노무현 정부의 평화번영정책

가. 배경

제16대 대선에서 노무현 후보가 승리할 수 있었던 것은 참신성, 개혁성과 서민적 이미지가 요인이었다고 분석된다. 시대는 탈권위주의를 원했고 변화와 개혁을 앞장서서 이끄는 새로운 정치적 리더십을 요구하고 있었다. 대북정책에서 그러한 요구가 어떻게 적용될 것인지가 관심사로 되는 것은 당연했다. 그러나 1989년 이래 민족공동체 통일방안은 국민적 합의 하에 남한 정부가 일관되게 견지해온 통일방안이었고, 그에 연해 대화와 교류와 협력을 확대하여 평화를 증진시키고 민족공동체의 기반을 강화해 나간다는 기본방향은 변화의 대상으로 삼을 수 없었다. 노무현 정부 또한 역대 정부의 정책을 계승하여 한반도에 전쟁재발을 방지하고 평화공존을 이룩하는 것이 우선적 과제이고 이 바탕위에서 남북한 공동번영을 추구해 나간다는 입장을 분명히 했다. 또한 남북기본합의서, '6.15공동선언' 등 남북 간의 기존 합의사항과 성과를 존중하고 승계한다는 입장도 밝혔다.[40]

그럼에도 불구하고 노무현 정부는 변화된 상황을 반영하여 대북정책을 발전적 차원에서 조정하고자 했고 김대중 정부와의 사이에 차별성을 부여하고자 했다. 2002년 월드컵대회를 성공적으로 치른 국가위상의 제고와 국민적 자신감, 남북정상회담의 개최와 남북관계의 발전, 국민적 참여욕구의 증대, 미국의 반확산정책과 북한 핵문제의 악화, 자주외교의 표방 등은 그러한 변화의 요인이 되었다.

특히 노무현 정부는 대북화해협력정책의 실행 과정에서 제기되었던 '퍼주기'와 '북한에 끌려 다닌다'는 논란에서 벗어나고자 했다. 이에 따라 노무현 정부는 출범과 함께 평화번영정책을 제시하고 그 차이점을 부각시켰다. 첫째는 지금까지의 성과는 경제분

40) 이와 함께 노 대통령은 2003년 5월 27일 김대중 전 대통령의 포용정책, 햇볕정책을 계승하겠다고 언급한 바 있다.

야의 교류협력에 한정되었지 군사분야에서의 실질적인 성과를 거양하지 못했고, 따라서 한반도 평화가 아직도 불안정 상태에 있으며, 핵문제가 해결되지 못하고 있다는 것이다. 평화번영정책은 경제와 안보 분야를 균형적으로 진전시켜 나감으로써 경제협력의 성과가 군사분야의 신뢰구축으로 이어지고 군사분야의 진전이 경제협력을 더욱 촉진시키는 구도를 정립해야 하겠다는 것이다.

둘째는 대북 포용정책이 남북관계만 국한해서 보았는데 그 시야를 넓혀 동북아를 포함한 국제사회의 평화와 번영의 관점으로 확대하자는 것이다. 즉, 남북관계의 발전을 동북아 속에서의 한반도의 위상과 발전가능성에 연계시켜 국가발전 전략의 일환으로 인식할 필요가 있다는 것이다. 이에 따라 '동북아 경제중심 국가 건설'이라는 목표가 제시되고 통일 · 외교 · 안보 분야의 통합전략과 유기적 협조 시스템을 필요로 하게 되었다.

셋째는 대북 포용정책의 추진과정에서 국민여론의 분열과 갈등을 빚어 왔던 점을 감안하여, 광범위한 국민 참여를 선행하고 초당적 협력을 통해 국민적 공감과 지지를 받는 한편 법과 제도에 따라 투명하게 정책을 추진하겠다는 것이다. 이렇게 함으로써 정책 추진의 정당성을 확보하고 대북협상력을 높이며 국제사회의 지지와 협력을 받을 수 있다는 것이다.

위에서 지적한 평화번영정책과 대북 포용정책의 차별성에 대해서는 이론이 있다. 사실 차이점으로 적시하고 있는 사항들이 과연 본질적인 것인가?, 그리고 대북 포용정책이 경제와 군사분야의 균형 진전, 통합전략으로서의 대북정책, 국민적 합의의 중시를 지향하지 않았는가? 등에 대해 긍정적으로 대답하기는 어렵다. 엄밀히 말해서 두 정책 사이에는 추진방식과 절차에 있어서 강조점이 다를 뿐 본질적으로는 차이가 없다. 특히 세 번째 지적된 차별성은 다분히 정치적 고려가 가미되어 있다.

현대상선이 4억 5천만 달러를 법절차를 거치지 않고 북한에 송금했다는 대북송금 의혹문제가 이와 연관되어 있다. 2002년 9월 국정감사시 이 문제가 폭로되자 특별감사후 김대중 대통령은 “향후 남북관계의 발전과 국가이익을 위해 사법심사의 대상이 되는 것은 적절치 않다”고 입장을 피력했으나, 당시 노무현 대통령 당선자는 “대북송금 의혹은 밝혀져야 한다”고 주장해 김대중 대통령이 2003년 2월 14일 대국민담화를 발표하는 상황에 이르렀다. 김 대통령이 “현대가 북한으로부터 7대 사업권을 얻어 그 대가로 송금했으나 평화와 국익에 도움이 된다고 판단해 실정법상 문제가 있음에도 수용했다”고 밝힌 것이다. 그러나 야당은 특검법안을 통과시켰고 노 대통령은 이를 수용했다. 이로 인해 김대중 정부 하의 관련자들이 기소되었고 현대그룹 정몽헌 회장이 투신 자살했다.

특검이 진행되는 동안 민주당 안의 신주류 친노 직계들은 신당 창당을 추진하고 2003년 9월 ‘국민참여통합신당’을 결성해 민주당에서 이탈하였다. 이리하여 민주당은 분당되고 노 대통령도 탈당한 가운데 11월 11일 ‘통합신당’을 중심으로 열린우리당이 창당되었다. 노 대통령은 2004년 4월 15일 제17대 총선에서 열린우리당이 원내 제1당으로 과반수를 차지하고 헌법재판소가 탄핵소추안을 기각한 직후 열린우리당에 입당하였다.

대북정책의 투명성과 국민적 합의의 강조는 결국 대북송금 특검을 통해 민주당을 흔들고 친노세력 중심의 신 여당을 만드는 도화선이 되었다. 또한 평화번영정책은 대북 포용정책과 본질적으로는 차이가 없음에도 불구하고 북한으로 하여금 여러 가지 다른 요인과 겹쳐 대북 포용정책의 승계에 대한 의심을 갖게 만들었다. 이로 인해 노무현 정부는 대화와 교류의 증가 등 현상적 진전은 이루었지만 남북관계를 실질적이고 새로운 차원으로 발전시키지 못하고 기존의 성과를 관리하는 차원에 머물렀다고 평가된다.

나. 내용

(1) 목표와 원칙

평화번영정책은 두 가지 목표를 설정하고 있다.[41] 하나는 '한반도 평화 증진'이다. 당면과제인 북한 핵문제를 평화적으로 해결하고 이를 토대로 남북한 간에 실질협력을 증대시키며 군사적 신뢰구축을 유도하여 불안정한 정전체제를 항구적인 평화체제로 전환하려는 것이다. 이렇게 하여 한반도에 확고한 평화가 정착되면 민족공동체 전체의 성장잠재력을 발현시킬 수 있고 동북아의 경제중심으로 나아가는 토대를 마련할 수 있게 된다는 것이다.

다른 하나는 '남북 공동번영 실현 및 동북아 공동번영 추구'이다. 남북한 모두의 이익을 창출할 수 있도록 경제협력을 활성화시키고 중장기적으로 남북경제공동체를 건설한다는 것이다. 이렇게 되면 한반도가 대륙과 해양을 연결하는 교량역할을 수행하여 동북아 번영의 중추국가를 지향할 수 있게 된다는 것이다.

이러한 목표를 달성하기 위해 네 가지 원칙을 제시하고 있다. 첫째, 모든 문제를 대화를 통해 평화적으로 해결한다는 원칙이다. 한반도는 불안정한 정전체제로 우발적인 무력충돌의 가능성

41) 이하 평화번영정책의 내용에 대해서는 통일부, 『2004 통일백서』(2004) 참조.

이 상존하고 있다는 점에서 전쟁재발을 막고 민족생존을 위해 무력사용은 최후의 방어수단으로서만 인정되어야 한다.

둘째, 상호신뢰 우선과 호혜주의 원칙이다. 남북한 및 주변국들은 상이한 문화와 체제를 갖고 있어 지역의 평화와 협력을 위해서는 무엇보다 서로 이해하고 존중하는 신뢰 우선의 원칙에 입각해야 하며, 상호 관계를 증진해 나가기 위해서는 일방주의를 배제하고 서로 이익이 될 수 있도록 호혜주의적 입장에 서는 것이 필요하다.

셋째, 남북 당사자 원칙에 기초한 국제협력이다. 한반도 문제의 이중적 특성을 감안하여 당사자인 남북한이 협의하여 추진함을 원칙으로 하되 국제사회와 유기적으로 협력하고 동북아 지역의 평화와 번영에도 기여하도록 해야 한다. 그렇게 함으로써 보다 안정적인 평화체제를 정착시킬 수 있다.

넷째, 국민과 함께하는 정책 추진이다. 국민적 합의와 신뢰가 결여되면 정책목표를 달성하기 어렵다. 따라서 국민들의 적극적인 참여와 초당적인 협력을 토대로 대북정책을 수립하고 법과 제도에 따라 투명하게 집행함으로써 국민적 지지를 확보하는 것이 중요하다. 이를 위해 국민과의 쌍방향 대화를 활성화하는 제도적 장치를 마련할 필요가 있다.

이러한 목표와 원칙은 충분한 명분적 타당성을 갖고 있으나 현실상황에 부딪쳐 우선순위를 선택해야 할 경우 상호 충돌적이 될 소지를 안고 있었다. 또한 남북관계의 공간적 범위를 동북아의 중심국가로 확대하여 당면적으로 운용할 대상과 미래에 결과로서 얻어지는 대상을 혼탕시켜 놓은 결함이 내재하고 있는데, 이로 인해 국제협력에서 순탄치 못한 과정을 초래하게 된다.

(2) 추진전략

평화번영정책은 한반도 평화의 증진과 공동번영이라는 목표에 도달하기 위해 단계별 추진전략을 제시하고 있다. 단기적인 최우선 과제는 북한 핵문제의 평화적 해결이다. 북한 핵문제를 해결하는 것이 평화정착과 남북관계 진전에 필수불가결하다는 인식하에 북한 핵 불용, 대화를 통한 평화적 해결, 남한의 적극적 역할 등 3대 원칙을 견지해 나간다. 이를 위해 북한이 대량살상무기 문제를 해결하는 단계에 맞추어 대규모 경제협력 조치를 취해 나가며, 군사 뿐만 아니라 경제도 고려하는 포괄적 안보를 지향한다.

중기적으로는 한반도 평화체제의 구축이다. 이를 위해 남북관계를 정상화하고 실질적인 협력관계를 심화시켜 나가며, 군사 분야에서 긴장완화 및 신뢰구축을 위한 조치를 추진해 나간다. 이와 함께 동북아 안보협력을 활성화하여 한반도 평화를 실질적으로 보장할 수 있는 여건을 조성해 나간다. 그리고 중장기적으로는 남북경제공동체를 건설하고 동북아 평화번영을 위한 협력체를 창설하여 동북아 경제중심국가로 나아가는 것이다.

이렇게 볼 때 평화번영정책은 남북관계 발전 및 통일의 의미와 당위성, 그리고 접근방식에서 기존 정책의 맥락과 약간의 차이를 보이고 있다고 하겠다. 우선 평화번영정책은 1단계의 과제로 북한 핵문제 해결을 내세우고 이것이 완결되어야 다음 단계로 넘어갈 수 있다는 인상을 주었다. 물론 노무현 정부는 실제에 있어 핵문제 해결을 위해 오히려 화해협력을 지속해 나가는 한편 남북대화의 모멘텀을 유지하여 능동적 역할을 찾겠다는 입장을 보였다. 이것은 결과론적으로 핵문제 해결과 남북관계 진전의 병행을 벗어난 것이 아니며, 결코 핵문제 선결의 입장에 서 있었다고 볼 수도 없다. 그럼에도 불구하고 남북관계의 진전에 소극적으로 비쳐졌으며, 이 단계별 목표가 스스로의 한계를 설정하여 어느 정도 제어 기능을 한 것은 사실이다.

또한 평화번영정책은 남북관계 발전의 중간 목표로서 평화체제 구축에 대한 방향을 제시하였고 그 시야를 남북관계를 넘어 동북아까지로 확대하였다는 특징을 갖는다. 여기에서 기존 정책이 남북관계를 발전시켜 통일의 단계로 들어서면 동북아 지역의 평화와 번영에 기여할 수 있다는 논리였다면, 평화번영정책은 동북아 지역에서의 국가위상과 역할이라는 비전을 제시하고 이를 위해 남북관계를 발전시켜 나가야 한다는 도치적 논리를 제시하고 있다고 하겠다. 이에 따라 한반도 문제의 해결에 있어 국제사회와의 협력 부문에 비중이 실리게 되었다. 또한 남북한 간의 평화와 협력의 연계문제에 있어서도 기존에는 협력을 선행하여 평화가 따라오게 하는 느슨한 연계구조를 상정했다면, 평화번영정책은 동시 내지는 균형이라는 입장을 강조하고 있다. 여하튼 평화번영정책은 그 기조에서 역대 정부의 대북정책을 계승하면서도 대북정책을 국가발전전략의 핵심요소로 끌어올리는 시각의 전환을 시도했다고 평가된다.

9. 핵문제 악화 속의 남북관계

가. 6자회담의 진행

이라크 전쟁이 끝나자 북한 핵문제가 다시 부상하기 시작하였다. 미국은 북한 핵문제는 대량살상무기를 생산 · 확산시키려는 불량국가가 국제규범에 도전하는 문제이기 때문에 평화를 수호하려는 국가들의 단합된 대응이 필요하며, 따라서 다자간 회담을 통해 문제를 해결해야 한다는 입장이었다. 반면 북한은 핵문제는 미국의 대북적대시 정책에서 비롯되었으며, 북한의 자주권과 생존권을 위협하는 장본인이 미국이기 때문에 오직 미국만이 이 문제를 해결할 책임이 있고 따라서 북미 간에 직접협상을 해야 한다고 주장했다.

양자 간에 접점을 찾기 어려운 가운데 한반도에 긴장이 조성되자 중국은 첸지첸 전 부총리를 북한에 보내는 등 적극적인 중재와 압박에 나섰다. 회담형식 면에서 3자회담은 양측 입장을 충족시킬 수 있는 안으로 여겨졌다. 3자가 참가한 회담이라는 점에서 일단 미국이 요구하는 다자회담이라는 형식을 갖추면서 실제로는 북미 간에 협상을 하는 양자회담의 요소를 가미한 것이다. 북한은 4월 18일 외무성 대변인을 통해 “미국이 대북적대시 정책을 전환할 용의가 있다면 대화형식에 크게 구애되지 않을 것”이라며 참가의사를 밝혔다.

이렇게 하여 2003년 4월 23일 베이징에서 3자회담이 열렸는데, 결과적으로는 양측의 기존 입장만 확인하는데 그치고 말았다. 즉, 대화(Dialogue)만 있었고 협상(Negotiation)은 없었다. 미국은 북한의 핵개발은 제네바합의 등 국제사회와의 약속을 위반한 행위이므로 이를 복귀하는데 별도의 보상이 필요 없으며 선핵포기가 이루어져야 한다는 입장이고, 북한은 체제보장과 경제지원을 해주면 핵포기를 할 의사가 있다는 입장이었다. 이후 미국은 완전하고 검증가능하며 되돌이킬 수 없는 방법으로 핵을 폐기해야 하며 확대 다자회담을 할 것을 주장했으며, 대량살상무기확산방지구상(PSI)과 해외주둔 미군의 신속기동배치 전략 발표

등을 통해 북한에 대한 압박의 강도를 높여 갔다. 북한도 이에 맞서 미국이 다자회담을 고집하는 것은 문제해결의 의사가 없는 것이라며 핵억제력을 강화해 나가겠다고 반발하고 나섰다.

이러한 가운데 중국 등 관련국가의 외교적 노력으로 2003년 8월 27일 베이징에서 남북한과 미 · 일 · 중 · 러가 참가하는 6자회담이 개최되었다.[42] 미국은 북한이 핵을 포기할 경우 체제안전과 경제지원 문제 등을 논의할 수 있다는 의사를 밝히는 한편, 북미관계를 정상화 하기 위해서는 미사일, 재래식 무기, 위조화폐, 마약, 테러, 인권, 납치 등 문제에 대한 협의가 필요하다고 강조했다. 북한은 미국이 대북적대시 정책을 근본적으로 전환하는 것이 문제해결의 기본열쇠라며, 이를 위해서는 ① 법적 구속력이 있는 불가침조약을 체결하고, ② 외교관계를 수립하며, ③ 북한의 대외경협을 미국이 방해하지 말아야 한다고 강조하고 필요한 조치들을 일괄타결하고 동시행동 원칙에 따라 이를 이행해 나가자고 주장했다.

제1차 6자회담후 북한은 "이런 백해무익한 회담에 더는 그 어떤 흥미나 기대도 가질 수 없게 되었다"면서, 10월 2일 "8천여 개의 폐연료봉 재처리 작업을 완료했으며 플루토늄을 핵억제력을 강화하는 방향으로 용도 변경하겠다"고 발표했다. 또한 10월 16일에는 "때가 되면 핵억제력을 물리적으로 공개하는 조치를 취하겠다"고 위협했다. 이즈음 2004년 대선을 앞둔 미국이 다소 유연한 태도를 보이기 시작했다. 파월 국무장관이 "모든 논의의 출발

42) 미국은 당초 남 · 북 · 미 · 중 · 일 5자회담을 추진하였으나 북한의 요구에 의해 러시아가 추가되었다. 북한은 이럴 경우 3:3 구도가 가능할 것으로 계산했다.

점은 핵포기 준비에 있다"고 하는 등 '선 핵포기'가 아니라 '핵포기를 위한 조치'를 선행하는 것으로 요구수준을 한 단계 내렸다. 부시 대통령도 다자틀 내에서의 서면 안전보장을 제공할 용의를 밝혔다.[43] 이에 따라 중국 우방궈 전인대 상무위원장이 방북하여 2차 6자회담 개최에 대한 원칙적 동의를 받아냄으로써 대화의 모멘텀을 회복하였으며, 막후 실무접촉을 통해 의견 절충후 2004년 2월 25일 베이징에서 제2차 6자회담이 열렸다.

2차 회담에서 북한은 미국이 일괄타결안을 받아들일 수 없다면 최소한 첫단계 행동조치라도 합의하자며 북한이 핵활동을 동결하고 대신 미국은 ① 북한을 테러지원국에서 해제하고, ② 정치·경제·군사적 제재와 봉쇄를 철회하며, ③ 중유와 전력 등 에너지를 지원해줄 것을 주장했다. 미국은 핵폐기의 맥락에서 안전보장 제공이 가능하며 단계적 과정을 밟아가면서 서로 조화된 조치를 취해 나가자는 입장을 밝혔다. 이로써 미국은 핵폐기에 따르는 시간적 변수와 그 과정에서 서로가 취해야 할 조치가 있음을 인정하게 되었고 이는 곧 '선 핵폐기'의 입장에서의 변화를 의미했다.

2004년 6월 23일 열린 제3차 회담은 북한과 미국이 모두 구체적인 협상안을 제시하고 실질문제를 협의하기 시작한 회담이었다. 미국은 초기단계와 핵폐기 단계를 나누어 초기단계에서 북한이 모든 핵프로그램을 신고하고 동결조치를 취할 경우 중유제공, 잠정적 다자안전보장, 테러지원국 명단 삭제 및 경제제재 해제 문제 협의 등 상응조치를 취한다는 안을 제안했다. 북한은 '동결 대 보상'이라는 틀을 기본으로 토의하게 된 것을 만족해 하고 3차 회담을 긍정적으로 평가했다.

43) 2003년 10월 20일 방콕 APEC정상회의 참석 계기 발언.

그러나 미국은 2004년 11월 부시 대통령의 승리로 대선이 끝나고 2005년 1월 제2기 정부가 출범하면서 북한 핵문제에 대해 다시 강경한 입장으로 선회했다. 북한 인권법안을 통과시키고[44] 북한을 '폭정의 전초기지'로 규정하였으며, 정권교체의 대상이라는 입장을 노골화 하였다. 북한도 부시 대통령을 '인간추물', '불망나니'로 인신공격하는가 하면, 2005년 2월 10일 핵무기 보유를 선언하고 미사일 발사 유예조치를 철회하였으며 6자회담 참가를 중단하겠다고 나섬으로써 다시 한반도에 긴장이 고조되기 시작하였다.

나. 노무현 정부 전반의 남북관계

(1) 남한 내부의 상황

노무현 정부가 출범하고 2003년 3월 14일 대북송금 특검을 수용하였다. 이로 인해 김대중 정부 시절의 대북 라인이 사법심사의 대상이 되고 북한측과의 돈거래가 파헤쳐졌다. 이것은 기존 대북정책에 대한 재검토와 대북 불신을 의미하는 것으로 인식되었다.[45] 또한 3월 20일 미국이 이라크 전쟁을 개시한 날 '건설 공병과 의무대 파병을 지원하겠다'는 성명을 발표하고 4월 파병을 결정했다. 이후 미국이 독자적 작전수행 능력을 가진 사단 규모의 경보병 부대 파병 요청이 있자 10월 18일 이라크의 신속한 전후 재건지원을 명분으로 추가 파병 결정을 하였다. 또한 노 대통령이 5월 한미 정상회담을 위해 방미 중 "만약 53년 전 미국이 한

44) 북한 인권법안은 2004년 9월 28일 상원, 10월 5일 하원에서 통과되었고 10월 18일 부시 대통령이 서명하였다.

45) 북한 조평통은 2003년 3월 4일 남한에서 특검제 도입을 강행할 경우 남북관계가 동결될 수 있다고 발표하였다.

국을 도와주지 않았다면 나는 지금 정치범 수용소에 있을지도 모른다"고 발언하였다. 이러한 사안들은 새 정부가 남북관계를 설정해 나가는 데 있어 부정적으로 작용하는 요인이 되었다.

그러나 노무현 정부의 대북정책이 적극적이지 못했던 보다 중요한 배경은 집권과 함께 부딪친 2차 핵위기와 새로운 진보세력의 집권능력을 시험받는 정치적 현안들이 계속 이어졌기 때문이다. 미국 부시 정부의 북한에 대한 예방적 선제공격 가능성에 대한 인식은 노 정부를 위축시켰으며 핵문제가 진전되지 않으면 남북정상회담을 할 수 없고 남북 협력사업도 한계가 있을 수밖에 없다는 입장으로 나타났다. 한편 권위가 약화된 정권에 대해 국민들은 새만금 개발사업과 노조 파업 등에 대한 대처와 코드 인사 등이 겹쳐지자 국정운영에 대한 불안감을 갖게 되었다. 열린우리당이 새로 창당되고 2004년 4월 15일 제16대 국회의원 총선에서 과반수를 점하기까지 혼선을 거듭했다.

여기에다가 2004년 3월 탄핵소추안이 가결되어 대통령의 권한이 정지되는 사태가 초래되자 사실상 남북관계를 새롭게 추진해 나갈 여력이 없었다. 2004년에도 대선자금 수사와 4대 개혁입법의 추진, 신 행정수도 특별법의 위헌 논란으로 정치권의 분란이 이어졌고, 열린우리당은 여대야소임에도 불구하고 당의 노선과 정체성에 대한 갈등으로 정국을 주도하지 못했다. 이로 인해 열린우리당은 2005년 4월 30일 재보선에서 1석도 확보 못하는 참패를 당한 이후 연이은 네 차례의 재보선에서 모두 참패하고, 2006년 지방자치단체장 선거에서도 전멸하다시피 하는 결과를 낳았다.

더구나 2004년 김일성 사망 10주기를 맞아 조문을 불허하였고, 7월 27일과 28일 동남아에 머물던 468명의 탈북자들이 대거 남한에 입국하였으며, 미국이 PSI 다국적 해상합동훈련을 실시하고 북한 인권법안을 통과시키는 등 북한측 입장에서 다소 민감한 사건들이 잇따랐는데, 북한이 이를 빌미로 2005년 5월까지 1년여간 당국간 대화를 회피하여 남북관계는 정체상태에 머물 수밖에 없었다. 2005년 2월 10일 북한의 핵무기 보유 선언은 이러한 남북관계 상황에 결정타를 안겨주었으며, 2005년 6월 정동영 통일부장관이 특사로 방북하여 김정일 위원장 면담이 이루어진 이후에야 회복단계로 접어들었다.

(2) 남북장관급회담

노무현 정부 출범 이후 처음으로 2003년 4월 27일부터 평양에서 제10차 남북장관급회담이 개최되었다. 남한측은 새 정부의 평화번영정책의 기조에 대해 설명하고 원칙과 신뢰에 입각한 남북관계를 정립해 나가자고 강조했다. 8차 회담 이후 핵문제는 계속 주요 의제가 되었으며, 이 회담에서도 북한측이 핵문제의 조속한 해결에 성실히 임할 것을 촉구했다. 남북한은 이 문제를 평화적으로 해결하기 위해 계속 협력하기로 합의했다. 이와 함께 '6.15공동선언'을 준수하고 철저히 이행할 것과 남북 간에 이미 합의되었거나 예정되어 있는 협력사업들을 적극적으로 추진해 나가자는 데 합의함으로써 새 정부가 대북 화해협력정책을 계승해 나갈 것임을 분명히 했다. 또한 이산가족 상봉행사를 실시하고 2003년 8월에 열리는 대구 유니버시아드에 북한측이 참가할 것을 약속함으로써 북한도 남북경협과 민간교류를 지속해 나갈 의사가 있음을 확인했다. 실제로 이산가족 상봉행사는 장관급회담이 열릴 때마다 합의가 이루어졌으며, 이는 남한의 대북 식량 및 비료지원을 지속적으로 확보하기 위한 반대급부로 이해되었다.

2003년 7월 9일부터 개최된 제11차 회담에서도 남한측은 핵문제와 관련된 국제사회의 우려와 단호한 입장을 전달하고 상황을 악화시키지 말 것을 촉구했다. 양측은 적절한 대화의 방법을 통해 평화적으로 해결해 나가기로 하여 다자회담 참여의 길을 열어 놓았다. 그 밖에 장관급회담 테두리 내에 사회문화협력분과회의를 구성하기로 하여 경제분야와 조화를 이룰 수 있게 되었다.

제11차 회담 이후 6자회담의 개최, 4대 경협합의서의 발효, 대구 유니버시아드대회에 북한측 선수단과 응원단 참가, 금강산 육로관광 재개, 류경정주영체육관 개관식 등으로 남북 간에 화해의 분위기가 살아나기 시작하였다. 북한 내부에서도 9월 3일 최고인민회의 제11기 1차 회의를 열어 김정일을 국방위원장으로 재선출하고 경축대회를 여는 등 제2기 김정일 시대를 축하하는 분위기가 고조되고 있었다. 그러나 10월 2일 북한측이 폐연료봉 재처리 완료 및 핵억제력 강화를 발표한 가운데 10월 14일부터 열린 제12차 회담은 핵문제를 둘러싸고 첨예한 논쟁의 장이 되었으며, 더구나 회담이 진행되는 기간인 10월 16일 북한 외무성이 핵억제력의 물리적 공개를 시사한 데 대해 남한측이 강력히 항의함으로써 차기 회담 일정만 합의하고 종료되었다.

제13차 회담은 2004년 2월 3일부터 개최되었는데, 2차 6자회담을 앞둔 상황이어서 핵문제 외에 남북관계를 진전시켜 나가기 위한 방도에 대해서도 협의가 이루어졌다. 이에 따라 남북 양측은 한반도 군사적 긴장완화를 위한 쌍방 군사당국자회담을 개최할 것과 개성공단 1단계 개발을 본격적으로 추진하며 2004년 상반기

중에 1만 평 규모의 시범단지를 개발하자는 등에 합의를 하였다.

이후 북한측이 남한의 탄핵정국을 이유로 여러 실무회담들을 지연시키고 합의한 군사당국자회담에도 호응해오지 않았다. 우여곡절 끝에 2004년 5월 4일부터 열린 제14차 회담에서 남한측은 장성급 군사회담 개최 합의를 이행할 것을 강력히 요구하였다. 북한측은 이를 계속 거부하다가 대표단이 평양을 떠나오기 직전에야 이에 동의하였고 그 밖에 앞으로 쌍방이 제기하는 문제들에 대해 계속 협의해 나가기로 하였다. 그러나 제15차 회담이 열린 것은 1년여가 지난 2005년 6월이었다.

(3) 남북 군사분야 회담

2003년 1월 27일 남북군사실무접촉에서 '동 · 서해지구 남북관리구역 임시도로 통행의 군사적 보장을 위한 잠정합의서'를 채택한 이후에도 철도 · 도로 통행과 관련하여 군사실무자간 꾸준히 접촉을 이어왔다. 2003년 6월 11일에는 '남북관리구역 철도 · 도로 작업현장 확인계획'을 합의하였고, 9월 17일에는 1월 27일자 '잠정합의서'를 수정 보충하여 남북관리구역의 통행을 임시도로가 아닌 노반작업이 완료된 기본도로를 이용할 수 있게 하였다. 12월 5일에는 쌍방 동해지구 공사현장 사이의 통신보장을 위해 동해 통신선 2회선을 연결하였고, 12월 23일에는 '남북관리구역 경비초소 설치 및 운영에 관한 합의서'를 채택하였다.

제14차 장관급회담에서 합의한 바에 따라 군사적 긴장완화 문제를 협의하기 위한 장성급군사회담이 개최되었다. 2004년 5월 26일과 6월 3~4일에 열린 회담에서 서해상에서의 우발적 충돌을 방지하는 문제와 군사분계선 지역에서의 선전활동 중지 및 선전수단을 제거하는 문제를 협의하였다. 쌍방은 서해상 우발적 충돌방지를 위해 6월 15일부터 국제상선공통망을 활용하고 기류 및 발광신호 규정을 제정키로 했으며, 서해지구에 통신연락소를 설치하기로 했다. 또한 6월 15일부터 군사분계선 지역에서 모든 선전활동을 중단하며 8월 15일까지 모든 선전수단을 제거하기로 하였다. 이 합의에 따라 실무대표회담을 열어 세부 이행 절차문제를 논의하고 부속합의서를 채택하였으며, 선전수단 제거 결과에 대한 확인작업도 진행하였다.

(4) 남북 경제분야 회담

남북 경제분야에서는 남북경제협력추진위원회를 축으로 하여 필요에 따라 남북이 합의하여 실무협의체를 구성하고 세부이행방안을 협의하는 방식으로 진행되었다. 이렇게 됨으로써 다양한 분야에서 다갈래로 회담과 접촉이 이루어졌다. 2002년까지 운영된 협의체는 철도 및 도로연결 실무협의회, 금강산관광 활성화를 위한 회담, 개성공단건설 실무협의회, 전력협력실무협의회, 임진강 수해방지 실무협의회, 해운협력 실무접촉, 경제협력제도 실무협의회 등이었으며, 2003년에 원산지확인 실무협의회, 청산결제 실무협의가 추가되었다.

남북경제협력추진위원회는 2003년 5월 19일부터 제5차 회의를 가졌으나, 한미공동성명에서 '한반도에서의 평화와 안정에 대한 위협이 증대될 경우에는 추가적 조치가 이루어지게 될 것이라는데 유의한다'는 내용을 두고 북한측이 "그럴 경우 남북관계는 영으로 될 것이며 남쪽에서 헤아릴 수 없는 재난을 당하게 될 것"이라고 주장하면서 난항을 겪었다. 북한측이 이 발언에 대해 해명한 후에야 양측은 철도 · 도로 연결, 개성공단 건설, 임진강 수해방지 사업 등 추후일정에 합의하고 남한측은 쌀 40만 톤을 제공하기로 하였다. 이후 2004년 6월 2일의 제9차 회담까지 네 차례 더 개최되었는데, 중요한 내용은 다음과 같다.

남북 간에 직거래 방식을 확대하고 그와 관련한 협의통로를 개설하기로 하였다. 이에 따라 남북 경협협의사무소가 2005년 10월 28일 개성공단 내에 개소하게 되었다. 식량분배 투명성 확보를 위해 남한측 인원이 현장을 방문할 수 있게 되었다. 경의선 동해선의 도로는 2004년 10월 개통, 철도는 2004년 시범운행 후 2005년 개통하기로 하였다. 개성공단은 2004년 상반기에 시범단지를 개발하기로 하여 실제 9월부터 공장건설공사가 진행되고 연말에 첫 시제품을 생산하였다.

남북경제협력제도 실무협의회는 2003년 7월 제2차 회의에서 '남북 사이에 거래되는 물품의 원산지 확인절차에 관한 합의서'를 채택하였으며, 청산결제에 관한 합의서에 따라 청산결제은행으로 남한은 한국수출입은행을, 북한은 조선무역은행을 각기 지정하였다. 또한 2000년 12월 제4차 장관급회담에서 서명한 투자보장합의서 등 경협 4대 합의서의 발효절차를 마무리하기로 하고 회담이 끝난 후 2003년 8월 20일 발효통지문을 교환하였다. 10월에 개최된 제3차 회의에서는 '남북상사중재위원회 구성 · 운영에 관한 합의서'를 채택하였다. 개성 · 금강산 지구 통행에 관해서는 신변안전문제와 관련하여 북한측이 북한법을 적용하겠다고 고집하였으나 결국 남한측 입장을 반영하여 타결을 보았다. 즉, 법질서 위반행위에 대하여 북한측이 조사 통보한 후 경고, 벌금, 남측지역 추방 등 조치를 취하고 조사기간 동안 기본적인 권리를 보장하기로 하였고, 엄중한 위반행위는 쌍방이 별도로 합의하여 처리하기로 하였다. 이에 따라 2004년 1월 29일 '개성공업지구와 금강산관광지구의 출입 및 체류에 관한 합의서'도 채택되었다.

철도 · 도로연결 실무협의회에서는 연결일정과 연결을 위한 자재 · 장비 제공 및 열차와 차량 운행에 관한 문제들을 협의하였다. 이 과정에서 신호 · 통신 · 전력계통 설계를 위한 현장조사를 실시하였고, 경의선에서는 판문역, 손하역, 동해선에서는 감호역, 삼일포역을 분계역사로 신축하기로 했다. 남북해운협력실무접촉에서는 남북해운합의서를 채택한 데 따라 그 이행과 준수를 위한 부속합의서를 협의 · 타결하고 2004년 6월 제9차 남북경제협력추진위원회에서 서명절차를 완료하였다.

(5) 3대 경협사업

남북한은 2003년 6월 14일 경의선 · 동해선 철도 궤도를 연결하는 행사를 가졌으며, 2003년말 상대측 공사구간을 상호 방문하였다. 남북한은 제9차 남북경제협력추진위원회에서 도로는 2004년 10월, 철도는 시험운행을 거쳐 2005년말에 개통하기로 하였으나 2004년 7월 이후 당국 간 회담의 중단으로 더 이상 협의가 이루어지지 못했다.

개성공단 개발과 관련해서는 2003년 6월 30일 착공식을 거행하고 토질조사와 측량설계를 거쳐 2004년 4월 13일 1단계 100만 평의 토지 임차료, 지장물 철거비 등 관련 계약을 체결하였다. 이와 함께 2만 8천 평 규모의 시범단지를 개발하기로 하고 공장건설에 들어갔으며, 이 중 리빙아트 개성공장이 2004년 12월 15일 첫 제품을 출하하였다. 북한도 개성공업지구법의 하위 규정들을 꾸준히 제정하여 제도적 기반을 갖추는 데 적극 협력하였다.

금강산관광은 2003년 전반기에 임시도로를 이용한 육로관광이 중단되고 학생, 교사 등에 대한 경비지원도 중단되었으며, 북한이 한동안 사스(급성호흡기증후군)를 이유로 남한 주민의 방북을 금지함으로써 어려움을 겪었다. 그러나 후반기 9월부터 육로관광이 재개되었으며, 북한이 투자자의 권리를 보장하고 강원도 고성, 해금강, 삼일포, 통천 등을 금강산 관광지구로 지정하여 관광상품이 다양화됨에 따라 활성화의 기반이 마련되었다. 2004년부터 관광객 수가 월평균 2만 명 선을 넘어서게 되었다.

(6) 교류협력의 지속 추진

노무현 정부 출범후 여러 가지 요인으로 상황이 악화된 가운데도 남북간의 인적 · 물적 교류와 경협사업들은 꾸준한 증가세를 보였다. 2003년에는 15,280명이, 2004년에는 26,534명이 남북을 왕래하였다. 물자교역은 2003년에 7억 2천만 달러를 넘어섰으나, 2004년에 내수부진 등으로 6억 9,700만 달러에 그쳤다.

이산가족 상봉행사는 설, 추석, '6.15공동선언' 기념일 등을 계기로 꾸준히 이어졌다. 그러나 이러한 방식으로는 많은 이산가족들이 상봉 기회를 갖기 어렵다는 점에서 2003년 11월 제5차 적십자회담에서 금강산지역에 상설 이산가족면회소를 설치하기로 합의하였으며, 남한측이 이를 전담하여 건설하고 관리 · 운영하기로 했다.

대북 인도적 지원도 계속되었다. 남한은 정부차원에서 2003년에 쌀 40만 톤, 옥수수 10만 톤과 비료 30만 톤을 지원하였고, 2004년에도 이와 동일하게 지원하였다. 특히 2004년에는 4월 22일 평안북도 용천역 인근에서 대형 폭발사고가 일어나 북한이 국제사회에 지원을 호소함에 따라 남한측은 정부와 민간 차원에서 적극적인 지원에 나섰다. 의약품, 라면, 생수, 모포 등 긴급구호품과 함께 철근, 시멘트, 건설장비 등 복구용 자재 · 장비도 전달하였다. 북한측은 진정으로 사의를 표하였으며, 2004년 5월에 열린 제14차 장관급회담에서 남한측이 요구한 장성급 군사회담을 수용한 것은 이의 영향이 컸다고 할 수 있다.

그 밖에 남북한 간에 화해 분위기를 조성하는 다양한 행사가 개최되었다. 대구 유니버시아드대회(2003.8.21~31)에 북한 선수단 및 응원단 527명이 참가하였다. 제주에서 열린 민족통일평화 체육문화축전(2003.10.23~27)에는 북한측 인원 190명이 체육경기, 민속경기, 미술 · 수공예품 전시 등에 참여하였다. 류경정주영체육관 개관행사(2003.10.6~9)에는 남한측 인원 1,075명이 최초로 경의선 임시도로를 이용해 평양을 방문하여 통일농구대회, 합동공연 등을 개최하였다. 또한 제28회 아테네 올림픽(2004.8.13~29) 개 · 폐막식에 공동입장하였으며, 6.15와 8.15 남북공동행사를 개최하는 등 민간단체를 중심으로 다양한 분야에서 교류와 협력이 이어졌다.

이와 같이 북한이 당국 간 회담은 문을 닫아 걸면서도 진행되어온 경협사업과 민간단체와의 교류협력사업은 꾸준히 추진한 것은 남한과 미국 정부에 핵문제를 둘러싼 그들의 강한 메시지를 전달하면서도 남북관계를 완전히 차단함으로써 발생하는 구체적 불이익은 피하자는 의도라고 할 수 있다. 남북관계의 기본틀을 무너뜨릴 경우 '민족공조'라고 하는 '6.15공동선언'의 정신을 스스로 훼손하는 동시에 대미협상에서 남한의 일정한 후원을 확보할 수 없고 국제사회의 고립을 자초하여 더 어려운 처지에 빠질 수 있다고 본 것이다. 또한 현실적으로 식량 등 남한의 지속적인 지원이 유지되어야 할 필요성이 있었고, 상황이 전변될 경우 남북관계를 회복하기 위한 최소한의 모멘텀을 유지해 두어야 했기 때문이었다.

10. 화해협력 관계의 회복

가. 남북당국간 대화의 재개

2005년에 들어와 한반도 주변국 상호간의 유동적이고 불안정한 역학구도 속에 북한 핵문제는 상황이 더욱 악화되어 갔다. 북한은 미국의 압박에 강력하게 반발하면서 핵무기 보유 선언에 이어 5월에는 8,000여 개의 사용후 핵연료봉의 추출을 완료하였다고 주장하는 등 강경 입장을 굽히지 않아 해결의 실마리가 보이지 않았다. 이런 가운데 4월 23일 아시아 · 아프리카 정상회의에서 남측 이해찬 국무총리와 북측 김영남 최고인민회의 상임위원장이 회동하여 남북당국 간 대화의 필요성에 공감하였다. 또한 남한은 이러한 상황을 조기에 타개하기 위해 북한이 핵폐기시 200만kw의 전력을 직접 송전해줄 수 있다는 복안을 마련하고 이를 '중대제안'으로 북한에 띄우기 시작했다.

북한은 5월 14일 차관급 회담을 제의해왔으며, 이것이 1년 가까이 중단되었던 남북당국간 대화를 재개하는 계기가 되었다. 남북차관급회담은 5월 16일부터 19일까지 개성에서 개최되었는데, 남한측은 북한이 6자회담에 복귀해야 하며, 그럴 경우 남한 정부는 핵문제 해결을 실질적으로 진전시킬 수 있는 '중대한 제안'을 마련할 것이라고 입장을 전달했다. 남북한은 그동안 민간 차원에서 진행되어 오던 6.15 통일대축전에 당국대표단을 파견하며 제15차 장관급회담을 6월 21일부터 개최하자는 데 합의했으며, 남한이 비료 20만 톤을 북한에 제공하기로 하였다.

남한은 6월 15일 평양에서 개최된 6.15 행사에 정동영 통일부 장관이 참석하였으며, 이 기간중에 대통령 특사 자격으로 6월 17일 김정일 국방위원장을 면담하였다. 이 자리에서 정동영 특사는 한반도 비핵화 원칙은 반드시 준수되어야 하며 북한이 6자회담에 조속히 복귀할 것과 핵폐기에 관한 전략적 결단을 내릴 것을 촉구하였다. 또한 중대제안의 내용에 대해서도 상세히 설명하였다. 즉, "6자회담에서 북한이 핵폐기에 합의하면 현재 중단상태인 KEDO 경수로 건설공사를 종료하는 대신, 남측이 독자적으로 200만kw의 전력을 3년 이내에 북핵 폐기와 함께 북한에 직접 송전방식으로 제공하겠다"는 것이었다. 김정일 위원장은 북한이 핵무기를 가져야 할 이유가 없고 한반도 비핵화선언은 김일성 주석의 유훈으로 여전히 유효하며, 미국이 북한을 인정하고 존중하려는 뜻이 확고하다면 7월 중에라도 6자회담에 복귀할 의사가 있다고 밝혔다. 또한 남북한은 8.15 공동행사에 북한 당국대표단을 파견할 것과 장성급군사회담을 재개하고 수산당국회담을 개최하며, 8.15를 기해 이산가족 간에 화상상봉을 실시한다는 데 합의를 하였다.

이후 경색국면에 있던 남북관계가 전환되어 새롭게 발전하고 남북 간 화해협력의 흐름이 다시 형성되었다. 2005년 한해 동안 남북회담만 총 34회 개최되었고, 인적 · 물적 교류가 대폭 늘어났다. 무엇보다 중요한 것은 김정일 위원장이 직접 핵문제를 해결하기 위해 6자회담으로 복귀할 용의를 밝힌 점이다. 북한으로서는 이미 핵보유 선언을 통해 미국에 충분한 메시지를 전달한데다가, 상황이 극단으로 치달아 6월 한반도 위기설까지 나오면서 관련국들이 부시 정부의 일방적 강경책을 우려하고 있고, 미국도 이라크 전쟁의 후유증과 경제지표의 악화에 시달리고 있어 새로운 협상국면이 가능하다고 보고 남한 특사의 면담을 활용하여 6자회담 재개 의사를 밝힌 것으로 분석된다. 이는 북한이 먼저 6자회담 중단 선언을 철회한 것으로 되어 미국이 협상의 자리에 들어올 수 있는 체면을 세워준 측면도 있다. 대남 유화국면으로의 전환은 이에 필요한 여건 조성과 별도의 에너지 지원 확보를 기대한 결과로 볼 수 있다.

나. 북한 핵문제를 둘러싼 진퇴와 굴곡

(1) 북한 핵문제 해결의 토대 마련

북미 간 6자회담 수석대표의 협의를 거쳐 제4차 6자회담이 2005년 7월 26일부터 개최되었다. 제3차 회담 이후 1년여가 지난 시점이었다. 6자회담 참가국들 간에 연쇄적인 양자협의를 진행하면서 포괄적 합의의 실마리를 찾기 위해 노력했으나, 쟁점을 완전히 해소하지 못했다. 특히 비핵화의 범위와 평화적 핵이용권 문제에서 첨예하게 대립하였으며, 북한이 경수로 제공 없이는 핵억제력을 포기하는 것이 불가하다는 입장을 완고하게 고집함에 따라 일단 각국 내부협의를 거쳐 계속 협의키로 하였다. 이에 따라 제4차 회담은 9월 13일부터 19일까지 2단계 회의로 이어졌다.

이 2단계 회의에서 북한 핵문제 해결에 관한 6자회담 최초의 합의로서 공동성명이 채택되었다. 이 '9.19 공동성명'은 비록 정치적 선언에 불과하고 이의 실행을 위해 다시 구체적 이행조치를 협의해야 할 과제를 남겨두고는 있으나, 관련국들이 모두 동의한 가운데 국제사회에 북한 핵문제 해결의 원칙과 방향을 제시하였다는 점에서 의미가 크다. '9.19 공동성명'에서 북한은 모든 핵무기와 현존하는 핵계획을 포기하고 조속한 시일내에 NPT와 IAEA의 핵안전조치협정에 복귀하기로 공약하였다. 대신 유관국들은 북한에 불침공을 약속하고 에너지 지원, 경제협력, 관계정상화 등 조치를 취하기로 하였다. 또한 직접 관련당사국들이 적절한 별도 포럼을 마련하여 한반도의 영구적 평화체제에 관한 협상을 갖는다는 데 합의함으로써 한반도 냉전구조의 해체작업을 본격화할수 있는 길을 열어 놓았다.

물론 모호하고 미비한 채로 일단 봉합해둔 문제도 있다. 북한이 주장하는 경수로 제공 문제는 적절한 시기에 논의하기로 함으로써 제공 여부를 불확실한 상태로 두었는데, 이것이 곧바로 또 다른 불씨를 지핀 도화선이 되었다. 이 문제에 관해 5개국은 북한이 핵포기 조치를 취하고 검증이 끝난 뒤 제공 여부를 논의해 볼 수 있다는 입장을 밝힌 반면, 북한은 경수로 제공이 확약되지 않고서는 IAEA 사찰을 수용하지 않겠다는 입장을 드러냈다. '9.19 공동성명' 바로 다음날 북한은 외무성 대변인 담화를 통해 "미국이 우리에게 신뢰조성의 기초로 되는 경수로를 제공하는 즉시 NPT에 복귀하고 IAEA와 담보협정을 체결하고 이행할 것"이라고 주장한 것이다. 즉 북한이 핵폐기를 위한 조치에 들어가는 것은 경수로를 제공받은 이후라는 것이다. 그러나 이같은 북한의 입장 표명은 경수로 제공에 대한 확약을 받아두려는 협상전술 상의 배수진이었다.

한편 미국은 '9.19 공동성명' 직전인 9월 15일 마카오 소재 방코

델타아시아(BDA)은행을 북한의 불법자금 세탁혐의로 '돈세탁 주요 우려대상'으로 지정한데 이어, BDA가 북한 계좌를 동결시키도록 하였고 자국내 8개 북한 기업의 자산도 동결하는 등 금융제재 조치를 취했다. 약 2,500만 불에 이르는 BDA 계좌의 금융자산이 동결된 데 대해 북한은 미국의 대북 적대시정책의 집중적 표현이라며 강하게 반발했다. 또한 미국은 북한인권법을 제정한데 이어 2005년 8월 대북 인권특사를 임명하고 북한 인권문제를 집중적으로 제기하였다. 11월 17일에는 유엔총회도 '북한 인권상황에 관한 결의안'을 채택하여 국제적 압력이 점차 강화되기 시작하였다.

이러한 상황의 전개로 말미암아 11월 9일에 개최된 제5차 6자회담은 '9.19 공동성명'의 구체적 이행문제를 논의하기는커녕 북한이 경수로 제공문제를 재차 거론하고 미국의 금융제재 등 일련의 대북 압박 정책을 비난함으로써 새로운 난관에 봉착하게 되었다. 북한이 공사기간이 8~9년이나 걸리는 경수로를 선 제공해야 상응조치를 취하겠다고 주장한 것은 미국의 금융제재 등 압력에 맞대응 하려는 차원에서의 수단으로도 이해된다.

(2) 미국 부시 정부의 대북정책 전환

미국의 금융제재조치를 중심으로 북미 간 대립이 심화되면서 6자회담이 장기간 재개되지 못하는 상황 속에서 북한은 2006년 7월 5일 대포동 1기를 비롯한 7기의 미사일 발사를 감행하였다. 이에 유엔은 안보리를 소집하여 북한의 미사일 발사를 규탄하고 북한에 대한 미사일 및 대량살상무기 관련 물자와 재정적 지원을 금지하는 안보리 결의 1695호를 2006년 7월 15일 채택하였다. 그러나 북한은 이에 아랑곳하지 않고 10월 3일 외무성 성명을 통해 핵실험 실시계획을 발표하고는 10월 9일 핵실험을 하였다. 이는 국제 비확산체제에 대한 정면 도전이고 6자회담 당사국 간에 합의한 '9.19 공동성명'을 흔들어 버리는 행위였다.

유엔은 다시 안보리를 소집하여 북한의 핵실험을 강력히 규탄하고, 대량살상무기 개발 관련 물자 · 장비 · 기술 및 자산의 거래와 이전을 방지하고 관련 북한 인사의 입국과 경유를 금지하는 내용의 안보리 결의 1718호를 2006년 10월 14일 채택하였다. 긴박한 상황으로 치닫던 북핵 문제는 2006년 10월 31일 베이징에서 북 · 미 · 중 3국의 6자회담 수석대표 접촉을 통해 6자회담 재개에 원칙적 합의를 이룸으로써 협상국면으로의 전환을 맞이하게 되었다. 이후 북미 간 양자접촉 등을 통해 실질적 진전을 이루기 위한 방안을 다각도로 모색하였으며, 2006년 12월 18일 제5차 회담 2단계 회의를 개최하였다. 이 회담은 북한이 BDA 문제의 우선 해결 입장을 고집함으로써 합의가 도출되지는 못했지만, 심도있는 의견 교환을 통해 향후 논의 진전을 위한 유익한 기초를 마련함으로써 북핵 문제의 평화적 해결 노력에 대한 확신을 공유하고 6자회담 틀의 유용성에 대한 공감대를 이룩했다는 점에서 의미가 있다.

이러한 상황의 전변이 가능했던 주요 요인중 하나는 부시 대통령의 공화당이 11월 7일 중간선거에서 참패한 때문이다. 그렇지 않아도 계속 악화되는 이라크 사태로 대내외적으로 '힘에 의한 일방주의적 외교'에 대한 비판여론이 높아가고 있던 시점에 북한의 도전은 부시 행정부에 결정적 타격을 주었다. 이로 인해 사악한 정권과는 타협이 있을 수 없다며 대북 강경정책을 주도해온 인물들이 물러나고 대북정책 전반을 재검토해야 했다. 이에 따라 미국은 북한과 대화와 타협을 통해 문제를 해결해 나가기로 정책전환을 하고 양자 간 직접 협상에 나서게 된다. 2007년 1월의 북미 간 협상에서 미국은 북한에 대한 금융자금 동결을 해제하고 북한은 핵시설 가동을 중단하여 '9.19 공동성명'을 이행해 나가기로 의견접근이 이루어짐으로써 6자회담이 재개될 수 있게 되었다.

2007년 2월 8일부터 제5차 6자회담 3단계 회의가 개최되어 '9.19 공동성명 이행을 위한 초기조치('2.13 합의')'가 타결되었다. '2.13 합의'의 주요골자는 ① 북한은 핵시설의 폐쇄 및 봉인과 IAEA 요원 복귀, 모든 핵프로그램의 목록 작성 협의, ② 북미 간 전면적 외교관계로 나아가기 위한 양자대화 개시 및 미국은 테러지원국 해제, 대적성국 교역법 적용 종료 등 과정 개시, ③ 북일관계 정상화를 위한 양자대화 개시, ④ 참가 5개국은 초기단계에 중유 5만 톤 긴급 지원, 다음 불능화 단계중 중유 95만 톤 지원 등이다. 그 밖에 초기조치 이행과 다음 단계의 구체적 계획을 협의하기 위해 한반도 비핵화, 북미관계 정상화, 북일관계 정상화, 경제 및 에너지 협력, 동북아 안보 · 협력체제 등 5개의 실무그룹을 설치 운영할 것과, 초기조치가 이루어지면 동북아 안보협력 증진방안을 모색하기 위한 6개국 장관급회담을 개최하자는 데도 합의하였다.

2007년 3월 19일부터 제6차 6자회담이 열리고 실무그룹 회의도 가동되었지만 BDA 동결자금 문제가 기술적, 행정적 이유로 늦어지자 북한도 폐쇄 · 봉인 조치를 지연시키고 이에 따라 중유 지원도 늦어졌다. 동결된 북한 자금의 송금이 완료되고 중유 5만 톤 지원이 개시되자 북한은 5개 핵시설에 대한 폐쇄 · 봉인 조치를 개시하였고 9월 27일부터 제6차 6자회담 2단계 회의를 개최하게 되었다. 여기에서 '9.19 공동성명 이행을 위한 2단계 조치('10.3 합의')'가 발표되었다.

'10.3 합의'에서 북한은 연내 모든 핵시설을 불능화 하고 모든 핵프로그램의 신고를 완료하며 핵물질·기술 등 이전을 금지하기로 약속하고, 참가 5개국은 중유 100만 톤 상당의 경제, 에너지를 지원하고 북미, 북일 관계 정상화 노력을 하기로 했다. 특히 미국은 테러지원국 해제와 적성국 교역법 적용 종료 과정을 진전시켜 나가기로 하였다. 이후 미국의 북핵 불능화팀이 방북하는 등 북한 핵시설의 불능화 작업이 진척되어 나갔다. 부시 대통령이 "내 임기내에 북한 핵문제를 끝낼 수 있다. 나는 이미 선택했다"고 밝혔듯이 2007년을 넘기면서 북한 핵문제는 해결을 위한 순탄한 궤도에 들어선 것으로 보였다.

다. 노무현 정부 후반의 남북관계

(1) 대북정책의 추진 여건

2004년 4.15 총선에서 여대야소를 이룩한 열린우리당은 당정분리의 실험, 친노진영의 독주, 당내부의 갈등과 분화 등으로 제대로 국정운영을 주도하지 못했으며, 연이은 재보선 참패와 '대연정' 제안 등에 따른 지지층 이탈로 사실상 존립기반이 위태로워졌다. 대선의 해인 2007년에 들어와 열린우리당은 결국 해체의 과정을 밟게 되었다. 사수파와 신당파가 대립하는 가운데 탈당이 이어지기 시작했고, 대통령과 여당에 대한 지지도는 끝없이 추락하였다. 이런 가운데 8월에 들어서야 '대통합민주신당' 창당대회를 개최하고 정동영 후보를 내세웠지만 한나라당 이명박 후보의 독주를 막을 수는 없었다. 제17대 대선은 이명박 후보가 압도적 표차로 승리하였다.

이같은 정치상황이 전개되면서 노무현 정부의 리더십은 약화될 수밖에 없었고 대북정책도 이의 연장선상에 있었다. 더구나 세계정세의 변화와 미래전략 구상에 따른 한미동맹관계의 재조정이 이념논쟁을 유발하고 북한 핵문제가 이와 맞물려 돌아가면서 대북정책에 있어서 노무현 정부의 입지가 좁아졌다. 기존의 남북관계 진전의 성과를 증폭시키고 이를 통해 핵문제 해결을 위한 긍정적 기여 역할을 찾는 것이 한반도 평화를 선도해 나가는 길이었으나, 북미 갈등이 한반도에 긴장을 고조시키자 민족공조 우선이냐, 국제공조 우선이냐 하는 이분법적 구도 속에 함몰되어 분명한 입장을 정립하지 못한 측면이 있다.

전반기의 남북관계 침체는 2005년 정동영 특사의 방북과 '9.19 공동성명' 등 핵문제의 진전으로 바뀌는듯 했으나, BDA 문제가 불거지고 2006년 북한이 미사일 발사와 핵실험 등으로 상황을 악화시키자 국제사회의 규탄과 제재가 이어지는 속에서 다시 방향타를 놓치고 말았다. 북한이 7월에 미사일을 발사하자 남한 정부는 대북식량지원을 유보하기로 하였고, 10월에 핵실험을 한데 이어 유엔 안보리가 결의안을 내자 제재위원회에 이행계획 보고서를 제출하고 이와 별도로 독자적 대응조치를 취해 식량과 비료지원을 중단하고 교사 및 학생들의 금강산 체험학습에 대한 지원을 중단하였으며, 개성공단 1단계 2차 분양을 보류하였다. 또한 민간 차원의 교류협력사업들에 대해서도 지원 대상과 범위를 규제하였다. 그러나 북한 핵문제가 '2.13 합의'를 거쳐 2007년 7월 핵시설 폐쇄와 IAEA 사찰단의 감시가 재개되면서부터는 남북한 간에 정상회담이 추진되고 남북관계 진전을 위한 새로운 구도가 마련되게 된다.

이와 같이 노무현 정부는 보수세력의 견제와 정치적 리더십을 발휘하기 어려운 정치적 역학 구도, 그리고 핵문제와 한미관계에 대한 조정력 미비로 대북정책에 있어 대체로 수동적이고 소극적인 입장을 보였다고 할 수 있다. 특히 남북관계를 핵문제의 하위변수로 둠으로써 핵문제 상황이 바뀌는데 따라 부침을 거듭하는 양상을 보였다. 임기말 정상회담이 이루어졌지만 이 또한 미국의 대북정책 전환과 핵문제 상황의 변화가 가져온 부산물이며, 그 구체적 실행력은 사실상 차기 정부의 승계에 달려있는 불확실한 기대치에 그칠 가능성을 내재하고 있었다.

(2) 남북장관급회담

남북차관급회담에서의 합의에 따라 2005년 6월 21일부터 24일까지 제15차 장관급회담이 개최되었다. 제14차 회담 이후 1년여 만에 재개되었지만 정동영 특사의 방북 직후 열린 회담이라는 점에서 주로 김정일 위원장과의 면담 결과를 구체적으로 이행하는 문제를 논의하였다. 북한측도 적극적으로 호응해 나옴으로써 8.15 남북공동행사에 북한측이 당국대표단을 파견, 장성급 군사회담 재개, 수산협력실무협의회와 농업협력위원회 구성 · 운영, 이산가족 상봉행사 및 금강산 면회소 착공식, 이산가족 화상상봉 실시, 북한 민간선박들의 제주해협 통과 등 어느 때보다 많은 합의를 이루었다.

그러나 제16차 회담 이후로 장관급회담은 남북관계를 개선하기 위한 실질적인 성과를 이루지 못하고 기존 합의사항을 관리 · 확인하는 수준에 머물렀다. 제16차 회담은 8.15 공동행사가 이루어지고 이산가족 화상상봉이 실시되는 등 남북관계 진전에 대한 기대가 높아진데다 제4차 6자회담이 진행되는 가운데 2005년 9월 13일부터 개최되었다. 그러나 장성급 군사회담 개최 등 일부 합의사항이 이행되지 않고 있었고, 6자회담이 막바지 협상단계에 들어가는 시기에 북한측이 남북관계의 진전에 소극적 태도를 보여 별다른 성과를 내지 못했다. 이산가족 상봉행사의 지속과 '겨레말 큰사전' 공동편찬사업을 지원하자는 외에는 화해 · 군사 · 경제면에서 실천적인 조치들을 취해 나가자는 원칙적인 합의만 하는데 그치고 말았다.

제17차 회담은 2005년 12월 13일부터 제주에서 열렸다. 남한측은 한반도 평화체제 구축문제를 남북한이 주도적으로 협의하고 경제공동체를 형성해 나갈 것을 강조하였으나 북한측이 여전히 실질적 진전을 회피함으로써 이산가족 상봉행사의 지속과 개성지구 역사유적의 세계문화유산 등록 및 보존 · 관리 사업에 서로 협력하자는 등에만 합의하였다.

2006년에 들어와 당국간 회담은 다시 소강상태를 빚었다. 제18차 장관급회담도 한미합동군사연습을 이유로 한달 가량 연기되어 4월 21일부터 개최되었는데, 북한측은 한미합동군사훈련 중지문제를 우선적으로 해결하자고 끈질기게 주장하였다. 북한이 남한이 수용할 수 없는 문제를 들고 나올 때는 통상 합의할 것이 없다는 의미이다. 쌍방은 한강 하구 골재채취 문제, 공동 자원개발, 철도 · 도로 개통문제 등을 경제협력추진위원회에서 협의토록 한다는 것과 납북자, 국군포로 문제를 실질적으로 해결하기 위해 협력한다는 겉치레 합의만 하였다.

제19차 회담은 북한이 미사일을 발사한 직후 7월 11일부터 부산에서 열렸다. 남한측은 북한이 6자회담에 조속히 복귀하여 남북공동번영을 위한 새로운 전환점을 만들어 나가자고 촉구하였으나, 북한측은 한미합동군사훈련 중지, 국가보안법 철폐 등 주장만 되풀이하여 회담을 하루 앞당겨 조기 종결하였다.

제20차 회담은 중단된지 7개월여 만에 2007년 2월 27일부터 열렸다. '2.13 합의'가 이루어진 후임에도 불구하고 북한측은 여전히 민족공조를 앞세웠으며, 쌍방은 이산가족 상봉행사와 상반기내 열차 시험운행에 합의하는데 그쳤다. 5월 28일부터 열린 제21차 회담도 마찬가지였다. 이후 남북정상회담이 추진되는 상황에서 남북장관급회담은 더 이상 개최되지 못했으며, 정상회담 후에는 '남북관계 발전과 평화번영을 위한 선언('10.4선언')'을 이행하는 체제로 남북 간 협의의 틀이 바뀌어짐에 따라 남북장관급회담은 그 역할을 종료하고 남북총리회담이 현안문제를 다루는 중심협의체가 되었다.

(3) 남북 군사분야 회담

2005년 6월 제15차 장관급회담에서 장성급 군사회담을 개최하기로 합의한데 따라 실무회담을 진행하였다. 여기에서 군사분계선 지역에서의 선전수단 제거 작업 완료와 서해 해상 통신연락소 운영 개시 등에 합의가 이루어지고 그 시행 결과를 확인하였다. 그러나 장성급 군사회담에 대해서는 북한측이 여건 미조성을 이유로 구체적 일정 합의를 회피하여 열리지 못했다.

2006년 2월에 다시 실무대표회담 수석대표접촉을 갖고 장성급 군사회담 개최에 합의가 이루어졌다. 제2차 회담 이후 1년 9개월여 만에 제3차 장성급 군사회담이 2006년 3월 2일~3일 열렸다. 남한측은 서해상 우발적 충돌방지 개선조치와 철도·도로 통행의 군사보장 합의를 촉구했으나 북한측은 서해상 군사분계선 확정문제 우선협의를 주장하여 의견차이를 해소하지 못했다. 5월 16일~18일 열린 제4차 회담에서도 동일한 입장이 반복되었다. 9월 28일에 열린 군사실무회담 수석대표접촉에서는 북한측이 군사분계선 일대에서의 전단 살포행위를 남한 정부가 방관하고 있다고 비난했다.

제5차 장성급 군사회담은 남북경제협력추진위원회에서 열차 시험운행을 2007년 5월 17일로 확정함에 따라 제4차 회담 이후 1년 만에 2007년 5월 8일~11일 개최되었다. 쌍방은 열차시험운행에 대한 잠정합의서를 채택하였고, 서해해상 충돌방지, 임진강 수해방지 및 한강하구 골재채취 관련 군사보장 문제 등에 대해서는 계속 협의하기로 했다. 7월 24일~26일 개최된 제6차 장성급 군사회담에서도 북한측은 여전히 서해해상경계선 재설정 문제를 들고 나와 아무런 진전을 이루지 못했다.

(4) 남북 경제분야 회담

제10차 남북경제협력추진위원회는 북한의 회담중단으로 1년이나 지연되어 2005년 7월 9일부터 개최되었다. 이 회담부터 북한은 남한으로부터 경공업 원자재를 제공받는데 집중하였다. 제10차 회담에서 북한측은 유무상통의 원칙에 따라 서로 주고받는 상호보완적 협력구도를 만드는 새로운 방식의 경협사업을 추진할 것을 제기하였다. 이에 따라 남한은 의복류 · 신발 · 비누 등을 생산하는데 필요한 원자재를 북한에 제공하고 북한은 아연 · 마그네사이트 등 지하자원 개발에 대한 투자를 남한에 보장하고 생산물을 제공하기로 합의하였다. 이를 실행하기 위한 구체내용에 대해서는 2006년 6월 3일에 열린 제12차 회담에서 '경공업 및 지하자원 개발 협력에 관한 합의서'에 서명함으로써 합의가 이루어졌으나, 남한측은 그때까지도 이행되지 않은 열차시험운행을 발효의 조건으로 걸었기 때문에 실제 경공업 원자재의 제공은 2007년 4월 제13차 회담을 치르고 5월 17일 열차시험운행이 이루어진 후에야 본격 논의되기 시작하였다.

남북경제협력추진위원회는 핵문제 등 상황변화로 인해 2006년 6월에 제12차, 2007년 4월에 제13차 회담을 열어 명맥을 유지했으나, 합의사항들이 무산되거나 지연되어 역할이 한계에 부딪쳤다. 이런 가운데도 산하에 새로이 남북수산협력실무협의회, 남북농업협력위원회, 경공업 및 지하자원개발 협력 실무협의를 가동하였으며, '개성공업지구와 금강산관광지구의 출입 및 체류에 관한 합의서' 등 기 체결된 경제협력을 제도적으로 보장하기 위한 9개 합의서를 2005년 8월 1일 발효시켰다.[46)]

이 기간 중 경제협력추진위원회 산하 실무협의체들의 주요 활동내용은 다음과 같다. 남북농업협력위원회는 남한측이 현대적인 종자생산 및 가공 · 처리 · 보관시설을 지원하며, 북한측은 일정한 지역의 협동농장을 선정해서 농기자재, 영농기술을 지원하고 남한의 전문가와 기술자들이 필요한 시기에 해당지역을 방문하는 것을 보장하기로 하였다. 경공업 및 지하자원개발 협력 실무협의

46) 2005년 8월 1일 발효된 남북 경협관련 합의서는 다음과 같다. 남북사이 차량의 도로운행에 관한 합의서, 개성공업지구 통관에 관한 합의서, 개성공업지구 통신에 관한 합의서, 개성공업지구 검역에 관한 합의서, 남북상사중재위원회 구성 · 운영에 관한 합의서, 개성공업지구와 금강산관광지구의 출입 및 체류에 관한 합의서, 남북사이의 열차운행에 관한 기본합의서, 남북해운합의서, 남북해운합의서의 이행과 준수를 위한 부속합의서.

에서는 '남북 경공업 및 지하자원개발 협력에 관한 합의서의 이행에 관한 세부합의서'를 채택하여, 남한측이 경공업 원자재 현물을 차관으로 제공하고 북한측은 그 대가로 3%는 아연괴 및 마그네샤크링카를, 잔여분은 지하자원 개발권과 생산물 처분으로 상환하기로 하였다. 임진강 수해방지 실무접촉에서는 남한측이 공동조사와 홍수피해 방지대책, 임진강유역 댐 및 임남댐 방류계획의 사전 통보를 촉구하였으나, 북한측의 소극적 태도로 구체적인 합의를 도출하지 못했다.

(5) 3대 경협사업

열차 시험운행은 계속 미루어지다가 '2.13 합의' 이후 남북경제협력추진위원회에서 2007년 5월 17일로 날짜를 정하고 장성급 군사회담에서 군사적 보장조치에 합의함으로써 실시되었다. 경의선은 문산역에서 개성역까지 남한측 열차가, 동해선은 금강산역에서 제진역까지 북한측 열차가 군사분계선을 넘어 운행하였다. 또한 2007년 12월 1일 남북철도운영공동위원회에서 합의한 데 따라 12월 11일부터 경의선 문산-봉동 구간에서 매일 1회 총 12량의 차량을 편성하여 화물열차의 정기적 운행에 들어갔다. 이와 함께 2005년과 2006년에 경의선과 동해선에 각각 철도 및 도로의 출입시설을 마련하였다.

개성공단사업은 2006년 10월까지 시범단지에 26개 기업이 모두 가동되었고, 1단계 100만 평의 기반시설 공사도 2007년 10월까지 모두 완료되었다. 2007년 5월부터는 10만kw 용량의 송변전시설을 설치하여 입주기업들에게 송전방식의 전력공급을 시작하였다. 입주기업들의 생산액도 2007년을 기준으로 1억 달러를 넘어서기 시작했다. 2007년 말 현재 시범단지와 본단지를 합해 총 65개 기업이 입주하였고 북한근로자 2만 2,538명을 고용하였다. 입주 가동기업들이 빠르게 늘어남에 따라 통행 · 통신 · 통관 문제의 개선과 북한 근로인력의 안정적 확보가 주요 과제로 대두되었다. 남한측은 2007년 5월 '개성공업지구 지원에 관한 법률'을 제정하여 개성공단 진출 기업도 국내 기업과 동일하게 각종 지원제도의 혜택을 받을 수 있게 하였고, 생산제품의 판로문제를 해결하기 위해 한국산으로 인정받을 수 있도록 외교적 노력을 해왔다.

금강산 관광사업은 2004년부터 정상화되기 시작하였으나 2006년 들어서 현대아산과 북한측 '아태'와의 개성관광사업자 문제를 둘러싼 갈등과 북한 핵실험의 여파로 관광객이 감소하여 다소 어려움을 겪었다. 그럼에도 불구하고 2007년 6월 누적관광객이 150만 명을 돌파하였고 2007년 한해 동안 34만 5천 명의 관광객을 기록하였다. 2007년 6월부터는 내금강 관광이 시작되어 관광코스가 다양화되었고, 2007년 10월에는 골프장이 만들어져 시범경기를 개최하였다. 이와 별도로 현대아산과 북한측 '아태'가 '관광협력 합의서'를 체결함에 따라 개성과 백두산 관광이 추진되었으며, 2007년 12월부터는 개성지역에 대한 관광이 시작되었다.

(6) 교류협력의 심화

남북 간의 인적왕래는 2005년부터 급증하였다. 경의선 · 동해선의 도로가 개통됨으로써 개성공단 사업, 대북지원 및 경협 협의 등이 개성지역에서 활발해졌고 출입절차도 간소화된데 따른 것이다. 2005년에 8만 8,341명, 2006년에 10만 1,708명, 2007년에 15만 9,214명을 기록하였다. 물자교역도 크게 늘어나 2005

년에 10억 5천만 달러, 2006년에 13억 5천만 달러, 2007년에 18억 달러에 이르렀다.[47)]

이산가족 상봉행사는 한해에 두 차례 정도로 계속 진행되었으며, 2005년부터 시작된 화상상봉도 2007년까지 일곱 차례 실시되었다. 납북자 · 국군포로에 대해서도 이산가족 상봉대상자 명단에 포함되는 숫자가 점차 늘어났다. 이산가족 면회소는 2005년 8월 31일에 착공식을 가졌다. 기간중 북한에 대해 매년 식량 40~50만 톤, 비료30~35만 톤 정도의 지원도 계속 이루어졌다. 특히 2007년 8월 중순 북한이 1995년 대홍수에 비견할만한 수해를 당하자 남한은 긴급구호품과 수해복구용 자재 · 장비를 지원하였고 성홍열, 구제역 등 방역사업과 산림병해충 방제사업에까지 지원영역을 확대하였다.

남북 사회문화교류도 2006년 하반기 북한의 미사일 발사와 핵실험으로 위축되기는 했으나 전반적으로 다양한 분야에서 활발하게 진행되었고, 점차 일회성 행사를 벗어나 중장기 사업을 중심으로 전개되는 양상을 보였다. 2005년 8.15 공동행사에는 김기남 조평통 부위원장 등 북한측 당국대표단이 참가해 분단 이후 최초로 국립현충원을 참배하였고, 9월 1일~4일 인천에서 열린 제16회 아시아육상선수권대회에 북한 선수단과 응원단이 참가하였다. 2006년에는 국립박물관에서 북한 문화재 특별전시회가 열렸으며, 토리노 동계올림픽과 카타르 도하아시아경기대회 개 · 폐회식에 남북이 공동으로 입장하였다. 2007년에는 금강산 신계사 복원사업과 평양 봉수교회 재건축사업이 완공되었고, KBS가 남북 합작으로 '사육신'을 제작하여 방영하였다. 그 밖에도 북관대

47) 통일부, 『2008 통일백서』(2008) 참조.

첩비 반환, 안중근의사 유해발굴, 고구려 유물전시회 등이 이루어지는 등 민간단체를 중심으로 새로운 사업들이 추진되었다.

11. 제2차 남북정상회담의 개최

가. 정상회담 개최 배경과 과정

2006년 북한의 핵실험과 유엔 안보리의 제재조치로 다시금 긴박한 상황을 맞았던 북한 핵문제는 미국이 11월 중간선거를 계기로 대북정책을 전환하고 2007년 '2.13 합의'가 이루어짐으로써 해결의 실마리를 찾게 되었다. 북한은 동결된 BDA 자금이 송금되자 영변 핵시설을 폐쇄하고 IAEA 사찰단의 감시를 받아들임으로써 한반도 정세는 대화와 협력의 분위기로 돌아섰다. 남북회담이 재개되고 여러 분야의 교류협력이 활발해지기 시작한 것이다. 5월 17일에는 열차 시험운행도 이루어졌다. 남한 정부는 이러한 상황 진전을 호기로 삼아 평화체제 구축을 비롯하여 미래지향적이고 포괄적인 새로운 남북관계의 틀을 마련하고자 했다. 만일 남북관계에서 획기적인 성과를 이루어낸다면 대선 과정에 있는 남한 정국에 상당한 파괴력을 갖고 직접적인 영향을 미칠 수도 있을 것이었다.

북한은 미국 부시 행정부가 대북정책을 전환하고 임기 내에 핵문제를 해결하겠다는 의지를 보이고 있는 상황에서 이를 적극 활용하여 6자회담의 추진동력을 확보하고 대미관계 개선을 마무리 지으려고 했다. 실제 2006년 11월 중간선거 이후 부시 대통령은 "북한이 핵을 포기하면 종전 선언과 평화조약을 체결할 용의가 있다"고 했으며, 6자회담 수석대표인 힐 국무부 차관보도 "부시 대통령이 임기 중에 한국전 종전을 선언하려는 강한 열망을 갖고 있다"고 언급했다.

북한은 2000년 클린턴 정부 때의 실패를 감안하여 2008년 미국이 대선 과정으로 들어가기 전에 서둘러 여건을 조성할 필요성이 있었다. 또한 2008년은 베이징올림픽이 있는 해여서 중국의 견제로 북한의 행동반경이 제약받을 가능성이 크다는 점을 고려해야 했다. 한편 북한은 김정일의 업적으로 되어 있는 '6.15공동선언'의 효과를 지속시켜 나가야 하며, 이를 위해 남한의 차기 정부가 이를 계승하도록 못박아 둘 필요성이 있었다. 북한은 과거에 임기 말에 접어든 남한 정부와는 정상회담을 추진하는데 호응해 나오지 않았으며 오히려 남한 정부의 수요를 역이용 하려고 했다. 그러나 당시 보수정권이 차기 정부를 인수할 가능성이 컸던 2007년의 경우는 사정이 달라졌다. 북한이 남북정상회담을 개최해야 할 필요성이 더 컸다고 할 수 있다.

남한 정부는 2007년 7월 초 김만복 국가정보원장과 김양건 노동당 통일전선부장의 접촉을 제의하였고, 북한은 7월 29일 김만복 원장의 비공개 방북을 요청하였다. 이에 따라 김만복 원장은 대통령 특사 자격으로 8월 2일~3일 방북하였는데, 북한측은 김정일 국방위원장의 위임에 따른 중대제안 형식으로 8월 하순 평양에서 수뇌상봉을 하자는 제안을 하였다. 또한 "최근 남북관계 및 주변정세가 호전되고 있어 현 시기가 수뇌상봉의 가장 적합한 시기"라는 김정일 위원장의 뜻도 전달하였다. 김만복 원장의 보고를 받은 노무현 대통령은 이를 수용하였고, 김 원장이 재차 방북하여 8월 5일 김양건 통일전선부장과 함께 "남과 북은 8월 28일부터 30일까지 평양에서 제2차 남북정상회담을 개최하기로 한다"는 내용의 합의서에 서명하였다.

의전 · 통신 · 경호 등 절차문제는 2000년 정상회담의 선례를 적용하였다. 다만, 북한측이 8월에 들어와 집중호우로 심각한 수해를 당하자 8월 18일 이를 복구하기 위해 정상회담 일자를 연기할 것을 요청하여 10월 2일~4일로 조정되었다. 또한 분단사상 최초로 남한의 최고당국자가 전용차량을 이용하여 육로로 방문하였고, 특히 남북분단의 상징인 군사분계선을 걸어서 통과했다. 김영남 최고인민회의 상임위원장은 인민문화궁전 앞에서, 김정일 국방위원장은 4.25 문화회관 앞에서 노무현 대통령을 맞았으며 의장대를 함께 사열하였다.

나. '10.4선언'의 내용과 의의

남북 정상은 두 차례의 단독회담을 통해 평화정착, 공동번영, 화해 · 통일에 관한 제반 현안에 대해 협의하고 10월 4일 8개항으로 된 '남북관계 발전과 평화번영을 위한 선언('10.4선언')'을 발표하였다. 그 중요 내용을 요약하면 다음과 같다.

① '6.15공동선언'의 적극 구현

−6월 15일을 기념하는 방안 강구

② 상호 존중과 신뢰의 관계로 전환

−내정문제 불간섭

−각기 법률적, 제도적 장치들을 통일지향적으로 정비

−남북 의회 등 각 분야의 대화와 접촉을 적극 추진

③ 군사적 긴장완화와 평화보장을 위한 협력

−전쟁반대, 불가침 의무 준수

–서해 공동어로수역 지정 및 군사적 신뢰구축조치 협의를 위해 국방장관회담 개최

④ 항구적 평화체제 구축 및 관련국 정상들이 종전을 선언하는 문제 추진

–'9.19 공동성명', '2.13 합의'이행 공동 노력

⑤ 공리공영과 유무상통의 원칙에서 경협사업 확대, 발전

–서해평화협력지대 설치, 공동어로구역과 평화수역 설정, 해주경제특구 건설, 한강하구 공동이용 등 추진

–개성공단 2단계 개발 착수, 문산–봉동간 철도 화물수송 시작, 통행 · 통신 · 통관 등 제도적 보장조치 조속히 완비

–개성–신의주 철도와 개성–평양 고속도로 개보수 협의, 안변과 남포에 조선협력 단지 조성

–부총리급 남북경제협력공동위원회 운영

⑥ 사회문화 분야 교류협력의 발전

–서울–백두산 직항로 개설 및 백두산 관광 실시, 베이징올림픽에 경의선 열차를 이용하여 남북 응원단 참가

⑦ 인도주의 협력사업 적극 추진

–이산가족 상봉 확대, 영상편지 교환사업 추진, 금강산 면회소에 쌍방 대표 상주 및 상시 상봉 진행

–자연재해 등 재난발생시 적극 협력

⑧ 국제무대에서의 협력 강화

* '10.4선언'의 이행을 위해 11월 중 남북총리회담 개최 및 남북정상이 수시로 만나 현안문제 협의

'10.4선언'은 첫째, '6.15공동선언'에 비해 대단히 구체적이다. 세부적으로는 40여 개에 이르는 항목에 합의하였다. 이것은 이 합의들의 시행이 어차피 남한의 차기 정부로 넘어가는 만큼 북한이 남한의 차기 정부를 의식하고 그 이행과정에서 자연스럽게 대북정책의 기조를 묶어두려는 의도에서 비롯된 측면이 강하다.

둘째, 군사적 긴장완화와 평화의 제도화에 대해 본격적으로 논의가 이루어지고 북한이 소극적 태도 일변도에서 변화를 보였다는 점에서 의의가 있다. 남한측이 평화와 공동번영을 결합시켜 군사적 갈등을 경제협력의 관점에서 해소해 나가려는 시도를 한 데 대해 북한측도 호응하였다. 특히 서해평화협력특별지대를 설치하기로 한 것과 국방장관회담에서 군사적 신뢰구축조치를 다루도록 한 것은 의미가 크다.

셋째, 평화체제 구축문제와 관련하여 남북한이 공통인식을 넓혔다. 즉, 남북한이 주도하여 3자, 또는 4자회담을 통해 종전을 우선 선언하자는 것이다. 한반도의 비핵화 과정에서 이러한 정치적 선언을 통해 환경을 조성하면서 평화협정 등 법적인 정전체제 종결로 단계적으로 접근하자는 것이다. 이를 다른 측면에서 보자면 북한측이 기존에 견지해온 평화문제 논의에서의 남한 배제 및 선 평화협정 체결이라는 입장에서 벗어나 있는 것을 알 수 있다.

넷째, 경협사업에서 그동안 장애요소로 되어온 제도적 보장조치 문제들을 정상 차원에서 해결하고 다방면의 신규사업들을 합의하여 남북경제협력을 추진해나갈 장기적 동력을 강화하려 하였다. 특히 해주경제특구 건설과 한강하구 공동이용, 경의선 철도·도로 개보수, 조선협력단지의 건설은 남북경협의 질적인 전환을 가져올 수 있는 대규모 프로젝트이다. 이러한 사업들이 실행될 경우 남북한 간의 경제협력은 구조적이고 지속적인 형태로 변화될 가능성이 크다.

다섯째, '10.4선언'은 그 이행을 위해 새로운 협상체제를 요구하고 있어 '6.15공동선언' 이후 남북장관급회담을 중심축으로 하고 경제협력추진위원회와 산하의 부문별 실무협의회, 군사회담, 적십자회담 등으로 짜여진 회담 틀이 전면적으로 재조정될 수밖에 없게 되었다. 이제는 남북총리회담이 중심협의체가 되고 그 밑에 남북경제협력공동위원회와 서해평화협력특별지대추진위원회, 남북국방장관회담, 사회문화교류협력추진위원회, 그리고 기존의 적십자회담이 운영되는 식으로 변화가 오게 되었다.

다. 제2차 정상회담 이후의 남북관계

'10.4선언' 이후 남북관계는 급속한 변화를 맞았다. 남한의 새 정부가 출범하기 전인 2008년 2월까지 불과 4개월 기간 동안에 남북 간에는 회담과 접촉이 30회 개최되었고, 합의서 형식으로 20건이 채택되었다. '10.4선언'을 이행하기 위한 체제를 갖추고 이를 한번이라도 가동시킴으로써 향후 남북관계가 '10.4선언'의 바탕위에서 발전해 나가도록 하기 위해 남북한이 일치하여 노력을 한 결과이다.

남북한은 우선 예비접촉을 거쳐 11월 14일~16일 총리회담을 개최하고 '10.4선언' 이행에 관한 합의서를 채택하였다.[48] 여기에서 지금까지 미루어졌던 사업들의 구체적 실행일자를 확정하여

48) 남북총리회담에서는 '10.4선언 이행에 관한 합의서'와 함께 '서해평화협력특별지대추진위원회 구성 · 운영에 관한 합의서', '남북경제협력공동위원회 구성 · 운영에 관한 합의서' 등 2건의 부속합의서를 채택하였다.

금강산면회소 사무소 개소식은 12월 7일, 문산-봉동간 철도화물 수송 개시는 12월 11일 실시하기로 하였고, '서해평화협력특별지대추진위원회'와 '사회문화교류협력추진위원회'를 구성하기로 하였다. 북한측은 경의선 철도와 개성-평양 고속도로 개보수, 조선협력사업, 서해평화협력특별지대 사업에 특별한 관심을 보였다.

군사분야에서는 7년 만에 제2차 국방장관회담을 열어 해상경계선 문제와 군사적 신뢰구축조치 등을 협의하기 위해 남북군사공동위원회를 운영하기로 하고, 남북교류협력사업들을 군사적으로 보장하기 위한 대책을 즉시적으로 마련하기로 했다. 이어 열린 장성급 군사회담에서는 '동 · 서해지구 남북관리구역 통행 · 통신 · 통관의 군사적 보장을 위한 합의서'를 채택하여 매일 07시부터 22시까지 상시 통행을 허용하고 2008년부터는 인터넷과 유무선통신을 허용하기로 하였다.

경제분야에서는 남북경제협력공동위원회를 열어 산하에 부문별 분과위원회로서 도로협력분과위원회, 철도협력분과위원회, 조선 및 해운협력분과위원회, 개성공단협력분과위원회, 농수산협력분과위원회, 보건의료 · 환경보호협력분과위원회, 자원개발협력분과위원회, 경제협력제도분과위원회 등을 두기로 하고 각각의 1차 회의 일자를 정하였으며, 분과위별로 필요한 현지조사를 실시한다는 데도 합의하였다.

농수산 분야에서는 종자생산 및 가공시설, 유전자원 저장고 건설사업을 추진하고 평양에 사육두수 규모의 시범 양돈협력사업을 진행하기로 했으며, 북한 동해어장 일정수역에서 남한 어선이 입어 및 어로 활동을 하기로 했다. 개성공단 사업은 북한측 근로자의 적기 충원을 위한 숙소 건설, 통근열차 운행, 물자 하차장 건설 등에 합의하였다. 보건환경 분야에서는 사리원 인민병원 현대화 사업 지원, 약솜공장 건립, 산림병충해 방지를 위한 공동조사와 방역 등에 합의하였다.

철도 · 도로 분야에서는 철도운영공동위원회 가동에 합의하였고 경의선 및 개성-평양 고속도로 개보수와 관련한 1차 현지조사를 실시하였다. 또한 금강산사업과 관련해서는 금강산지구 관리위원회를 설치하고 통행검사소를 건립하기로 하였다. 한편 쌍방은 서해평화협력특별지대추진위원회 산하에 해주경제특구협력분과위원회, 해주항개발협력분과위원회, 공동어로협력분과위원회, 한강하구협력분과위원회를 두고 협의해 나가기로 하였다.

기타 2008 베이징올림픽 남북 응원단 참가문제와 관련하여 규모를 300명으로 하는 데는 합의했으나, 열차이용, 응원형식과 방법 등은 계속 협의키로 했다. 2008년 들어 남북관계가 냉각되자 후속회담이 열리지 못하고 결국 남북 응원단 참가는 무산되고 말았다. 또 적십자회담에서는 연간 남북 각 400명씩 대면상봉하고 각 160가족씩 화상상봉을 하며 분기별 영상편지 교환도 시행하기로 했다. 이를 위해 2008년 2월 5일 '남북이산가족 영상편지 교환에 관한 합의서'를 체결하고 첫 번째 20가족의 영상편지를 교환하기도 하였다.

Ⅶ. 남북관계 조정기

2008~

Ⅶ 남북관계 조정기 2008~

1. 이명박 정부와 상생공영정책

가. 상생공영정책의 수립

이명박 정부가 내세운 대북정책은 상생공영정책이었다. 그 핵심은 실용과 생산성에 기초한 상생과 공영의 남북관계를 발전시켜 평화통일의 실질적 토대를 확충해 나간다는 것이다. 상생공영정책의 비전으로서 평화공동체, 경제공동체, 행복공동체가 제시되었다. 이는 남북관계 발전을 가로막는 북한 핵문제를 해결하여 새로운 평화구조를 창출하고, 남북 간에 쌍방향적이고 상호보완적인 협력을 이루어 남북경제공동체 형성에 진입하며, 남북한 주민의 삶의 질을 향상시켜 민족구성원 모두가 행복한 공동체를 실현해 나간다는 것이다. 상생이 평화의 제도화를 의미하고 공영이 경제공동체의 형성을 의미한다는 뜻에서 본다면 상생공영정책은 결국 기존에 민족공동체 통일방안에 입각해서 남한 정부가 일관되게 추진해온 화해협력정책의 연장선상에 서있다고 할 수 있다.

그러나 상생공영정책은 시대적 상황변화에 따라 대북정책의 추진 속도와 방식도 변해야 한다며 네 가지 추진원칙을 제시하고 있다. 첫째는 실용과 생산성에 기초하고, 둘째는 원칙에는 철저하되 접근방식은 유연하게 대처하며, 셋째는 국민적 합의를 최우선으로 하고, 넷째는 남북협력과 국제협력의 조화를 이루어 나간다는 것이다. 이러한 원칙들은 결국 일방적인 대북 지원, 북한의 변화 유도 실패, 핵문제를 둘러싼 안보 불안, 정책 추진의 투명성 결여, 남북관계 우선과 북한에 대한 보편적 가치의 적용 회피 등 그동안 남한 사회에서 제기되었던 불만과 비판적 요소들을 의식한 측면이 강했다.

구체적인 대북정책의 추진방향으로는 대화의 문을 열어놓되 남북 간 현안문제를 해결하는 데 실질적인 도움이 되는 진정성 있는 대화를 추진하고, 핵문제 해결에 집중하면서 군사적 긴장완화와 신뢰구축도 함께 진전시켜 나가며, 서로에게 이익이 되는 경제협력 사업을 추진하고, 민간 차원의 교류는 보다 정례화되고 활성화될 수 있도록 지원하되 당국 간의 협의체를 통해 제도적 장치를 확충하여 내실을 기하며, 인도적 지원은 계속 추진해 나가지만 이산가족과 납북자 · 국군포로 등 인도적 문제에 대한 북한측의 성의를 촉구한다는 것이다. 이와 함께 북한 주민의 인권 개선을 위해 적극적으로 접근해 나간다는 입장도 밝히고 있다.[1)]

그러나 이와 같이 대북정책에 가시적 성과를 앞세운 실용주의를 반영한 결과 그 구체적 추진과정은 과거 정부와 판이하게 달라져 나타났다. '6.15공동선언'과 '10.4선언'에 대해서는 현실과

1) 통일부, 『2009 통일백서』(2009), 제1장 참조.

상호존중을 바탕으로 실현가능한 이행방안을 마련해야 한다고 선별적 이행 방침을 고수함으로써 북한의 전면 이행 주장과 부딪쳤고, 2007년에 마련되었던 남북 간 이행협의체계가 하나도 가동되지 못했다. 남북 간의 경협 추진은 북핵문제 진전, 경제적 타당성, 재정부담 능력, 국민적 합의를 원칙으로 내건 결과 실제로는 남북 간 경협사업들이 위축되기 시작했다. 인도적 지원도 조건부성에 가까워 북한이 공식적으로 지원을 요청하기 어려운 환경이 조성되었다. 무엇보다 남북관계 전반에 걸쳐 비핵화의 실현이라는 원칙을 철저히 적용하려고 함으로써 결과적으로 '선 핵문제 해결'의 입장을 취하게 되었다.

이명박 대통령은 2008년 7월 11일 국회 개원연설에서 "우리의 대북정책은 북한의 비핵화를 최우선으로 하면서 남과 북 모두에게 이익이 되는 상생과 공영의 길을 개척해 나가는 것입니다…… 우리는 호혜의 정신에 기초하여 '선언의 시대'를 넘어 '실천의 시대'로 나아가야 합니다"라고 강조했다. 이것은 북한 핵문제가 해결되지 않고는 남북관계의 실질적 발전이 한계에 부딪칠 수밖에 없으며 핵문제가 해결되지 않은 상황에서의 남북관계의 진전은 무의미하다는 인식을 기초로 하고 있다. 이로 인해 남북관계는 핵문제의 하위변수로 떨어지고 국제적 성격이 강화되는 방향으로 흘러가기 시작했다. 남북관계사는 또 한번의 굴곡을 맞게 되었으며 새로운 의미의 상생과 공영을 위한 조정단계로 들어가게 되었다.

나. 대북정책 추진환경

이명박 대통령은 대선에서 압도적 표차로 당선되었다. 거듭된

정책혼선과 내부분열로 한국 사회는 진보 정권에 등을 돌렸으며 전반적으로 보수성향의 물결이 강세를 이루기 시작했다. 2008년 4월 제18대 국회의원 총선 또한 한나라당이 과반을 넘어 압승했다. 여권은 이러한 분위기에서 국정 전반에 걸쳐 방향전환을 모색하고 지난 정권과의 차별성을 확실하게 두고자 했다. 대북정책 또한 예외가 될 수 없었다. 그동안 남한 국민들 사이에서 '북한에 퍼주기만 했다', '북한에 질질 끌려다녔다', '북한은 하나도 변한 것이 없고 남남갈등만 가져왔다', '민족공조만 강조하고 한미동맹을 약화시켰다'는 등 불만과 우려가 있어온 것은 사실이다. 이명박 정부는 이러한 비판적 사안들을 정치적 차원에서 해석하고 기존 정책방향을 뒤집는데 집중하였다. 중장기적 전략과 향후 남북관계의 운용방향을 설정하기 전에 우선 정권을 지지해준 보수세력의 감정에 부응하는 정책 제시와 발언이 필요했다.

이명박 대통령은 취임사에서 "남북관계는 이제까지 보다 더 생산적으로 발전해야 합니다. 이념의 잣대가 아니라 실용의 잣대로 풀어갈 것입니다"라고 했지만, '실용'의 의미는 북한의 태도 변화와 연계되어 있었다. '실용'을 위한 대북정책의 슬로건은 '비핵개방 3000'이었다. 이것은 북한이 핵을 포기하고 개방정책으로 전환하면 남북경제협력과 지원을 통해 10년 내에 북한 주민의 1인당 소득이 3천 달러 수준에 이르도록 하겠다는 것이었다. 결국 남북관계 모든 사안에 핵문제의 해결을 연계하는 '선 핵포기'의 입장을 선택한 것이다.

이와 함께 '6.15공동선언'과 '10.4선언'에 대해서도 남북기본합의서를 앞세우면서 기존 합의들의 합의정신을 존중한다고만 했지, 그 자체에 대한 이행의지를 분명하게 밝히지 않았다. 오히려 실제 이행은 협의해 봐야 한다거나 전체 합의사항 이행에 40억~60억 불이 들 것이라는 액수만 부각시켰다. 그리고 남북 간의 경협사업은 서로의 이익을 위해 추진한다면서도 북핵문제의 진전 등을 원칙으로 내세웠는데, 이것은 '6.15공동선언'과 '10.4선언'을 그대로 수용하지 않겠다는 것이나 다름없었다. 일부 고위층 가운데는 대북 선제공격론이나 개성공단 2단계 사업의 핵문제 연계를 발언하기도 했다.

북한은 새 정부의 대북정책을 기대하고 관망해 왔으나 이같은 일련의 사안들을 통해 남한 정부가 대북 강압과 대결국면을 지향한다고 보고, 이를 차단하는 한편 남한 정부의 진정성을 확인하기 위해 2008년 3월 말부터 대남 강경조치를 취하고 비난을 하기 시작했다. 3월 27일 개성지구에 있는 남북경협협의사무소의 남측 당국자들이 북한의 요구에 의해 철수했고, 3월 29일에는 북한이 모든 남북당국 간 대화를 중단하고 접촉을 거부한다고 발표했다. 그리고 4월 1일 로동신문에서 이명박 대통령의 실명을 거론하며 '역도'로 지칭하고 나왔다. '비핵 개방 3000'에 대해서는 '북남관계를 파국으로 몰아넣는 반통일선언'이라며 적대적 대결정책으로 규정했다.

한편 핵문제는 '10.3 합의'에 따라 핵시설 불능화와 모든 핵프로그램의 신고를 위한 과정이 진행되어 왔으나, 신고목록 작성문제로 인해 북미 간 줄다리기가 이어졌다. 이런 과정에 2008년 4월 8일 6자회담 북미 수석대표인 김계관과 힐 사이의 접촉을 통해 핵신고에 대한 합의점을 찾음으로써 6자회담이 진전될 수 있는 기반이 마련되었다. 북한은 외무성 대변인을 통해 "미국의 정치적 보상조치와 핵 신고문제에서 견해일치가 이룩됐다"며 긍정적으로 평가하고 미국도 부시 대통령이 이 합의안에 동의했다고 밝혔다. 이로써 북핵 폐기와 북미관계 정상화를 목표로 하는 3단계 진입에 대한 기대가 높아졌다.

북한은 2008년 6월 26일 플루토늄 생산량 등을 적시한 핵 신고서를 6자회담 의장국인 중국에 제출하였고, 다음날 6자회담 관련국의 방송사를 영변으로 초청한 가운데 영변 5MWe 원자로의 냉각탑을 폭파하였다. 미국은 6월 26일 북한에 대한 적성국교역법 적용을 종료하였고 테러지원국 해제 절차에도 착수하였다. 7월에는 6자회담 수석대표 회의가 개최되어 북한이 제출한 핵신고서 내용에 대한 평가와 검증방안 등을 논의하고 검증과 감시체제 구성에 합의를 이루었으며, 비공식이기는 하지만 6자회담 참가국들의 외무장관회담도 진행하였다. 2008년 11월 대통령 선거를 앞두고 부시 행정부는 북한 핵문제와 관련해서 외교적 성과를 남기려는 방향으로 움직이고 있었다.

북한은 2007년의 핵문제 협상의 진전에 고무되어 2008년 신년사에서 2012년에 강성대국 건설을 끝낸다는 중기 비전을 제시하였고 이후 경제건설에 총력을 기울일 것을 지속적으로 강조했다. 2006년부터 경제성장이 다시 마이너스로 돌아선데다 2007년의 수해로 식량 생산량도 감소되어 어려움이 가중되고 있었다. 북한은 남한으로부터의 경제적 실익도 확보하고 북미 간 핵문제 협상에도 유리한 환경을 조성하기 위해 남북관계를 지속적으로 발전시키고자 했지만, 그것이 여의치 않다면 한반도의 긴장조성도 또 다른 선택지로 남아 있었다.

남한은 '비핵 개방 3000'이 선 핵폐기론이나 조건론이 아니며 북핵문제 진전에 따라 단계적으로 경협사업을 추진한다는 것이라고 해명하고, '6.15공동선언'과 '10.4선언'에 대해서도 합의정신을 존중하며 협의를 통해 실천가능한 이행방안을 마련하자는 입장이라며 다소 유연한 자세를 보였다. 또 5월에는 인도적 차원에서 옥수수 5만 톤을 지원하겠다고 제의하기도 하였다. 이러한 조치들은 강경일변도의 북한을 방관하여 남북관계가 극도로 악화되는 것은 바람직하지 않다는 판단에서 취해졌으며, 대북정책 기조의 변화는 아니었다.

또한 당시 남한 정부는 남북관계를 중요 국책 어젠다로 삼아 본격적으로 검토할 여유가 없었다. 2008년 4월 19일 한미 정상회담을 앞두고 4월 18일 한미간 쇠고기 협상을 타결하여 수입을 전면 개방하였는데, 이것이 도화선이 되어 100일 이상 촛불시위가 계속되었다. 이런 가운데 단순한 쇠고기 수입재개 파문이 점차 경부 운하건설 등 정책에 대한 반대와 정권 퇴진운동으로까지 이어졌다. 이로 인해 내각이 총사퇴하고 대통령이 국민에게 사죄해야 했으며 미국에 협상단을 급파하여 30개월 이상된 쇠고기의 수출 금지 보장을 받아 사태가 진정되었다. 6월까지는 이 급박한 이슈가 최대의 국정과제일 수밖에 없었다.

2. 경색국면으로 치닫는 남북관계

가. 남북관계의 동결

남북 간에 관계설정을 새로이 정립하기도 전에 2008년 7월 11일 금강산 관광객 한명이 장전항 북한측 구역 내에서 북한군 초병의 총격을 받아 사망하는 사건이 발생하였다. 남한 정부는 즉각적으로 금강산 관광을 잠정 중단시키고 당국 간 협의를 통해 진상을 규명하고 재발방지 및 신변안전보장 대책을 마련한 후 관광을 재개한다는 입장을 확고히 세웠다. 북한은 명승지종합개발지도총국 대변인 담화를 통해 유감을 표명하면서도 현장조사를 거부하고 남한측에 책임을 전가하였으며, 8월 3일 금강산지구 군부대 대변인 담화를 통해서는 체류하고 있는 남한측 인원을 추방하고 군사분계선 통과를 제한하며 사소한 적대행위에도 군사적 대응을 하겠다고 발표하여 남한 정부의 관광 중단에 맞대응하고 나왔다.

이러한 가운데 8월 8일부터 24일까지 베이징 올림픽경기대회가 열려 남북관계가 소강상태에 들어가는듯 했다. 그러나 8월 14일부터 김정일 위원장의 건강이상설과 급변사태설이 불거지고 북한은 '우리의 존엄과 자주권을 모독하는 용납 못할 도발행위'라고 반발했다. 여기다가 남한 시민단체들의 대북 전단 살포가 늘어나자 북한은 10월 2일 개최된 군사실무회담에서 전단살포를 계속할 경우 개성공단사업과 개성관광에 엄중한 후과가 있을 것이며, 군사분계선을 통한 남한측 인원 통과를 제한할 것임을 경고했다. 또한 8월 한미정상회담 공동성명에 북한 인권문제가 들어가고 11월 유엔 총회에서 남한이 북한 인권결의안 공동제안국으로 참여하자 "우리 체제에 대한 정면 도전이고 '6.15공동선언'과 '10.4선언'에 대한 전면 부정"이라고 비난했다.

북한은 마침내 11월 12일 단절과 차단 조치를 실행에 옮기기 시작했다. 장성급 군사회담의 통로를 통해서는 12월 1일부터 군사분계선을 통한 모든 육로통행을 제한 · 차단한다는 것을 통고하였으며, 조선적십자회 성명을 통해서는 판문점 적십자 연락대표부를 폐쇄하고 판문점을 경유한 모든 직통전화 통로를 단절한다는 것을 밝혔다. 실제로 12월 1일부터 열차운행 중단, 개성관광 중단, 남북경제협력협의사무소 폐쇄, 육로통행 제한, 개성공단 체류인원 제한 등의 조치가 시행되었다.

이러한 북한의 강경 대응은 2009년에 들어와 더욱 강도를 더해 갔다. 신년 공동사설을 통해 '사대매국적 파쇼통치를 쓸어버리자'고 선동하는가 하면, 1월 17일 조선인민군 총참모부 대변인은 남북 간 전면 대결태세에 진입하게 되고 강력한 군사적 대응조치가 따르게 될 것이라고 위협했다. 또한 1월 30일 '조평통' 성명을 통해 "자유민주주의 체제하의 통일 발언, 전단살포, 급변사태론, 선제공격론 등 북남 합의사항들을 무참히 파괴 유린한 형편에서 정치군사적 대결상태 해소와 관련한 북남 합의는 아무런 의미가 없게 되었으므로 우리는 그 합의들이 전면 무효화 되었다는 것을 정식 선포한다"며 남북 간의 정치군사적 대결이 '전쟁접경'으로까지 왔다고 주장했다. 2월 19일의 조선중앙통신은 "북남관계는 더 이상 수습할 수도 바로잡을 수도 없게 되었다. 북남 사이의 정치군사적 대결은 극단에 이르렀으며 물리적 충돌만이 시간문제로 남아 있다"며 남북관계의 회복에 대한 기대에 쐐기를 박았다.

북한이 이와 같이 남한과의 타협을 배제하고 강경일변도로 치달은 원인에 대해 살펴보기로 한다. 북한은 그동안 남한과의 대화와 협력사업의 추진이 김정일 체제의 정당성 확보와 미국 부시 정부와의 핵협상을 마무리 짓는데 긍정적으로 작용한다고 보고 체제 수용 범위내에서 제한적으로나마 남북관계를 개선시켜 나왔다. 그리고 남한의 차기 정권이 이러한 기조를 이탈하지 않도록 제2차 정상회담을 개최하여 향후 남북한이 공동추진해 나갈 사업과 추진체계를 확정하는 등 나름의 담보장치도 마련하였다.

그러나 남한의 새 정부는 핵문제를 선결과제로 전면에 내걸었으며, 반북 대결적 입장에 경도된 것으로 간주되었다. 금강산에서의 피살 사건은 부담으로 작용했으나 남한측이 차제에 관광 중단으로 북한을 굴복시키려 한데다 북한 체제를 자극하는 민감한 언동이 도를 넘어 파상공세로 이어지고 있다고 보고 선을 긋고 나온 것이다. 북한은 어차피 단기간에 남북관계가 회복되는 것이 어렵다면 한반도에 긴장을 조성하는 것도 남북관계의 새로운 설정을 위한 또 다른 선택 대안이 될 수 있다고 본 것이다. 또한 새 정부의 강경정책은 결코 북한을 굴복시킬 수 없으며, 그로 인한 폐해를 남한측도 감수해야 할 것이라는 메시지를 강력하게 전달할 필요가 있었다.

더구나 핵문제도 북한이 기대했던대로 순탄하게 진행되지 않았다. 핵 불능화 단계를 마무리 짓는 신고목록 작성과 검증방안이 쟁점이 되어 미국이 테러지원국 해제를 연기하겠다고 하자 북한은 2008년 8월 26일 핵 불능화를 중단하겠다는 성명을 발표하였다. 힐 수석대표가 10월 1일 방북하여 검증의정서 및 테러지원국 해제 문제에 일단 합의가 이루어짐으로써 미국은 10월 11일 북한을 테러지원국에서 해제하였으며, 북한도 핵 불능화 조치를 재개하였다.

그러나 검증방법에 시료채취가 포함되었는지의 여부가 논란을 빚자 북한은 11월 12일 "검증방법은 현장 방문, 문건확인, 기술자들과의 인터뷰로 한정되며, 서면합의 외에 한 글자라도 더 요구한다면 주권 침해행위로서 전쟁을 불러오게 될 것"이라고 배수진을 쳤다. 결국 12월에 열린 6자회담 수석대표 회의에서 검증의정서가 채택되지 못했으며, 부시 대통령 임기 내 핵폐기 단계로의 이행은 기대할 수 없게 되었다. 바로 이와 같은 북미 핵협상 과정이 북한으로 하여금 대남 강경조치로 나아가게 한 주요 원인중의 하나라고 볼 수 있다.

한편 북한은 대내적으로는 최고인민회의의 재구성과 제3기 김정일 체제의 출범을 앞두고 친위 그룹을 전면에 포진시키고 2012년 강성대국 건설의 목표를 달성할 의지와 강건함을 과시하면서 주민들에게 낙관적 신심을 불어넣고 사상적 결속을 꾀할 필요성이 있었다. 선군정치의 위력은 남북관계가 대결국면에 들어가 남한 정부를 반통일 파쇼집단으로 몰 때 더욱 과시될 수 있기 때문이다. 북한은 2009년 신년 공동사설에서 "올해를 새로운 혁명적 대고조의 해로 빛내이자"라면서 본격적으로 제2의 천리마운동을 호소하는 한편, 대남관계에서는 남한 정부가 엄중한 도전을 하고 있다며 "'6.15공동선언'과 '10.4선언'에서 탈선하는 그 어떤 요소도 허용하지 않을 것"이라며 남한 정부에 단호한 태도를 보였다.

그러나 북한은 외형적으로는 '전쟁접경' 운운할 정도로 남북관계를 악화시켰지만 극단적인 상황으로 몰고가지는 않았으며, 정교한 계산하에 그 출로를 열어두고 있었다. 즉 미국 오바마 새 정부와의 협상 과정에서 필요하거나 협상의 결과 어느 정도 성과를 이룬 경우, 또는 주변정세와 남한 내의 상황 변화에 따라 남북관계를 복원시켜야 할 경우를 내다보면서 신중하게 행동하였다. 북한이 남북 합의들에 대한 전면 무효화를 선포한다고 했지만, 어디까지나 '정치군사적 대결상태 해소와 관련한 합의'에 국한한 것임을 스스로 밝히고 있다. 이것은 경제나 사회문화 분야의 교류협력사업은 차단할 의사가 없다는 의미이다. 개성공단도 문을 닫겠다는 것이 아니라 정상화의 적기를 가정한채 통행 인원을 제한

하겠다는 것이다. 그리고 이러한 강경조치들이 남한의 적대적 태도로 인한 것이라고 밝히고 있는데, 이는 북한이 남북관계를 의도적으로 악화시킬 의사는 없으며 남북관계는 남한 정부의 태도 변화에 달려 있다는 뜻을 전달하려는 것이었다.

나. 미국 오바마 행정부의 출범과 북한의 동향

미국은 2008년 대통령 선거에서 민주당 오바마 후보가 당선되었다. 오바마 행정부는 힘에 의한 일방주의에서 다자협력 중심으로 외교노선을 잡았다. 특히 동북아에서는 중국을 잠재적 적대국으로 삼아 견제하는 대신 적극적인 전략적 협조관계를 추진한다는 입장이어서 중국은 일본과 더불어 미국의 중요한 파트너로 인식되었다. 또한 러시아와의 관계도 새롭게 복원한다는 입장을 밝힘으로써 동북아의 역학관계와 한반도를 둘러싼 정세에 변화가 예상되었다.

오바마 행정부는 부시 정부가 북한 핵에 관한 한 대량살상무기의 비확산이라는 미국의 핵심 안보이익을 달성하는 데 실패했다고 평가했다. 그리고 '핵 없는 세계'를 비전으로 내세우고 북한과 이란으로 핵무기가 확산되는 것을 방지하는 것을 외교의 핵심 어젠다의 하나로 삼았다. 또한 미국은 적성국을 포함한 모든 나라와 전제조건 없이 터프하고 직접적인 외교를 할 것이라며 김정일 위원장과도 대화할 수 있음을 밝히기도 했다. 이것은 미국이 향후 북핵 문제 해결을 주도적이고 적극적으로 추진할 가능성이 높다는 것을 말해주었다.

북한은 2009년 신년 공동사설에서 남한 정부에 대해서는 파쇼통치를 쓸어버리자며 투쟁을 선동하면서도 미국에 대해서는 일체의 비난을 하지 않았다. 다만 "조선반도의 비핵화를 실현하고 동북아와 세계의 평화와 안전을 수호하기 위한 우리 공화국의 자주적인 대외정책"이라며 핵문제 해결의 의향을 표시했다. 북한이 오바마 정부에 대해 기대감을 갖고 있다는 뜻이다. 북한은 오바마 새 정부를 상대로 초기 단계에 북미관계를 정상화시키고 2012년 강성대국 건설의 목표달성을 위한 기반을 마련하기를 원했다.

그러나 미국은 당시 2007년 여름 서브프라임 주택금융 부실에서 시작된 세계 금융위기의 파고를 극복하고 국내경기를 부양하는 것이 최우선의 과제였다. 그리고 이라크에서 명예롭게 철군하고 아프가니스탄 전쟁을 종결하는 것이 국무부의 최대 관심사였다. 자연히 북한 문제를 다룰 라인을 정비하는 데만 수개월이 걸렸다.

북한은 미국을 협상장에 조속히 끌어내기 위한 조치들을 단계적으로 시행해 나가기 시작했다. 2009년 1월 17일 외무성 대변인이 "핵위협이 남아 있는 한 우리의 핵보유 지위는 추호도 달라지지 않을 것"이라고 하고, 2월 2일 총참모부 대변인은 "핵무기를 보유한 국가들 간에 핵군축회담이 이루어져야 한다"고 주장함으로써 북한의 핵무기 보유를 기정사실화 하고 북미 협상의 성격을 바꾸려는 의도를 보였다. 2월에 들어와서는 한미합동군사훈련을 북침전쟁연습이라며 '물리적 충돌'을 운위하다가 3월 9일 총참모부 대변인은 남북 육로통행을 아예 차단하고 남북 간 의사전달 통로로 유일하게 남아 있던 군통신선도 차단한다고 발표했다.

이와 함께 2월 24일 시험통신위성 광명성 2호의 발사준비에 들어갔다고 발표했다. 그리고 위성 요격시 이는 곧 전쟁을 의미하며 즉시적인 대응타격으로 답할 것이라고 주장하고, 인민군 최고사령부는 전 장병들에 만반의 전투준비 태세를 갖추고 단 한점의 불꽃이라도 튈 경우 무자비하게 징벌하라는 명령을 하달했다. 이런 가운데 3월 17일 미국 커런트TV 소속 여기자 2명이 두만강 인근에서 탈북자 관련 취재를 하는 도중에 북한군에 의해 억류되었다. 또한 3월 30일 개성지구에서 남한 현대아산 직원 한명이 북한 정치체제를 비난하고 여성 종업원에게 탈북을 책동했다며 억류하는 사건이 발생했다. 이 두 억류사건은 북미관계와 남북관계에 또 하나의 논쟁거리가 되었다.

북한은 국제사회의 경고에도 불구하고 4월 5일 함경북도 무수단리에서 장거리 로켓을 쏘아 올렸다. 유엔 안보리는 4월 13일 북한의 로켓 발사가 안보리 결의 1718호를 위반한 것임을 분명히 하고 제재위원회가 실행에 착수할 것을 요구하는 의장성명을 채택하여 북한 문제가 국제화 되는 새로운 국면에 접어들었다.

이러한 북한의 긴장조성과 도발적 행동은 내부의 정치일정과 맞물려 진행되었다. 북한은 3월 8일 제12기 최고인민회의 대의원 선거를 통해 김정일 집권 제3기를 출범시키기 위한 준비에 들어갔다. 특히 미사일 발사, 핵실험 등을 앞두고 북한의 군사적 대결의 각오와 전투태세 완비를 과시하기 위한 조치들을 연달아 취했다. 국방위원회와 인민군 지휘부의 인물들을 김정일 측근의 강경세력으로 바꾸어 나간 것도 그 일환이라고 할 수 있다. 북한은 2월 11일 인민무력부장에 김영춘, 총참모장에 리영호를 임명한 데 이어 2월 20일에는 오극렬 노동당 작전부장을 국방위원회 부위원장에 임명하였다. 그리고 4월 9일 최고인민회의 제12기 1차 회의에서는 김정일 국방위원장을 재추대하고 5명의 새 인물을 국방위원에 임명하였다. 북한은 이례적으로 국방위원회 부위원장과

위원들 12명 전원의 사진까지 로동신문에 게재하여 특별한 의미를 부여코자 하였다.[2)]

이와 함께 북한은 1998년에 개정된 헌법을 재개정하였다. 새 헌법은 국가기구로 국방위원장을 별도의 절로 분리하였으며, 국방위원장의 권한이 국방사업 전반을 지도하는데 그치지 않고 국가의 전반사업을 지도하며 '조선민주주의 인민공화국의 최고영도자'임을 명문화하였다. 또한 중요 조약의 비준 · 폐기권과 특사권, 그리고 비상사태와 전시상태 동원령 선포권을 새로이 추가하였다. 이와 함께 기존에 국가가 '주체사상을 자기 활동의 지도적 지침으로 삼는다'고 규정한 제3조를 '주체사상, 선군사상을 자기활동의 지도적 지침으로 삼는다'고 수정하였다. 선군사상은 김정일 위원장이 이끌어 가고 있는 선군정치를 뒷받침 하는 사상이다. 이와 같이 북한은 국방위원장이 최고지도자라는데 대한 헌법적 근거를 마련하고 그 권한을 대폭 강화하였으며, 선군사상을 국가적 이념화하여 주체사상에 견주는 위치로 끌어올렸다.

다. 국제화되는 남북관계

북한이 장거리 로켓을 발사하고 유엔 안보리가 제재조항의 실행에 착수하자 북한 핵 문제는 점차 북미협상과 6자회담의 틀을 넘어 북한과 국제사회 전체가 맞서는 구도로 변화하기 시작하였다. 북한 스스로가 한반도 문제를 국제 이슈화하여 미국 오바마

2) 국방위원 12명은 다음과 같다. 조명록 총정치국장(제1부위원장), 김영춘 인민무력부장, 이용무 차수, 오극렬 당 작전부장(이상 부위원장), 전병호 군수공업부장, 김일철 인민무력부 제1부부장, 백세봉 제2경제위원장, 장성택 당 행정 및 수도건설부장, 주상성 인민보안상, 우동측 국가안전보위부 제1부부장, 주규창 군수공업부 제1부부장, 김정각 총정치국 제1부국장(이상 사진 게재순).

정부를 움직이게 함으로써 해결의 실마리를 마련하고 이니셔티브를 쥐겠다는 의도로 선택했을 가능성이 크다. 남한 정부는 당시 '기다리는 것도 전략'이라며 남북관계를 풀어가기 위한 구체적 방안 제시에 소극적이었고 '원칙과 유연함'을 내세워 선의의 방관적 태도를 취했다. 북한으로서는 남한을 통한 대미접근은 유용하지 않다고 인식할 수밖에 없었다.

유엔 안보리 의장 성명이 나오자 4월 14일 북한 외무성은 "6자회담에 다시는 절대로 참가하지 않을 것이고, 기존 6자회담의 어떤 합의에도 더 이상 구속되지 않을 것이며, 핵억제력을 백방으로 강화해 나갈 것"이라고 주장했다. 그리고 미국 핵전문가들과 IAEA 모니터 요원을 추방하고 핵사찰에 관한 협력을 전면 중단할 것을 통보했다. 또한 남한의 대량살상무기 확산방지구상(PSI) 참여 움직임에 반발하여 군총참모부 대변인은 그럴 경우 북한에 대한 대결포고, 선전포고로 될 것이라며 위협했다.

4월 24일 유엔 안보리가 북한 기업과 은행 세 곳을 제재대상으로 선정하자 북한은 폐연료봉을 재처리하는 작업이 시작됐다고 발표하고, "유엔 안보리가 사과하지 않으면 자위적 조치로 핵실험과 대륙간 탄도미사일 발사시험을 하겠다", "핵연료를 자체로 생산 보장하기 위한 기술개발을 지체없이 시작할 것"이라고 국제사회와 맞섰다.[3] 결국 북한은 5월 25일 지하 핵실험을 성공적으로 진행했다고 발표하였다. 이와 함께 동해상에 단거리 미사일을 발사했다. 이에 남한 정부는 5월 26일 PSI 전면 참여를 선언했고 북한은 즉각 이를 선전포고로 간주할 것이라고 성명했다. 인민군 판문점 대표부는 "우리 군대는 더 이상 정전협정의 구속을 받지

3) 2009년 4월 29일자 북한 외무성 대변인 성명.

않을 것이다. 그 어떤 사소한 적대행위에도 즉시적이고 강력한 군사적 타격으로 대응할 것이다. 서해 5개 섬의 법적 지위와 그 주변 수역의 안전항해를 담보할 수 없게 될 것이다"고 주장해 개전 직전의 상황을 방불케 하였다.

북한의 핵실험과 관련하여 유엔 안보리는 만장일치로 대북결의안 1874호를 채택하였다. 이 결의안은 모든 무기 및 관련물자 거래를 금지하며, 금지된 품목을 포함하고 있다고 판단되는 북한행 혹은 북한발 화물을 자국 영토와 공해상에서 검색할 것을 촉구하고 관련 금융거래도 금지하는 등 어느 때보다도 광범위하고 강한 대처를 담고 있다. 뿐만 아니라 제재위원회의 활동이 지속적이고 구체적이었으며, 국제사회가 이 결의안 집행에 적극적으로 참여하여 실질적인 효과를 거두기 시작했다.

북한은 이 결의안이 채택되자 6월 13일 외무성 성명으로 "1874호 결의안을 규탄 배격한다. 우라늄 농축작업에 착수하고 새로 추출한 플루토늄 전량을 무기화 하겠다. 핵포기는 절대로 있을 수 없는 일로 되었다"라며 농축우라늄 핵개발을 공언하고 나섰다. 7월 초에는 단거리 및 노동미사일 11기를 동해상으로 발사하여 한반도 정세를 걷잡을 수 없이 악화시켰다. 7월 15일 김영남 최고인민회의 상임위원장까지 나서서 "6자회담은 영원히 끝났다"고 발언하였고, 7월 24일 유엔주재 북한대표부 신선호 대사도 언제든지 대화할 준비가 되어 있다고 하면서도 "6자회담은 영원히 끝났다"고 되풀이 하였다.

이와 같이 북한이 막무가내식으로 국제사회와 대결로 치닫는 상황 속에서 남북관계는 그 하위변수로 떨어질 수밖에 없었다. 당국 간 대화가 여전히 닫혀 있음은 물론이고 교류협력 사업들도 더욱 위축되어 갔다. 북한은 여기에다 개성공단의 존폐 여부를 남한측이 선택하도록 압박을 가해 왔다.

4월 21일 북한측은 개성공업지구 사업을 위해 남측에 주었던 특례조치들을 재검토 해야겠다며, 2004년 계약시 10년간 유예했던 토지사용료를 조기 지불하고 임금도 재조정할 것을 요구했다. 이에 응하지 않자 북한은 "토지임대료와 사용료, 노임, 각종 세금 등 관련 법규와 계약들의 무효를 선포한다. 남측 기업들은 우리가 통지한 사항을 무조건 받아들여야 하며 집행 의사가 없다면 개성공단에서 나가도 무방할 것"이라고 일방적으로 통지했다. 이어 6월 11일 당국간 실무회담에서는 토지임대료 5억 달러, 근로자 월임금 300달러, 평당 토지사용료 년 5~10달러 등 구체적 액수까지 제시했다. 남한측은 우선 억류된 인원의 송환이 급선무였고 실무회담은 제자리를 맴돌았다. 개성공단에 진출해 있는 남한 기업들은 불안해 했고, 향후 수익성 보장도 어렵다고 보고 철수하는 기업도 하나 둘 생겨났다.

3. 새로운 남북관계 설정의 준비

가. 북미 협상의 재개

북한은 국제사회의 제재에 강경하게 맞서면서도 '미국과의 대화를 반대하는 것은 아니다'며 양자대화의 틈을 만들기 위한 신호를 꾸준히 보냈다. 그러다가 클린턴 전 미국 대통령이 8월 4일 방북하여 김정일 위원장과 면담하고 억류되었던 여기자 2명을 대동하여 귀국하였다. 리처드슨 뉴멕시코 주지사도 김명길 유엔주재 북한대표부 공사를 만나 북미 대화의 분위기를 형성했다. 미 국무부도 "미국은 북한과 대화할 준비가 되어 있다"며 회담 개시를 시사했다. 그러나 미국은 북한의 여기자 송환에 대해 북미 협상과는 별개의 인도적 사안으로 보고 북한 핵문제는 어디까지나 6자회담의 틀을 유지하여 접근하겠다는 입장을 견지했다. 국무부 대변인은 "북미 대화의 목적은 북한을 6자회담과 그 맥락으로 복귀시키는데 있다"고 강조하여 양자회담을 하더라도 그것은 반드시 6자회담의 틀 내에서이며, 종국적으로는 6자회담을 열어 해결할 것임을 명백히 했다.

미국의 이러한 입장은 북한의 운신의 폭을 제약했다. 북한측의 기대와는 달리 여기자의 송환은 미국의 대북정책 방침을 바꾸는데 기여하지 못한 셈이 되었다. 북한은 9월 3일 유엔 주재 대표가 유엔 안보리 의장에게 편지를 보내 미국을 압박하고자 했다. 편지에서 북한은 그들의 위성발사를 문제시하지 않았다면 핵실험 등 강경대응을 유발하지 않았을 것이라며, 비핵화 그 자체를 반대한 적은 없다고 전제했지만, "폐연료봉 재처리가 마감단계에 있으며 추출된 플루토늄은 무기화되고 있고 우라늄 농축시험이 결속단계에 들어섰다. 제재를 앞세우고 대화를 하겠다면 우리 역시 핵억제력 강화를 앞세우고 대화에 임하게 될 것이다. 유엔 안보리가 지금의 사태를 지속시킨다면 우리는 또 다른 자위적인 강경조치들을 취하지 않을 수 없게 될 것이다"라고 주장했다. 이것은 국제사회의 제재가 북한에 타격을 주고는 있지만 그럴수록 북한은 사태를 더 악화시키는 방향으로 갈 것이니 미국이 우려하는 사태로 발전하지 않게 하려면 주권평등의 입장에 서서 조속히 대화에 나서라는 미국에 대한 메시지라고 할 수 있다.

그러나 결국 북한은 6자회담을 전제로 한 양자회담을 받아들이게 된다. 9월 18일 김정일 위원장은 중국 다이빙궈 외교담당 국무위원을 면담한 자리에서 "한반도 비핵화 목표를 향해 노력하겠다. 핵문제 해결을 위해 북미 양자회담과 다자회담의 대화를 원한다"고 언급하였다. 6자회담에 영원히 돌아가지 않겠다던 북한이 다자회담 참석 가능으로 전환한 것이다. 이어 10월 5일 중국 원자바오 총리가 방북하여 면담한 자리에서는 김정일 위원장이 "우리는 조미회담 결과를 보고 다자회담을 진행할 용의를 표명하였다. 다자회담에는 6자회담도 포함되어 있다"며 좀더 분명히 6자회담 참석 의사를 표명하였다.

10월 24일 민간단체의 초청 형식으로 미국을 방문한 리근 북한 외무성 미국국장은 북핵 특사 등 미 국무부 관리들을 만나 사실상 양자대화를 시작하기 위한 예비적 수순을 밟았다. 북한은 리근을 통해 미국과 근본문제를 매듭짓고 싶다고 전하면서 양자협상에서의 타결 의지를 강하게 비쳤다. 미국은 11월 19일 한미정상회담 직후 오바마 대통령이 직접 보즈워스 대북정책 특별대표를 12월 8일 북한에 보내겠다고 발표하였다. 이를 뒷받침하여 클린턴 국무장관도 아프가니스탄 현지의 기자회견에서 "북한이 검증가능하고 되돌릴 수 없는 비핵화 이행을 다짐한다면 큰 혜택이 있다는 분명한 메시지를 갖고 갈 것"이라며 관계정상화, 정전협정을 대체할 평화협정, 경제지원 등을 검토할 것이라고 밝혔다.[4] 보즈워스 특별대표는 방북 후 "북미 간에 6자회담 재개의 필요성과 9.19공동성명 이행의 계속에 대해 공통의 이해에 도달했

4) 클린턴 국무장관은 2009년 2월 13일 아시아소사이어티 연설과 7월 23일 태국 아세안지역 안보포럼 연설에서도 북한이 비핵화의 긍정적 조치를 취하면 관계정상화, 평화협정, 에너지 · 경제 지원 등을 검토할 수 있음을 밝혔다.

다"면서 우라늄 농축 프로그램 문제도 의제에 포함시키기로 합의했다고 밝혔다. 미 국무부도 이 방문이 대단히 긍정적이고 유용했다고 평가했다.

이와 함께 12월 14일부터 17일까지 찰스 보이드 국가안보이사회 회장과 모리스 그린버그 전 AIG 최고경영자를 포함하는 미국 기업가 대표단이 북한을 방문하여 김영남 최고인민회의 상임위원장 등을 면담했다. 이러한 미국의 행보는 핵문제 협상 과정을 진척시키는데 긍정적 분위기를 형성하려는 뜻으로 보여졌다. 미국은 2010년 4월 핵정상회의와 5월 NPT 검토회의 개최를 예정해 놓고 있는데, 이 행사들은 오바마 대통령의 캐치프레이즈인 '핵 없는 세계'로 접근해 나가기 위한 시금석이 된다. 미국은 이의 성과를 확산하여 세계적인 비확산 체제를 구축하고 이란 핵문제를 해결하는 토대를 마련해야 할 수요가 있었다. 또한 동북아 질서와 관련하여 미국은 전략동반자로서 중국에 적극적인 역할을 분담시키고 미국 · 중국 · 일본의 중층적 협력구도를 형성하려는 움직임을 뚜렷이 해나갔다. 이같은 두 가지 측면에서 북한 핵문제 해결에 있어서의 진전은 미국의 전략구도에 중요한 고리가 되었다.

북한에 있어서도 2010년은 김정일 위원장이 슬로건으로 내걸고 있는 2012년 강성대국 달성에 대해 비전을 제시하고 이를 후계체제 구축문제와 연결시켜 정권의 안정적 기반을 마련하는데 관건이 걸린 해라고 할 수 있다. 북한은 과거 미국과의 협상에서 실기하여 어려운 국면을 초래했던 경험을 되풀이 하지 않고 2010년 중간선거 이전 오바마 정부의 수요를 확인할 수 있을 때 정치적인 일괄타결이 이루어지기를 바랐다. 또한 핵실험까지 실행한 북한은 이제 미국을 양자회담으로 끌어오는데 카드를 거의 다 소진해 버린 셈이 되었으며, 장기간에 걸친 국제사회와의 대치와 제재국면의 지속을 버텨 나갈 여력도 점차 한계에 이르고 있다. 이것은 북한 핵문제를 둘러싸고 어떤 형식으로든 2010년 전반기에 북미 양자 간에 타결점을 찾을 가능성이 높다는 것을 시사해준다.

북한은 2010년에 들어와 평화협정 문제를 본격적으로 제기하기 시작했다. 신년 공동사설에서 "대화와 협상을 통하여 조선반도의 공고한 평화체제를 마련하고 비핵화를 실현하려는 우리의 입장은 일관하다"고 밝히고, 1월 11일 외무성 대변인은 "올해에 정전협정을 평화협정으로 바꾸기 위한 회담을 조속히 시작할 것을 정전협정 당사국들에 정중히 제의한다"고 성명을 발표했다. 북한은 미국과의 양자협상을 통해서는 관계정상화와 경제 지원 문제를 협의하고 정전협정 당사국들 간에는 평화협정 문제를 논의하는 병렬 구도를 상정하고 있는 것이다.

이에 대해 미국도 비핵화와 함께 평화협정, 경제지원, 관계정상화의 논의 순서배열 문제만 남아 있다고 밝히고 있어 평화협정 문제를 포괄 의제로 상정해 놓고 있다. 남한도 먼저 비핵화에 진전이 이루어져야 한다는 입장에서 3가지 의제의 포괄적 논의가 가능하다는 입장으로 선회하였다. 이러한 상황의 변화는 비핵화와 평화협정이 병행적으로 다루어질 수 있는 공간을 넓혀 놓았으며, 조만간 한반도에 평화체제를 구축하는 문제가 협상의 테이블에 오를 가능성이 커졌다.

20년에 걸친 북한 핵문제를 둘러싼 줄다리기는 남북관계사에서 대체적으로 부정적 영향을 주어 왔지만, 평화체제에 대한 논의와 함께 한반도 비핵화 문제가 본격적인 해결 과정에 진입한다면 남북관계사의 본류가 제 모습을 찾을 수 있게 될 것이다. 뿐만 아니라 오히려 남북관계가 급속하게 진전될 수 있는 여건을 조성할 수도 있을 것이다.

나. 남북관계 해빙의 새싹

북미 간 핵문제 협상을 위한 준비와 함께 북한은 2009년 8월 이후 대남 유화공세로 돌아서기 시작했다. 북한은 현정은 현대그룹 회장을 초청하여 8월 16일 김정일 위원장과 면담 자리를 마련하였으며, 8월 17일 금강산관광 재개 및 철저한 안전 보장, 남한측 인원의 육로통행과 북한측 지역 체류의 원상회복, 개성관광 재개와 개성공단 활성화, 백두산관광 시작, 추석을 계기로 한 이산가족 상봉 등을 내용으로 하는 현대-'아태'간 공동보도문을 발표하였다. 이에 앞서 북한은 억류해왔던 남한측 인원을 136일 만인 8월 13일 추방 형식으로 남한에 돌려보냈다. 그동안 북한 스스로가 설정했던 남북관계의 장애물들을 치우고 유화국면으로 전환하겠다는 의사를 분명히 한 셈이다.

여기에다가 8월 18일 김대중 전 대통령이 서거하자 북한은 김기남 당비서를 단장으로 하는 특사조문단을 남한에 내려보내 남한 관련인사들과 현안 문제를 협의하였으며, 이명박 대통령을 예방하여 김정일 위원장의 구두 메시지를 전달하였다. 남한측은 현대-'아태'간 합의는 다시 당국 간 차원에서 확인되어야 한다는 입장에서 북한의 남북관계 복원 요청에 미온적으로 대응하였다. 이산가족 문제는 인도주의라는 명분 때문에 적십자회담을 열어 상봉행사의 날짜를 합의하고 전례와 같이 진행했지만, 나머지 문제들은 그대로 수용하지 않았다. 특히 금강산관광 재개에 대해서는 진상조사와 사과, 재발방지조치 마련 등이 선행되어야 한다는 기존 입장을 견지했다. 더구나 9월 6일 북한이 황강댐을 남한측에 통보하지 않고 방류함으로써 남한 주민 6명이 급류에 사망한 사건이 발생하여 남한의 분노를 자초했는데, 북한으로서는 남북관계가 의도했던대로 풀리지 않아 당혹스러울 수밖에 없었을 것이다.

그럼에도 불구하고 9월 7일 남북경제협력협의사무소를 재가동하고, 9월 11일 개성공단 북한근로자의 월임금 300달러 인상을 비롯한 개성공단과 관련한 기존의 주장을 유보하는 등 꾸준히 유화 분위기를 조성해갔다. 10월 14일 열린 임진강 수해방지 실무회담에서는 "남측에서 뜻하지 않은 인명피해가 발생한데 대해 유감스럽게 생각한다"며 조의를 표하기도 했다. 그리고 10월 22일자 로동신문은 "우리가 주동적으로 취한 북남관계 개선조치들로 인해 북남 사이에 여러 갈래의 대화 움직임이 나타나고 있다"고 자평했다. 이것은 10월 중순 싱가포르에서 있었던 남북 간 비공개 막후 접촉[5)]을 의식하면서 남한측의 적극적인 대화 호응을 요청하는 의미를 담고 있다고 하겠다.

한편 북한은 적십자 실무접촉에서 인도적 지원을 요청했으나 남한이 옥수수 1만 톤을 지원하겠다는 의사를 밝히자 더 이상 반응을 보이지 않았다. 11월 10일에 서해 대청도 부근 해상에서 북방한계선을 넘어온 북한 경비정이 반파되고 사상자가 발생했는데, 북한측은 사건 직후에는 남한측의 사과와 재발방지조치를 요구하고 그들이 설정한 해상군사분계선을 지키기 위해 무자비한 군사적 조치가 취해질 것이라며 위협했으나 당분간은 별다른 대

---

5) 2009년 10월 22일 KBS 보도. 일본 NHK는 11월 12일 남한 임태희 노동부 장관과 북한 김양건 당 통일전선부장이 남북정상회담을 논의한 것으로 보도하였다. 이후에도 남북한 실무진 사이에 막후 접촉이 진행되었다.

응을 보이지 않았다. 11월 18일에는 이종혁 아태 부위원장이 금강산에서 현정은 현대그룹 회장을 만나 금강산과 개성 관광 재개 문제를 논의하기 위한 당국 간 회담을 할 용의가 있다며 여기에서 관광객 신변안전보장 방안을 논의하자고 밝혀 당국 간 회담을 간접 제의했으나, 남한은 여전히 직접 제의를 주장하며 의미를 두지 않았다. 북한사회에 신종플루로 인한 피해가 확산되자 남한은 12월 10일 신종플루 치료제 지원 의사를 전달했는데, 북한은 이에 대해서는 즉각적인 수용의사를 통보해왔다. 12월 12일부터 10일간 개성공단 관련 남북 실무자들 각 10명씩이 참가한 중국, 베트남 지역 공단에 대한 합동시찰도 이루어졌다.

이와 같이 2009년 8월 이후 남북관계사의 흐름을 보면 북한이 대화 재개와 남북관계 개선에 적극적이고 능동적인 자세를 보이고, 남한은 이에 대해 소극적 입장에서 대응해왔다고 할 수 있다. 남한은 북한의 이중적 태도를 경계하면서 남북대화는 북한 핵문제 해결과 남북관계 발전을 위한 실질적 대화가 되어야 한다는 원칙을 내세우고 상황을 지켜보는 입장을 견지하였다. 이로 인해 이명박 정부 출범 이후 2년간 남북관계는 계속 경직된 상태에 머물렀고 대북 지원과 경제교류협력도 큰 폭으로 축소되었다.

북한은 11월 30일 기존 화폐와 새 화폐의 교환비율을 100:1로 하는 화폐개혁을 단행하였다. 북한은 이 조치가 근로자의 생활안정 향상과 사회주의 경제관리 원칙과 질서를 확립하기 위한 것이라고 했지만 그만큼 북한의 경제 사정이 절박하고 사적경제 부문의 폭이 커졌다는 것을 말해주는 것이었다. 북한은 사장되고 있는 화폐로 재정 자금을 확충시키고 시장을 계획경제의 통제 안으로 끌어들이려는 목적으로 조치를 시행했지만, 경제질서의 혼란을 가중시키고 대외 신인도를 떨어뜨렸으며 주민들의 체제에 대한 불만과 반감을 확산시키는 결과를 가져왔다. 물건의 공급부족 현상을 해결할 길이 없는 상황에서 생활 속에 밀착되고 있는 시장의 기능을 차단한다는 것은 어려운 일이며, 가격 인플레의 악순환이 되풀이 됨으로써 북한을 더욱 곤궁 속으로 몰아갈 것이다.

이와 함께 북한은 12월 21일 해군사령부 대변인 성명을 통해 서해상 군사분계선 수역을 평시 해상사격 구역으로 선포하고 이 구역에서 모든 어선들과 함선들은 피해가 없도록 안전대책을 강구하라고 주장하였다. 그리고 이 주장은 2010년 1월에 들어와 실제 해상사격훈련으로 이어졌다. 북한측은 1월 25일 이후 백령도와 대청도 및 연평도 일대의 북방한계선 인근 해역에 대해 수시로 '항행금지구역'으로 선포하고 해안포와 방사포, 자주포 등을 동원하여 포사격을 실시하였다. 북한의 이러한 행동은 남북관계에 긍정적 흐름을 만들어가는 과정과 병행적으로 이루어졌는데, 그 의도는 다목적적이다.

우선 '대청해전'에 따른 군부의 사기 저하에 대해 심리적 보상을 고려하고 한반도 상황의 불안정성을 초점화 하려는 의도에서 비롯되었다고 할 수 있다. 즉, 한반도에 긴장을 조성함으로써 대내적으로는 화폐개혁과 물자공급망의 혼란에 따른 주민들의 불만과 반감을 억제하고, 대외적으로는 평화협정에 대한 긴요성과 정당성을 부각시키는 한편, 대남면에서는 남북관계 개선에 소극적인 태도를 보이는 남한측에 견제구를 던지는 의미가 있다. 다른 측면에서 보자면 남북관계를 진전시키려는 북한이 수세적으로 비쳐지는데 대한 부담을 털어내려는 자구적 대안이기도 하다. 북한은 과거에도 협상에서 양보가 불가피하거나 상대방의 양보를 촉진시키고자 할 경우 군부의 보조적 역할을 활용한 사례가 많았다. 그러나 그것이 어느 쪽이든 북한이 군사력을 동원하여 긴장을 조성하는 것은 그만큼 현재의 남북관계 상황을 변화시키려는 의도가 강하다는 것을 보여준다고 하겠다.

2010년을 맞아 남북한이 동시적으로 남북관계 개선에 대한 기대와 의지를 밝히고 나왔다. 북한은 신년 공동사설을 통해 "역사적인 '6.15공동선언'과 '10.4선언'에 기초하여 북남관계를 개선하고 조국통일의 앞날을 열어나가려는 우리의 입장은 확고부동하다"며 남북 간에 화해를 도모하고 협력사업을 추동해 나가야 한다고 강조했다. 조총련 기관지 조선신보는 이에 대해 남북관계에서 올해 극적인 사변을 예감케 한다고 밝혔다. 북한은 남한 정부에 대한 직접적인 비난이 없이 화해와 협력을 강조하고 있고, 대외문제에서도 한반도 및 동북아 지역의 평화와 안정 보장의 근본문제로 북미 적대관계의 종식을 적시하고 그 방법론으로서 대화와 협상을 강조하면서 평화체제 정착과 비핵화의 실현 의지를 밝혔다. 대외 · 대남적 측면에서 유화적 태도를 지속해 나가려는 입장을 확실히 한 것이다. 이것은 공동사설 제목 자체를 '당창건 65돌을 맞는 올해에 다시 한번 경공업과 농업에 박차를 가하여 인민생활에서 결정적 전환을 이룩하자'라고 함으로써 북한이 인민생활 향상을 위해 총력을 기울이겠다고 선언을 한 것과도 맥락을 같이한다고 볼 수 있다.

북한은 2010년 벽두부터 금강산 · 개성의 관광재개를 위한 실무접촉과 군사 실무회담을 제의하고, 개성공단 활성화 방안 협의에 응하는 한편, 옥수수 1만 톤 제공에 대한 수용의사를 표명해 나오는 등 남북관계의 분위기를 바꾸려는 태도를 보이고 있다.

남한 내에서의 핵공격시 선제타격 발언과 급변사태 대처방안과 관련한 보도에 대해 선전포고로 간주하고 '거족적인 보복성전'을 개시하겠다며 민감한 반응을 보였지만, 이는 남북관계 개선에 대한 남한 정부의 긍정적 수용을 압박하는 역표현이며, 체제 위협요인에 대해서는 분명한 선을 그어 대응하겠다는 경고이기도 하다. 북한은 북미관계를 촉진하고 북중협력을 강화하는 보조적 수단으로 활용하기 위해서, 그리고 2012년 강성대국을 향한 인민생활의 향상을 위해서도 남북관계를 개선하기 위한 가시적 노력을 기울이는데 전력을 다할 것이다.

남한도 1월 4일 이명박 대통령이 신년 국정연설을 통해 "올해는 남북관계에도 새로운 전기를 만들어내야 한다. 한반도 비핵화가 진전되고 본격적인 남북협력의 물꼬가 트이기를 기대한다"고 남북관계 변화에 대한 의지를 보이고, 이를 위해 남북 간에 상시적인 대화를 위한 기구를 만들 것을 제안했다. 또한 이명박 대통령은 외신과의 인터뷰를 통해 "김정일 국방위원장을 아마 연내에 만날 수 있을 것 같다", "열린 마음으로 사전에 만나는데 대한 조건이 없어야 한다"고 밝힘으로써 남북정상회담 개최에 대해 적극적인 입장을 보였다. 이는 만남을 위한 만남을 거부하며 비핵화의 진전이나 인도적 문제의 해결 등을 사실상의 조건으로 다루어 왔던 입장에 융통성을 부여한 것이다.

2010년에 들어선 동북아 정세를 개관해 보면, 미국이 북한 핵문제 접근 방식과 동북아의 전략구도 구축에 새로운 변화를 보이고, 일본이 중국과의 전략적 호혜관계를 토대로 한 아시아 중시 정책으로 선회하고 있으며, 중국이 이러한 새로운 협력체제 형성에 조응하면서 주변정세의 안정적 관리 차원에서 북한과의 관계를 더욱 긴밀하게 다져나가고 있다. 이러한 각국의 움직임이 화해협력의 기류를 형성하면서 이루어지는 역학관계는 새로운 질서를 반영하는 방향으로 작용할 가능성이 크다. 남한은 이같은 유동적 국면을 방관만 하고 있을 수 없으며, G20 국제회의의 주최국으로서 한반도 정세가 긴장국면에 들어가지 않도록 해야 할 과제가 놓여 있다. 더구나 2010년을 넘기면 이명박 정부가 임기 후반기에 들어서게 되어 남북관계를 회복할 모멘텀을 잃게 된다. 이러한 요인들을 고려할 때 남한 정부 또한 남북관계의 불안정 상태를 벗어나기 위한 계기를 마련하는데 보다 능동적인 입장을 보일 가능성이 크다고 하겠다.

이와 같이 2008년과 2009년에 걸쳐 남북관계는 전반적인 냉기류 속에서 숨을 고르고 조정기를 겪었지만, 이제 2010년을 맞아 남북한 각기 대내외적 요인에 의해 국면 전환의 수요가 싹트기 시작함으로써 새로운 남북관계사를 전개해 나갈 준비가 갖추어지게 되었다.

Ⅷ. 맺는 글

Ⅷ 맺는 글

1. 남북관계사를 특징짓는 논리

가. 냉전시대의 논리

남북관계는 이제 60년을 넘어섰다. 그 3분의 2 기간은 냉전체제 하에서 대결과 불신, 그리고 갈등의 관계를 지속했다. 이분법적 대립구도 속에서 공존과 타협이란 있을 수 없었고, 오로지 상대방 체제를 불인정하고 타도의 대상으로 삼음으로써 그 정당성을 확보하고자 했다. 그로 인해 1960년대 까지는 남북 간에 대화 자체도 없는 '무관계의 관계'로 일관했다.

북한은 중국과 소련의 지원하에 천리마 운동 등 군중 노력동원을 통해 전후 복구사업에 매진하는 한편, 김일성 유일체제를 구축하여 정치적 안정을 도모함으로써 남한에 비해 상대적으로 빠른 성장을 했다. 이것은 북한으로 하여금 체제우위경쟁에서의 자신감을 불어넣었으며, 외국군대만 철수한다면 '남조선 혁명'의

과업을 수행할 수 있는 충분한 역량을 갖추고 있다고 믿게 했다. 북한은 정치적 혼란과 빈곤 상황에 빠져 있는 남한 사회를 들여다보면서 '평화적 방도에 의한 통일'을 시도했다. 그 총화가 4.19혁명 직후의 남북연방제 제안이다. 김일성은 이 제안을 통해 외국의 간섭없는 자유총선거를 실시하되, 이를 받기 어려우면 남북 정부의 독자적 활동을 보장하고 두 정부대표로 구성하는 조절기구를 두어 연방제를 하며, 그도 어려우면 경제위원회를 조직하고 모든 분야에서 교류를 실시하자면서 체제경쟁의 자신감을 드러냈다.

남한의 이승만 정부는 한반도에서의 유일 합법정부라는 유엔 결의를 업고 북한 실체를 인정하지 않았으며, 무력을 동원해서라도 강제적으로 북한을 편입해야 한다는 주장을 했다. 그러나 이 북진통일론은 정치 · 경제 · 군사면에서 실질적 힘이 뒷받침되지 않은 구호와 명분으로서만 존재했다. 남한은 유엔이라는 프레미엄에 안주하여 유엔 감시하의 인구비례에 의한 총선거라는 깃발만 내걸었을 뿐 정치 · 경제적으로 불안정한 상황에서 통일을 주도할 역량이 없었다. 또한 냉전체제의 첨병임을 자임하고 이를 정치적 정당성과 연계한 마당에 북한과의 대화나 협상은 선택의 여지없이 봉쇄되었다. 통일문제에 대한 남한의 이러한 입장은 제3공화국에까지 그대로 계승되었다. 다만, 북진통일론은 장면 정부 이후 구호로서도 사라졌다. 1960년대에는 통일은 '실력배양' 이후로 미루어졌다. 현실적으로 근대화를 위한 건설이 더욱 긴요했고 이 과정은 평화가 확보되지 않고는 진전되기 어려웠다. 즉 '선 건설'은 '선 평화'를 말하는 것이었고 이는 통일에 대한 기능주의적이고 단계론적 접근의 씨앗이 되었다.

사실 분단국 간에는 주객관적으로 체제우위를 유지하고 있는

측이 상대측을 민족내부관계로 묶어두려고 하며, 정치 · 군사적 문제의 우선해결이라는 입장을 취하는 경향이 있다. 동 · 서독관계에서도 이러한 사실이 여실히 드러난다. 서독은 1국가 2체제론에서 벗어난 적이 없다. 동 · 서독관계는 외무성이 아니라 내독관계성에서 관장했으며, 할슈타인 원칙[1]을 내세웠다. 반면에 동독은 2국가론에 입각하여 국제사회에서 독자적인 행위주체로 인정받기 위해 노력했고, 동 · 서독 간에는 동등한 국가 단위로 교류와 협력을 해나가는 정도로 유지하려 하였다.

남북관계에서도 이와 유사한 형태로 나타났다. 북한은 기본적으로 남한을 미국이 강제 점령한 식민지이고 일부 매판세력이 이에 협력하여 인민을 수탈하고 있다고 보았다. 따라서 통일이란 미국을 내쫓고 민족을 해방시키는 것이고, 인민민주주의혁명에 의해 반동집권세력을 타도하여 공산정권을 세우는 것이었다. 여기에서 미군축출은 군사문제였고, 반동집권세력 타도는 정치문제였다. 북한으로서 정치군사문제 우선해결이란 바로 이것을 말하는 것이었고, 통일문제와 관련하여 이것이 조건이 될 수 밖에 없었다. 북한은 이를 수행하기 위한 논리적 토대로 '하나의 조선'을 내걸고 남북한이 하나의 국가이기 때문에 남북관계는 민족내부문제이며, 따라서 외국은 간섭하지 말고 외군은 철거하라는 논리로 연결시켰다. 물론 북한이 유엔에 의해 전범집단으로 낙인찍혀져 있는 상황에서는 남한과의 동등성을 회복하여 한반도에 남한 만이 아닌 또 다른 정권이 실재한다는 것을 인정받는 것이 필요했

1) 구 소련을 제외하고 동독을 승인하는 국가와는 외교관계를 맺지 않는다는 서독의 외교정책으로, 1955년 12월 시행되었다. 닉슨 독트린으로 데땅트가 열리자 1969년 10월 폐기되었다.

고, 그 범위내에서는 '2개의 코리아'를 추구하는 노력을 기울였다고도 할 수 있다. 그러나 1960년대에 들어와 유엔에 비동맹 신생국가들이 늘어나고 남한에 대한 일방적인 엄호세력으로서의 유엔의 역할에 변화가 오자 북한은 '하나의 조선', '단일의석 유엔가입'이라는 입장을 공고히 했다.

또 하나 인민민주주의혁명과 맥락이 닿아있는 기본 입장은 통일문제 논의의 장으로서 남한의 정부를 1:1로 상대하는 방식은 철저히 배제한다는 것이었다. 남한 정부는 애시당초 쓸어 넘어뜨려야 할 타도의 대상인데 이와 마주 앉아 협상을 한다는 자체가 있을 수 없었다. 그래서 북한은 남한의 각계 대표를 참가시켜 대민족회의나 전민족대회 등의 군중집회를 열자고 줄곧 주장해 왔고, 남한과 북한을 구분하지 않는 회의 형태로 정치협상회의, 연석회의 등을 제기하였다. 북한은 이러한 군중집회식 회의에 가끔은 남한 정부대표를 참석대상으로 운위하기도 했는데, 이는 어디까지나 남한의 정당 사회단체와 각계 인사 중의 하나로서 취급하는데 그치는 것이었다.

남한의 경우 민족주의적 정서에 있어서나 배경논거에 있어 동독의 처지와 같지는 않지만, 정치군사문제를 논의의 대상에서 배제하려는 입장이나 '통일을 유보하고 평화부터'라는 입장은 보기에 따라서는 2개의 국가를 추구하는 분열주의로 비쳐지는 측면이 있었다. 그러나 당시 북한과의 국력비교에서 열세인 점, 북한이 6.25전쟁을 비롯하여 끊임없이 무력도발과 간첩침투를 자행해온 점 등으로 정치군사문제와 관련한 북한의 어떤 제안도 저의가 숨겨져 있고 자칫 말려들 경우 국가안보상의 위협을 자초하게 된다는 수세적 입장에 처해 있던 남한으로서는 불가피한 선택이었다.

북한은 베트남 전쟁을 전후하여 강화되는 남방 3각관계를 허물고 남한의 경제성장에 타격을 가하는 한편, 북한 내부의 문제를 밖으로 돌려 해결하기 위해 1960년대 후반에는 평화공세를 중단하고 직접적인 무력도발에 나서게 된다. 4대 군사노선을 추진해 온 성과를 발판으로 김일성은 1966년 "기다리고만 있으면 혁명역량이 축적되는 것이 아니므로 정세에 맞게 정치투쟁과 경제투쟁, 폭력투쟁과 비폭력투쟁, 합법투쟁과 비합법투쟁을 옳게 배합해야 한다"고 밝혔다. 이에 따라 군사비가 예산의 30%를 넘어섰고 특수 게릴라부대가 창설되었으며, 대남 무력침투가 실행되었다.

1970년대에 들어오면서 미중화해와 일중수교 등 데땅트가 불러온 국제환경의 급속한 변화는 남북한 모두에게 더 이상 기존의 논리에 안주할 수 없도록 만들었다. 상대방의 실체를 인정하지 않았으며 통일을 단순한 자기 체제의 확장으로 보아온데로부터 상대방 실체를 사실상 인정하고 대화의 상대로 삼게 된 것이다. 남한은 1960년대를 거치면서 상대적인 국력의 열세를 벗어나 북한과의 경쟁에서 어느 정도 자신감을 갖게 되었고, 북한도 직접적인 대남 무력공세가 오히려 혁명역량을 위축시키는 결과를 낳게 된 것을 지켜본데다 이질화가 심화된 상태에서 전 한반도를 공산화하기 위해서는 과도적 조치가 필요하다는 인식을 갖게 되었다. 물론 1970년대 대화기가 이루어진 것은 남북한 각기의 대내적 정치수요도 아울러 동인이 되었지만, 분단 20여 년 만에 남북의 정부대표가 마주앉음으로써 공존의 논리로 접근해 나가는 문이 열리게 되었다.

그렇다고 해서 기존의 통일관과 상대방에 대한 인식에 획기적인 변화가 일어난 것은 아니었다. 명분상으로는 여전히 상대방이 불법강점 집단이었고, 이를 타도해야 통일이 완성되는 것이었다. 김일성은 대화를 하면서도 "대화건 협상이건 우리는 적을 날카롭게 공격해서 궁지에 몰아넣는 혁명의 적극적인 공격형태로 생각해야 합니다"[2]라고 해서 대화를 '또 다른 형태의 전쟁'으로 인식했다. 이로 인해 이 시기의 회담은 타협과 합의가 필요 없었고 그저 논전만 벌이는 '회담을 위한 회담'에 그치고 말았다. 20여 년에 걸쳐 축적되어온 체제의 존재 이유와 유지 논리를 떨쳐내려면 일정한 시간과 점진적 변환과정이 필요하다는 점에서, 남북 쌍방이 대화라는 형식은 수용했지만 공존에 대한 현실적 인식을 토대로 한 진정한 대화의 길을 열지는 못했던 것이다.

남한은 1973년 '6.23선언'을 통해 이념과 체제를 달리하는 국가들에게 문호를 개방하고 북한에 대해서도 서방과의 외교관계를 허용하는 한편 유엔에도 동시가입하자고 밝혔다. 이것은 남북한 교차승인과 '2개의 코리아'를 추구하겠다는 것이었다. 북한은 같은 날 김일성이 '연방제 실시와 단일국호에 의한 유엔가입'을 밝혔다. 또한 1974년에는 외교부장 허담이 최고인민회의 제5기 3차 회의에서 "현 조건에서 정전협정을 평화협정으로 바꾸기 위해서는 그것을 확실히 담보할만한 실권을 가진 당사자들끼리 문제를 해결하는 것이 응당합니다"라고 하면서 대미 평화협정을 제기했다. 이전까지 군사적 대치상태 해소방안의 하나로 남북 간 평화협정을 주장해오던 북한이 전략적 변화를 보인 것이다.

이때로부터 북한은 '평화 · 군사문제는 미국과의 직접 협상으로, 통일문제는 남한과 통일전선 방식으로'라는 구도를 정립하였고, 남북한 간에는 평화문제에 대한 시각차가 분명히 드러나게

2) 양성철, 앞의 글, p.19 재인용.

되었다. 그러나 한편으로 보면 남북한 간의 논쟁의 중심이 통일 방도에서 공존을 전제로 한 현재상태의 관리라는 쪽으로 사실상 옮겨가기 시작했다고 할 수 있다.

이러한 남북관계의 변화과정에서 우리가 주목할 점은 첫째, 이 시기에 남북한의 국력이 대등한 수준을 이루게 되었다는 점이다. 이제 북한은 그들 체제의 우월성에 기초하여 일방적인 대남 공세를 펼치면서 남북관계를 주도해온 위치가 현저히 흔들리는 상황을 맞게 된 것이다. 둘째, 남북관계에서 국제적 성격이 점하는 부분이 확대되기 시작했다는 점이다. 남북관계는 그 성립 배경으로 인해 이중적 성격을 내재할 수밖에 없지만 그 동안에는 남북한 모두 명분상 민족내부적 성격을 강조해왔고, 특히 유엔 콤플렉스가 있는 북한은 어떻게든 남북관계를 민족내부문제화 하는데 전력을 기울여 왔다. 그러나 당장의 통일 보다는 평화와 군사문제가 쌍방의 관심대상이 되기 시작함으로써 자연스럽게 국제적 성격이 강조되는 결과를 가져왔다.

북한은 1970년대 중반 베트남 전쟁의 종결과정에서 국제적 혁명역량이 강화되었다고 보고 유엔사 해체와 주한미군 철수를 얻어낼 호기로 판단하여 도끼만행사건과 땅굴침투 등 다시 호전성을 과시하는 행태를 보임으로써 미국으로 하여금 제2의 베트남 전쟁을 우려케 하고자 했다. 그런 가운데 1977년 카터 미 행정부 출범 이후 주한미군 철수계획이 발표되자 미국을 자극하는 언동을 삼가고 '기다림의 전략'을 보였다. 그러나 남한과 미국은 1977년 한미연합사령부를 창설하여 유엔사 해체의 부담을 덜었으며, 주한미군 철수계획도 재검토하게 되었다. 또한 미국은 평화협정과 관련해서는 남한을 배제할 수 없다는 입장을 분명히 했다. 이러한 가운데

1981년 출범한 레이건 행정부는 대소 압박을 통해 신냉전시대를 초래하였으며, 이와 연계하여 한미동맹을 강화하고 남한의 군사력 증강계획을 적극 지원하는 한편[3], 1983년부터는 팀스피릿 합동군사훈련을 대북 위협수준의 훈련으로 더욱 발전시켰다.

북한은 1980년대에 들어와 박정희 정권에 이은 남한의 새로운 집권층의 성격을 가늠하고 내부정세를 탐색하기 위해 선 대화제의를 하기도 했으나, 남한에 민주항쟁으로 인해 정치상황이 혼란에 빠져들자 당국과의 대화를 차단하고 새로운 깃발을 내걸었다. 김일성이 1980년 10월 제6차 노동당 대회에서 '고려민주연방공화국 창립방안'을 제시한 것이다. 이것은 그 이전의 연방제 주장과는 달리 연방정부가 모든 권한을 가지고 바로 통일국가로 들어가자는 완성형이다.

남북관계사에서 이 제안은 두 가지 측면에서 볼 필요가 있다. 하나는 당시 남한 사회의 혼란을 가중시키고 남한 정권을 고립시켜 유리한 혁명정세를 조성하고자 하는 의도이다. 실제로 이 방안은 현 남한 정권의 교체를 전제조건으로 하고 있고, 후속으로 남한 정부를 배제한 각계 인사들로 창립준비위원회를 구성하자고 주장했다. 또 하나는 북한 경제가 내리막길로 들어서고 남북 간에 경제와 군사력 면에서 열세가 뚜렷해지는 상황에서 실제로는 타협 불가능한 통일방안을 제시하여 남북관계의 주도력을 놓치지 않으면서도 통일을 사실상 미래의 과제로 던져놓는 결과를 의도한 것이다.

---

3) '율곡사업'으로 불리는 남한 군사력 증강사업은 1차(1974~81)에 그치는 것으로 계획되었지만, 전두환 · 노태우 정부로 이어지면서 2차(1982~86), 3차(1987~92)까지 진행되었다. 김진환, 앞의 글, p.161.

북한은 남한이 정치적 안정을 찾고 오히려 남북관계에 공세적으로 나오자 아웅산 폭탄테러사건 등 대남 강경노선을 택했지만 이는 북한에 부정적인 결과만 가져왔다. 국제적으로 호전집단으로 낙인찍혀 고립되고 한미동맹은 더욱 강화되었다. 이와 함께 세계적으로 공산권 세력이 약화되는 가운데 중국이 실용주의적 입장에서 사회주의 시장경제체제를 굳혀나갔으며 소련도 고르바초프 당서기장이 개방과 개혁을 주창하고 나섰다. 북한은 대화를 통한 긴장완화를 택하지 않을 수 없었고 이는 1980년대 중반의 대화기를 생성하였다.

또한 1984년 1월 그동안 거부해오던 남북미 3자회담을 받아들여 비록 불가침 문제에 한정된 것이기는 하지만 남한과 군사문제 논의를 할 수 있다는 입장을 밝혔다. 이때로부터 북한은 군축문제를 포함하여 군사적 대치상태를 실제적으로 해소하려는데 전력을 기울였다. 당시 북한은 군사적 불균형을 해결하자니 자원배분을 군사력 증강에 우선해야 하고, 그러한 결과는 경제를 더욱 침체시켰으며, 또 그 결과는 군사력을 약화시키는 악순환에 빠져 있었다. 북한은 생산현장의 노동인력 부족과 군사비 가중의 부담을 견디지 못하고 1987년에는 군병력 10만 명을 일방적으로 감축하기도 하였다. 이제 북한에게는 평화협정과 불가침선언, 그리고 군축이 대남혁명전략 수행의 방법론으로서가 아니라 실제적인 절실한 과제로 대두되었다.

나. 탈냉전시대의 논리

1988년은 냉전체제의 두꺼운 빙벽이 녹아내려 전세계적으로 화해와 긴장완화의 분위기가 완연해졌으며, 남한 사회 전반에서 민주화가 진행되고 통일논의의 열린 공간이 마련되었다. 또한 서울올림픽의 개최는 40년에 걸친 남북 국력경쟁이 종언을 고했음을 알려주었다. 노태우 정부는 이러한 대내외적 상황변화를 적극 활용하여 북방정책 추진에 드라이브를 걸었고 남북관계를 새로운 차원에서 설정하고자 했다.

첫째, 북한에 대한 인식을 전환하였다. 북한이 더 이상 적대와 경쟁의 대상이 아니라 통일을 향해 같이 걸어가야 할 동반자이며 따라서 교류와 협력의 대상이 된 것이다. 이것은 북한의 실체 인정을 전제로 한다. 남한은 북한이 다른 사회주의 국가들과 마찬가지로 개방정책을 추진하고 대남폭력혁명노선을 완전히 폐기하기를 원했다. 그러자면 북한이 남한의 체제를 인정하고 존중해야 하는데 이는 남한이 먼저 그러한 여건을 만들어주어야 가능했다. '7.7선언'과 이를 뒷받침하는 후속조치들은 바로 이러한 인식의 전환을 바탕으로 한 정책적 실천이었다. 특히 남북교류협력에 관한 법률은 그동안 국가보안법으로 묶여 있었던 북한과의 접촉과 협력에 면죄부를 주는 일종의 특별법이었다.

둘째, 통일방안에 있어 민족공동체의 개념을 도입하여 남북한이 일정 기간 2체제로 연합을 구성하는 과도기를 두자는 제안을 하였다. 그 이전까지 남한은 약간의 절차적 차이는 있었지만 총선거를 통해 통일국가를 수립하자는 일원론을 벗어나지 못했고 어떠한 경우에도 자유민주주의체제를 훼손하는 통일방안은 금기시 되어 왔다. 이 방안은 법적이고 제도적인 국가통일을 이루기 위한 구체적인 절차는 남북연합 안에서 여건이 성숙되는데 따라 논의하기로 하고, 우선 당장은 교류와 협력을 통해 서로 신뢰를 회복하고 이질화된 민족사회의 공통성을 넓혀나가자는 것이어서 과거의 방안들과는 접근방식을 달리 하였다. 이러한 접근 시각은 당장 연방국가를 건설해야 한다는 북한의 제안과는 거리가 멀었지만, 이후 북한은 그들의 연방제안의 명분을 살리면서도 사실상 이 방향으로 내용을 조정해 나갔다. 이 민족공동체 통일방안은 기본적으로 북한 체제의 인정과 남북한 공존관계를 상정하는 것이어서 체제유지에 심각한 우려와 불안감을 갖고 있던 북한에게 새로운 남북관계 설정에 호응해 나올 수 있는 공간을 열어주는 것이었다.

셋째, 남한의 평화와 군사문제에 대한 논의 회피 입장에 변화가 일어났다. 이미 1987년 외무장관회담을 제의하여 한반도에서의 긴장완화와 평화정착에 필요한 군축을 포함한 제반문제를 의제로 제시한 바 있었지만, 이는 대미 평화협정 체결에 매달리는 북한을 견제하는 성격이 강했다. 1988년 노태우 대통령이 유엔총회 연설에서 군비축소 등 군사문제를 포함한 모든 문제를 논의의 대상으로 할 수 있음을 밝힌 것은 기존의 남북관계의 틀을 바꾸는 계기가 되었다. 이는 한편으로는 정치군사문제 우선해결 입장을 견지해온 북한의 입장을 침식시켰으며, 또 한편으로는 명분경쟁에 치우쳐온 남북관계가 실질적으로 발전할 수 있는 출로를 열게 하였다. 교류협력 우선의 기능주의 입장으로 일관해온 남한은 이제 정치군사문제를 병행해서 논의할 수 있다는 유연한 입장을 갖게 되었으며, 이로 인해 1990년대 초반 남북 간에 총리회담을 여는 접점을 찾을 수 있게 되었다.

몰아쳐오는 탈냉전의 급류는 한동안 북한을 웅크리게 하고 시간을 벌면서 대응방도를 강구케 하였다. 북한은 과거와 같이 남한 사회의 분출되는 통일논의에 편승하여 연석회의나 범민족대회 등을 던지면서 남한의 힘을 분산시킴으로써 흡수통일을 위해 전력을 기울이는 상황을 막고, 대내적으로는 '통일열풍'을 일으키고 김일성을 민족통일의 구성으로 각색하여 체제결속을 시도하였다. 그러나 심각한 경제난과 국제적 고립, 그리고 남한과의 회복할 수 없는 국력격차는 더 이상 감출 수 없는 현실이었다. 이것은 선전 · 선동이나 정치공작으로 해결될 수 있는 문제가 아니었다. 힘이 기울어진 상태에서의 대남 제의는 결국 부메랑이 되어 북한의 처지를 더욱 어렵게 하였다.

북한은 체제생존에 매달려야 했고 남한을 보는 시각과 대남전략도 수세적이고 방어적인 입장에서 대대적인 변화가 불가피해졌다. 북한의 고민은 과거의 대남혁명논리를 현실상황과 어떻게 연결하여 지속성을 가질 수 있도록 하느냐 하는 것이었다. 급격한 체제유지 논리의 전환은 정치적 불안정을 증폭시킬 수 있기 때문이었다. 남북고위급회담을 진행하는 동안 북한은 변화의 현실적 필요성과 기존 논리의 견지 사이를 넘나들었으나 결국 스스로 변화를 정당화시키는 논리를 찾아나갔고, 이것이 남북기본합의서의 탄생을 가능하게 하였다.

북한은 1990년대 초반 냉전시대의 논리를 점차적으로 바꾸어 나갔다. 첫째, '하나의 조선' 정책을 포기하고 남한과 함께 유엔에 별개의 의석으로 가입하였다. 북한의 남조선 혁명론은 '하나의 조선'에 바탕을 두고 있으며, 이 때문에 김일성은 단일국호에 의한 유엔 가입을 주창해 왔다. 기본합의서에서 밖으로는 나라와 나라 사이의 관계가 아니라고 규정되어 있음에도 불구하고 유엔 가입은 한반도에 2개의 국가가 있다는 현실을 받아들인 것임을 부인하지 못한다.

둘째, 남한 당국을 배제하고 군중집회 방식으로 통일문제를 해결한다는 입장을 바꾸었다. 북한은 그동안 남한 당국을 타도의 대상으로 삼았으며 이것이 모든 통일전선전술의 출발점이었다. 그러나 북한은 기본합의서를 통해 타도 대상으로부터 체제 인정·존중과 불가침을 보장받으려 했으며, 타도 대상과 마주앉아 회담을 하고 서명란에 대한민국 국호를 쓰는 것을 받아들일 수밖에 없었다. 이제 북한에게는 남한 당국이 협력의 대상이자 합의의 실효성을 보장받아야 할 대상이 되었다. 북한이 기존 노선을 포기한 것은 아니기 때문에 한동안은 양면 전략을 쓰기도 했으나 점차 당국 간 협상의 구도에 적응해갔다.

셋째, 정치군사문제 우선 해결 입장을 완화시켰다. 북한은 교류협력 그 자체가 남한의 실체를 인정하는 결과로 이어진다는 점에서, 그리고 국력의 격차가 커진 후에는 이의 부작용을 우려해서 남한의 교류협력 주장을 분열주의적 태도로 매도하였으며, 오로지 미군철수와 군중집회식 통일논의에 집중하고 나머지는 부차적인 문제로 보았다. 그러나 북한은 다방면적 합작과 교류를 정치적 대결상태 완화의 방안으로 집어넣어 정치군사문제와 교류협력문제의 병행 토의 입장으로 슬며시 전환했는가 하면,[4] 고위급회담이 진행되는 동안 오히려 정치군사문제는 쟁점을 봉합해 두려 하면서 교류협력 사안들에는 적극적인 관심과 실행 의욕을 보였다.[5]

4) 북한은 1987년 1월 11일과 88년 11월 16일 남북 고위급 정치군사회담을 제의하면서 정치적 대결상태 해소대책으로 다방면적 합작과 교류 실현을 포함하였다. 1989년에 시작된 고위급회담 예비회담에서 초기에는 의제에 교류협력을 표기하는 것을 반대했으나, 1990년 7월 3일 제7차 회담에서 정치군사적 대결상태 해소와 교류협력 실시문제를 병렬적으로 표기하는데 동의하였다.

5) 남북기본합의서 문안정리, 분과위원회 진행, 부속합의서 협의 등에서 북한은 교류협력 문제에 대해서는 양보와 타협적 자세를 보이며 신속한 타결을 원했

넷째, 남북대화에 대한 인식에 변화가 왔다. 북한에 있어 대화는 혁명과업 수행을 위한 전술적 수단일 뿐이었으나, 탈냉전시대에 접어들면서 수세적 전략으로 전환하여 남한의 실체를 인정한 이상 대화는 더 이상 비생산적인 논쟁의 장이 될 수 없었다. 북한은 이기기 위해서가 아니라 얻기 위해서 대화를 해야 했고 이것이 남북회담의 내용과 형식을 바꾸어 놓았다. 남북한은 이제 명분을 중시하는 비타협이 아니라 실리를 중시하는 타협으로, 대화를 위한 대화라는 이벤트가 아니라 남북관계를 조절하는 생산적 절차로서 대화의 가능성을 내다보게 되었다.

다섯째, 통일문제와 관련하여 일원론적 입장이 공존론적 입장으로 바뀌게 되었다. 북한에 있어 고려민주연방공화국 창립방안이라는 완성형 연방제는 공존의 논리를 배척하는 것이었다. 그러나 국제적 역학관계의 변화와 남북 간 역량차이의 가속적인 확대는 북한으로 하여금 흡수통일을 경계하게 만들었고, 완성형 연방제는 양날의 칼이 될 수도 있었다. 김일성은 1991년 통일을 점차적으로 해나가자면서 장기간의 공존에 무게를 실어 '느슨한 연방제'를 주장하였다. '1민족 1국가'의 원칙은 깃발로 남겨놓은채 '2제도 2정부'를 강조한 것이다. 이러한 북한의 입장은 남한의 '연합제'와 접점을 찾을 수 있는 가능성을 열어놓았다.

이와 같이 탈냉전시대의 초입부에서 남북한 모두 새로운 논리로 남북관계를 재설정하고자 했다. 그러나 이러한 노력은 1993년 1차 핵위기의 발생 이후 북한 핵문제가 남북관계의 주요 변수로 개입됨에 따라 구조화되지 못하고 표류하게 된다. 크게 보면 남

으며, 남한 대기업과의 합작사업을 적극 추진하려 하였다. 기본합의서 타결 이후 김달현 부총리를 남한에 파견하여 경협 실행을 모색하기도 했다.

한의 경우는 핵문제와 남북관계를 어느 정도로 연계시키느냐 하는 문제에 당면했고, 북한의 경우는 한반도에서의 긴장과 화해의 분위기 어느 쪽이 북미 간 핵문제를 풀어나가는 데 기여할 것인가, 그리고 남북관계 진전의 속도를 어느 정도로 유지해야 실리의 확대와 체제유지간 최적점을 이룰 수 있는 것인가 하는 문제가 주어졌다. 남북 쌍방이 이에 대한 답을 어떻게 마련하느냐에 따라 남북관계는 시기별로 부침을 거듭했다.

북한은 김일성 사망 이후 최악의 식량사정 등 체제위기 상황에 직면하여 군을 혁명의 기둥으로 전면에 내세워야 했다. 미국과는 제네바 기본합의를 끌어내어 체제안보와 경수로 및 중유를 제공받을 수 있게 되었지만 그 실제적인 이행속도는 기대에 미치지 못하는 것이었다. 더구나 제재의 해제와 관계정상화는 한 발자국도 나가지 못했다. 1990년대 중·후반은 북한이 북미협상을 통해 정전체제를 새로운 평화체제로 전환시키기 위해 정전협정 관리기구들을 무력화시키고 각종 무력도발을 자행하는데 전력을 기울인 시기였다. 남한의 김영삼 정부도 대북정책을 상황에 따라 강온 양 측면에서 추진하기는 했지만 기본적으로는 북한의 조기붕괴론에 입각하여 핵문제의 선결을 앞세우고 북한을 압박하였다. 이러한 상황에서 남북관계는 핵문제의 하위 변수로 자리하게 되었고 남북 간에 대화조차 진전되기 어려웠다.

1998년 남한의 김대중 정부가 출범한 후 대북 포용정책을 추진하여 남북기본합의서를 이행하는 체제를 복구하고자 했지만 북한은 흡수통일 전략의 아류로 보고 경색국면을 지속시켰다. 그러나 남한이 북한 핵문제와 남북관계를 분리하여 병행 추진한다는 입장을 확고히 하고 남북 당사자 해결 원칙에 입각하여 평화공존과 화해협력을 위한 조치를 일관성 있게 펴나가자 북한은 이에 호응해 나오기 시작했다. 물론 북한의 이같은 태도는 강성대국을 내세우며 본격적인 김정일 시대를 열면서 체제 내부를 어느 정도 추스릴 수 있는 여력이 생긴데다, 미국과의 협상에서 남북 간에 화해 분위기를 조성하는 것이 유리하고 남한의 보조적 역량도 기대할 수 있다고 판단한데서 비롯된 것이기도 하다.

남북정상회담 개최와 '6.15공동선언'으로 남북관계사는 또 하나의 획을 긋게 되었다. 평화공존의 약속과 경제를 비롯한 제반 분야의 교류와 협력, 이산가족 등 인도적 문제의 해결에 대한 합의는 과거 사례를 넘는 것은 아니었지만 주목할 것은 그것이 실천에 옮겨지기 시작했다는 점이다. 이때로부터 남북 간에는 대화와 교류와 협력이 폭증하였다. 북한은 냉전시대의 논리와 사실상 결별하였으며, 탈냉전시대 초입부에 시도했던 변화와 공존의 논리를 행동으로 보여주었다.

특히 통일문제에 있어 북한은 '낮은 단계의 연방제'라는 개념을 끌고와 1991년 '느슨한 연방제'의 내용을 구체적으로 밝혔는데, 2개의 지역정부가 외교와 군사권 등 현재의 기능과 권한을 그대로 가지고 별도의 기구를 구성하여 남북관계를 조절해 나가자는 것이었다. 이것은 북한의 연방제가 과도기적인 중간단계를 상정하고 우선 평화공존의 토대부터 마련하자는 것임을 확인해 주는 것이었다. 그러나 다른 측면에서 보면 북한이 체제의 존재이유이자 절대명제로서의 '통일'을 접어둔 것이고, 이는 향후 북한체제를 지탱해온 기저의 논리를 재설정해야만 하는 문제와 필연적으로 연관되지 않을 수 없다.

김대중 정부 하에서도 남북관계가 순탄한 것만은 아니었다.

2001년 부시 미행정부가 출범하면서 남북대화가 단속을 반복하였고 추진되던 경협사업도 지연되어졌다. 그러나 큰 흐름은 역시 화해와 협력이었고 북한도 이러한 안정적 관계를 활용해 대내외정책을 변화시켜 나갔다. 여기에 결정적인 타격을 가한 것이 2002년 10월의 제2차 핵위기의 발화였다. 북한의 핵활동을 동결시켜오던 제네바 합의는 사실상 파기되었고 북한은 이에 반발하여 핵무기 확보에 본격적으로 착수하였다. 그럼에도 불구하고 남북관계는 2002년 하반기에 오히려 긍정적인 방향으로 급류를 이루어 나갔다. 남북관계사에서 북미관계가 악화된 가운데 남북관계는 화해협력을 지속하는 특이한 경우를 기록하게 된 것이다. 이 시기는 남한에서 대선과정에 들어간 때였다. 남한이나 북한 모두 남북관계가 후퇴하고 한반도에 긴장과 불안정한 국면이 조성되는 것을 원치 않았으며, 어떻게든 남한의 차기 정부가 화해협력의 일관성을 유지해주기를 바랐다.

노무현 정부는 기존의 남북 간 합의와 회담의 연속성을 보장하고 대북지원도 지속하였다. 전 정부의 화해협력정책을 승계하고자 한 것이다. 그러나 대북송금에 대한 특검을 수용하고 경제와 안보의 병행 추진이라는 구도 속에 핵문제 해결 단계에 맞추어 남북관계를 진전시킨다는 전략을 제시함으로써 북한으로 하여금 적극적인 호응을 주저케 하였다. 또한 남한은 대내 정치적 도전들에 발목이 잡혀 있었고 북한도 핵문제를 해결하기 위해 시작된 6자회담에 전념할 필요가 있었다. 이로 인해 노무현 정부 전반기에는 이벤트적 성격의 민간 행사와 이산가족 상봉이 꾸준히 진행되고 개성공단 착공식 등은 이루어졌으나, 당국 간 회담이 장기간 중단되는 등 남북관계가 실질적으로 심화될 수 있는 동력은 얻지 못했다.

이같은 남북관계의 침체적 흐름이 전환된 것은 노무현 정부 후반기에 들어와서이다. 2005년 6월 정동영 통일부장관이 특사로 북한을 다녀온 이후 6자회담에서 '9.19 공동성명'으로 핵문제 해결의 출로가 마련되자 남북관계도 탄력을 받게 되었다. 그러나 미국이 BDA 북한 계좌를 동결하고 '9.19 공동성명'의 구체적 이행조치가 이어지지 않자 북한은 2006년 7월 미사일을 발사하고 10월에는 핵실험을 강행하였으며, 남한은 유엔 안보리의 제재 결의에 동참하여 식량과 비료지원을 중단하고 민간 교류협력사업을 통제하였다. 이로써 남북관계는 다시 악화되고 대화마저 중단되었다. 미국이 2006년 11월 중간선거를 계기로 강경일변도의 대북정책을 완화하고 2007년 '2.13 합의'를 통해 초기단계 조치들을 취해 나가자 남북관계도 화해협력의 분위기를 복원할 수 있었으나, 이미 노무현 정부의 임기 말에 접어들어 새로운 사업을 전개하기는 어려웠다.

북한은 부시 대통령이 대북정책을 전환하고 핵문제 해결에 의지를 보이고 있는 상황에서 북미 간 평화협정과 관계개선을 서둘러 마무리 지으려고 했다. 또한 남한의 차기 정부가 화해협력정책을 지속할 수 있는 제도적 장치를 마련해 두려고 했다. 이러한 배경이 임기말 정치적 지도력을 잃은 노무현 대통령을 상대로 2007년 남북정상회담을 갖게 하였다. '10.4선언'은 남북 간 협의의 장을 제도적 수준으로 끌어올릴 수 있게 하였다. 경제와 사회, 군사 등 다양한 분야에서 구체적인 신규 사업을 적시하였고 후속적인 조치로 그 이행체제까지 갖추었다. 불과 4개월 만에 남북한은 남북관계를 획기적으로 개선시킬 수 있는 구조화된 바탕을 마련하였으며, 그 실행의 몫은 남한의 차기 정부로 돌아갔다.

핵문제 또한 북한이 기대한대로 순탄한 궤도위에 들어서는듯 했다. 2007년 10월 3일에는 '9.19 공동성명' 이행을 위한 2단계 조치가 합의되어 핵시설의 불능화 작업이 진척되었다. 북한에 대한 적성국교역법 적용이 종료되었고 테러지원국 명단에서도 북한이 삭제되었다. 그러나 끝내 신고목록 작성과 검증방식에 대한 의견 차이가 불거져 부시 행정부 임기 내에 핵폐기 단계로 들어서지 못하고 말았다.

남한은 2008년 이명박 정부가 출범하였고 미국은 2009년 오바마 정부가 출범하였다. 북한은 남한의 새 정부가 기존의 합의를 무시하고 적대적 대결정책으로 돌아섰다고 판단하고 남한 정부의 대응을 탐색하면서 한 단계씩 강경조치의 도를 높여 나갔으며, 마침내 남북관계가 더 이상 수습할 수 없이 되었고 전쟁접경에까지 이르렀다고 주장해 나섰다. 이로써 남북관계는 당국 간 대화가 단절됨은 물론 민간 부문의 교류협력 사업들도 차단이 되어 냉각상태를 지속하였다. 북한의 이러한 태도는 어떤 의미에서 '공세적 수세'였다. 기본적으로 남북관계 개선을 선호하는 입장이지만 남한 정부가 강경압박 정책으로 나온다면 북한도 이에 맞대응할 수 밖에 없다는 것이었다. 그로 인한 폐해는 남한쪽에 더 부담이 클 것이며 북한에게서 결코 굴복을 기대할 수 없을 것이라는 메시지를 던진 것이다.

한편 2009년에 들어와 북한은 최고인민회의 대의원 선거와 헌법개정 등을 통해 김정일 체제를 새롭게 정비하였으며, 국제사회와 맞서 장거리 로켓을 발사하고 핵실험을 강행하며 6자회담 불참을 선언했다. 북한은 미국 오바마 행정부를 상대로 조기에 협상 국면을 마련하기 위해 핵문제를 이슈화하려 했으며, 그러한 측면에서 보자면 유엔의 대북제재 결의안 채택은 이러한 북한의 의도를 충족시키는 것이었다. 이후 북한은 북미 간 양자대화의 구도를 만들기 위해 유화적인 태도로 돌아섰으며, 미국이 보즈워스 대북정책 특별대표를 평양에 보내 본격적인 협상의 문이 열렸다. 북한은 제재를 해제하고 평화협정 논의를 시작해야 한다고 주장하고 미국은 6자회담 복귀를 확약해야 한다고 맞서 있지만, 제반 환경은 타협의 가능성을 넓혀 나가고 있다.

대남관계도 김정일 위원장이 나서서 남북관계 전환의 의사를 밝혔으며 이어 그 동안에 북한이 취했던 강경조치들을 원상복구하기 시작했다. 남한은 북한 태도 변화의 진정성과 핵문제 해결의 진전 여부가 불투명하다고 보고 이에 선뜻 호응해 나서지 않았으며, 북미 간 협상의 결과를 보아가면서 방향을 설정한다는 입장을 견지하여 2009년 후반기의 남북관계는 여전히 냉랭한 상태를 벗어나지 못했다. 북한은 남북관계의 향방을 남한에 묻고 있지만 기본적으로 핵협상의 종속변수로서 남북관계를 보고 있는 틀을 벗어나지 못하고 있고, 남한 또한 남북관계를 핵문제 진전의 종속변수화 함으로써 2010년 초반의 남북관계사는 아직 그 본류에 접근하지 못하고 있다고 하겠다.

2. 남북관계사의 변천 요인

남북관계는 시대에 따라 변천을 거듭해왔다. 그것은 남북관계에 영향을 미치는 제 요소들이 변하고 있기 때문이다. 우선 그 주체인 남한과 북한의 체제유지 논리와 정책결정자의 판단, 그리고 주민들의 의식과 여론이 중요한 요소이다. 때로는 대내 정치적 환경에 따른 정책담당자측의 수요도 작용한다. 또한 국제적 환경 변화, 특히 한반도를 둘러싼 주요 국가들의 동향과 대한반도 정책의 변화는 남북관계에 직접적으로 영향을 주는 요소이다. 이러한 제 요소들이 상호작용하면서 남북관계를 변화시키고 남북관계사를 만들어 나간다.

그 유형을 보면 1970년대초 데땅트라든가 1980년대말 냉전체제의 붕괴 등과 같이 국제환경의 변화가 직접적으로 남북관계에 영향을 주는 경우도 있고, 한소수교나 유엔의 대북결의안 채택과 같이 국제적 요인이 남북 각기의 주체적 판단과정과 결합하여 영향을 미치는 경우도 있다. 또한 1995년 북한에 대한 식량지원의 시작이나 2000년 정상회담과 같이 외부환경의 변화보다는 자체적 판단에 의존하여 남북관계의 흐름을 바꾸는 경우도 있다.

남북관계에 영향을 미치는 제 요소들이 어떻게 상호작용하는 것인지, 그리고 시기별 남북관계의 변화를 가져온 주요 사건이나 정책결정들을 놓고 상호작용의 유형화를 어떻게 매김할 수 있는 것인지에 대해서는 별도의 연구가 필요할 것이다. 여기서는 남북관계사 전반을 놓고 그 흐름에 부침과 굴곡이 있게 하는 주된 요인이 무엇인가, 남북한이 관계를 설정해 나가는 기본적 동인이 무엇인가 하는 것을 거시적으로 정리해 보고자 한다.

첫째, 명분과 현실의 문제이다. 북한은 체제존재의 정당성을 미제의 축출과 남조선 혁명에서 찾았다. 이 명분은 김일성 유일체제의 성립을 뒷받침해주는 강력한 무기이기도 했다. 북한은 6.25전쟁이 실패로 끝난 후에도 빠른 전후복구 과정을 거쳐 남북관계를 주도해 나갔다. 혁명의 정세에 맞추어 때로는 평화공세를, 때로는 직접적인 무장도발을 자행하면서 명분을 현실화하려는 기도를 한시도 멈추지 않았다. 그러나 1970년대에 들어와 명분과 현실 사이에 간극이 생기기 시작하였다. 현실은 북한이 내건 혁명과업의 목표 달성을 점점 어렵게 만들어 갔다. 1970년대 초반의 대화기는 북한이 명분적 목표를 달성하기 위한 또 다른 형식의 전술이었다고 치더라도 여하튼 남한의 실체를 인정하고 대화의 상대로 삼는 결과를 가져왔다. 1974년 대미 평화협정 체결 제의는 외국개입 배제와 민족 내부의 자체 해결을 주장해온 북한의 명분에는 맞지 않는 행보였다.

1980년대에 들어와 북한은 남조선 혁명역량의 강화는커녕 북한 자체 내의 혁명기지 구축에도 허덕이기 시작했고, 신냉전의 기류 속에 남한이 군사력을 급격히 증강하는 현실을 지켜볼 수밖에 없었다. 이제는 막강한 군사력을 앞세워 선전적 · 심리적 차원의 통일 공세를 펴는 것이 어려워졌을 뿐만 아니라 오히려 군축 등 군사적 대치상태를 해소하고 재래식 전력의 경쟁을 막는 것이 현실적으로 절실한 과제가 되었다. 즉, 명분을 충족시키기 위한 수단으로서의 평화협정이나 군축 제안이 현실을 충족시키기 위한 당면목표가 되어버린 것이다.

탈냉전시대를 맞아 북한의 명분과 현실 사이의 격차는 크게 벌어졌다. 북한의 행동을 규율하던 모든 혁명논리들은 체제유지와 공존의 새로운 논리로 바뀌어져야 했다. 북한은 현실적 필요성에서 남북기본합의서를 합의해야 했고 유엔에 남한과 함께 2개의 의석으로 들어가야 했으며, '민족'이라는 구호를 앞세워야 했다. 또 한편에서는 '철천지 원쑤'인 미국과 관계를 정상화 하기 위해 전력을 경주해야 했다. 이 모두 북한이 명분으로 견지해온 논리들, 즉 '하나의 조선'이나, 남한 정부 타도, 외국 간섭 배제 등을 스스로 부정하는 것이었다. 그런데 여기서 주목할 점은 북한이 실제적으로는 명분에 상치되는 행위를 하면서도 명분 그 자체는 아직도 살려두고 있어서 비록 실질 내용이 채워지지 않은 빈 껍데기의 찢어진 깃발이지만 여전히 나부끼고 있다는 것이다.

남한의 경우에 북진통일이 조기에 포기되었으며 수세적 입장에서 '선 국력배양'으로 방향을 잡고 분단현실을 인정하고 들어갔기 때문에 오히려 명분의 측면에서 밀리기는 했지만 현실과의 갭은 그다지 크지 않았다. 헌법 3조에서 '하나의 한국'을 명시하였음에도 불구하고 통일보다는 평화를 앞세운 남한에게는 국제환경이 분단을 고착화시키는 쪽으로 작용하는 것이 불리하다고는 보지 않았다. 남한은 북한의 통일공세와 무력침투 도발에 위협을 받으며, 북한이 전 한반도의 공산화라는 목표를 포기하여 남한의 실체를 인정하고, 내정에 간섭하지 않으며, 일체의 파괴 · 전복 행위를 중지해주기를 바랐다. 남한으로서는 평화가 명분이자 현실이었다.

남한의 이러한 입장은 탈냉전시대에 들어와서도 변화를 보이지 않았다. 북한을 압도하는 힘을 축적시킨데다 국제환경이 유리하게 전개되었으나, 남한은 여전히 교류협력 우선과 점진적 단계적 통일을 주장했다. 어떻게 보면 민족사를 주도할 수 있는 새로운 명분을 세우기를 주저하고 현실에 안주해버린 측면이 있다. 현실을 활용한 적극적인 현상변경의 노력은 2000년 정상회담을 계기로 활발해졌으나 대내외적 환경은 또 다른 현실로 넘어가고 있다.

남북관계사는 남북한이 명분과 현실 사이의 갭을 어떻게 인식했는가, 그리고 그 갭을 메우기 위해 어떠한 방식으로 대처하고자 했는가에 따라 굴곡을 그려 나갔다. 북한은 현실이 명분과 일치할 때에는 공격적인 대남혁명노선을 구사했다. 현실이 명분에서 멀어져 갈 경우에는 폭력과 대화 등 다양한 방법을 동원해 이 갭을 메우기 위해 조급해 했고, 마침내 명분과 현실이 분리되는 상황이 되자 명분은 명분대로 형해화 시켜둔 채 현실에 적응하는 행태를 보였다. 북한의 이러한 변화과정과 남한의 조응방식이 남북관계사를 움직여 나가는 하나의 동인이 되었다.

둘째, 평화와 통일의 문제이다. 원천적으로 평화는 현상유지 및 동결을 전제로 하며 통일은 현상의 변경을 전제로 한다. 분단되어 있는 두 체제 간에 평화를 확보하기 위해서는 두 체제의 공존을 수반할 수밖에 없다. 통일이라는 현상변경을 추구하기보다는 정치 · 군사적으로 적대와 대립의 관계를 완화시키고 제반 분야의 교류와 협력을 늘려 상대방이 평화 파괴 행위의 가능성이 없음을 확인받고자 한다. 또한 이것은 상대적이어서 상대방도 같은 태도를 취해 주기를 바라게 된다. 그런데 통일을 앞세우고 적극적으로 추구하게 되면 이의 반대 현상이 나타나게 된다. 두 체제 모두가 합의하는 통일 경로가 마련되지 않은 이상 자기 체제를 확장하려는 일원론적인 통일을 지향하게 된다. 따라서 긴장이 고조되고 교류와 협력이 불필요하게 되며 현재의 공존적 관계를 파괴하기 위해 노력할 것이다. 통일은 현재의 상태를 변경하는 일이며 두 체제 간의 관계를 청산하는 일이다.

이렇게 볼 때 평화와 통일은 일견 상충되는 듯이 보여진다. 평화를 확보하기 위해서는 통일을 포기해야 하고 통일을 추구하기 위해서는 평화를 파괴해야 하기 때문이다. 여기에서 두 체제 간의 관계는 크게 세 가지 경우로 나뉘어질 수 있다. 첫째는 두 체제 모두 평화보다 통일을 추구하는 경우인데, 이것은 전쟁으로 이어질 수밖에 없다. 둘째는 두 체제 모두 통일보다는 평화를 우선하는 경우이다. 이 경우에 두 체제 모두 통일을 포기했다면 영구 분단으로 가고 남북관계는 국가 간의 관계로 고착화될 것이다. 셋째는 어느 한 체제는 평화를 앞세우고 다른 체제는 통일을 우선하여 추구하는 경우이다. 여기에는 상대방이 평화를 추구한다고 해도 이의 진정성을 의심하는 불신의 관계도 포함된다. 이 경우에 두 체제 간의 관계가 제일 불안정하다.

남북관계사의 흐름으로 볼 때 대부분의 기간이 세 번째 유형에 속한다고 할 수 있다. 6.25전쟁 이후 남북한은 각기 통일을 우선적 과제로 내걸었지만 사실은 전후 복구와 내부 체제정비로 이를 뒷받침하는 역량을 갖추지 못했다. 1960년대에 들어와 국력경쟁에서 어느 정도 우위를 점한 북한은 현상변경 쪽을 추구했고 남한은 냉전구조의 틀 안에 안주하려고 했다. 열위에 있던 남한은 어떻게든 북한의 도전을 막아내기 위해 현상고착을 추구했고 이는 자연스럽게 '선 평화'정책과 체제공존론으로 이어졌다. 북한이 통일을 앞세우고 남한이 평화를 앞세우는 현상은 도식화되었으며 탈냉전 이후 상황이 역전되었음에도 불구하고 형식적으로는 바뀌지 않았다. 그러나 실제로는 과거의 도식이 깨져 나가기 시작했다. 북한은 남한에 의한 흡수통일을 우려했으며, 한미 합동군사훈련과 남한의 군사력 증강을 두려워 했다. 이것이 북한으로 하여금 통일을 내버려둔채 평화와 2체제 공존을 추구하게 만들었다.

이렇게 됨으로써 남북한은 1990년대 초반 묘한 접합점을 찾게 된다. 북한은 체제존속을 위해 통일을 먼 미래의 과제로 유보하고 상호 체제 인정 · 존중과 무력불가침을 확보하려고 했고 남한은 북한을 통일의 과정에 조기에 동참시키기 위해 우선 그 바탕이 되는 상호 체제 인정·존중과 무력불가침을 약속받으려 하였다. 각기 서 있는 입장과 의도는 다르지만 여기에서 일치점이 생겼으며 남북기본합의서는 바로 이 일치점을 확인한 문서라고 할 수 있다.

그러나 남북한 어느 쪽도 상대방이 평화를 파괴하려는 의지를 완전히 포기했다고 확신한 것은 아니다. 또한 남북한 어느 쪽도 평화의 고착화로 인한 통일 가능성의 봉쇄를 원하지도 않았다. 즉, 일견 모순되는 것 같은 평화와 통일을 동시에 추구하는 상황이 온 것이다. 그래서 남북한은 서로의 관계를 '통일을 지향하는 과정에서 잠정적으로 형성된 특수관계'로 규정했으며, 통일방안에서도 잠정적이고 과도적인 단계를 설정하게 되었다.

남북관계는 2000년대에 들어와서 평화와 통일 문제와 관련한 두 체제 간 유형 중에 두 번째 경우에 속하면서도 통일을 포기하지 않고 두 체제가 합의하여 통일을 잠정적으로 미루어 두는 방식으로 옮겨갔다고 할 수 있다. 남한은 평화를 확보한 토대 위에서 상호의존성을 강화하고 남북연합의 틀을 갖추는 것이 최선이라고 본다면, 북한은 정통성 경쟁에서의 패배를 인정치 않고 우선 평화를 확보하여 새로운 힘을 축적할 시간을 버는 것이 최선이라고 볼 것이다. 여기에서 당장의 과제로서 평화의 제도화라는 공통분모를 찾을 수 있다. 북한이 연방제를 내세우고는 있지만 과거의 통일우선론과는 다르다. 어떻게 보면 당장의 연방국가 수립은 북한에게 위험을 가져다 줄 수도 있다. 그래서 각기 지역정부가 모든 권한을 갖고 연방국가의 우산 아래서 2체제로 공존하자고 내용을 바꾼 것이다.

이와 같이 남북한이 평화와 통일 문제를 어떻게 인식하고 있는가, 그리고 평화와 통일 어느 쪽에 무게를 두고 있느냐에 따라 행위 양식을 달리하였고 그에 따라 남북관계사도 굴곡을 이루어 왔다. 북한이 통일우선론에 빠져 있을 때는 한반도에 긴장이 고조되었고 평화와 통일은 서로 충돌하였다. 그러나 북한이 상황의 변화로 불가피하게 평화를 절실한 과제로 인식하였을 때는 공존의 논리로서 대화와 협력이 진행되었다. 이 경우에 평화와 통일은 대립관계가 아니라 서로 보충해주는 관계가 될 수 있었다. 평화는 통일을 전제로 한 것이고 통일은 평화의 결과물이라는 데 대한 남북한의 인식이 확고하게 자리잡을 경우에는 남북관계사의 흐름도 더욱 빨라질 수 있을 것이다.

셋째, 민족과 국제의 문제이다. 남북관계는 그 생성시부터 민족내부문제와 국제적 문제가 서로 얽혀 있는 특성을 가지고 있다. 전술하였듯이 국제적 역학관계와 민족 내부의 분열과 대립이 상호작용하면서 분단의 배경을 이루었기 때문이다. 분단의 배경이 그렇기 때문에 이를 해소하고 극복하는 일도 두 가지 차원에서 함께 이루어 나가야 한다. 그런데 이 두 가지 차원중 어느 쪽에 중점을 두느냐에 따라 그 해결방식이 전혀 달라지게 된다. 남북관계를 민족내부의 문제로 보자면 남북관계는 하나의 국가 안에서 두 정치집단 간의 관계이고, 국제적 문제로 보자면 국제법적 주체로서의 두 국가 간의 관계이다. 민족내부의 문제라면 다른 나라나 국제기구들이 개입하기가 어려워지며 무력동원의 가능성이 높아지고 그 억제장치도 한계가 있게 된다. 궁극적으로는 공동체 안의 전 주민의 의사가 체제를 선택하게 될 것이다. 국제적 문제라면 유엔 등 국제사회가 개입하게 되고 국가 간의 분쟁과 침공을 막는 각종 장치들이 동원될 것이며 국제법에 의하여 처리가 될 것이다.

북한은 국토완정을 내걸고 전쟁까지 도발하였고 남조선 해방을 통한 전 조선반도의 공산화 통일이 존재이유였기 때문에 명분적 차원에서 통일문제는 민족내부문제였다. 실질적 차원에서는 유엔이라는 모자를 쓴 미군을 철수시켜야만 혁명이 용이했기 때문에 외군철수, 외세개입 배제를 주장하는 정당한 논거를 민족내부문제에서 찾았다. 이에 따라 북한은 냉전시기에 절대적 과제로서의 주한미군 철수를 관철시키기 위해 끈질기게 노력했다. 또한 '자주통일'이라는 용어를 선점하여 이를 주한미군 철수와 연결시켰으며, 7.4공동성명에서 3대 원칙의 하나로 '자주'를 집어넣었다. 이에 비해 유엔에 의해 유일합법 정부로 탄생하였고 안보를 주한미군에 의존하고 있는 남한은 상대적으로 통일문제에 국제적 성격을 더 많이 부여하려고 하였다. 통일문제가 북한의 주장대로 민족내부문제로 떨어지는 순간 북한 주도의 통일을 막기 어렵다고 보았다.

통일문제의 성격에 대한 남북한의 이러한 인식의 차이는 통일문제를 둘러싼 공방에서 남한을 수세적 입장에 서도록 만들었다. 외군을 내보내고 통일을 우리 민족끼리 자주적으로 해결하자는 주장이 외군 없이는 안 된다고 하는 주장보다 설득력이 있었고 북한은 이를 이용하여 남한 사회의 동조적 공간을 파고들었다. 그러나 북한은 1974년 대미 평화협정을 제의하면서 남북관계에 미국을 간여자로 불러들였다. 물론 이 제의는 당시 베트남 전쟁의 종결과정에 고무되어 주한미군 철수를 촉진시킬 수 있는 장을 마련하려는 북한의 의도에서 비롯된 것이고 통일문제는 남한과 해결한다고 유보해두고 있지만, 여하튼 순수한 민족내부문제로부터는 이탈하기 시작했다.

그 후 시간이 흐르면서 남북한의 전반적 역량 비교가 역전되고 세계적인 탈냉전상황이 전개되자 북한은 체제안전에 대한 담보를 미국으로부터 받으려고 했고, 주한미군의 기능과 역할에 대해서도 인식을 달리하기 시작하였다. 미국과 평화협정을 체결하겠다는 주장은 동일하였지만 그 배경적 의도는 전혀 달라져 버렸다. 과거에는 주한미군 철수가 목적이었지만 이제는 체제존속의 안전장치로서 평화협정이 절실한 과제가 되었다. 이것은 곧 한반도 문제의 국제적 성격을 강화하는 결과를 가져왔다. 남한의 경우는 1988년 이후 북한을 대화와 교류협력의 상대로 삼아 남북관계를 개선시키려는 노력을 가속화하기 시작했는데, 이러한 남한의 정책은 한반도 문제의 지나친 국제화를 막고 민족내부문제로 풀어가려는 입장을 반영하는 것이었다. 그리고 그러한 남한의 노력은 북한의 전략적 수요와 맞물려 남북기본합의서의 도출 등 일정한 성과를 가져왔다.

그러나 1993년 북한의 핵문제가 이슈화 되면서 한반도 문제의 국제적 성격이 강화되기 시작하였다. 남북관계는 핵문제를 어떻게 다룰 것이냐 하는 정책방향에 따라 부침을 반복하는 현상을 보였다. 큰 흐름으로 보아 김영삼 정부는 핵문제 해결을 우선적 과제로 둠으로써 남북관계가 냉각되었고 민족내부문제적 성격을 약화시켰다. 김대중 정부는 핵문제 해결을 병행시킴으로써 화해협력의 남북관계로 일신하였으며, 특히 남북당사자 해결 원칙을 내걸어 민족내부문제적 성격을 강화시켰다. 노무현 정부는 경제와 평화의 균형을 도모한다는 입장에서 필요시에는 핵문제를 선행시켰는데, 이렇게 됨으로써 남북관계가 6자회담과 핵문제 진전의 하위변수로 떨어지기 시작했다. 이명박 정부는 핵문제 해결을 남북관계 진전의 사실상 조건화 함으로써 한반도 문제를 민족내부문제로서 다룰 수 있는 공간을 거의 상실하였다.

이렇게 볼 때 남북관계사는 양면적 성격을 가지고 있는 한반도 문제를 어떤 측면에 무게를 두고 다룰 것이냐 하는데 따라 변화해 왔다고 할 수 있다. 이에 대한 남북한의 입장도 고정적이지 않았는데, 대체로 상황이 유리할 경우에는 민족내부적 문제로 몰고 가려는 입장을 선호하였고 상황이 불리할 경우에는 국제적 성격을 강화하는 방향에서 대처해 왔다고 하겠다. 그렇기 때문에 한반도 문제의 성격을 둘러싼 남북한의 입장이 일치를 보이기가 어려우며, 대부분의 기간에서 대립과 갈등을 빚고 이 갈등이 남북관계사를 엮어가는 또 하나의 동인이 되었다.

3. 남북관계사와 북한의 변화

남북관계사는 남한과 북한이 제반 요인의 영향을 받으면서 이를 반작용의 형태로 남북관계에 투사시켜온 역사적 결과물이다. 본고를 통해 살펴보았듯이 남북관계사는 변천을 거듭해왔다. 그것은 남북관계의 행위주체인 남한과 북한이 변화해왔기 때문이다. 상대방에 대한 인식과 제반 환경에 대한 판단, 그리고 그에 따른 정책기조와 노선, 전술의 운용에서 남북한 각기 변화의 경험을 지속해 왔다. 이렇다 보니 남북한이 서로의 경험을 답습하기도 하고 어떤 경우에는 입장이 완전히 전도되는 현상이 나타나기도 한다.

그런데 이 변화문제와 관련하여 그 개념이 정의되지 않고 각자의 입장과 시각에 따라 편의적으로 용어를 사용함에 따라 많은 혼란을 가져오고 있다. 특히 북한의 변화 문제는 북한 스스로가 명분과 현실 사이에서 다양한 신호를 보내며 복합적인 행태를 보이기 때문에 더욱 혼란스럽게 만들고 있다. 변화를 이야기 하려면 그 주체와 대상, 측정 수단과 방법은 물론 변화의 내용과 효과를 규정해 놓아야 하고, 시간의 변수를 도입하여 절대평가와 상대평가를 나누어 보아야 한다. 그러한 구체적 사항들에 대한 합의가 없는 가운데 '북한 불변론'과 '북한 변화론'으로 양분화 되는 것은 바람직하지 않다.

양론이 부딪치는 핵심 사안은 결국 북한이 남한에 대한 무력도발 의사를 포기하고 평화적인 공존을 통해 민족공동체를 형성해 나가는 노력에 동참하는 한편, 인류의 보편적 가치를 수용해 나가려는 의미있는 행태를 보였느냐 하는 것이다. 이 문제를 둘러싸고 북한 불변론자들은 북한의 전술적 필요에 의한 변화는 아무런 의미가 없으며, 체제개혁은 물론 노동당 규약상의 대남혁명노선 근거를 삭제하고 일체의 군사행동을 중단하며 군사력을 축감하고 전진배치를 철퇴하는 등 실질적 평화를 위한 근본적인 변화만이 의미가 있다고 주장한다.

남한이 남북관계를 유지하고 대북정책을 전개하는 것은 궁극적으로 북한을 변화시키기 위해서임은 이론이 없다. 북한의 변화가 없고서는 남한이 상정하는 통일의 과정을 밟아나갈 수가 없기 때문이다. 북한을 어떤 방향으로 변화시키려고 하느냐 하는 것은 헌법 전문에 명문화 되어 있듯이 자유민주적 기본질서를 확고히 하기 위한 것이며 '우리들과 우리들의 자손의 안전과 자유와 행복을 영원히 확보'하기 위한 것이다. 한 마디로 남한은 자유와 복지와 인간의 존엄성이 보장되는 하나의 민족공동체를 구현하기 위해서 통일을 추구하고, 또 이러한 방향으로 북한을 변화시키고자 하는 것이다.

여기에서 남북관계사가 과연 그러한 방향으로 움직여 왔는지, 만일 그렇다면 북한은 현재 어느 정도의 변화 단계에 있다고 평가할 수 있는지 하는 문제가 제기된다. 앞의 문제에서 부정적인 답이 나온다면 그것은 북한 불변론과 연계되는데, 북한 불변론은 기존 남한의 통일 노력을 송두리째 부정하고 남북관계를 지속해야 할 이유를 상실케 한다. 또한 남북관계사를 살펴보았듯이 실제로 북한은 변화의 과정을 밟아 나왔고 남북관계사는 북한 변화의 기록물이라고 해도 과언이 아니다. 다만 그 흐름이 완만한데다 때로는 북한이 변화의 방향을 역류시키기도 하고 현실과 명분 사이를 넘나들면서 착시 현상을 유발하기도 한 까닭에 변화를 실감하기가 충분치 않다고 할 수 있다. 분명한 것은 탈냉전 이후 북한의 변화를 촉진하는 요인이 억제하는 요인 보다 훨씬 더 많아졌고 비중도 커졌다는 점이다.

북한의 변화문제와 관련하여 주목할 것은 변화의 패턴이다. 북한은 실질적으로는 변화의 다양성과 방향성에서 의미 있는 현상을 축적해 나가고 있으면서도 외형적으로는 여전히 과거의 이념과 논리에 집착하고 있는 것처럼 보이는데, 이는 외부 환경에 대응하는 북한 특유의 행태 때문이다. 북한은 변화를 선택해야 할 불가피한 상황에 처해 있더라도 체제를 지탱해온 기존 이념과 논리를 철회하거나 그 근본적 오류를 시인하려 하지 않는다. 북한은 1인 지배체제이며 김정일 위원장의 의사가 절대성을 가지고 있어서 그 권위에 관련된다고 보는 사안은 양보와 타협의 대상이 될 수가 없다. 따라서 북한에서의 변화란 언제나 김정일 지배체제를 옹호하거나 도전하지 않는 한도 내에서의 변화이다.

또한 북한은 그들의 실질적 의도를 감추는데 익숙하며 이로 인해 말과 행동의 일치성을 찾기 어렵다. 북한은 실제로는 대단히 타산적이면서도 원칙과 명분을 앞세우는 이중적 태도를 드러낸다. 실리를 획득하기 위해 협상에 나서지만 협상의 결과가 여의치 않다고 판단될 때는 다시 원칙적 입장으로 되돌아 가는데, 이러한 북한의 행태로 인해 관측자는 변화의 가능성에 부정적 시각을 갖게 된다.

북한은 변화가 필요할 경우에 대체로 두 가지 유형으로 대처해 왔다. 하나는 기존의 상징적 용어를 그대로 표방하면서 그 내용체계를 달리하는 방식이다. 즉, 기존의 내용체계를 재해석하고 새로운 설명논리로 바꿔치기 하는 것이다. 몇가지 예를 들어보기로 한다. '주체농법'은 김일성이 제시하였는데 새땅 찾기를 위한 자연개조 사업을 벌여 산지를 개간하고 포기농사를 한다며 옥수수를 밀식재배 하는 것이 그 핵심이었다. 그러나 그 결과는 자연의 황폐화와 인위적 농작물 배치로 인한 수확고 감산과 식량난으로 나타났다. 1990년대에 들어와 밀식재배를 지양하고 작물을 다각화 하였으며 감자농사 혁명, 종자개량 등을 추진함으로써 주체농법은 사실상 그 내용체계를 바꾼 셈이 되었다. 그럼에도 불구하고 북한은 '주체농법'을 '위대한 주체사상의 근본요구를 구현한 독창적인 농법'이라며 아직도 찬양하고 있다.[6)]

북한은 자립적 민족경제건설 노선을 추구한다며 '자력갱생'을 내세웠다. 이것은 생산수단에 대한 수요를 자체적으로 충족시킨다는 것이었다. 2000년대에 들어와 북한은 국제사회와 연계된 경제재건을 강조하면서 '자력갱생'이 결코 문을 닫고 경제를 건설

6) 『조선말 대사전』, 사회과학출판사, 2007.

하는 것을 의미하지는 않는다고 설명하고 있다. 북한은 1960년 남북연방제를 제시한 이래 연방제를 주장해왔지만, 본문에서 살펴보았듯이 그 실제 내용은 시대를 따라 변천해 왔고 이제는 '낮은 단계'의 연방제를 말하고 있다. 이와 같이 북한은 기존의 상징적 용어를 바꾸는 대신에 그 실제 내용을 재해석하고 수정을 가하면서 현실 변화에 적응해 나가고 있다. 그래서 '주체농법', '자력갱생', '연방제'는 여전히 명분으로서 남아 있지만 그 본래적 의미는 상실했다고 본다.

또 하나의 변화 유형은 새롭게 제기하는 정치논리가 이중성을 갖도록 하는 방식이다. 즉, 실질적으로 지향하는 의도가 외형적으로 다르게 해석될 수 있도록 포장하는 것이다. 김정일 위원장은 1998년 강성대국 건설론을 제시하였는데, 이는 사상과 정치의 강국, 군사의 강국, 경제의 강국을 건설하자는 것이었다. 김정일 시대를 맞아 주민들에게 새로운 국가 비전을 제시하고 외부에 북한 체제의 강건한 모습을 보여줄 필요성에서 제시된 것으로 보여진다. 그러나 이 슬로건은 사실은 경제를 발전시키기 위해 총력을 기울이겠다는 데 초점이 맞춰져 있다. 북한은 이미 '공고한 사상의지적 통일단결이 이루어져' 사상강국이 되었고, '그 어떤 원쑤도 범접할 수 없는 난공불락의 보루'가 되어 군사강국이 되었다고 주장하고, 이제 자립경제의 위력을 높이 발양시키기만 하면 모든 면에서 강대한 나라 즉 강성대국을 이룰 수 있다고 설명한다.[7] 결국 강성대국론은 군사적 모험주의를 지향해 나가겠다는 의도가 아니라 경제를 활성화하는 데 정책방향의 중점을 둘 것이며 이를 위한

7) 로동신문(1998.9.9); '위대한 당의 령도 따라 사회주의 강성대국을 건설해 나가자'.

신사고가 요구된다는 것을 강조하는 새 논리체계이다.

선군정치론도 당을 앞세우고 당의 조직망을 통해 운영해 오던 통치방식이 제대로 작동되지 않음에 따라 체제 지탱의 최후의 안전판인 군을 전면에 내세워 대내외적인 어려움을 극복해 나가려는 의도에서 출발한 것이다. 대내적으로는 "군대를 따라 배우라"며 군대의 문화와 생활기풍을 인민생활 속에 확산시켜 흐트러진 사회기강을 잡고 내부 결속을 다지는 한편, 군의 노동력을 민수 부문의 활력을 촉발시키는데 동원하고, 대외적으로는 체제의 건재함을 과시하면서 밖으로부터의 압박을 견제하고 협상을 유리하게 전개하기 위한 보조적 역할을 담당케 하려는 것이다. 이를 위해 북한은 군을 혁명의 기둥으로 내세우고 군부의 역할을 확대하면서 군사 지도자들을 권력서열에서 우대하고 있다. 그러나 이러한 북한의 일련의 행동을 두고 북한이 군사국가라고 규정하거나 모든 자원을 군사력 강화에 최우선적으로 분배하고 있다고 보는 것은 섣부른 판단이다. 북한이 군사우위 정책을 펴고 군수산업 발전을 선차적인 과업으로 제시한 것은 선군정치를 제시한 이후가 아니라 1950년대로 거슬러 올라간다. 결국 선군정치는 변화의 요구에 대한 북한식 수용방법이라고 할 수 있다.

북한은 이와 같이 기존의 논리를 재해석하기도 하고 새로운 논리체계를 개발하기도 하면서 변화에 대한 수용 능력을 키워 나가고 있다. 그리고 북한의 변화는 북한이 변화를 원하느냐에 달린 것이 아니라 변화를 선택할 수밖에 없는 상황이 주어지는데 달려 있다. 북한은 과거 선전 · 선동을 그들의 강력한 무기로 중요시 했고 이를 적극 활용해 왔다. 그러나 이제 북한에게 휴전선 일대의 확성기 방송과 삐라 살포, 그리고 대남 흑색방송은 아무런 의미가 없어졌으며, 오히려 경제적 부담과 마이너스 효과만 가져다 주었기 때문에 북한은 이러한 선전 · 선동 활동을 스스로 중단해 버리고 말았다. 남북관계사는 북한에 대해 변화를 요구하는 힘이 북한이 변화를 거부하는 힘보다 점차 강해지는 쪽으로 흘러가고 있다는 사실을 보여주고 있다.[8)]

4. 남북관계사의 본류 찾기

남북한이 정치적으로 분단되어 관계사를 쌓아온지 62년이 되었고, 동족상잔의 전쟁을 치른지 60년이 되었다. 그동안 남한은 산업화, 민주화 단계를 거쳐 세계화 정보화를 이끌어가는 주역그룹으로 성장했다. 그리고 북한은 유일사상의 후유증과 경제적 파탄에 시달리며 체제유지에 급급해야 하는 상황이 되었다. 북한은 이제 선군정치와 핵무기 개발에 의존하여 난국을 극복하려고 하고 있다. 그러나 사상과 이념의 대결이 사라지고 경제와 문화를 중심으로 협력과 경쟁을 하는 세계사의 큰 흐름은 북한이 회피하거나 거부한다고 해서 바뀌어지지 않는다. 오히려 남북관계도 이에 맞추어 조정할 것을 요구하고 있다. 북한이 본격적인 변화의 길에 나서지 못하는데다 남북관계를 아직도 전술적 차원의 활용수단으로 보고 있어서 한반도에 냉전의 잔재가 가시지 않고 있지만, 남북관계사의 도도한 흐름은 평화와 번영을 지향해 나가고 있다.

남북관계사는 남북한이 제반 요인에 의하여 서로의 관계를 형

---

8) 김형기, '북한의 변화유도를 위한 통일꾼의 역할', 『한국 통일문제의 현주소』, 늘품플러스(2008), pp.506-521 참조.

성해온 과정이다. 돌이켜 보면 남북한은 대부분의 기간을 공존을 거부하고 적대와 반목, 대결과 불신 속에서 보냈다. 1970년대에 와서야 대화의 문을 열었지만 대화를 하더라도 그것은 화해 협력의 새로운 물길을 마련하려는 진정성 있는 대화가 아니었다. 그러나 대화는 대화가 열렸다는 그 자체만으로 남북관계사의 흐름을 틀어놓는 중요한 동인이 되었다. 1980년대 중반에는 수재물자 지원과 이산가족 방문단 상호 교환이라는 교류협력이 이루어졌지만, 이 역시 체제경쟁의 연장선상에서 벗어나지 못했으며 단발성으로 끝나고 말았다. 그럼에도 불구하고 이 교류협력의 경험은 향후 남북관계사의 본류를 형성하는데 있어 소중한 지류가 되었다.

1988년 국제환경의 급격한 변화는 남북한으로 하여금 명분의 굴레를 벗어던지고 현실적 인식을 갖게 하였으며 서로의 관계를 설정하는 행위양식을 바꾸게 했다. 이로 인해 남북관계사는 새로운 물길을 찾았으며 점차 그 폭을 넓히고 대하의 모습을 갖추어 나갔다. 이 새로운 물길은 21세기에 들어와 한반도에 냉전구조를 해체하는 방향으로, 민족사와 세계사의 간격을 좁히려는 방향으로 세차게 흘러갔으며, 어느덧 남북한 어느 쪽도 역류시킬 수 없는 흐름을 갖추게 되었다. 물론 이러한 흐름의 방향을 틀게 하거나 속도를 늦추게 하려는 여러 시도들이 있었고 그때마다 불안정한 마찰음이 들려오기도 했지만, 남북관계사의 본류는 이를 모두 쓸어 담아 무의미한 것으로 만들었다. 그 최종 목적지는 평화와 안전의 울타리 속에서 민족구성원 모두의 개권이 신장되고 풍요의 과실을 나눌 수 있는 민족공동체의 건설일 것이다. 이같은 목적지에 도달함과 동시에 남북관계는 종료되고 남북관계사도 마지막 페이지를 닫게 될 것이다.

그동안의 남북관계사에서 우리는 몇 가지 교훈을 얻게 된다. 첫째, 남북관계사의 본질에 대한 재인식이 필요하다. 남북관계는 남북한이 대내외적 환경의 변화에 조응하여 행위를 주고 받은 결과물이다. 여기에는 남북한 각기의 정치적 수요도 포함되고 명분에 치우친 우연적 행위도 포함된다. 그러나 이로 인해 일단 교호작용이 일어나고 남북관계사의 흐름이 만들어지면 이를 되돌릴 수는 없게 된다. 남북관계사가 이를 만든 주체와 떨어져 그 자체의 생명력을 가져 버리기 때문이다. 이렇게 되면 남북관계사는 역으로 남북한이 그 흐름에 순행하여 행위를 하도록 제약하고 나아가서 남북관계를 지배하는 환경적 요인에도 영향을 미치게 된다. 이와 같이 남북관계와 관련한 정책행위는 곧바로 남북관계사의 족적으로 남겨지고 그것이 스스로를 묶는 결과로 이어진다는 점에서 경건함과 신중함이 요구된다.

둘째, 남북관계사는 과거가 아니고 현재이자 미래라는 인식이 필요하다. 남북관계사가 그 본류를 내재하고는 있지만 주어진 물길만을 따라 흐르는 것은 아니다. 그것은 끊임없이 만들어 나가는 과정에 있고 현재도 만들어지고 있다. 만일 당사자들이 남북관계사가 정방향으로 흘러가도록 지속적으로 관리하고 강화하지 않으면 외부적 요인이 그 흐름을 틀어놓을 것이다. 특히 남북관계를 주도해 나갈 수 있는 역량을 가진 남한이 소극적이고 수동적으로 남북관계사를 마주한다면 북한은 남북관계사의 미래를 흐트러뜨리려는 의지를 강하게 가질 것이다. 남북관계사가 민족구성원 전체가 원하는 목적지에 도달하려면 막연한 기다림이나 방관을 버리고 북한이 동참할 수 있도록 적극적이고 능동적으로 남북관계를 엮어가야 할 것이다.

셋째, 남북관계사에 변천을 초래한 요인들을 다루어 나가는 입장을 새롭게 정립할 필요가 있다. 남북관계사를 굴곡시켜 온 기본 동인이 명분과 현실, 평화와 통일, 민족과 국제 사이에서 남북한이 어떤 인식을 가졌는가 하는 데 있었음은 앞에서 살펴보았다. 탈냉전 이후 이 문제들을 둘러싼 남북한의 간격은 어느 정도 좁혀졌지만 사실은 아직도 이 근본적인 문제로부터 해방되지 못했다. 남북한 각기 처해진 상황에 따라 일치하지 않은 선택을 하기 때문이다. 문제는 이를 통합의 과제로 보지 않고 이분법적 시각을 적용하는 데 있다.

명분과 현실의 문제에서는 북한의 변화 행태를 이해하는 것이 필요하다. 북한은 실제로는 명분을 실행할 여유가 없으면서도 이를 내던질 수 없는 체제의 특성 때문에 명분을 형해화시키는 방향으로 가고 있다. 아마도 명분 포기의 공식 천명은 최종적 단계에서나 가능할 것이다. 우리는 북한이 내건 명분의 폐기여부를 볼 것이 아니라 현실적으로 어떠한 상황에 처해 있으며 어떠한 행동을 할 수밖에 없는가 하는 것에 주목해야 할 것이다.

평화와 통일의 문제에서는 남북한이 통일을 미래의 과제로 둠으로써 어느 정도 접근을 이룬듯이 보여진다. 평화와 통일은 원래 양립가능하며 선택의 문제로 둘 명제가 아니다. 평화가 있어야만 통일의 과정을 밟아 나갈 수 있고 통일의 과정을 밟아 나갈 때 평화는 더욱 확고한 보장을 받을 수가 있기 때문이다. 그러나 작금에 와서 북한이 오히려 2체제의 장기적 공존을 상정하는 태도를 보이는데 이것은 '통일을 위한 평화'하고는 거리가 멀다. 북한 핵문제의 해결과 관련하여 평화체제의 구축이나 평화협정이 초점화 되는 속에서 '통일을 위한 평화'는 반드시 견지되어져야 할 것이다.

민족과 국제의 문제에서는 양편을 아우르는 균형적 시각이 필요하다. 통일문제에 내재된 양면적 성격은 민족내부문제화나 국제문제화 어느 쪽이든 이에 경도된 노력을 무력하게 만든다. 우리는 이제 남북한 경쟁 차원에서 이 문제에 접근할 것이 아니라 동북아 속의 민족공동체의 위상과 역할을 어떻게 정립할 것이냐 하는 거시적 차원에서 접근해야 하며, 국제적 환경을 유리하게 조성하기 위해서도 민족내부적 노력을 가일층 강화할 필요가 있다. 향후 국가발전전략을 수립함에 있어 필수적으로 북한을 시야에 넣어야 할 이유가 여기에 있다.

남한은 냉전 시대에 평화를 앞세우기는 했지만 통일의 명분을 거두어들이지는 않았다. 그리고 탈냉전 이후 20여 년간 남한은 평화를 관리하면서도 통일을 향한 의미 있는 역사를 만들어 갔다. 민족공동체 통일방안은 국민적 합의를 토대로 정권의 바뀜에 관계없이 통일의 이정표를 제시하고 있다. 그에 따라 남한은 북한을 상대로 화해와 협력을 추구하고 대화와 교류를 넓히기 위해 꾸준히 노력해 왔다. 상황의 변화에 따라 부침이 있었기는 했지만 남북관계사는 이것이 본류를 이루었다. 그 결과 남북 간에 평화공존을 토대로 민족공동체를 회복하기 위한 다양한 노력들이 전개되었고 남북관계에 질적인 변화를 가져 왔다.

이와 관련하여 우리가 중요하게 생각해야 할 두 가지 문제가 있다. 첫째는 남북관계사가 화해와 협력의 방향으로 흘러갈 것인지를 가늠케 해주는 주요 지표는 대화라는 사실이다. 남북 간에 접촉과 대화가 없고서는 불신과 대결의 관계를 벗어나기 어렵다. 물론 대화 그 자체가 화해·협력의 정도를 결정하는 것은 아니며, 진정성이 없이 대화의 형식을 빌린다고 해서 신뢰가 갑자기 생기는 것도 아니다. 그러나 대화를 한다는 사실만으로 긴장을 완화할 수 있으며, 상대방의 진의를 확인하고 남북관계를 개선시킬 방안을 모색하는 일도 대화를 통해서만 가능한 것이다. 그렇기 때문에 우리는 어떤 경우에도 북한을 대화의 장에 묶어 두어야만 남북관계사의 흐름을 컨트롤 할 수 있고 민족공동체 완성의 소명을 다할 수 있다.

아래 〈표 2〉는 연도별 회담 및 접촉의 횟수를 도표화한 것이다. 이 책 제1장의 〈표 1〉과 비교해 보면, 〈표 1〉의 1971년 이후 곡선과 〈표 2〉의 꼭지점을 잇는 곡선이 같은 추세를 보임을 알 수 있다. 이것은 대화가 많으면 많을수록 긴장완화와 안정, 화해와 협력의 영역이 커진다는 것을 실증해주고 있다.

〈표 2〉

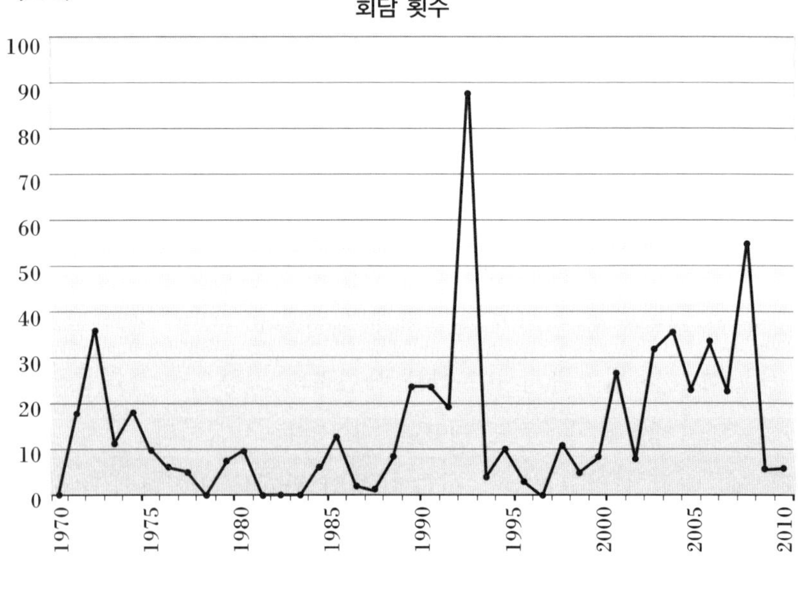

둘째는 북한의 의도를 먼저 분석하고 대처방안을 찾기보다 남북관계를 어디로 끌고 가는 것이 바람직한지를 결정하고 그에 맞게 상황을 리드해 나가야 한다는 점이다. 북한은 제반 환경의 변화에 따라 남북대화의 진행과 중단을 반복하고 필요시에는 군사적 행동을 포함한 강경조치들을 취하기도 해왔다. 이에 대해 남한은 대체로 북한의 행동이 이루어진 다음 그 의도 파악에 주력하면서 수세적 대응을 해왔다고 할 수 있다. 이러한 패턴이 반복되어 온 결과 남한은 남북관계를 주도해 나가기에 충분한 객관적 역량을 갖추고 있음에도 불구하고 오히려 북한이 상황을 주도하고 남한은 이를 뒤좇아 가는 형국이 되었다.

남한이 21세기 동북아 질서의 변화를 선도하고 역할을 확대하기 위해서는 이러한 구도를 타개해야 한다. 남북관계의 이슈를 선점하고 상황을 능동적으로 관리하면서 북한에 대해 선택안을 다양하게 제시하는 것이 필요하다. 탈냉전 이후 북한은 남한의 정책방향과 메시지 하나하나를 무겁게 보고 주시하고 있다. 현재의 남북관계에서는 남한이 무엇을 원하느냐 하는 것이 중요하지 북한의 의도가 무엇이냐가 중요하지 않다. 북한을 움직이게 하려면 남한이 먼저 움직여야 하며, 이 경우에 지원과 협력은 남한만이 갖고 있는 수단이다. 전략적 목표 달성을 위한 지원과 협력이 굴복이나 평화의 대가로 폄하될 필요는 없을 것이다.

남북관계사를 돌아보면 그동안 선례가 없는 사업들을 개척하면서 남겨진 시행착오도 있었고 숨가쁘게 돌아가는 현실의 변화 속에서 이를 뒷받침하는 새로운 논리가 따라오지 못하기도 하였다. 또한 북한이 본류를 거스르는 행태를 반복한데다 이념적 대결 구도에 익숙해 있는 사람들은 과거의 인식론으로 변화문제에 접근하였다. 이러한 부정적 측면의 탁류가 형성된 것은 40년에 걸친 대결과 불신의 남북관계사가 있었다는 점을 감안하면 당연한 것이다. 이것이 이명박 정부의 출범과 함께 남북관계사를 조정하고 자체 정화하는 시간을 필요로 했는지 모른다. 그러나 남북관계사는 이미 정방향으로 큰 흐름을 만들었으며 그러한 조정기는 이 흐름을 더욱 크고 강하게 하기 위한 준비라고 생각된다.

거의 60년에 이르는 기간 한반도 질서를 규율해온 정전협정체계를 새로운 평화체계로 대체하기 위한 논의가 조만간 활발해질 것이다. 한반도에 새로운 평화체계가 구축되어진다는 것은 핵문제가 해결단계에 이르고 남북관계가 교류협력을 심화시켜 경제공동체를 지향하며, 북한이 미국 일본과의 관계를 정상화하고 동북아 전체 차원에서 새로운 안보질서가 확립되는 것과 맞물려 있다. 그렇기 때문에 이 과정은 북한 핵문제의 해결이 필수적 과제이다. 그런데 전술하였듯이 북한 핵문제는 국제적 문제이면서 민족내부문제라는 점에서 핵문제가 완결될 때까지 남북관계를 차단하고 민족내부적 노력을 중단한다면 평화체계 구축을 위한 충분조건이 미비하게 될 것은 자명하다. 핵문제 해결을 위한 국제적 노력을 증강시키기 위해서, 그리고 핵문제 해결과 맞물려 있는 여타의 과정이 상호보완적으로 촉진될 수 있도록 하기 위해서, 남북관계는 남북관계사의 본류가 요구하는 방향으로 재정비되어야 할 것이다.

북한이 핵문제를 이슈화하여 20년이라는 시간을 끌어온 것은 따지고 보면 한반도 문제를 국제문제화 하자는 것이고 남북관계를 통일보다는 평화의 문제에 머물도록 하려는 전략적 수단이다.

그렇기 때문에 이 문제에 관한한 북한이 말하는 '혁명의 간조기'에서 체제유지를 도모하고 혁명역량을 강화하기 위한 시간을 벌자는 것이라고 단순화시켜서 볼 것이 아니다. 핵문제를 두고 북미 양자협상, 4자회담, 6자회담 등에서 밀고 당기기가 이어져 오는 동안 북한은 '분단의 고착화'와 '2개의 한국'이라는 과실을 겨냥해 왔다고 할 수 있다. 그리고 남한이 이를 방관하거나 적극적인 제어 입장에 서 있지 않다면 북한의 의도대로 흘러갈 가능성도 있다. 한민족의 미래를 위해 그것이 바람직한 방향이 아니라면 남북관계의 민족내부적 영역을 넓혀서 어떻게든 남북관계의 축을 강화해야 하며, 평화와 통일에 대한 균형적 시각을 놓치지 말아야 할 것이다.

새로운 영역이 확장되고 새로운 규칙이 요구되는 시대에 우리가 지속적으로 번영을 구가해 나가기 위해서는 우리의 삶의 방식과 터에 대한 인식을 바꾸어야 한다. 한반도 전체를 시야에 넣지 않고 분단의식을 깨지 않고서는 세계사의 주무대에 올라서기 어렵다. 어떤 면에서 통일은 통일 그 자체가 아니라 통일을 추진해 나가는 과정에서 민족의 에너지를 한데 모으고 역동성을 극대화할 수 있는 동력을 제공받을 수 있다는 점에서 더 큰 의미가 있다.

통일 그 자체는 현실적으로도 더 이상 한민족의 지상과제가 아니다. 백년 후 이 한반도에서 우리가 어떤 모습으로 살고 있을 것인가, 더 평화롭고 안전하게, 그리고 민주와 번영을 함께 이루어 세계인의 존경을 받으며 살게 될 것인가를 자문하고, 그 수단으로서의 통일을 생각해야 할 때이다. 통일된 한반도의 미래를 그려보고 통일의 과정을 국가발전의 수단으로 삼아 시각의 지평을 넓힌다면 대외적으로는 국제사회와 이어지는 넷워크를 새롭게 점검할 수 있을 것이며, 대내적으로는 이분법적 사고방식을 털어내고 모범적 사회통합을 이루면서 개개인의 삶의 질을 보다 윤택하게 하는 새로운 모델을 개발할 수 있을 것이다. 이런 점에서 남북관계사는 한민족의 귀중한 자산이다.

우리는 남북관계사의 미래를 어떻게 엮어나갈 것인지를 항상 염두에 두면서 북한의 미세한 변화의 움직임도 이를 키워 나가도록 여건을 마련해주고 북한 주민의 삶의 질을 개선하는데 관심을 기울이면서 그 흐름의 주도력을 놓치지 말아야 할 것이다. 미래는 여는 자에게만 열려지기 때문이다.

참고문헌

〈단행본〉

이영일, 『분단시대의 통일논리』, 태양문화사, 1981.
김학준, 『강대국관계와 한반도』, 을유문화사, 1983.
______, 『남북한관계의 갈등과 발전』, 평민사, 1985.
______, 『북한 50년사』, 동아출판사, 1995.
이홍구 외, 『분단과 통일 그리고 민족주의』, 박영사, 1984.
유석렬, 『남북한 관계론』, 정음사, 1985.
연세대학교 북한현대사연구회 편, 『북한 현대사; 연구와 자료』, 공동체, 1989.
전득주, 『현대 정치이념과 남북한관계』, 대왕사, 1989.
민병천, 『전환기의 남북한관계』, 대왕사, 1990.
김일평 편, 『북한체제의 수립과정; 1945-1948』, 경남대학교, 1991.
구영록 · 임용순 편, 『한국의 통일정책』, 나남, 1993.
민족통일연구원 편, 『민족공동체 통일방안의 이론체계와 실천방향』, 1994.
북한연구소 편, 『북한 총람, 1983-1993』, 1994.
제성호, 『남북한 특수관계론; 법적 문제와 그 대책』, 한울, 1995.
이상우 외, 『북한 40년』, 을유문화사, 1988.
이상우, 『함께 사는 통일』, 나남, 1995.
양성철, 『북한정치 연구』, 박영사, 1995.
양성철 외, 『북한 외교정책』, 서울프레스, 1995.
역사문제연구소 편, 『분단 50년과 통일시대의 과제』, 역사비평사, 1995.
김갑철, 『북한 공산주의 이론과 실제』, 문우사, 1984.
______, 『남북한체제의 강고화와 대결; 1955년에서 1965년까지』, 소화, 1966.
장달중 외, 『분단 반세기 남북한의 정치와 경제』, 경남대학교 극동문제연구소, 1996.
곽태환 외, 『북한의 협상전략과 남북한관계』, 경남대학교 극동문제연구소, 1997.
현대경제사회연구원 편, 『타협을 위한 대결, 북한의 대외정책과 남북관계』, 1997.
양영식, 『통일정책론; 이승만 정부로부터 김영삼 정부까지』, 박영사, 1997.
김영수 외, 『김정일 시대의 북한』, 삼성경제연구소, 1997.
이종석, 『새로 쓴 현대 북한의 이해』, 역사비평사, 2000.
______, 『북한-중국관계; 1945-2000』, 중심, 2000.
한국정치학회 편, 『북한 · 통일,2: 남북한관계와 통일』, 1999.
북한연구학회 편, 『분단 반세기 북한연구사』, 한울아카데미, 1999.

김성윤, 『남북관계론』, 은성, 2000.
정봉화, 『북한의 대남정책; 지속성과 변화, 1948-2004』, 한울, 2005.
임현진 · 정영철, 『21세기 통일한국을 향한 모색』, 서울대출판부, 2005.
조동호 외, 『북한 경제발전 전략의 모색』, 한국개발연구원, 2002.
심지연, 『남북한 통일방안의 전개와 수렴; 1948-2001』, 돌베개, 2001.
강인덕 외, 『남북회담; 7.4에서 6.15까지의 연구』, 극동출판사, 2002.
박종철, 『미국과 남북한; 갈등과 협력의 삼각관계』, 오름, 2002.
돈 오버도퍼(이종길 역), 『두 개의 한국』, 길산, 2002.
정성장, 『김정일 정권의 생존전략』, 세종연구소, 2003.
셀리그 해리슨(이홍동 역), 『코리안 엔드게임』, 삼인, 2003.
마커스 놀랜드(심달섭 역), 『김정일 이후의 한반도』, 시대정신, 2003.
이상옥, 『전환기의 한국외교』, 삶과 꿈, 2003.
경남대학교 북한대학원 편, 『북한 현대사 1』, 한울, 2004.
윤기관 외, 『현대 북한의 이해』, 법문사, 2004.
심지연 외, 『남북한관계론』, 한울아카데미, 2005.
임동원, 『피스 메이커; 남북관계와 북핵문제 20년』, 중앙북스, 2008.
임영태, 『대한민국사 1945~2008』, 들녘, 2008.
김 덕, 『국제질서의 전환과 한반도』, 오름, 2000.
안병준, 『탈냉전기의 국제정치와 한반도 통일』, 대왕사, 2000.
이화여대 통일학연구원 편, 『남북관계사』, 이화여대 출판부, 2009.
통일부, 『통일백서』, 2009년도까지 전권.
『남북대화』, 1호~73호 전권.
『남북한 통일 · 대화 제의 비교』, 1~5권 전권.
『남북대화 연표 1981~1990』, 1991.
『2004 북한개요』, 2003.
『하늘길 땅길 바닷길 열어 통일로』, 2005.
『통일부 30년사』, 1999.
국토통일원, 『최고인민회의자료집』, 1988.
『조선노동당대회자료집』, 1988.
외교통상부, 『한국외교 50년:1948-1998』, 1999.
통일연구원, 『2009 북한개요』, 2009.

〈논문〉

김근식, "북한 발전전략의 형성과 변화에 관한 연구", 서울대학교 대학원 박사학위 논문, 1999.
박형중, "북한 정치연구의 쟁점과 과제", 「현대 북한연구와 남북관계」, 북한연구학회, 2004.

유영구, "북한의 정치 · 군사관계의 변천과 군내의 정치조직 운영에 관한 연구", 「전략연구」 제4권 제3호, 1997.

이성봉, "북한의 자립적 경제발전 전략과 김일성체제 공고화 과정(1953-70)", 고려대학교 대학원 박사학위 논문, 1998.

정성장, "김정일의 선군정치: 논리와 정책적 함의", 「현대북한연구」, 제4권 제2호, 2001.

최진욱, "북한 선군정치의 정치적 함의", 「현대북한연구」, 제4권 제2호, 2001.

정우곤, "북한 수령제 정치체제의 제도화와 특성", 「통일문제 연구」, 제9권 제1호, 1997.

정영태, "북한 강성대국론의 군사적 의미; 김정일의 군사정책을 중심으로", 「통일연구논총」, 제7권 제2호.

김형기, "북한의 변화유도를 위한 통일꾼의 역할", 「한국 통일문제의 현주소」, 2008, 늘품플러스.

〈인터넷 및 언론자료〉

경남대 극동문제연구소 **ifes.kyungnam.ac.kr**

외교안보연구원 **ifans.go.kr**

통일부 **unikorea.go.kr**

통일연구원 **kinu.or.kr**

세종연구소 **sejong.org**

우드로윌슨센터 **www.wilsoncenter.org**

헤리티지 재단 **www.heritage.org**

조선일보 통한문제연구소 **nk.chosun.com**

연합뉴스, 〈2000 북한연감〉, 연합뉴스, 1999

〈연합뉴스〉

〈신동아〉

〈월간조선〉

〈월간중앙〉

남북관계 연표

시기	남북관계	남한	북한	국제
1945년				
8.15				일본 무조건 항복, 2차 대전 종료
8.16		조선건국준비위원회 발족		
8.24			소련군 평양 진주	
9.7		맥아더 사령관, 남한에 군정 포고		
9.19			김일성 입북	
10.10			조선공산당 서북5도 책임자 및 열성자 대회 개최	
10.14			「김일성 환영 평양시 군중대회」	
10.28			북조선 5도 행정국 발족	
11.23		김구 주석 등 임정요인 귀국		
12.17			'조선공산당 북조선 분국' 확대회의 : 책임비서에 김일성 정식선임	모스크바 3상회의 개최
12.27				모스크바 3상회의서 한국에 5년간 신탁통치 실시 결정
1946년				
1.2		조선공산당, 3상회의 결정 지지성명	'조공 북조선분국' 등 3상회의 결정 지지 공동성명 발표	
1.10				제1차 유엔총회 개최(12일 유엔 안전보장이사회 성립)
2.8		대한독립국민촉성회(총재 이승만, 부총재 김구 · 김규식)발족	'북조선 임시 인민위원회' (위원장 김일성, 부위원장 김두봉)수립	
3.5			토지개혁 법령 발표	
3.14	남북간 우편물 연락 개시(매주 1회 개성에서)			

3.20				제1차 미 · 소 공동위원회 개최
5.6				제1차 미소공위 결렬(소련측, 반탁 주장 대표는 토의대상 제외 주장)
6.3		이승만 남한 단독정부 수립계획을 정읍서 발언		
7.1				미국, 비키니섬에서 원폭 실험
7.22			북조선민주주의민족통일전선(의장단 김일성, 김두봉, 최용건, 김달현)결성	
7.25		좌우합작위원회(주석 김규식)발족		
8.10			중요산업 국유화 법령 공포	
8.28			'북조선 로동당' 창립대회	
10.2		대구 시위, 10월 폭동으로 비화		
11.1				중국 국민당군 대만으로 철수 개시
11.23		남조선로동당(위원장 허헌, 부위원장 박헌영 · 이기석)결성		
12.12		과도입법의원(의장 김규식)개원		
1947년				
2.17			북조선인민회의 구성	
2.22			북조선인민위원회(위원장 김일성, 부위원장 김책)창설	
3.12				「트루먼 독트린」 발표
5.21				제2차 미소 공동위원회 개최
6.5				마셜 미 국무장관, 유럽 부흥원조계획(마셜플랜) 제창
7.19		여운형 피습 절명		

9.17				유엔총회에 한국문제 정식 상정
10.5				코민포름 설치 발표
10.19				제2차 미소공위 휴회
11.14				유엔총회, 한국총선안 가결
11.18			북한 최고인민회의, 헌법제정위원 및 초안작성위원회 조직	
1948년				
1.9			김일성 유엔한국위원단은 북한에 일보도 못 들어올 것이라고 언명	
2.8			북한 인민군(총사령관 최용건)창군, 평양에서 인민군 열병식 거행	
2.10		김구, 「3천만 동포에게 읍소함」 성명에서 단독정부 수립을 반대	조선임시헌법 초안 발표	
2.26				유엔 소총회, 한국의 가능한 지역만의 선거안 가결
3.8		김구, 북한에 남북회담 요청서한 발송		
3.25			민전, 남북 정당 · 사회단체 연석회의 개최 제안	
3.26				미국, 대소 무기수출 금지
4.1				소련, 베를린 육상수송 차단
4.3		제주도 '4 · 3사태 발생		
4.19			남북한 제정당 사회단체 대표자 연석회의 개막	
4.20		김구 등 평양도착→5.5귀경		
4.29			북조선인민회의, 헌법초안 채택	

4.30			남북한 제 정당 사회단체 지도자협의회 공동성명 발표(외국군대의 즉각적 동시철거와 단독정부수립 반대)	
5.10		남한 지역 총선거 실시		
5.14	북한, 대남 송전 중단			
6.24				베를린 봉쇄
7.10			북한 인민회의, 헌법 및 선거 실시 결정	
7.17		헌법 및 정부조직법 공포		
7.20		대한민국 초대 대통령 이승만, 부통령 이시영 당선		
8.15		대한민국 정부수립 선포식 하지, 미군정 폐지 발표		
8.25			최고인민회의 대의원 선거	
9.9			조선민주주의 인민공화국 정부 출범(수상 김일성, 부수상 박헌영·김책·홍명희)	
10.12				소련, 북한 승인
10.19		여순 반란 사건	북한주둔 소군제1진 평양 출발	
12.1		국가보안법 공포		
12.12				유엔총회, 대한민국 정부 승인
12.26			북한주둔 소련군, 철퇴완료 발표	
1949년				
1.1	남북한 우편물 교환 협정			미국, 대한민국 정식 승인

1.25				소련, 동구 5개국 경제상호원조회의기구(COMECON) 설치
2.22			김일성 일행 모스크바 향발	
3.17			조·소간 경제 및 문화적 협조에 관한 협정 조인	
4.4				NATO 조약 조인
6.8		주한 미군 철수 발표		
6.25			조국통일민주주의전선 결성	
6.26		김구 피습 서거		
6.30			남·북로당, 조선로동당으로 합당 (위원장 김일성, 부위원장 박헌영)	
7.28		주한 미군 완전 철수		
8.1			조국전선, 남한측이 38선 이북을 침범한다면서 조사위원회 구성	
10.1				중화인민공화국 공식 공포
10.6			'중국'과 외교관계설정 합의	
10.7				동독, 독일민주공화국 선포
1950년				
1.10				애치슨 라인 발표
1.26				한미상호방위 원조협정 조인
6.7	조국전선중앙위 6월 15~17일 개성에서 남북정당·사회단체 대표자회의 개최 제안			
6.17		덜레스 미국무장관 내한, 38선 전역 시찰	남북한 총선거 제의	

6.18			김일성, 전군에 「전투태세를 완료하라」고 지령	
6.25	한국전쟁 발발		'북침'이라고 주장	
6.27		이승만, 국민총궐기 요청 방송, 정부는 대전으로 천도		유엔안보리, 남북 양측에 정전 요구
6.28	북한인민군, 서울시 점령			유엔안보리, 북한군에 군사제재 가결
7.1			최고인민회의 상임위, 전시총동원령 선포	
7.4				소련, 한국전쟁은 북침에 의한 것이라고 성명
7.7				유엔안보리, 유엔군사령부 설치안 가결, 총사령관에 맥아더 임명
7.12		국군작전권을 유엔사령관에게 이양		
7.17		정부, 부산으로 이전		
9.28		서울 수복, 이승만 이북 진격 언명		
10.25				중국인민의용군, 한국전쟁에 참전
1951년				
1.1				중공군 6개 사단, 38선 공격 개시
2.1				유엔, 중국을 침략자로 규정하는 비난 결의안 채택
4.11				맥아더 유엔군 총사령관직 해임, 후임에 리지웨이 임명
5.18				유엔총회, 대중국 전략물자금수안 가결
6.23				유엔 소련대표, 38선 정전회담 제의

6.25		이승만, 소련 정전제안 묵살하고 압록강까지 진격 강조		
6.30				트루만, 리지웨이 장군에게 한국 정전교섭 지시
7.1			김일성과 彭德懷, 유엔측 휴전제의 동의	
7.10	정전회담 시작(개성)	남한정부, 정전회담에 반대표명		
9.8				미 · 일 안전보장조약 조인
10.8	정전회담 장소 판문점으로 결정			
1952년				
1.5			북한, 유엔가입신청서 제출	
1.18		이승만, 평화선 선포		
5.7		거제도 공산포로 폭동		
5.26		부산정치파동, 대통령직선제 강행		
5.31				동독, 동서베를린간 경계선 봉쇄
7.4		국회 발췌개헌안 통과		
8.5		2대 대통령선거, 대통령에 이승만, 부통령에 함태영		
1953년				
1.				미국 아이젠하워 정부 출범
1.27				덜레스 미국무장관, 롤백정책(소련포위) 언명
2.7			김일성에게 원수 칭호	
3.5				소련수상 스탈린 사망(후임에 말렌코프)
4.21		국회, 통일 없는 휴전반대를 결의		

6.8	포로교환협정 조인			
6.18		반공포로 2만5천명 전원 석방		
7.27	판문점에서 정전협정 서명			
8.3			남로당 숙청(간첩, 정부전복행위)	
9.1			김일성 전후복구요청 소련 향발	
10.1		한미상호방위조약 체결(워싱턴)		
11.10			김일성 전후복구요청 중국 향발	
53.12.11 ~54.3.1	실향난민귀향협조위원회			
1954년				
1.18	정전협정에 따른 정치회담 예비회담 결렬			
3.23			북한 내각개편(부수상 겸 국가계획위원장 박창옥 등)	
4.26	제네바 회담 개최			
5.22	제네바회담에서 변영태 한국대표, 14개항 통한방안 제시			
7.1				일본, 자위대 정식 발족
7.21				인도차이나 휴전협정(제네바회의 종료)
9.8				동남아집단방위조약(SEATO) 마닐라에서 조인
11.29		4사5입 개헌(초대 대통령 중임제한 철폐 등)		
12.1	북한 체신상, 체신 우편연락 조속 실현 제의			
1955년				
2.15			남일 외상, 대일관계 국교수립 제의	

3.11	북한 최고인민회의, 「외국군대의 철수, 남북군대의 축소, 조선문제조정 국제회의」를 제의			
4.18				아시아 아프리카 제국 반둥회의 개최
7.1		한 · 미원자력협정, 워싱턴에서 조인		
8.13		이승만, 정전협정의 즉시 폐기와 북진통일 주장		
9.9				소련 · 서독 수뇌회담 개최(모스크바), 13일 국교수립 선언
11.9	북한 대남전기공급 제의, 남한측 거부			
12.9				서독정부, 동독 승인국가와 단교한다는 할슈타인 독트린 발표
12.15			박헌영, 사형 판결	
12.28			김일성, 「사상사업에서 교조주의와 형식주의를 퇴치하고 주체를 확립할데 대하여」연설	
1956년				
2.2			북한적십자회, 적십자국제연맹에 가입	
2.14				흐루시초프, 소련공산당 제20차 당대회에서 스탈린 격하, 개인숭배 반대, 평화공존 주장
4.17				코민포름 해산
4.28			조선로동당 3차 당대회, 평화통일 선언 채택	
5.15		제3대 정부통령선거 대통령 이승만, 부통령 장면		

5.31			병력축소에 관한 성명발표(인민군 병력 8만명 감축)	
7.1~8.19			김일성 소련 및 동구권 방문	
7.12	북한적십자회, 남한의 수재민 원조 제의			
8.30			당중앙위에서 부수상 최창익 제명, 체포(8월 종파사건)	
10.1	북한, 군사정전위 제78차 회담에서 남북교역 제안			
10.16	북한, 제2차 조선작가대회에서 남한과 문화교류를 제안			
10.23				헝가리 반공 민중봉기
11.7	북한 12차 최고인민회의, 남한 민의원과 사회인사들에 보내는 서한 채택			
12.			김일성 강선제강소 방문 당 중앙위전원회의 '천리마운동'채택	
1957년				
1.31	북한적십자회, 남북 서신교류를 제안			
5.7	북한 내각, 남한에 구호미 10만섬 무상제공안 결정			
5.15	북한 제2차 전국기자대회, 남한기자초청 서신 발송			
6.10	북한 올림픽위원회, 단일팀 구성 제안			
8.26				소련, 대륙간탄도미사일(ICBM) 실험완성 발표
9.20	북한 최고인민회의(제2기 1차회의)에서 김일성 연설 (병력 10만명으로 축소, 자유왕래, 총선거통일 등)			
10.4				소련, 인공위성 스푸트니크 발사
10.15				중·소 국방용 신기술에 관한 협정조인(원폭 생산기술자료 제공)
1958년				

1.29		주한미군, 핵병기 도입 정식발표		
2.16	KNA여객기 납북(탑승자34명) : 3.6 26명 귀환			
5.5				중국 공산당 제8회 전국대표자대회, 수정주의와의 투쟁 선언
5.30			당 중앙집중지도사업, 반당 · 반혁명분자 색출운동	
8.			생산관계의 사회주의화 완료	
12.9	북한 올림픽위원회, 17차 올림픽대회에 남북단일팀 구성 제의			
1959년				
2.13				일본정부, 재일교포 북송 정식결정
6.20				중 · 소 「국방용신기술 제공에 관한 협정」 파기
9.15				흐루시초프 소련 수상 방미
9.21	북한, 남한 복구를 위해 물자제공 제의			
9.30				흐루시초프 소련수상 북경방문, 중 · 소대립 격화
1960년				
3.15		정부통령선거, 마산 부정선거규탄 데모 시작		
4.19		4.19 혁명		
4.21	북한, 제 정당 · 사회단체 연석회의 구성 제의			
4.27	북한, 「남북 제 정당 · 사회단체 연석회의」 4 · 19관련 성명발표			
5.29		이승만, 하와이로 망명		

6.18		혁신계 정당들과 민주당 소장파, 남북교류와 평화통일 주장		
7.19	군사정전위 공산측, 비무장지대 개방과 남북인사 자유왕래 제의			
7.29		7.29 총선에서 민주당 압승		
8.13		윤보선 대통령, 취임사에서 유엔감시하 남북한 총선거 주장		
8.14	김일성, 남북연방제 제안			
8.27		장면 국무총리, 시정연설에서 북진통일론 배격		
11.2		제5대 국회, 통일방안에 대한 결의, 『대한민국 헌법의 절차에 의해 유엔감시하에 인구비례에 따라 자유선거를 실시한다』		
11.8				케네디, 미대통령에 당선
11.12	북한, 대남원조 제안을 구체적으로 제시			
11.21	북한 중공업위원회 김두삼(부위원장), 남한에 송전 제의			
12.20		정부, 「유엔감시하 남북통일」이 공식적인 통일방안이라고 천명		
1961년				
1.10	북한과학원, 남북한 경제인사 및 과학자 교류 주장			
1.15		민족자주통일중앙협의회, 통일선언서 발표		
1.29	북한 교통상(김희일), 남북철도 연결을 제안			
5.4		서울대 민족통일학생연맹, 남북학생회담 개최 제안		

5.5		민족통일 전국학생연맹 결성준비대회		
5.6			남북학생회담 준비위원회 구성	
5.9			조국평화통일위원회 결성	
5.16		5 · 16쿠데타		
5.20			남한군사정권 반대 평양시 군중대회	
6.6				북한방문중인 코시킨 소련 제1부수상, 남북연방제 지지성명
7.3		반공법 공포		
7.			소련 및 중국과 우호협력 및 상호원조조약(군사동맹) 체결	
9.1				아프리카 중남미 26개국 비동맹국 정상회담, 베오그라드 헌장 채택
9.11			조선로동당 제4차 전당대회, 7개년 계획안 채택	
1962년				
6.5				국제올림픽위원회 동경올림픽에 남북한 통일팀 출전을 결의
7.2				흐루시초프 수상, 방송연설서 「남북한 불가침조약」지지
7.28	북한올림픽위원회, 64년 동경올림픽에 남북단일팀 조직 제안			
8.22	대한체육회, 동경올림픽의 남북한 단일팀 구성에 동의			
9.7				IOC, 동경올림픽에 남북한 단일팀 참가 공식발표
10.23	김일성, 최고인민회의에서 무력불행사 협정체결 제의			

10.				중 · 소국경분쟁 / 쿠바사태
12.10			당 중앙위 4기 5차 전원회의, 「4대 군사노선」 채택	
1963년				
1.7				소공산당, 프라우다에 중국을 「교조주의」라고 비난
1.8		한 · 미 군사협정체결	북한 『로동자』지를 통해 중국노선 지지논설 게재	
1.24	단일팀 구성을 위한 남북한올림픽위원회 대표회담(로잔느)개시			
5.15	동경올림픽 남북한단일팀 협상(홍콩)			
7.29	남북단일팀 위한 로잔느회담, 결렬 선언			
7.31				미국무성, 한국에 항구적 평화가 성취될 때까지 주한미군 계속 주둔 성명
9.8	북한 최고인민회의, 남북협상 제의(남북협상과 남북합작, 미군철수와 불가침 조약, 남북한 자유총선거)			
9.12				소련, 북한 · 중국 · 알바니아를 사회주의국가군에서 제외
9.15			중국 국가주석 겸 공산당 중앙위원회 부주석 유소기, 북한 방문	
10.17		박정희, 대통령에 당선		
10.28			북한 로동신문, 소련을 「현대 수정주의」라고 비난	
11.7		한일회담 시작		
12.17		제3공화국 출범 : 「선 건설, 후 통일」, 반공주의, 경제개발		

1964년				
2.25			제4기 8차회의에서 3대혁명역량 강화론 채택	
6.3		서울 18개 대학 한일회담반대 데모(서울지구에 비상계엄령)		
8.5			북한, 통킹만 사태와 관련 전군에 전투준비 강화령 하달	
10.15				소련, 흐루시초프 실각(제1서기 브레즈네프, 수상 코시긴)
10.16				중국, 제1회 원폭실험 성공
1965년				
1.8		월남에 국군 2천명 파병 결정(1월 26일 국회 동의)		
2.11			김일성, 코시긴과 회견「북한의 자주노선에 대한 지지」공동성명	
6.22		한일협정 조인		
7.8			북한, 무기와 장비를 월남 민족해방전선에 제공할 것이라고 발표	
8.13		국회, 전투부대 파월안 통과		
8.14		국회, 한일협정비준안 통과		
1966년				
1.6			북한, 중립국 적극 외교방침 발표(인도 등 20개국에 대사관 설치)	
4.29			최고인민회의, 「남조선인민에게 보내는 호소문」발표, 남한정부 전복을 선동	

7.9		한미행정협정 조인		
8.3	김일성대학 학생위원장, 남북학생 관광교류 제의			
8.12			로동신문, 「자주성을 옹호하자」라는 논설을 통하여 자주노선 선언	
8.18				중국, 문화대학명 발진
9.15			로동신문, 중국 비난사설 게재 (문화혁명을 좌파기회주의라고 공격)	
11.10	박정희 대통령, 진해 기자회견에서 남북교류 반대			
12.13				미국, 월맹 하노이를 처음으로 폭격
12.19				21차 유엔총회, UNCURK 활동강화 및 유엔군 계속주둔을 결의
1967년				
5.3		6대 대통령선거, 박정희 당선	갑산파(박금철, 이효순 등) 숙청	
7.8		중앙정보부, 동백림거점 북한대남공작단 사건 발표		
8.11			북한 · 월맹, 무상군사원조협정 및 경제원조협정 조인	
1968년				
1.21	김신조 일당 청와대 습격 기도			
1.22		대간첩작전본부 발족		
1.23				미해군 푸에블로호 원산 앞바다에서 북한에 피랍
4.1		향토예비군 창설		
4.17		한미정상회담(한미연례안보협의회의 개최를 합의)		

5.27		제1차 한미국방장관 회담(워싱턴)		
7.8		유엔군 사령부, 국군에 작전권 대폭이양		
8.9				소련, 핵발전기 북한에 전달 (발전량 10만Kw)
8.22			평양방송, 소련의 체코 침공을 지지	
8.24		중앙정보부, 통일혁명당 지하간첩단 사건 발표		
10.30	무장게릴라 울진,삼척 침투			
12.23			푸에블로호 승무원들(승무원 82명과 시체 1구) 판문점 통해 송환	
1969년				
1.6			김창봉(민족보위상)·최광(총참모장)·허봉학(대남공작총책) 등 군부고위층 10여명 숙청	
2.13		중앙정보부,「위장귀순간첩」이수근의 체포를 발표		
3.1		국토통일원 개원		
3.2				중·소, 우수리강 다만스키島서 무력충돌
4.15				미 정찰기 EC-121기, 동해상에서 피격
7.25				닉슨독트린 선언 -해외주둔 미군의 단계적 철수 -동맹국의 자주국방노력 강화
10.17		3선 개헌안 국민투표 실시		
10.29				서독, 할슈타인원칙 폐기

12.1	대한항공 여객기 납북			
1970년				
1.22				브란트 서독수상, 슈토프 동독수상에게 양독회담 제안
3.19				동독 에르푸르트에서 양독수상 첫 회담
3.31				일본 적군파 9명, JAL여객기 요도호 납치
7.16		국회 대미메시지 채택(미군감축 반대, 한국군 장비현대화, 군수산업 육성의 선행을 요구)		
8.15		박정희 대통령, 광복절 경축사, '평화통일구상' 선언		
10.16		김대중, 기자회견서 통일문제 언급 -비정치적 남북교류 -4대국 한반도 안전보장		
11.2			노동당 5차 전당대회 -주체사상을 당이념으로 공식화 -인민경제발전 6개년 계획 채택 -민족해방인민민주주의 혁명론	
1971년				
2.4		한·미, 주한미군 감축과 한국군의 현대화 계획에 합의		
3.27		미 제7사단 철수		
4.2		각 대학에 교련반대 시위 확산		
4.7				중국, 미국탁구팀 초청
4.12	북한 최고인민회의(4기 5차회의)에서 허담 외상, 평화통일의 전제조건으로 8개항목 제의			

4.27		제7대 대통령선거, 박정희 후보 당선		
8.6	김일성, 시하누크 방문환영식에서 남한의 공화당을 포함한 모든 대중정당·단체 인사에 접촉용의 표명			
8.12	대한적십자사, 이산가족찾기 협의 위한 남북적십자회담을 제안			
9.20	남북적십자 1차 예비회담			
9.22	적십자 남북직통전화 개통			
10.25				중국, 유엔가입
10.30				키신저 미국 안보담당보좌관, 북경 방문
71.11.20 ~72.3.22	정홍진(남), 김덕현(북) 비밀접촉			
12.6		박정희 대통령 국가비상사태 선포		
1972년				
1.10	김일성, 일본 요미우리신문과 회견서 남북한 평화협정을 제의			
2.27				미·중 상해공동성명, 평화원칙에 합의하여 국제적 데탕트 전개
4.15			김일성 탄생 60주년 기념행사(민족적 대명절로 지정)	
5.2	이후락 중앙정보부장 극비리 평양방문			
5.20				닉슨 미대통령 방소 등정(26일 전략무기제한협정에 조인)
5.29	박성철 북한 제2부수상 극비리에 서울방문			
6.3				미·영·불·소 4대국 외상 베를린협정에 정식 조인

6.16	남북적십자 20차 예비회담, 본회담 의제 확정			
7.4	남북공동성명 발표			
8.30	남북적십자 1차 본회담 개막(평양)			
9.8	뮌헨 올림픽 참가한 남북 체육계 대표 공동성명 발표, 남북체육교류회담을 통해서 상호 초청하기로 합의			
9.13	남북적십자 제2차 본회담(서울)			
9.29				일본 · 중국, 국교수립 공동성명 발표
10.12	조절위 공동위원장 1차회의			
10.17		박정희 대통령, 10월 유신 특별선언, 전국에 비상계엄 선포		
10.22	남북적십자 제3차 본회담(평양)			
11.11	남북조절위, 0시를 기해 대남 · 대북방송 중지에 합의 발표			
11.22	남북적십자 제4차 본회담(서울)			
11.30	남북조절위 본회의 제1차회의			
12.21				동서독, 관계정상화 기본조약 체결
12.23		통일주체국민회의, 제8대 대통령에 박정희 선출		
12.25			최고인민회의 5기 1차회의, 헌법개정 주석제 신설	
1973년				
1.15				미국, 월남전 전면정지 발표
1.18			3대혁명소조운동 시작	
1.27				파리 평화협정체결

2.22				미국과 중국, 연락사무소 설치 등 합의
3.14	남북조절위 본회의 제2차회의(평양)			
3.20	남북적십자 제5차 본회담(평양)			
4.5	최고인민회의(5기 2차회의), 남북평화협정 체결 제의			
4.6				스웨덴 · 핀란드, 북한 승인
4.28			IPU이사회 결의로 회원국 가입	
5.8	남북적십자 제6차 본회담(서울)			
5.17			세계보건기구(WHO) 가입	
6.10	북한, 휴전선서 대남확성기 방송 재개			
6.16				브레즈네프 소련 제1서기, 방미
6.23		박정희 대통령, 평화통일외교정책 선언 '남북유엔동시가입 불반대'	김일성, 조국통일5대방침 발표 '유엔동시가입 반대'	
7.10	남북적십자 제7차 본회담(평양)			
7.20				로저스 미국무장관, 남북한 유엔동시가입안 지지
8.8		김대중 납치사건		
8.28	김영주 조절위 북측 위원장, 남북대화의 일방적 중단 선언			
9.5				북한, 유엔대표부 개설
12.3	이후락 조절위 서울측 위원장 사임 (장기영 부위원장이 직무대행)			
12.24		개헌청원 1백만인 서명운동 전개		
1974년				

1.8		긴급조치 1호(헌법논의 금지) · 2호(비상군법회의 설치)선포		
1.18	박정희 대통령, 남북상호불가침협정 체결 제의			
1.26	북한 로동신문, 사설을 통해「불가침협정 체결제의」거부			
2.			당 중앙위 5기 8차 전원회의 김정일 후계자 결정(정치위원)	
3.25			최고인민회의, 미국 의회에 대미평화협정 체결 제의	
8.6	북한 조국전선 중앙위, 대민족회의 개최 제안			
8.15	박정희 대통령, 광복절 경축사에서 평화통일 3대기본원칙 발표, 육영수 여사 피살			
9.16			국제원자력기구에 가입	
10.17			UNESCO에 가입	
11.15	유엔군, 북한이 비무장지대에 땅굴 구축했다고 발표			
1975년				
3.19	휴전선 부근서 제2땅굴 발견			
4.30				월남정부 공산측에 무조건 항복, 베트남 전쟁 종결
5.13		대통령 긴급조치 9호(헌법비방 · 반대 금지)발표		
5.29	남북조절위 평양측, 부위원장 회의 무기연기를 통고			
6.9	북적, 남북적십자 실무회의 연기 통고			
8.1				헬싱키 협약 조인
8.25			비동맹회의 가입	
9.13		조총련계 재일동포 모국 방문단 첫입국		

9.22				키신저, 유엔총회에서 북한의 평화협정 제의 거부 30차 유엔총회, 남북한 지지 2개 결의안 동시 통과
12.7				포드 미대통령, 신태평양독트린 발표(한국을 제외한 한반도문제 토의 거부, 미국의 대한공약 준수 등)
1976년				
4.7				중국 천안문 광장에서 수만군중 시위, 등소평 실각
5.13			북한 국제채무 불이행으로 「블랙리스트」에 오름	
7.22				키신저 미 국무장관, 한반도문제 해결에 관한 4자회담·교차승인·남북한의 유엔동시가입 제의
8.18	인민군, 판문점 공동경비구역내에서 미군장교 2명을 도끼로 참살(판문점 도끼만행사건)			
8.20	김일성, 판문점 사태로 인한 전투태세돌입 명령 하달			
8.21	김일성, 도끼사건에 유감 표명하는 메시지를 유엔군 사령관에 보냄			
8.30	평양측, 남북조절위 직통전화 운용 중단			
9.9				모택동 사망
10.22				스웨덴, 북한대사관원 5명 추방령
11.3				카터 민주당 후보, 미국 대통령에 당선
12.8				소련, 비공식 요청으로 북한대사관원 추방
1977년				

1.1			김일성 신년사, 대미평화협정 촉구, 6개년계획의 차질을 공식 인정	
1.12		박정희 대통령,『불가침협정이 가능하면 미군철수에 반대하지 않는다』고 언급		
1.25	북한, 불가침협정 제안 거부하고 남북정치협상 제의			
3.9				카터 미 대통령, 주한미지상군의 4~5년내 철수계획 발표
4.23	김일성, 남한 민주공화당과 대화용의 표명			
5.25				미국무부, 북한과 국교정상화 교섭용의 전제조건 발표(북한의 동맹국이 한국 정부와 관계개선에 노력, 한국정부 동석)
5.26				카터 미대통령, 한국 침략당하면 핵사용 언명
6.19		남한 최초 고리원자력 발전소 1호 발전기 점화		
6.29				키신저, 남북한 및 미·중 회담 촉구
7.1			북한, 2백해리 경제수역 선포	
7.22				중국, 등소평 복직과 4인방 제명결정
8.1			북한 인민군 최고사령부, 해상군사경계선 설정 발표	
8.17				미국, 남북한 및 미국이 참가하는 3자회담 제의
9.28			허담, 비동맹회의 참석차 미국에 도착(대미관계 개선의사를 표명)	
10.7			김일성, 티토를 통해 미국측에 한반도 문제 협의 제안	

10.23			허담, 대미평화협정 직접협상 주장	
1978년				
4.19				미국 탁구협회장, 79년 4월 평양 개최 세계탁구선수권대회에 선수단 파견 발표
5.5				중국공산당 주석 화국봉, 북한방문해 「주한미군 철수와 외세개입 없는 한반도 조기 통일」 주장
6.23	박정희 대통령, 남북의 민간경제 대표가 참가하는 「남북한 경제협력 촉진 협의 기구」구성을 제안			
7.6		통일주체국민회의, 제9대 대통령에 박정희 선출		
8.12				중국 · 일본 평화우호조약 조인
10.27	유엔군사령부, 북한의 제3땅굴 발견			
11.7		한미연합사령부 발족		
11.22		주한미군 전투부대 첫 철수		
12.12		제8대 국회의원 선거, 신민당 득표율서 공화당보다 1.1% 우세		
1979년				
1.1				미국과 중국 국교정상화
1.19	박정희 대통령 연두기자회견에서 남북당국간 무조건 대화개최 제의			
9.29				중국 건국 30주년 대회서 새 중국공산당 선언 발표, 문화대혁명 과오 지적하고 현대화를 최우선 과제로 결정
10.4		국회, 김영삼 의원 제명 변칙처리		

10.18		부산에 비상계엄령 선포, 계엄하 부산과 마산서 시위(부마사태)		
10.26		박정희대통령 서거(10 · 26사건)		
10.27		전국에 비상계엄, 최규하 총리 대통령권한대행 취임		
12.6		통일주체국민회의 제10대 대통령 최규하 선출		
12.12		정승화 계엄사령관, 전두환 보안사령관측에 연행됨(12 · 12 군사반란)		
12.26	북한 모스크바올림픽에 남북단일팀 참가 제안			
12.27				아프가니스탄에 소련군 침공
1980년				
1.11	평양, 남북직통전화 재개 통보 대한체육회, 북한의 단일팀 구성제의 거부, 남북친선교환경기 제의			
1.12	북한, 이종욱 총리와 김일 부주석 명의의 서한 발송(고위당국회담 등 폭넓은 남북정치협상 제의)			
1.18	최규하 대통령 연두기자회견에서 남북총리회담 적극추진 의사 표명			
1.30	이종옥 북한총리, 남북총리회담 제의 수락			
2.6	남북총리회담 1차 예비접촉, 2월 7일부터 남북직통전화 재개 합의			
5.17		비상계엄 전국에 확대, 계엄포고 10호 발표		
5.18		광주민주화운동		
7.21				솔라즈, 미 의원으로서 최초로 김일성과 면담 사실 공개
8.20	남북총리회담 10차 예비접촉, 북한측은 대화를 계속하는 것은 무의미하다며 중단 시사			

8.27		전두환, 통일주체국민회의서 제11대 대통령에 당선		
9.4	북한, 휴전선 11개지역에서 대남비방방송 재개			
9.24	김일성, 조일신문 회견에서 전두환정부와의 대화 거부			
9.25	북한, 남북직통전화 운용 중단			
10.10			조선로동당 제6차대회 「고려민주연방공화국」 창립방안 제의	
11.3		계엄고등군법회의, 김대중에 사형선고		
12.27		반공법 폐지, 국가보안법에 흡수		
1981년				
1.12	전두환 대통령, 남북한 당국 최고책임자 상호방문 제의			
2.3		전두환 대통령과 레이건 미 대통령, 한미공동성명 발표(워싱턴)		
6.5	전두환 대통령, 남북최고책임자 회담 촉구			
6.19	대한체육회장, 84년 L.A.올림픽 남북단일팀 구성을 북한에 제의			
8.6	조국통일민주주의전선 중앙위, 남과 북의 정당 · 단체 대표들과 해외동포 대표들로 민족통일 촉진대회 소집 제의			
9.30				국제올림픽위원회, 88년 올림픽 서울 개최 결정
11.16	이광표 문공장관, 남북간 유물교환전시회 제의			
11.30			김정일, 직총6차대회 개막식 주석단에 서열 2위로 참석	
1982년				

1.22	전두환 대통령, 「민족화합 민주통일 방안」 발표			
2.1	손재식 통일원장관, 20개 시범실천사업 제안			
2.10	북한 조국평화통일위, 「남북정치인 연합회의」소집 제의			
2.25	손재식 통일원장관, 남북한 고위대표회담 제의			
3.31			김정일, 「주체사상에 대하여」논문 발표	
4.15			주체사상탑 제막식	
5.4	통일원장관, 원자재와 1차산품 등의 남북교역 제의			
8.15	전두환 대통령, 북한을 포함한 공산권 거주 동포의 자유왕래 허용을 표명			
9.1				중국 12전대회, 총서기에 호요방 취임(실용주의노선 추진 선언)
11.10				브레즈네프 소련공산당 서기장 사망, 후임에 안드로포프 취임
11.26				중국 제5기 전인대, 현대화를 위한 새헌법 채택
1983년				
2.1			김일성, 팀스피릿 83훈련을 규탄, 인민군 총사령관 자격으로 「준전시상태 돌입명령 1호」 하달	
2.25				미국무부, 미외교관 북한관리들과 제한접촉 허용
8.5		중국 정기여객기, 한국비행정보구역 통과 시작		
9.1		소련전투기 KAL기 격추		

10.9	미얀마 아웅산 묘소 폭탄테러 사건			
12.3		다대포해안 간첩침투사건		
1984년				
1.10	북한, 중앙인민위원회 · 최고인민회의 상설회의 연합회의에서 3자회담을 제안			
2.1		한미합동군사훈련 팀스피릿 84, 사상 최대규모 참가		
2.14	진의종 국무총리 3자회담 거부 서한을 전달하고 남북직접대화, 4자 · 6자 회담의 개최 촉구			
3.30	북한 올림픽위, L.A.올림픽 단일팀 구성과 아시아 및 세계선수권 대회에 공동출전 위한 남북체육회담 제안			
4.9	1차 남북체육회담 (5.25 3차 회담으로 종료)			
4.28				레이건 미대통령 방중, 한반도 문제 논의
6.2			LA올림픽 불참 선언	
8.20	전두환 대통령, 북측에 남북교역과 경제협력 등 경제교류 제의			
9.			「합영법」 채택	
9.8	북한적십자회, 수재물자 제공제의(남한 수락)	서울 · 경기 일원 폭우피해		
9.29	대한적십자, 북한적십자의 수재물자 판문점 · 인천 · 북평서 인수			
10.3	북한적십자회 손성필 위원장, 자원공동개발과 문화교류 등 제의			
10.4	대한체육회장 남북한 체육회담 재개 제의			
10.6	대한적십자 유창순 총재, 남북이산가족찾기 예비회담 제의			

10.12	신병현 부총리 남북한 경제회담 개최 제의			
10.16	김환 정무원 부총리, 남한의 경제회담 제의 수락 답신			
10.16	남북적십자 예비접촉(판문점)			
84.11.15 ~85.11.20	남북경제회담 5회 개최			
1985년				
1.1	김일성 신년사, 남북고위급 정치회담도 실현할 수 있다고 언급			
3.10				체르넨코 소련공산당 서기장 사망, 후임에 고르바초프
4.				소련 고르바초프 서기장, 페레스트로이카 선언
4.9	북한 최고인민회의, 남북 국회회담을 제안			
4.24				북한 · 소련 공동성명 발표, 북한의 통일관련 제안에 전면 지지
5.28	제8차 남북적십자 본회담 서울 개최, 이산가족 고향방문단과 예술단의 상호방문 실현에 합의			
5.29	8차 적십자본회담시 정상회담 비밀접촉 타진 * 박철언-한시해 라인			
6.20	제3차 남북경제회담 개최, 부총리급을 책임자로 하는 남북경제협력위원회 설치에 합의			
7.23 ~9.25	남북한 국회회담 예비접촉 2회 진행			
8.27	남북적십자 제9차 본회담			
9.20	이산가족 고향방문단 및 예술공연단, 서울 · 평양 동시교환 실현			

85.10.8 ~87.7.15	서울올림픽 개최문제 관련 남북한 체육회담, 스위스 로잔느에서 4회 진행			
12.3	남북적십자 제10차 본회담			
12.12			북한, 핵확산금지조약기구 정식 가입	
1986년				
1.1	김일성, 신년사에서 『남북간 최고위급회담 실현시키기 위해 노력하자』고 언급			
1.20	북한의 경제회담 · 적십자회담 · 국회회담 대표단 성명, 팀스피릿 훈련을 비난하고 남북대화 중단선언			
6.17	북한인민군 최고사령부 ,북측 인민무력부장과 주한유엔군 사령관 및 남측 국방장관의 3군사 당국자 회담 제안			
9.26				중국, 증권시장을 개장
10.30		이규효 건설부장관, 북측의 금강산댐 건설은 『서울 수공을 목적으로 한 것』이라고 성명		
11.4			북한, 금강산발전소 건설은 자연개조를 위한 평화건설로 남북간 협상대상이 아니라고 주장	
11.26		국방, 건설, 문공, 통일 4부 장관 담화, 자위조치로 남쪽에 대응댐을 건설하기로 결정		
12.30	김일성, 최고인민회의 제8기 제1차 회의에서 남북고위급 정치 군사회담을 제의			
1987년				
1.11	북한정무원 총리 이근모, 인민무력부장 오진우, 남북고위급 정치군사회담 제의			
3.17	남측, 기존대화 재개 등 조건부 남북총리회담 제의			

3.30	이근모 정무원 총리, 남북총리회담을 위한 장관급 예비회담 열 것을 제의			
4.13		전두환 대통령, 현행 헌법으로 정권이양한다고 특별담화 발표		
4.24			정무원 대변인, 남한정부의 개헌유보선언에 남북대화 전면거부 성명	
6.29		노태우 민정당대표, 대통령직선제 개헌등 8개항 선언(6 · 29선언)		
7.23	북한, 다국적 · 단계별 군축협상 제의			
7.30			인민군최고사령부, 87년 12월 말까지 10만명 병력감축 명령 하달	
8.3	남한, 남북외무장관회담 제의			
8.19		전국 95개대학 4천여명 전국대학생대표자협의회 결성		
9.29		김대중 · 김영삼,후보단일화 담판결렬		
10.26			북한올림픽위, 한국의 대통령선거 때까지 88올림픽 참가결정 유보	
11.29		KAL기 폭파사건		
12.16		제13대 대통령선거 노태우 후보 당선		
1988년				
1.1			김일성, 신년사에서 남북불가침선언 채택, 팀스피릿 중지, 올림픽 남북공동주최를 위해 당국자 포함한 남북연석회의를 제안	

1.12			북한 중앙방송, 서울올림픽 불참 공식발표	
2.25		제6공화국 출범		
3.8	북한, 남한의 국무총리와 정당 · 사회단체 대표 및 개별 인사 48명 앞으로 연석회의 제안한 서한 발송			
3.24		헝가리, 동구권 최초로 서울에 무역사무소 정식 개설		
3.29	서울대 총학생회장 후보 김중기, 남북한 청년학생 공동 체육대회와 국토순례대행진을 제안			
4.4	북한 김일성대학 학생위, 김중기 공개 제안을 수락			
4.26		제13대총선→여소야대		
5.3	이현재 총리, 남북고위당국자 회담 제안			
6.10	6 · 10 남북학생회담 무산			
6.14		북한 자료 일반에 제한적 공개 결정, 남북한 대화창구는 정부로 일원화		
7.7		〈7 · 7 특별선언〉발표		
7.21	북한, 남북국회 연석회의 주장			
8.1				소련, 미국측 참관하에 SS12 미사일 등 폐기 시작
8.2		소련과 영사업무 공식문서 교환		
8.15	노태우 대통령, 광복절 경축사 통해 남북한 최고책임자 회담 제의			
88.8.19 ~90.1.24	남북 국회회담 준비접촉 10회 진행			
9.13		헝가리와 상주대표부 설치 합의		

9.16		제24회 서울 올림픽 개최		
10.4		유고, 서울무역사무소 개설		
10.7		경제기획원장관, 7개항의 대북경제 개방조치 발표		
11.7	북한 당·정부·의회 연합회의에서 포괄적 평화방안 제의			
11.16	북한, 남북고위급 정치 군사 회담 제의			
11.25	남한 기독교교회협의회와 북한의 조선기독교연맹대표, 「한반도 평화와 통일을 위한 글리온 선언」채택			
12.7				고르바초프, 유엔총회 연설에서 소련군 병력 50만명 일방적 감축 선언
12.9	북한 조국평화통일위, 범민족대회 개최 제의			
12.21	북한, 90년 북경아시안게임에 남북한 단일팀 출전 제의			
12.26	북한 조선학생위, 13차 세계청년학생축전에 전대협을 초청			
12.28	남한, 총리회담 제의			
88.12 ~92.10				북미 참사관급 접촉, 베이징에서 27회 개최
1989년				
1.1	김일성, 남북정치협상회의 제의			
1.16	정주영 현대그룹 명예회장 방북			
2.8	남북고위급회담 1차 예비회담(8차까지 진행)			
89.3.9 ~90.2.7	남북체육회담, 북경아시안게임 남북단일팀 구성 논의 (9회)			
3.25	문익환 목사 평양 방문			

5.30	북적 손성필 위원장, 제2차 고향방문단 및 예술공연단 교환을 위한 적십자 실무대표 접촉 제의			
6.12		남북교류 협력에 관한 기본지침 시행		
6.30	전대협 대표 임수경 평양 도착			
9.11		노태우 대통령, 「한민족공동체통일방안」 제시		
89.9.27 ~90.1.8	남북 적십자 실무접촉 8회 진행			
11.9				베를린 장벽 붕괴
12.2				몰타선언(냉전종식)
1990년				
1.1	김일성, 자유왕래와 전면개방을 실현하기 위해 남북한 최고위급이 참가하는 당국 및 정당수뇌 협상회의 제의			
1.10	노태우 대통령, 연두기자회견에서 남북정상회담 개최 촉구			
1.17		한국과 체코, 수교의정서 가조인		
2.8	북한, 팀스피릿 군사연습 기간 진행중인 남북대화를 모두 중단한다고 성명			
3.12	북한산 수입화물(인삼차 · 도자기 · 수예품 등)이 중국을 통해 인천항에 입항			
3.21		김영삼 민자당대표, 고르바초프와 비밀회담(크레물린궁)을 갖고 국교수립과 경제협력 등 논의		
3.23		한국과 불가리아 수교		
3.30		한국과 루마니아 수교		

5.16	북한 조평통대변인, 정주영씨와 체결한 금강산 공동개발 무효 및 현대그룹과는 어떤 거래도 하지 않겠다고 언급			
5.24			김일성 주석, 최고인민회의 연설에서 남북단일의석 유엔가입주장 국방위원회에 제1부위원장직을 신설, 김정일을 임명	
5.28			한국전쟁때 실종된 5구의 미군유해를 판문점 통해 미국에 인도	
5.31	북한, 3단계 군축을 통해 남북한 각각의 병력을 10만명으로 감축하자는 군축안을 제안			
6.5		노태우 대통령과 고르바초프 소련 대통령, 샌프란시스코에서 정상회담 개최(한·소수교 원칙 합의)		
7.26	남북고위급회담 제8차 예비회담, 고위급회담 개최 합의			
8.1		남북교류협력에 관한 법률과 남북협력기금법 공포		
9.5	제1차 남북고위급회담 개최(서울)			
9.18	고위급회담 실무대표 접촉, 유엔가입문제 논의			
9.29	북경 남북체육회담에서 「남북통일축구대회」 개최 합의			
10.3				독일 통일 미·소 전략핵무기 감축 협상(START)
10.8				첸지천 중국외교부장, 「남북한교차승인」에 반대하지 않으며 중국이 장차 한국과 수교할 것임을 시사
10.17	제2차 남북고위급회담 개최(평양)			
11.19	남·북·해외동포 대표 베를린에서 「조국통일범민족연합」결성에 합의			

90.11.29 ~91.2.12	국제경기대회 단일팀 참가 및 남북체육교류를 위한 남북체육회담 4회 개최			
12.10	「90 송년 통일전통음악회」 개최(서울)			
12.13	제3차 남북고위급회담 개최(서울)			
12.15				모스크바 한소 정상회담에서 「한·소관계의 일반원칙에 관한 선언」 채택
1991년				
1.31			북한과 일본, 1차 수교회담(평양)	
2.12	제4차 남북체육회담, 제41회 세계탁구선수권대회와 제16회 세계청소년축구대회의 단일팀 구성에 합의			
3.27	북한 양형섭 최고인민회의 의장, 4월 29일 평양에서 열리는 IPU총회에 남한 국회의원 25명을 초청			
4.10		정부, 남북한 민간직접교역 발표		
4.28	남·북 IPU 대표단 상면(평양 만수대)			
4.29	일본 지바에서 열린 제41회 세계탁구선수권대회에서 남북단일팀 우승			
5.19				중국과 소련, 양국의 공동관심사 및 한반도의 긴장완화를 포함한 18개항의 공동성명을 채택
5.28			북한외교부, 남북한 단일의석 유엔가입입장을 철회하고 유엔에 가입하겠다고 발표	
6.13				옐친 러시아공화국 최고회의의장, 러시아 공화국 직선대통령 당선
7.2			북한, 유엔가입신청서 제출	
8.19				소련 강경보수파에 의한 쿠데타 발생(21일 쿠데타 진압)

8.25				우크라이나 등 8개공화국이 소연방으로부터 독립 선언
9.17				제46차 유엔총회, 대한민국과 조선민주주의 인민공화국의 유엔가입을 만장일치로 승인
9.19		한미연합사, 판문점 지역 경비를 한국군에게 맡기기로 결정		
9.24	노태우 대통령, 유엔총회 기조연설에서 「북한과 군축문제를 협의할 용의」 표명			
10.2	북한 연형묵 총리, 유엔총회 연설을 통해 남북고위급회담이 좋은 결실을 보면 최고위급회담이 가능할 것이라고 언급			
10.4			김일성 중국 방문	중국 첸지천 외교부장, 『남북한 어느쪽도 핵무기 보유를 원치 않는다』고 언급
10.24	제4차 남북고위급회담 개최			
11.8		노태우 대통령, 비핵화를 선언하고 북한도 이에 상응하는 조치를 취하라고 촉구		
12.8				소연방 해체 –독립국가연합
12.13	제5차 남북고위급회담 개최, 「남북기본합의서」 채택			
12.18		노태우 대통령, 핵 부재 선언		
12.24			김정일 정치국 상무위원겸 비서를 인민군총사령관으로 추대	
12.31	남북고위급회담 대표접촉, 「한반도 비핵화 공동선언」 타결			
1992년				
1.16	김우중 대우그룹 회장, 북한 방문			
1.22			김용순 당 국제담당비서, 캔터 미국무차관과 뉴욕에서 회담	

2.7				유럽공동체, 유럽정치통합협정인 마스트리히트조약 조인
2.19	제6차 남북고위급회담,「남북기본합의서」와「비핵화 공동선언」발효			
4.9			최고인민회의 9기 3차 회의에서 헌법개정, 국방위원회 분리강화	
4.15			김일성, 워싱턴 타임스와의 인터뷰에서 미국과 화해할 용의가 있으며 가능한 빨리 평양에 미대사관 개설을 희망한다고 언급	
4.20			김정일 · 오진우에게 원수 칭호	
5.6	제7차 남북고위급회담 개최			
5.13		대우그룹, 북한으로부터 의류 반입 발표		
5.25				국제원자력기구 사찰단, 북한의 핵시설에 대한 본격적인 사찰 착수
6.16		법무부, 판문점을 새로운 출입장소로 지정		
7.19	북한 김달현 부총리 겸 대외경제위원장 남한방문, 산업시찰			
8.24		북경에서 한 · 중수교의정서 교환하고 양국간의 외교관계 수립에 관한 공동성명		
9.17	제8차 남북고위급회담, 화해 · 불가침 · 교류협력 등 3개 부속합의서 서명 발효			
10.6		국가안전기획부, 남한조선로동당 가담자 95명을 적발		
10.8		팀스피릿 훈련 재개 발표		

10.12				중국공산당 제14기 전국대표자대회에서 「사회주의 시장경제론」을 당론으로 확정
10.13		정부, 민간경제인들의 방북과 대북협력사업자 지정을 전면 동결		
10.21			북한 중앙통신, 10월 5일 「외국인투자법」 제정에 이어 「합작법」과 「외국인기업법」도 제정 보도	
11.4				빌 클린턴 민주당후보, 제42대 미국 대통령에 당선
11.5				북한 · 일본간 수교회담 재개
12.11			연형묵 총리 경질, 강성산 총리를 기용	
12.18		제14대 대통령선거 실시, 민자당의 김영삼 후보 당선		
1993년				
1.29	고위급 회담 북한 대표단 성명, 모든 남북대화 중단			
2.11			나진 · 선봉 등 자유무역지대에서 외국선박의 자유입항을 허용	
2.16				북한, 특별핵사찰 거부
2.25		김영삼 14대 대통령 취임 "어느 동맹국도 민족보다 더 나을 수 없다"고 언급		
3.8			팀스피릿훈련과 관련 김정일 명의로 전체 북한군 및 무장병력에 대해 「준전시상태」 선포	
3.12			북한, 핵확산금지조약(NPT)에서 탈퇴 선언	

3.19	정부, 비전향장기수 이인모를 판문점 통해 북측에 인계			
4.1				IAEA 이사회, 북한을 핵안전협정 불이행국가로 규정, 북핵문제를 유엔안보리에 회부
4.7			김일성,「전민족대단결 10대 강령」제시	
4.9			최고인민회의 제9기 5차회의, 김정일을 국방위원장으로 추대	
4.22				북한 · 미국 직접협상, 참사관급에서 차관급으로 격상
5.11				유엔안보리, 북한에 특별핵사찰 수용과 NPT탈퇴 재고 요구 결의안 채택
5.20	남측, 남북고위급회담대표 접촉 제의			
5.25	북한, 남북정상회담 개최 등 논의 위해 부총리급 특사를 교환하자고 제의			
6.11				북 · 미 제4차 고위회담, 북한의 NPT탈퇴 유보 등 공동성명 발표
7.1				애스핀 미국방장관, 해외주둔 전력 감축계획 발표
8.15		「남북 인간띠 잇기대회」독립문에서 임진각까지 6만여명 동참		
9.6	강성산 북한총리, 남한의 특사교환 실무접촉 제의와 관련 조건부 수락			
10.5	남북특사교환 실무대표 접촉(8회)			
11.1				유엔총회, 북한의 국제원자력기구 핵사찰을 촉구하는 결의안 가결

11.3		한 · 미 양국 합참의장, 한국군의 평시 작전통제권을 94년 12월 1일까지 한국측에 이관키로 합의		
11.7				클린턴 미 대통령, 『북한이 남한을 공격할 경우 미국을 침범한 것으로 간주, 대응할 것』이라고 선언
1994년				
2.15			북한, IAEA의 핵사찰 수락	
2.25				북 · 미 뉴욕회담 타결
3.19	특사교환을 위한 8차 실무접촉, 북측 박영수 단장의 「서울불바다론」 발언으로 완전 결렬			
3.20		정부 대책회의, 남북대화 잠정중단 및 팀스피릿훈련 재개 결정		
4.10				크리스토퍼 미국무장관, 북한이 핵개발을 포기하지 않을 경우 선제공격을 포함한 어떤 선택도 배제하지 않는다고 언명
4.15		정부, 남북특사교환 추진방침을 철회		
4.29			북 · 미 실무접촉 재개, 북한은 연료봉교체작업에 IAEA의 입회를 허용	
5.18				IAEA 사찰단, 북한의 영변원자로에 대한 사찰 개시
5.28				IAEA, 북한과의 핵협상 실패를 발표
5.29			북한, 북 · 미회담에서 핵문제가 일괄타결되는 경우 연소된 노심연료를 측정할 수 있다고 주장	

6.2				미국무부, 특별성명에서 북미3단계회담 취소(대북제재 시사)
6.4			강석주 북·미회담 북측대표, 「미국이 강권의 길을 택한다면 우리도 갈 길이 달라질 것」이라고 담화	
6.8		김영삼 대통령, 국가안전보장회의에서 안보리 대북제재와 북한 무력도발 가능성 및 대응태세 논의		
6.11				IAEA 이사회, 국제기구차원에서 처음으로 북한제재 결의안 채택
6.13			북한, IAEA 탈퇴 선언	
6.15			카터 전 미대통령 방북	
6.18	김일성, 카터를 통해 남북정상회담 제안(김영삼 대통령 수락)			
6.23			북한, NPT와 핵안전협정의 의무를 완전 준수하고 주요 핵활동 동결의사를 미국에 통보	
6.28	남북정상회담 예비접촉, 남북정상회담을 7월 25~27일 평양에서 개최하기로 합의			
7.8			북한 김일성 주석 사망(심근경색과 심장쇼크의 합병)	
8.5				북한과 미국, 제네바에서 3단계회담 개최
8.15		김영삼 대통령, 광복절 경축사에서 「3단계 통일방안(민족공동체통일방안)」을 천명		
9.23				북·미 3단계회담 2차회의

10.7		김영삼 대통령, 뉴욕타임스와의 회견에서 미국의 대북정책에 강한 불만 표명		
10.10				크리스토퍼 미국무장관, 김대통령의 대북정책 발언에 항의 표명
10.21				북·미 3단계회담, 북·미 기본합의문 타결
10.29			김정일, 김일성 사망후 최초로 공식활동, 완공된 단군릉 시찰	
11.8		이홍구 부총리, 대북경협 활성화 조치 발표		
11.12			폐연료봉 처리에 관한 북·미 전문가회담, 평양에서 시작	
11.15				무라야마 일본총리, 자카르타에서 대북수교 적극추진 표명
11.24		남북교류협력추진협의회, 남북경협 절차간소화 결정		
11.28			IAEA가 북한 핵개발 동결을 확인했다고 보도	
12.6				미·북, 워싱턴에서 연락사무소 개설을 위한 전문가회담 개최
1995년				
3.7		김영삼 대통령, "북한에 곡물을 비롯한 원료와 물자를 장기저리로 제공할 용의" 연설		
3.9				KEDO 발족
5.17		남포공단사업 등 협력사업 승인		
6.21	베이징 쌀회담(15만톤 지원합의)			

9.6			큰물피해→국제사회에 긴급구호 요청	
1996년				
4.16		한미정상, 4자회담 제의		
9.18	잠수함 침투사건(강릉)			
1997년				
1.8				KEDO-북한, 경수로 제공 관련 서비스의정서와 부지의정서 서명
2.11	황장엽 비서 망명 요청			
97.5.3~98.3.27	대북 구호물자 전달 남북적십자 실무대표 접촉(5회 진행)			
10.8			김정일 로동당 총비서 추대	
11.21		IMF 구제금융 요청		
97.12.9~99.8.9				4자회담 개최(6회 진행)
1998년				
2.25		김대중 대통령 취임 – 대북 3원칙 제시(무력도발 불용, 흡수통일 배제, 화해 · 협력 적극 추진)		
4.11~4.17	남북당국 대표 회담(베이징)			
4.18			김정일「민족대단결 5대 방침」발표	
4.30		남북경협 활성화 조치		
6.16		정주영 현대명예회장 소떼 방북		
6.22	속초해안 북한잠수정 침투사건			

8.				금창리 지하 핵시설 의혹제기 (1999.3.16 타결)
8.31			대포동 미사일 발사(북: 광명성 1호)	
9.5			헌법개정(김정일 시대 출범) -주석, 중앙인민위 폐지 -국방위 권한강화, 김정일 국방위원장 재추대	
9.7		통일부, 금강산개발 남북협력사업 승인		
11.18	금강산 관광선 운행 시작			
1999년				
2.10		민간차원 대북지원 창구 다원화 조치		
5.14 ~5.15			미국 카트만 대사 방북, 미사일 협상	
5.18 ~5.25			금창리 조사단 방북	
5.26 ~5.28			페리 대북정책 조정관 방북	
6.15	연평해전			
6.21	금강산 관광객 억류사건(40여일간 관광중단)			
6.22 ~7.1	베이징 남북 차관급 회담			
9.15				페리(대북정책조정관) 보고서 제시
9.24				북·미 베를린 협상에서 미사일 합의(모라토리엄)
9.28	남북친선 통일농구대회 개최(평양)			

12.22	남북친선 통일농구대회 개최(서울)			
2000년				
2.1		한 · 미 · 일, 3자 대북정책 조정감독그룹(TCOG)회의 개최(서울)		
2.9			「조 · 러 친선 선린 및 협조에 관한 조약」 체결	
3.9	김대중 대통령, 「베를린 선언」 발표			
3.17 ~4.8	박지원-송호경 비밀 접촉 -4.8 남북합의서 타결			
3.23			북한 인민군 해군사령부, 서해해상 군사분계선 획정에 대한 후속조치로 6개항의 「5개섬 통항질서」 발표	
4.10	남북정상회담 발표(서울, 평양)			
5.18	남북정상회담 준비접촉 제5차 회담(판문점) -남북합의서 이행을 위한 실무절차합의서 타결			
5.24	북한 평양학생소년예술단 서울 공연			
5.27	임동원 특사 방북			
5.29 ~6.10	북한 평양교예단 서울공연			
5.29 ~5.31			김정일 방중	
6.3	임동원 특사 방북			
6.13 ~6.15	남북정상회담 -「6.15 공동선언」			
6.27 ~6.30	남북적십자회담(금강산)			
7.26	남북 외무장관회담(태국 방콕)			

7.29 ~7.31	1차 남북장관급회담 –연락사무소 업무재개(8.15), 경의선 연결 등			
8.5	언론사 사장단 방북–언론 교류 등 공동합의문 발표			
8.15 ~8.18	제1차 이산가족방문단 교환(서울, 평양)			
8.22	현대 · 아태「개성공단 개발 합의서」체결			
8.29 ~9.1	2차 남북장관급회담			
9.2	비전향장기수 63명 송환			
9.11 ~9.14	북한 김용순 특사 방남			
9.15	시드니 올림픽 남북선수단 공동입장			
9.18	경의선 철도 · 도로 연결 기공식			
9.22		조총련 동포 남측 고향 방문		
9.25 ~9.26	남북국방장관회담			
9.27 ~9.30	3차 남북장관급회담–남북경제협력 추진위원회 설치 등			
10.9 ~10.12			북한 조명록 특사, 방미 –미 · 북 공동 코뮤니케 발표	
10.20		ASEM 정상회의, 한반도 평화선언 채택(서울)		
10.23 ~10.25			올브라이트 미 국무장관 방북	
11.7				미국 대통령 선거(부시 공화당 후보 당선)

11.8 ~11.11	제2차 남북경협실무접촉(평양) –투자보장 등 4개 경협 합의서 가서명			
12.8		김대중 대통령, 노벨평화상 수상		
12.12 ~12.16	4차 남북장관급회담			
12.27 ~12.30	제1차 남북경제협력추진위원회 회의 개최(평양)			
2001년				
1.15 ~1.20			김정일 국방위원장, 중국 방문 – 상해 등 경제특구 시찰	
3.6 ~3.11		김대중 대통령 방미, 부시 대통령과 한·미 정상회담 개최		
3.15	남북 이산가족 서신교환			
3.17			외무성대표단(단장:최수헌 부상), 핀란드. 스웨덴. 체코. 폴란드. 독일. 프랑스 방문	
3.24	고(故) 정주영 현대그룹 명예회장 북측 조문단, 서울 방문			
4.5			최고인민회의 –「가공무역법」,「갑문법」,「저작권법」승인	
5.3			페르손 EU 의장 방북, 김정일 국방위원장과 면담	
6.2	북한선박 제주해협 무단통과			
6.6				미국, 새로운 대북정책 발표
6.20	금강산 관광대가 지불방식 변경			
7.26			북한 – 유럽연합(EU) 외교관계 설정에 관한 공동보도	

7.26 ~8.18			김정일, 러시아 방문	
7.30			평양에 영국대사관 개설	
8.4			김정일과 푸틴, 정상회담 개최 및 8개항의 북-러 모스크바 선언 발표	
8.15 ~8.21	「8. 15 남북공동행사」에 남측 방문단 참가 – '만경대 정신' 방문록 등 문제 야기			
9.3		임동원 장관 해임안 가결(DJP 공조 붕괴)		
9.3 ~9.5			장쩌민 중국주석, 북한 방문	
9.11				9 · 11 테러 사건
9.15 ~9.18	5차 남북장관급회담(서울) – 철도 · 도로 연결공사 착수 등 합의			
10.7		정부, 비상경계조치		미국 아프가니스탄 공격
10.12	북한, 모든 당국간 회담 금강산 개최 주장			
11.3			외무성대변인, '반테러 국제협약들'에 가입키로 결정 발표	
11.9 ~11.14	6차 남북장관급회담(금강산)			
11.27	북한군 비무장지대에서 아군초소 사격			
2002년				
1.23		정부, 「금강산 관광 지원방향」 발표 – 이산가족 등에 관광경비 보조		
1.29				부시 미대통령, 국정연설에서 북한을 '악의 축'으로 지목

2.19 ~2.21		부시대통령 방한 도라산역 방문, "북한을 침공할 의사가 없다"고 언급		
3.14				탈북자 25명, 주중 스페인대사관 진입 망명 요구
3.28 ~4.1				메가와티 인도네시아 대통령, 남북 동시 방문
4.3 ~4.6	임동원 대통령 특보, 특사 자격으로 방북 – 남북공동보도문(6개항) 발표			
4.6	남포시에서 '평화자동차 종합공장' 준공식 개최			
4.28 ~5.3	이산가족 상봉(금강산) : 동시교환 방식에서 변경			
5.11 ~5.14	박근혜 의원, 「유럽-코리아 재단」이사 자격으로 방북, 김정일 위원장 면담			
5.19 ~5.24	북한 경수로 · 항공 관계자 10명 남한 방문			
5.21				미국, 북한을 포함한 7개 테러지원국 재지정
5.31 ~6.30		2002 한일월드컵 개최		
6.29	서해교전			
7.1			경제관리개선조치	미 국무부 대변인, 특사방북 철회 발표
7.20	KEDO 관련 남북직항로(양양 – 선덕) 운행(시험비행)			
7.25			서해교전 관련 유감표명 및 당국간 회담 제의	
8.2 ~8.4	남북장관급회담 실무접촉(금강산)			

날짜				
8.12 ~8.14	7차 남북장관급회담 – 남북 철도·도로 연결 등 10개항 합의			
8.18 ~8.19			북·일 적십자회담 개최(평양)	
8.20 ~8.23			북·러 정상회담 개최(블라디보스토크)	
8.27 ~8.30	남북경제협력추진위원회 제2차 회의 개최(서울)			
9.12			「신의주특별행정구 기본법」 채택 – 신의주 특구 지정 발표(9.21)	유엔사 – 북, 남북관리구역 설정 합의서 서명
9.14 ~9.17	남측 태권도 시범단 평양 방문			
9.17	제7차 남북군사실무회담 개최 – 동 · 서해지구 남북관리구역 설정과 남과 북을 연결하는 철도 · 도로 작업의 군사적 보장을 위한 합의서 채택		북 · 일 정상회담 개최(평양), 「북 · 일 평양선언」 채택	
9.18	경의선, 동해선 철도도로 연결 착공식			
9.24	남북 군 당국간 직통전화 개통			
9.29 ~10.14	제14회 부산 아시아경기대회 북측 선수단 · 응원단 등 참가			
10.3 ~10.5			미국 특사 켈리 차관보 방북–북한, 농축우라늄 핵개발 계획 시인	
10.17				북한의 농축우라늄 개발 시인 한 · 미 · 일 공동 발표
10.19 ~10.22	8차 남북장관급회담 개최(평양)			
10.26 ~11.3	북한 경제시찰단 방남 – 박남기(국가계획위원회 위원장)등 18명			

11.6 ~11.9	남북경제협력추진위원회 제3차 회의(평양)			
11.25			최고인민회의 상임위원회 정령 발표 -「금강산관광지구」 지정(10.23), 「금강산관광지구법」 채택(11.13)	
11.27			최고인민회의 상임위원회 정령 발표 -「개성공업지구」 지정(11.13), 「개성공업지구법」 채택(11.20)	
12.12	금강산 육로관광을 위한 동해선 임시도로 완공		핵 동결 해제 및 핵시설 재가동 선언	
12.19		대통령 선거, 노무현 후보 당선		
12.25 ~12.28	제2차 남북해운협력 실무접촉「남북해운합의서」를 채택			
12.31			IAEA 사찰관 북한 철수	
2003년				
1.10			북한, NPT 탈퇴 선언(정부성명) - 1993.6.11부로 정지시켜 놓았던 NPT 탈퇴효력이 자동적으로 즉시 발생	
1.21 ~1.24	9차 남북장관급회담 개최(서울)			
1.27	군사실무회담 수석대표 접촉 - 동 · 서해지구 남북관리구역 임시도로 통행의 군사적 보장을 위한 잠정합의서 서명·발효	임동원 특사 방북(1.27~1.29)		
2.5			외무성 대변인, 전력생산을 위한 핵시설 재가동 언급	
2.11 ~2.14	남북경제협력추진위원회 4차회의			
2.12			외무성 대변인, 미국의 '테러정권 지목' 관련 비난	IAEA, 북핵문제의 유엔 안보리 회부 결의문 채택

2.14		동해선 임시도로 개통, 금강산 육로관광 시범 실시		
2.24			북한, 미사일 1기 동해상으로 발사	
2.25		노무현 대통령, 先 핵포기 後 대북지원 입장 천명(취임사) – 평화번영정책 4원칙 제시		
3.1	「3.1절 민족공동 통일행사」 참가 북측대표단 서울 도착			
3.4			조국평화통일위원회, 남한에서 특검제 도입을 강행할 경우 남북관계가 동결될 수 있다고 발표	
3.9				파월 미 국무장관, 다자대화 틀내 북미대화 입장 확인
3.14		노무현 대통령, 대북송금 특검 수용		
3.18			모리스 스트롱 유엔 사무총장 특사, 평양 방문	
3.20		노무현 대통령, 미국의 대 이라크 군사행동 지지 표명		미국, 이라크 전쟁 개시
3.25				중국 외교부대변인, 북핵문제의 북미간 대화를 통한 해결 희망
3.28			북한 내각, 인민생활 공채 발행 결정	
4.2		이라크에 대한 군부대(건설 · 의료) 파병 동의안 국회 통과		
4.12			외무성 대변인, 북핵문제 관련 다자회담 수용 가능성 시사	
4.16				제59차 유엔 인권위원회, 유럽연합(EU)이 제출한 북한인권 규탄 결의문 채택

4.17	북한 적십자회, 인도주의적 차원에서 쌀과 비료를 제공해줄 것을 요청			
4.18			외무성 대변인, 베이징 3자회담 참가 발표	
4.23				북핵문제 관련 베이징 3자회담 시작
4.26	현대아산, 당분간 금강산 관광을 중단한다고 발표			
4.27 ~4.29	10차 남북장관급회담(평양)			
5.15		워싱턴 한미 정상회담 공동성명, 북한 핵문제의 평화적 해결과 주한미군 재배치의 신중한 추진 등		
5.16				미 국무부 대변인, WFP를 통해 북한에 4만톤의 식량지원을 했다고 발표
5.19~ 5.23	남북경제협력추진위원회 5차회의, 북측에 쌀 40만톤 제공 등 7개항 합의			
5.27		노무현 대통령, “김대중 전 대통령의 포용정책, 햇볕정책을 계승하겠다”고 언급		파월 미국 국무장관, 북한의 선 양자회담 제의를 거부
5.29	북한 「아태」 대변인, SARS로 인해 임시 중단되었던 금강산관광을 6월초 재개한다고 발표			미국 하원의원 방북단(6명) 평양 도착
6.14	경의선 · 동해선의 철도 연결 행사			
6.26				무샤라프 파키스탄 대통령, 북한에 핵 기술을 확산 않겠다고 언급
6.30	개성공단 착공식 개최			
7.1		국회, ‘북한인권개선 촉구 결의안’ 채택		

7.9 ~7.12	11차 남북장관급회담(서울)			
7.17	북한군, 연천 DMZ서 남쪽 GP 향해 총격			
8.1				러시아, 외무부 성명을 통해 북한이 6자회담을 전격 수용했음을 발표
8.4		정몽헌 현대아산 회장 투신 자살		
8.20	대구 U대회 참가 북한 선수단 도착 남북 4개 경협합의서 발효			
8.26 ~8.29	남북경제협력추진위원회 제6차 회의			
8.27 ~8.29				제1차 6자회담(남북한, 미 · 일 · 중 · 러) 개최
9.1	금강산 육로관광 재개		대구 U대회 참가 북측 응원단원 귀환	
9.3			최고인민회의 제11기 1차회의에서 김정일을 국방위원장으로 재선출	
9.15				중국 외교부, 북한 접경지역 수비 임무를 경찰에서 해방군으로 교체했다고 확인
10.2			5메가와트 원자로를 가동하고, 8,000여개의 폐연료봉에 대한 재처리를 성공적으로 끝냈다고 발표	
10.6	정주영체육관 개관식 참관단 경의선 육로를 통해 방북			
10.29			김영남 최고인민회의 상임위원장과 중국 우방궈 전국인민대표대회 상무위원장 회담 개최(평양)	

10.30			조선중앙통신, 6자회담에 나갈 용의 표시 보도	
11.5 ~11.8	남북경제협력추진위원회 제7차 회의			
11.21				KEDO집행이사회, 12월1일부터 1년간 사업 일시중단 결정
12.24		도라산 남북출입사무소 개소		
2004년				
1.17		한·미 용산기지 내 모든 시설과 병력을 평택, 오산지역으로 옮기는데 합의		
1.29	남북경제협력제도 실무접촉에서 '개성공업지구와 금강산관광지구의 출입 및 체류에 관한 합의서'를 채택			
2.25				2차 6자회담 베이징에서 개막
3.2 ~3.5	남북경제협력추진위원회 제8차 회의			
3.12		국회에서 대통령 탄핵소추안 가결, 대통령 권한 정지		
3.28		대법원 2부, 불법 대북송금 사건 유죄 확정		
4.13	개성공단 1단계 1백만평 부지 토지임차료 계약 체결			
4.15				제60차 유엔인권위원회, 북한인권 결의안 통과
4.18				ASEM 외무장관 회의, 6자회담을 통한 북핵 해결, 한반도 비핵화, 남북대화 및 교류협력 지지 등 의장성명 채택

4.19			김정일 국방위원장 방중(4.19~21), 후진타오 공산당 총서기 겸 국가주석과 첫 정상회담 개최	
4.22			평북 용천역에서 대규모 폭발사고 발생	
4.24		북한 용천역 폭발사고에 따른 재해대책 관계장관회의, 긴급구호 의약품 등 지원키로 결정		
4.27	개성에서 남북당국간 접촉을 갖고 용천 재해복구지원 문제를 협의			
5.4 ~5.7	14차 남북장관급회담(평양)			
5.14		남북협력기금 손실보조제도 시행 헌법재판소, 대통령 탄핵 기각결정		
5.26	제1차 장성급군사회담			
6.2 ~6.5	남북경제협력추진위원회 제9차 회의			
6.3 ~6.4	제2차 남북장성급군사회담, 서해안 우발적 충돌방지 조치와 군사 분계선에서의 선전활동중지 등 합의			
6.23 ~6.26				제3차 6자회담 개최
6.25	한국수출입은행과 조선무역은행간 '청산결제업무에 관한 합의서'에 가서명			
6.30	개성공단 시범단지 2만 8천평에 대한 준공식 개최			
7.3	금강산 당일관광 시작			
7.8		'개성공업지구 방문 및 협력사업승인절차에 대한 특례' 시행	조평통, 김일성 10주기 남측 조문단 취소 관련 비난 담화 발표	

7.27 ~7.28		동남아 국가 체류 탈북자 대규모 입국		
8.11				북 · 일, 일본인 납치관련 실무회의 개최(베이징)
8.14	남북, 2004 아테네 올림픽 공동입장			
8.23			외무성 대변인, 부시 대통령의 최고수뇌부 모독발언 관련 강력 비난	
9.2		과학기술부, 국내 소수 과학자들에 의한 극소량의 우라늄 분리실험 실시 사실과 함께 동내용을 IAEA에 신고했다고 발표		
9.10				중국 당 · 정대표단, 북한공식 방문
9.11 ~9.12	고구려유적 세계문화유산등록기념 남북공동사진전시회 및 학술토론회			
9.19			송호경 아 · 태평화위 부위원장 사망	
10.6		한 · 미, 주한미군 감축계획 합의		
10.18				부시 미 대통령, 북한인권법안 서명
10.20	개성공단 관리위원회 개소식 및 입주기업 건설 착공식			
10.22			외무성 대변인, 6자회담 재개 관련, 적대시 정책폐기, 남한 핵문제 우선논의 등 조건 제시	
10.23				파월 미 국무장관, 북한의 6자회담 재개조건 일축
10.25				PSI 다국적 해상합동훈련 실시(10.25~26, 미국, 일본, 호주, 러시아 등 22개국 참여)
11.4				조지 W.부시, 미국 대통령 재선

11.26				KEDO, 경수로사업 중단조치 1년 연장 결정
12.4			외무성 대변인, 2기 부시 행정부의 대북 정책 정립 과정을 주시하겠다고 언급	
12.10				일본, '신 방위계획대강' 각의 승인
12.15	개성공단 첫 제품 생산			
12.23		정부, '탈북자수용대책 개선안' 발표		중국, 탈북자 외국공관 진입 엄중대처 입장 표명
12.24				일본, 북한에 납치문제 재조사 공식 요구
2005년				
1.20				미국 제2기 부시정부 출범
2.10			외무성 성명 ,'핵무기 보유, 6자회담 무기 중단' 선언	
3.27			평양 등 2~3개 닭공장에서 조류독감 발생	
4.19				한성렬 UN 주재 북한 차석대사, "영변 원자로 가동을 중단했으며, 핵폭탄을 만들기 위해 폐연료봉을 재처리할 계획"
4.22	조류인플루엔자 방역지원 관련 남북실무접촉			
4.23	이해찬 국무총리와 김영남 최고인민회의 상임위원장, 아시아 · 아프리카정상회의(자카르타)에서 회동			
4.25	금강산 임시도로 CIQ 개설 · 운영			
5.16 ~5.19	남북차관급회담(개성)			

5.26				미 국방부, 북한지역 미군유해발굴 공동작업 잠정 중단 발표
6.7	금강산관광 100만명 돌파 기념식 및 금강산 열린음악회 개최			
6.14 ~6.17	6·15 통일대축전 참가 대표단 방북			
6.17	정동영 통일부 장관, 대통령특사 자격으로 김정일 국방위원장 면담 -200만KW의 전력 송전 용의 전달 -김정일 위원장은 6자회담 복귀의사 표명			
6.21 ~6.24	15차 남북장관급회담(서울)			
6.22			최고인민회의 상임위원회, '민족경제협력위원회' 설립 발표	미국 국무부 부대변인, 북한에 식량 5만톤 지원 결정 발표
7.3				중·러 정상회담, 한반도 비핵화 실현, 한반도 문제의 대화를 통한 평화적 해결을 재확인(공동성명)
7.6		국회, '한반도 평화실현과 6.15공동선언의 발전적 계승을 위한 결의문' 채택		
7.9				김계관 북한 외무성 부상, 힐 미국 국무차관보 회담(베이징)
7.9 ~7.12	남북경제협력추진위원회 제10차 회의			
7.12				한·EU간 FTA 협상 타결
7.26 ~8.7				제4차 6자회담 개최
8.14 ~8.17	8·15남북공동행사-북한측 대표단 방남 및 국립현충원 방문			
8.15	이산가족 화상상봉 시범실시			

8.26	제1차 개성 시범관광 실시			
8.31	금강산 면회소 착공식			
9.1 ~9.4	아시아 육상선수권 대회(인천), 북한 선수단 참가			
9.13 ~9.16	16차 남북장관급회담			
9.13 ~9.19				제4차 6자회담 2단계 회의 개최, 6개항 공동성명 ('9.19 공동성명') 발표
10.28	남북경제협력협의사무소 개소, 남북경제협력추진위원회 제11차 회의			
11.1	2006년 아시아경기대회 및 2008년 북경올림픽 남북한 단일팀 구성 합의			
11.9 ~11.11				제5차 6자회담
12.8		남북관계발전에 관한 법률 제정		
12.13 ~12.16	17차 남북장관급회담			
12.28	문산~개성공단 간 상업용 통신망 연결			
2006년				
1.8	KEDO 현장 잔류인원 최종 철수			
2.11	토리노 동계올림픽 남북공동입장			
2.16				BDA, '북한과 거래중단' 발표
3.1	북관대첩비 인도·인수식(개성)			
3.15		경의선 · 동해선 도로 남북출입시설 준공		

4.21 ~4.24	18차 남북장관급회담			
5.5				미국, '북한인권법' 적용 탈북자 6명 첫 난민 수용
5.31				KEDO 집행이사회, 경수로 사업 공식종결 선포
6.3 ~6.6	남북경제협력추진위원회 제12차 회의-남북경공업 및 지하자원 개발 협력에 관한 합의서 체결			
6.14 ~6.17	'6.15 통일대축전'(광주)			
7.5			북한 미사일 7기 발사	
7.7		정부, 북미사일 발사 관련 '쌀·비료 제공 유보', '장관급 회담 예정대로 개최' 입장 발표	한성렬 유엔주재 차석대사, '마카오 자금동결 해제시 6자회담 복귀' 시사	
7.10				중국 우다웨이 외교부 부부장 평양 방문
7.11 ~7.13	19차 남북장관급회담			
7.15				유엔 안전보장이사회 '미사일 수출차단 대북 결의문' 채택
7.19	북한 적십자위원회 이산가족상봉 중단 및 금강산면회소 건설 중단 통보			
7.28			중앙특구개발지도총국장, "개성공단은 국제정세에 영향없이 안정적으로 추진되어야 한다"고 언급	
8.19	대북 수해복구지원 관련 남북 적십자 실무접촉			
8.20		북한 수해복구 쌀 10만톤 등 지원 발표	림동옥 통일전선부장 사망	

9.1		정부, '대북비난 전단 살포 중단' 촉구		
9.29	개성공단 본단지 입주기업 첫 출하			
10.6				유엔안보리, '북 핵실험 포기 촉구' 의장 성명
10.9			핵실험 강행	
10.12		국회, 북핵 규탄 결의문 채택		
10.14				유유엔안보리, '북한 핵실험 관련 대북 제재 결의안' (1718호) 채택
10.18		금강산 관광사업 지원 정부보조금 중단 결정		
10.22				유유엔안보리 산하 대북제재위원회 출범
10.29				북한 선박 홍콩서 첫 해상 검색 · 억류
11.7				미국, 중간선거 공화당 패배
11.13		정부, 대북제재 이행계획 발표		
12.18				제5차 6자회담 2단계 회의 개최
2007년				
2.8 ~2.13				제5차 6자회담 3단계 회의 –『9.19 공동성명』이행을 위한 『2.13 합의』(초기조치) 발표
2.27 ~3.2	20차 남북장관급회담			
4.18 ~4.22	제13차 남북경제협력추진위원회			

4.27		『군사정전에 관한 협정체결 이후 납북 피해자의 보상 및 지원에 관한 법률』 및 『겨레말큰사전 남북공동편찬사업회법』 공포		
5.17	남북 철도연결구간 열차시험운행 (문산-개성, 제진-금강산)			
5.25		『개성공업지구 지원에 관한 법률』 제정		
5.26		개성공단 전력공급 시작		
5.29 ~6.1	21차 남북장관급회담(서울)			
6.1	금강산 내금강 관광 개시			
7.12		『2.13 합의』이행에 따른 대북 중유 5만톤 지원 착수		
7.25	경공업 원자재 대북지원 착수			
7.28 ~8.18	북한 단천지역 지하자원 남북 공동조사(2차 10..20, 3차 12.20)			
8.5	노무현 대통령의 평양방문 『남북합의서』 비공개 합의			
8.7 ~8.8				6자회담 경제 · 에너지협력 실무그룹 회의
8.8		국가안전보장회의, 『2007남북정상회담』 개최 발표		
8.16 ~8.17				6자회담 비핵화 실무그룹회의 (선양)
8.18	남북정상회담 개최 연기 발표			
8.23		대북 수해복구 긴급구호물자 및 자재 · 장비 지원 착수		

9.1 ~9.2				6자회담 북미관계 정상화 실무그룹회의(제네바)
9.27 ~9.30				제6차 6자회담 2단계 회의 개최
10.2 ~10.4	남북정상회담(평양) – 『남북관계 발전과 평화번영을 위한 선언』('10.4선언') 발표			
10.3				『9.19 공동성명』이행을 위한 『10.3 합의』(제2단계 조치) 발표
10.11 ~10.19				미국, 북핵 불능화팀 방북
10.16	개성공단 1단계 기반시설 준공			
11.3 ~11.7	남북 조선협력단지 현장실사(2차 12.15)			
11.14 ~11.16	제1차 남북총리회담(서울)			
11.27 ~11.29	제2차 남북국방장관회담(평양)			
11.29 ~12.1	북한 김양건 통전부장 등 방남			
12.4 ~12.6	남북경제협력공동위원회 1차 회의			
12.5	개성관광 개시			
12.7	금강산 이산가족면회소 남북 사무소 준공식			
12.11	문산–봉동간 남북 화물열차 운행 개시			
12.11 ~12.13	개성–평양 고속도로 개보수를 위한 남북 공동 현지조사(2차 12.21)			

12.12 ~12.14	제7차 남북장성급 군사회담 –『동 · 서해지구 남북관리구역 통행 · 통신 · 통관의 군사보장 합의서』 채택			
12.12 ~12.18	개성–신의주 구간 철도 개보수 제1차 현지조사			
12.19		대통령 선거에서 이명박 후보 당선		
12.21	남북경제협력협의사무소 청사 준공식(개성)			
12.28 ~12.29	서해평화협력특별지대추진위원회 제1차 회의(개성)			
2008년				
2.5	「남북이산가족 영상편지 교환에 관한 합의서」 체결 및 이산가족 영상편지 시범 교환(판문점)			
2.26			뉴욕 필하모닉 평양 공연 및 남북 동시 생중계(동평양대극장)	
3.24	북한, 개성공단 남한당국 인원 철수 요구			
3.27	남북경제협력협의사무소 남측 당국인원 철수			
3.29	북한, 남북 당국간 대화 및 접촉중단 선언			
4.1			대통령 실명 거론하며 본격 비난 개시	
4.9		제18대 총선, 한나라당 압승		
4.17	이명박 대통령, 상설대화기구 설치 제안			
4.18		한미간 쇠고기 협상 타결, 수입 전면 개방, 이후 촛불시위 진행		
5.12	남측, 옥수수 5만톤 대북지원 제의(북측 거부)			

6.15 ~6.16	6.15공동선언 발표 8돌 기념 민족통일대회(금강산)			
6.19 ~6.23	월드컵 아시아 예선 남북경기 참가 북한선수단 방남			
6.26			핵 프로그램 신고서 제출	미국, 북한 테러지원국 해제절차 개시, 적성국 교역법 적용 종료
6.27			영변 냉각탑 폭파	
7.10 ~7.12				6자 수석대표 회담 (베이징)
7.11	금강산 관광객 박왕자씨, 북측 초병의 총격으로 사망	이명박 대통령, 국회 개원 시정연설		
7.12		금강산 관광 잠정 중단	명승지 종합개발지도총국 대변인 담화, 유감표명 및 남측의 사과와 재발방지 대책요구	
7.15 ~7.18	대한예수교장로회 총회장 등 평양 봉수교회 준공 헌당 예배(평양)			
7.23				아세안지역안보포럼(ARF)에서 6자회담참가국 외무장관들 (비공식) 회동
8.3			조선인민군 금강산 지구 군부대 대변인, 금강산 사건에 대한 특별 담화 발표	
8.9	북한 동해지구 군사실무 책임자, 8.10부터 금강산지구 남측인원 추방 통보			
8.14		김정일 위원장 건강이상설 보도		
8.15		이명박 대통령, 8.15 경축사에서 전면적 대화 촉구		
8.26			외무성 대변인, 핵불능화 중단성명 발표	

9.22		이명박 대통령, 민주평통 지역회의 개회사에서 6.15 및 10.4선언을 포함 남북한 합의정신을 존중, 전면적 대화 필요성 강조		
10.1				힐 국무부 차관보, 방북(판문점 통과)–북핵검증의정서 및 테러지원국 해제문제 등 협의
10.2	남북군사실무회담에서 북측, 대북 전단 살포 지속시 군사분계선 통행제한 등 경고			
10.11				미, 북한을 테러지원국에서 해제
10.14			핵 불능화 조치 재개	
11.4 ~12.23	남북역사학자협의회, 개성 만월대 공동발굴조사			미국, 44대 대통령 선거에서 민주당 오바마 후보 당선(11.4)
11.6	북한군 조사단, 개성공단 현황 점검			
11.12	조선적십자회 성명 : 판문점 연락대표부 폐쇄, 판문점 직통 전화 단절, 장성급 군사회담 통보 : 12.1부터 육로 통행 제한 차단 경고		핵 검증관련 시료채취 합의 부인	
11.21				유엔 대북인권 결의안 채택 –남측, 공동제안국으로 참여
11.24	북, 12월1일부터 군사분계선 통행제한, 개성관광 중지, 남북간 열차운행 차단, 경협 협의사무소 폐쇄 조치 통보			
11.28	개성관광 및 남북열차운행 중지, 경협협의사무소 철수			
11.30	북한, 개성공단 남측 상시체류인원 880명으로 제한			
12.24			김정일 위원장, 천리마 제강 연합기업소 방문, '제2의 천리마 대진군' 언급	
2009년				

1.1			신년 공동사설 '6.15 공동선언'과 '10.4 선언'에서 탈선하는 그 어떤 요소도 불허 주장	
1.15				북핵 실사단, 영변 핵시설 미사용 연료봉 처리문제 협의 위해 방북
1.30			조평통 성명, "정치군사적 대결상태 해소와 관련한 모든 합의 무효화"하고 "서해해상군사경계선에 관한 조항들을 폐기한다"고 발표	
2.11			인민무력부장 김영춘, 총참모장 리영호 임명	
2.20			오극렬 당 작전부장을 국방위 부위원장에 임명	
3.8			제12기 최고인민회의 대의원 선거	
3.9			총참모부 대변인 성명 – 합동군사훈련 기간 육로통행 및 남북 군통신선 차단	
3.17			개성공단 통행 승인 미국여기자 2명 억류	
3.21			군통신 및 통행 재개	
3.29 ~4.1	2010 월드컵 예선 남북한전 북한선수단 방남			
3.30	개성공단 현대아산직원 억류			
4.5			장거리 로켓 발사(북한:광명성 2호)	
4.9			최고인민회의 제12기 1차회의 – 헌법개정, 김정일 국방위원장 재추대	
4.13				유엔안보리, 제재위원회의 실행착수를 요구하는 의장성명 채택

4.14			외무성, "6자회담에 다시는 참가하지 않을 것"을 주장 및 핵사찰 협력 전면 중단	
4.21	남북 당국간 개성 접촉			
4.24			외무성, 폐연료봉 재처리 시작 발표	
4.29			외무성 대변인 성명, 추가조치 이행 시사 (2차 핵실험) 등	
5.15	북한, 개성공단의 기존 법규와 계약 무효를 선언			
5.25			2차 핵실험 강행	
5.26		정부, PSI 전면참여 선언	북한군 판문점 대표부, 선전포고로 간주한다고 성명	
6.11	개성공단 관련 남북당국간 실무회담(2차 6.19, 3차 7.2)			
6.12				유엔안보리 대북결의안 채택(1874호)
6.13			외무성, 안보리 결의안을 규탄하고 우라늄 농축작업 착수, 플루토늄 전량 무기화 등을 성명	
8.4			클린턴 전 미국대통령 방북, 억류 여기자 2명 대동하여 귀국(8.6)	
8.10 ~8.17	현대그룹 현정은 회장 방북 -김정일 위원장 면담(8.16) -현대-아태간 공동보도문 채택(8.17)			
8.13	억류 현대아산 직원 136일만에 귀환			
8.20	북한, 12.1조치 원상복구 통지			
8.21	북한 특사조문단(단장 : 김기남 당 중앙위 비서) 서울 방문(8.23 청와대 예방)			
8.26 ~8.28	남북적십자회담 개최			

8.30	억류 연안호 선원 및 선박 송환			일본 총선에서 민주당 압승, 하토야마 총리 체제 출범
9.3			유엔주재 북한대표 안보리 의장에 편지(플루토늄 무기화 진행, 우라늄 농축시험 결속단계)	
9.6	임진강 상류 황강댐 무단 방류로 남한주민 6명 사망			
9.7	남북경협 협의사무소 재가동			
9.18			김정일 위원장, 다이빙궈 중국 국무위원 면담에서 다자회담 언급	
9.21		이명박 대통령, 북핵문제의 근본적 해결을 위한 '그랜드 바겐(Grand Bargain)' 제안		
9.26 ~10.1	남북 이산가족 상봉행사			
10.5			김정일 위원장, 중국 원자바오 총리 면담에서 '다자회담에는 6자회담도 포함되어 있다'고 언급	
10.14	임진강 수해방지 남북실무회담			
10.16	남북적십자 실무 접촉(북한, 인도적 지원 요청)			
10.24				이근 북한외무성 미국국장 방미
10.26		북한에 옥수수 1만톤 지원 결정		
11.10	서해 대청도 부근에서 교전 발생			
11.18			이종혁 아태 부위원장, 남북당국간 회담 용의 표명(금강산)	
11.19		오바마 미국 대통령, 한미정상회담 후 북미 양자대화 개시 발표		

11.30			100:1 화폐개혁 단행	
12.8				보즈워스 미 대북정책 특별대표 방북
12.9			신종플루 발생사실 공식 확인	
12.10	북한, 신종플루 치료제 지원제안 수용			
12.11				태국 당국, 평양발 항공기에서 북한제 무기 발견 조사 착수
12.21			해군사령부대변인, 서해상 군사분계선 수역을 평시 해상사격 구역으로 선포	
2010년				
1.1			남북관계 개선 입장 확고 주장 (공동사설)	
1.4	이명박 대통령, "올해는 남북관계 새로운 전기 만들어야 한다"며 상시 대화기구 설치 제의			
1.11			외무성 대변인, 평화협정 회담 조속 시작할 것을 제의	
1.14	북한, 금강산관광 재개 실무접촉 제의			
1.15	북한, 옥수수 1만톤 지원 수용의사 통보 국방위 대변인, '거족적인 보복 성전' 성명			
1.27 ~1.29	서해 NLL 인근해상에 포사격 실시			
1.29	이명박 대통령, '김정일위원장을 연내에 만날 수 있을 것'언급(BBC회견)			
2.1	개성공단 실무회담			

2.6				왕자루이 중국공산당 대외연락부장 방북
2.8	금강산 · 개성 관광재개 실무회담			
2.9			김계관 부상 방중	린 파스코 유엔 사무차장 방북